Anna Oppre

Das neue Kochbuch für das deutsche Haus

Anna Oppre

Das neue Kochbuch für das deutsche Haus

ISBN/EAN: 9783743304352

Hergestellt in Europa, USA, Kanada, Australien, Japan

Cover: Foto ©Andreas Hilbeck / pixelio.de

Manufactured and distributed by brebook publishing software
(www.brebook.com)

Anna Oppre

Das neue Kochbuch für das deutsche Haus

Das Neue [...]

für das

[...]

von

[...]

Verlag

der Kranzfelder'schen Buchhandlung

Augsburg 1879.

Druck des Liter. Instit. von Dr M. Huttler

in München.

Vorwort.

Dieses „Neue Kochbuch" bietet nach Inhalt und Form Vorzüge, welche sich kaum bei einem der bereits vorhandenen zusammen finden dürften. Die 2650 Kochrecepte, die von einer anerkannt ausgezeichneten Köchin stammen und durch vieljährige Erfahrung sich erprobt haben, — durchaus original und keinem vorhandenen Kochbuche entlehnt sind in einer so leichtfaßlichen Sprache und so ausführlich beschrieben, daß auch jede Anfängerin darin sich zurechtfinden und das Kochen förmlich erlernen kann.

Ein weiterer Vorzug unseres „Neuen Kochbuches" dürfte auch darin gelegen sein, daß nach dem Monatsdatum für jeden Tag im Jahre eine Auswahl von 6—8 Gerichten für Mittags- und Abendtisch je nach der Jahreszeit gruppirt geboten wird. Die lästige Frage für unsere verehrten Hausfrauen

„Was sollen wir heute kochen?"

ist somit ohne langes Herumblättern und Herumsuchen in den Registern und auf verschiedenen Seiten eines Kochbuches in der bequemsten Weise gelöst und haben dieselben nur die Auswahl unter den mehrerlei Gerichten zu treffen, je nachdem sie die Tafel reicher oder weniger reich besetzen wollen.

Die sorgfältig angefertigten Register enthalten zunächst die Speisen nach ihren verschiedenen Gattungen und dann noch nach dem Alphabet geordnet; durch große deutliche Nummern-Ziffern ist das Auffinden derselben sehr erleichtert. Wem also die reichliche Auswahl von Speisen für jeden Tag noch nicht genügt, oder wer für besondere Fälle besondere Kochrecepte bedarf, der wird unter den Rubriken: Suppe, Gemüse,

Auflagen, Fleischgattungen, Mehl- und Saftenspeisen u. s. w. leicht und bequem das ihm Taugliche finden.

Als Format haben wir das in früherer Zeit mit Recht so beliebte Klein-Quart, das sich zum Liegenlassen und Aufschlagen des Buches auf Küchenanrichten vorzüglich eignet, gewählt. Dieses Format hat auch noch den Vorzug, daß möglichst viel auf einer Seite steht und das lästige Umblättern während des Kochens möglichst vermieden wird. Auch sonst haben wir in der Ausstattung zur guten alten Zeit des deutschen Hauses zurückgegriffen; wir haben unsere alte gemüthliche Schwabacher Schrift den modernen Schriften vorgezogen und auch den fürs Auge ebenso gefälligen als zum Nachschlagen praktischen Holzschnitt wieder verwendet. Seit den Tagen der Renaissance dürfte ein so schön und reich ausgestattetes Kochbuch nicht mehr gedruckt worden sein.

Indem wir uns bewußt sind, etwas Schönes und Praktisches mit unserem „Neuen Kochbuche" angestrebt und wohl auch erreicht zu haben, empfehlen wir dasselbe zur Verbreitung im Deutschen Hause und würde es sich darum ebenso sehr wegen seines Inhaltes als auch wegen seiner Ausstattung wohl als passendes

Festgeschenk

allenthalben vorzüglich eignen.

Hochachtungsvoll

Augsburg, 1879.

Die Verlagsbuchhandlung,

Monat Januar.

1. Januar.

1 Nudelsuppe mit Würsten.

Zwei Eier werden gut verrührt, etwas Salz dazu gegeben, ½ Pfd. Mehl daran; nun wird ein starker Teig gemacht, gut abgearbeitet, in zwei Theile geschnitten, jeder zu einem kleinen Laibchen geformt und ausgewalcht. Man läßt die Flecke trocknen, doch so, daß der Teig noch biegsam ist, rollt sie auf, schneidet sie zu feinen Nudeln, zettelt sie auseinander und läßt sie langsam in die siedende, weiße oder braune Fleisch/brühe, worin sie 5—6 Minuten auf/kochen sollen.

Schöner und reiner wird die Suppe, wenn man beim Auswalchen der Flecke nicht viel Mehl unterstäet.

Zugleich möchte ich bemerken, daß das Absieden der Nudeln im Wasser die Suppe geschmacklos und wässerig macht.

Die Würstchen werden in die Suppe gegeben, oder eigens angerichtet.

2 Rindfleisch mit Senf und Einmachgurken.

Das Rindfleisch wird geklopft, ge/waschen, mit einem Faden um/bunden, daß es nicht so verfährt beim Kochen, und mit kaltem Wasser zugesetzt.

Der erste Schaum wird so lange abgeschöpft, bis sich keine Unreine mehr zeigt, dann kömmt das nöthige Grünzeug daran, als Petersilie, Sellerie, gelbe Rüben, Lauch nach Belieben, ein Stückchen Kohlkopf, in Scheiben geschnitten, und eine Hand voll Salz. Mit diesem wird das Fleisch 3 Stunden lang gekocht, jedoch nicht zugedeckt, damit die Brühe hell wird. Sammelt sich oben Fett, so wird nach Belieben abgeschöpft.

Ist das Fleisch weich, so wird es auf einer Platte schön geordnet, mit Peter/silie und Sellerielaub geziert und mit etwas Salz bestreut zu Tische gegeben.

3 Schwarzwurzeln mit geräucherten Würsten.

Die Wurzeln werden gereinigt, so, daß nichts Schwarzes mehr daran zu sehen ist, und in Mehlwasser gelegt; (man rührt einen starken Kochlöffel voll Mehl und kaltes Wasser glatt ab, statt Mehl kann auch Essig benützt werden.) Sind die Wurzeln stark, so werden sie gespalten und schön gleich geschnitten und in siedendem Wasser gekocht. Sind sie weich, läßt man sie in einem Durch/schlag rein ablaufen, legt sie behutsam in ein Casserole, gießt weiße Einmach/sauce darüber, Citronensaft daran und und läßt sie kurz aufkochen. Nach Be/lieben kann man die Wurzeln mit feinen Bratwürstchen garniren.

4 Rosenkohl mit Wienerschnitzeln.

Aus einem schönen Kalbfleisch werden einen Finger dicke und drei Finger breite Stücke geschnitten, ein wenig breitgeklopft und mit Salz und Pfeffer bestreut.

Man macht in einer flachen Pfanne Butter heiß, legt die Schnitzchen darein, läßt sie eine hellbraune Farbe nehmen, gießt eine Obertasse voll sauern Rahm und läßt selben bei öfterm Umwenden der Schnitze schnell dämpfen. Die Sauce wird von der Fette befreit und mit Citronensaft betropft; die Schnitzchen werden in zierlichem Kranze angerichtet, mit durchgeseihter Sauce übergossen und mit geschnittenen Citronenschalen bestreut.

Bereitung des Rosenkohls.

Man reinige den Rosenkohl von den äußeren Blättern, wäscht ihn und kocht ihn ungefähr ¼ Stunde im Wasser, gießt letzteres ab, legt den Rosenkohl in kaltes Wasser und schüttet ihn in einen Durchschlag, damit er abläuft; nun wird der Kohl in zerlassener Butter, nebst etwas Salz und Muskatnuß gedünstet, bis kein Saft mehr vorhanden ist, sodann trocken angerichtet und mit Butterblümchen bekränzt aufgetragen.

NB. Die Hauptsache bei der Behandlung des Rosenkohles ist das Ganzbleiben der Röschen, was nur geschieht, wenn er nicht zu weich gekocht ist.

5 Gansleber mit Madeirasauce.

Eine nicht zu fette Gansleber wird mit Beigabe eines Stückchens frischen Butters, einem halben Schoppen Fleischbrühe, eines Schnitzchens Zwiebel und gelber Rübe ¾ Stunden auf schwachem Feuer gedünstet. Indessen wird eine gute Madeirasauce, in welcher etwas Trüffeln aufgekocht sind, bereitet und die Leber möglichst heiß servirt.

6 Rehziemer mit grünem Salat.

Dem Ziemer werden, des Bratens wegen, die Rippen gebrochen, dann wird er mit Salz und Pfeffer eingerieben und zugedeckt; nach einigen Stunden kommt das übliche Wurzelwerk daran, Citronenscheiben, Zwiebeln, Nelken, und wenn es beliebt, Wachbolderbeeren; der Essig wird bis zur Hälfte der Fleischhöhe gegossen; so gebeizt kann er zwei Tage bleiben, doch muß man ihn 2 mal des Tages wenden. Ist es ein sehr junges Fleisch, so wird es nur in Wein- oder Essigtüchern eingeschlagen. Vor dem Braten spicke die abgehäuteten fleischigen Theile, gib von den Wurzeln und Zwiebeln in die Bratpfanne, ebenso Butter und begieße unterm Braten fleißig mit der Fette der Sauce. Eine halbe Stunde vor dem Anrichten nimm zu 3 Eßlöffeln sauern Rahm einen Löffel Mehl, meng es gut, gib es auf das Fleisch und in die Sauce. Nachdem das Fleisch

etwas angebrannt, gieße Fleischsuppe, auch ein Gläschen Wein dazu. Die Sauce wird durchpassirt, soll hellbraune Farbe haben und nicht zu dünn sein, auch soll man sie erst unterm Tranchiren des Fleisches anrichten, damit sie heiß bleibt.

Viele glauben, das Wildpret recht lange braten zu müssen, was nicht meine Ansicht ist. Es soll saftig bleiben, zu dem macht das Aufgießen mit Wasser unterm Braten das Fleisch langfaserig, daher man nur Beize oder Fleischbrühe zum Aufgießen nehmen darf.

Schöner gelber Endiviensalat wird von den grünen Blättern befreit, die gelben werden länglicht fein geschnitten, gewaschen und in einen Durchschlag zum Abtropfen gelegt, nun mit Salz, Pfeffer, etwas Zwiebel nebst Essig und Oel gut angemacht; nach Belieben kann man ihn mit Kartoffelsalat garniren.

7 Jägertorte.

Ein halbes ℔ Zucker, 6 Eier, ¼ ℔ geschälte, feingestoßene Mandeln werden recht schaumig gerührt, ein Schnee von 6 Eierweiß etwas Citronenschale und 2 Loth feines Mehl leicht darunter gemengt, das Ganze wird in ein gut ausgestreutes Blech gefüllt und ¾ Stunden schön gelb gebacken. Unterdessen schlägt man abermals 6 Eierweiß zu steifem Schnee, mengt ⅛ ℔ abgezogene, länglicht geschnittene Mandeln und ¼ ℔ Zucker darein, die einstweilen gebackene

Torte wird herausgenommen, mit Eingesottenem von Früchten überstrichen, der Schneeguß darüber gezogen, 10 Minuten in den kühlen Ofen gestellt, damit der Guß bäckt, über denselben wird Papier gedeckt, damit er die weiße Farbe nicht verliert.

Dessertbackwerk.

2. Januar.

Suppe mit Leberspatzen. 8

Für 6 Personen nehme man ¼ ℔ Kalbsleber, ¼ ℔ Ochsenleber und ¼ ℔ Nierenfett. Die Leber wird fein gehäutet, mit der Nierenfette, nebst Petersilie, Lauch, Majoran, 2 ganze Chalotten oder anderen Zwiebeln fein gewiegt, in einer Schüssel mit 3 ganzen Eiern abgerührt, eine Maß geriebenes Geigenmehl daran, ferner ¼ Schoppen Milch, 3 Kochlöffel voll Schönmehl und etwas Salz und Pfeffer. Der Teig wird durch einen Spatzenlöffel getrieben, in siedendem Wasser aufgekocht, und wenn sie fertig sind, mit einem Seiherlöffel herausgenommen und in einer mit guter, gesalzener Fleischsuppe gefüllten Terrine angerichtet.

Rindfleisch mit Häringsalat und Zwiebelsauce. 9

Das Rindfleisch bereitet man wie in Nr. 2.

Die Häringe werden geklopft, gehäutet, die Gräten ausgelöst, nach Be-

1*

lieben in lange oder runde Schnitzchen geschnitten, mit fein geschnittenen Zwiebeln, Salz und Pfeffer, Essig und Oel kalt angerichtet und mit runden Zwiebelscheiben garnirt.

Die Zwiebelsauce: Es werden 4 bis 5 schöne Zwiebel rein gehäutet, jeder Zwiebel in 4 Theile geschnitten, in ein Casserol wird Rindsschmalz gegeben, ist es heiß, 2 Eßlöffel voll gestoßenen Zucker dazu, läßt selben schön hellbraun werden, gibt die Zwiebel darein, stäubt 2 Löffel voll Mehl daran und läßt Alles eine Viertelstunde dünsten, gießt ein wenig Essig, dann Fleischbrühe auf und läßt's noch eine Viertelstunde kochen, gibt die Sauce dann zu Tische mit oder ohne Zwiebel, je nach Belieben.

10   Winterkohl mit Schweins-Coteletten.

Man streift die Blätter des Kohles von den Rippen, dann werden sie rein gewaschen, in gesalzenem Wasser gesotten, in einen Durchschlag gebracht, hierauf fein gewiegt. In ein Casserol wird gute Abschöpffette gegeben, ist sie heiß, ein Eßlöffel voll Zwiebel, fein geschnitten; sind diese schön gelb, kömmt der Kohl daran, man läßt ihn gut dünsten, stäubt ihn mit 2 Löffel voll Mehl, gießt Fleischsuppe daran, und läßt ihn gut aufkochen. Der Kohl kann mit gedünsteten und verzuckerten Kastanien garnirt werden.

Die Schweins-Coteletten: Aus einem Schweinsrippenstück werden die Coteletten abgelöst, auf beiden Seiten mit Pfeffer und Salz bestreut, in zerlassene Butter getaucht, mit geriebenem Brod besäet, 10 Minuten vor dem Anrichten auf dem Roste oder in einer Bratpfanne gebraten, schön angerichtet und die Platte ringsum mit gerösteten Kartoffeln verziert.

Hecht mit holländischer Sauce   11 und Kartoffeln.

Zuerst wird der Hecht abgeschlagen, dann geputzt, rein ausgewaschen, die Flossen werden abgehauen, der Schwanz in den Mund gesteckt, damit der Hecht einen Ring bildet. Hierauf legt man ihn in ein passendes Geschirr, gießt gesalzenes Wasser darüber und stellt ihn an's Feuer. Wenn das Wasser kocht, zieht man ihn zurück, läßt ihn aber stets zugedeckt. Beim Anrichten wird der Hecht behutsam herausgehoben, in eine runde Schüssel gelegt, in den Ring werden Kartoffeln (in Salzwasser gesotten) zierlich geschnitten, so daß derselbe ziemlich ausgefüllt ist. Nun wird Butter heiß gemacht, 3 Eßlöffel voll fein geschnittener Petersilie darin aufgekocht, 2 Minuten lang, der Hecht damit übergossen und das Ganze mit Salz bestreut.

NB. Statt Kartoffeln und Petersilie wird der Hecht auch mit abgekochten Krebsen garnirt.

Die holländische Sauce: Man rührt

1 ſtarken Kochlöffel voll Mehl mit kaltem Waſſer fein ab, daran von 6 Eiern das Gelbe, nimmt 12 weiße Pfefferkörner, etwas Muskarnuß, ¼ ℔ friſche Butter, mengt Alles gut durcheinander, gießt das nöthige Fiſchwaſſer dazu, und rührt die Sauce ſorgfältig ab, bis ſie auf ſtoßen will, gibt auch Citronenſaft dazu.

Die Sauce darf nicht ſieden und kochen, ſondern nur auf heißem Herd unter beſtändigem Rühren ſchön dickicht an ziehen; iſt ſie fertig, wird ſie, damit ſie nicht kocht, auf heißes Waſſer ge ſtellt bis zum Gebrauch, dann durch ein Siebchen getrieben.

12 Haſenbraten mit Endivienſalat und Compote.

Es wird ein junger, ſchöner Haſe rein abgehäutet, die Bruſt, die vorderen Läufe, Hals und Kopf wer den abgehauen, mit Pfeffer und Salz beſtreut, mit Speck fein und zierlich ge ſpickt und über Nacht in kurze Beize gelegt. Dieſelbe wird alſo bereitet: Zwei Zwiebeln werden in Scheiben ge ſchnitten, gelbe Rüben, Peterſilie, 3 Lor beerblätter, einige Wachholderbeeren und Nelken und 1 Schoppen Eſſig gut ineinander gemacht und über den Haſen gegoſſen.

Andern Tags legt man den Haſen in eine Bratreine nebſt 3 Loth Speck ſtückeln, gibt die nöthige Beize dazu und läßt ihn ſchön gelbbraun braten. Nach Belieben kann man auch einen

Schöpflöffel voll ſauern Rahm ¼ Stunde vor dem Anrichten dazu geben.

Das Brünellencompote: Die gedörr ten Brünellen werden rein gewaſchen, in ein Caſſerol gebracht, ein Stück Zucker, etwas Citronenſchale, 1 Schoppen Waſſer, ¼ Schoppen Wein, ein Stückchen ganzen Zimmt daran, läßt Alles langſam kochen, damit ſie hübſch auflaufen; ſollten ſie einkochen, muß man Waſſer zugießen. Sind ſie weich, läßt man ſie im Safte ſtehen und erkalten.

13 Apfelſtrudeln mit gebackenem Apfelſchaum garnirt.

Nachdem Flädlein gebacken, läßt man dieſelben erkalten, beſtreicht ſie mit Compot, rollt ſie zuſammen, beſtreicht ſie mit in etwas Milch verkläpperten Eiern, reibt Semmelmehl, wälzt die Strudeln darin um, ſo daß ſie recht dick mit Bröſeln beſtreut ſind, und bäckt ſelbe in einer Omelettenpfanne ſchön gelb und röſch.

Mit Zimmt und Zucker beſtreut, zierlich auf eine Platte gelegt, ſervirt man ſie. Wenn dieſe Strudeln mit gebackenem Apfelſchaum garnirt werden, ſehen ſie ſehr hübſch aus.

Der Apfelſchaum: Zur Garnitur einer Platte werden 3 ſchöne Aepfel, ungeſchält, gebraten. Bis ſie kalt ſind, wird von 3 Eiweis ein ſteifer Schnee geſchlagen, das Mark von den Aepfeln herausgenommen, in einer Schüſſel flaumig abgerührt, dann wird der Schnee

behutfam hineingerührt. Diefer Schaum wird in einem nicht zu heißen Ofen leicht gebacken, und ift er trocken, mit Zucker beftreut; mit einem Eßlöffel werden kleine Nockerln heruntergeftochen und eines nach dem andern um die Platte gelegt.

3. Januar.

14 Champignons Suppe.

Nachdem die Champignons geputzt und gewafchen find, werden fie in kleine Stück/ chen gefchnitten, legt fie in gut beiße Butter, feingewiegte Peterfilie und Zwiebel dazu, läßt fie dünften, beftäubt fie mit ein paar Kochlöffel voll Mehl; wenn fie mit demfelben nochmal ge/ dünftet, gießt man Fleifchbrühe lang/ fam daran und läßt fie noch ¼ Stunde kochen. Gieße Fleifchbrühe nach Bedarf daran und richte fie über Knödel oder gebähte Semmelfchnitten an. Man kann fie auch an eine Einlauf/ oder Eierfuppe gießen.

15 Rindfleifch mit eingefottenen Gurken.

Bereitung des Rindfleifches wie bei Nr. 2. Beim Anrichten wird es mit geröfteten Kartoffeln garnirt, und die Gurken werden eigens beige/ geben.

16 Bayerifche Rüben mit Schweinefleifch.

Nachdem die Rübchen geputzt und gewafchen find, werden fie mit dem Schweinefleifch zugefetzt, dadurch bekommen fie einen außerordentlich guten Gefchmack. Sind die Rüben und das Fleifch weich, fo macht man eine braune Sauce, verwendet zur felben das Rüben/ waffer, gibt die Rübchen nebft dem nöthigen Salz hinein und läßt fie gut aufkochen. Das Fleifch kommt nicht in die Sauce, fondern wird mit einem Stückchen Butter und dem nöthigen Salz in einer Bratpfanne rafch abge/ bräunt und auf einer Platte extra an/ gerichtet.

17 Fricadelle mit Spatzen.

Von einem Kalbsfchlegel wird ein fchönes Stück genommen, fo viel man braucht, abgehäutelt, gewafchen, mit Salz und weißem Pfeffer beftreut, eine kurze Beize mit ¼ Schoppen Wein, ebenfo viel Waffer, 3 Eßlöffel voll Effig, Citronen/, Zwiebel/ und gelbe Rüben/ fcheiben, Peterfilie und einigen Wach/ holderbeeren bereitet und über das Fleifch gegoffen. - Man läßt es über Nacht ftehen. Beim Gebrauch wird ein Stück gute Butter in einer Brat/ raine heiß gemacht, legt das Fleifch darein, gibt von der Beize dazu und bratet es fchön unter allmäligem Auf/ gießen. Wenn es anfängt, einzukochen,

stäubt man es mit 2 Löffel voll Mehl,
läßt es nochmal kurz kochen, gießt 1
Schöpflöffel voll sauern Rahm dazu,
und ist die Sauce noch zu dick, auch
Fleischbrühe. Die Sauce wird eigens
angerichtet.

Spatzen: Schönmehl wird mit Milch
kurz in einander vermengt in einer
Schüssel, etwas Salz, 2 Eier daran;
der Teig muß stark sein; nun kommt
derselbe durch einen Spatzenlöffel in
siedendes Wasser, sind sie fertig, in ein
kaltes; frische Butter oder Rindsschmalz
wird in einem Casserole heiß gemacht,
die Spätzchen mit Salz und Pfeffer
darin geröstet. Man kann sie auch
mit Bröseln aufschmalzen, kommen dann
aber nicht in kaltes Wasser. Nach Belieben eine Garnitur von eingerührten
Eiern.

18 Gebratene Enten mit
Endiviensalat.

Wenn die Enten geschlachtet und
gerupft sind, werden sie über
eine Spiritusflamme gehalten, damit
die feinen Haare sich absengen, dann
ausgenommen, gewaschen, gut mit Salz
und Pfeffer innen und außen eingerieben, für Braten dressirt und am
Spieß oder in einem Bratrohr, unter
öfterm Begießen mit der eigenen Sauce,
schön lichtbraun gebraten. Beim Anrichten wird die Bratsauce darüber gegossen.

Endiviensalat wie am 2. Januar.

Weichselkuchen. **19**

Man nimmt ein halbes ℔ gestoßenen
Zucker, 10 Eierdotter, 1 Loth
Zimmt, gestoßene Nelken werden ¼
Stunde gerührt, der Schnee der 10 Eier,
12 Loth geriebenes Schwarzbrod dazu
und zuletzt 2 ℔ Weichseln sammt den
Körnern darunter melirt, dann wird
der Teig auf ein ausgestrichenes, mit
geriebenem Brod bestreutes Backblech
gebracht und in einem nicht zu heißen
Rohr langsam gebacken, eine Stunde lang.

Dessertbackwerk.

4. Januar.

Einlaufsuppe mit Henne. **20**

Für 12 Personen werden 6 Kochlöffel voll Mehl, feines, in
ein kleines Töpfchen gethan
und mit kaltem Wasser fein abgerührt,
man schlägt nach und nach 3 ganze Eier
dazu und noch 3 Dotter, etwas Salz
und rührt den Teig so lange, bis er
fadendick vom Löffel fließt, läßt denselben in siedender, weißer oder brauner
Fleischbrühe einlaufen, 10 Minuten
kochen, salzt sie gehörig und richtet
sie an.

Rindfleisch mit Rahm- **21**
kartoffeln.

Man macht das Rindfleisch wie in
Nro. 2.
Ein Teller voll kleiner, rund ge-

schnittener Kartoffeln werden in gesalzenem Wasser gesotten, jedoch so, daß
sie ganz bleiben, das Wasser abgeschüttet
und zugedeckt. Unterdessen macht man
süße Butter heiß, gibt einen Kochlöffel
voll Mehl darein, 1 kleinen Zwiebel,
ein Stück rohen Schinken, einige Pfefferkörner, röstet dies 6 Minuten, daß es
aber nicht gelb wird, gießt ¼ Maß
süßen Rahm nach und nach dazu und
kocht hievon eine dicke Rahmsauce; nach
¼ Stunde wird sie über die Kartoffel
geseiht, nochmal aufgekocht und dann
angerichtet.

22 Grüne Erbsen mit gelben Rüben, Bratwürste und Schinken.

Nachdem die Erbsen aus den Hülsen
genommen, gewaschen und mit
Butter, etwas Zucker, Salz und Fleischbrühe gedünstet sind, werden sie mit 1
Löffel voll Mehl gestäubt, fein geschnittene Petersilie daran gethan, mit der
nöthigen Fleischbrühe aufgegossen, nochmal kurz aufgekocht, recht heiß angerichtet,
erhaben und mit Schinken garnirt.

Die gelben Rüben werden abgehäutet,
gewaschen, der Länge nach fein geschnitten, in Suppenfette, die man in
einem Casserole mit einem Stückchen
Zucker heiß werden läßt, mit etwas
Salz und Fleischbrühe weich angedünstet,
1 Löffel voll Mehl wird darangestäubt,
mit der nöthigen Suppe aufgegossen,
fein geschnittene Petersilie daran, Alles

kurz aufgekocht, dann die Rüben angerichtet und mit Würsten garnirt.

Gespickte Kalbsbrust 23 mit Kartoffelsalat und Kresse.

Zuerst wird eine schöne Kalbsbrust
rein gewaschen, ¼ Stunde in
siedendes Wasser gelegt, herausgenommen,
und wenn sie abgekühlt ist, an den
Enden zugeschnitten, die Oberfläche schön
gespickt, und auf folgende Art gedämpft:

Man gibt in ein passendes Casserole
ein Stück Butter, einen Zwiebel, eine
gelbe Rübe, Thymian und einige Pfefferkörner, legt die gesalzene Brust darein,
die gespickte Fläche nach oben, gießt
1 Quart Fleischbrühe und etwas Wein
daran, deckt das Casserole zu, gibt auf
den Deckel Kohlenglut, läßt die Brust
so 1¼ Stunde dämpfen unter öfterem .
Begießen der Oberfläche, daß sie im
Safte weich wird und von allen Seiten
eine schöne, glänzend braune Farbe be-
kömmt und das Gespickte schön hervor-
tritt. Die Glut auf dem Deckel muß
immer nachgegeben werden; ist die Sauce
zu dick, wird Fleischbrühe nachgegossen.

Kartoffelsalat mit Kressen: Nachdem die Kartoffeln gesotten, werden sie
heiß geschnitten, Salz, Pfeffer, eine fein
geschnittene Zwiebel dazu gegeben, mit
Essig und Öl angemacht. Die Kresse
wird extra angerichtet und der Kartoffelsalat damit garnirt.

24 Hühner mit Orangensalat.

Nachdem die Hühner geschlachtet sind, werden sie in siedendes Wasser getaucht, abgezupft, flamirt, ausgenommen, innen und außen gesalzen und gepfeffert, mit etwas Petersilie und Butter zum Braten dressirt, an den Spieß gesteckt und bei hellem Feuer unter öfterem Begießen ½ Stunde gebraten; vom Spieße abgenommen, werden sie dressirt und gleich zu Tisch gegeben.

Die Orangen werden in feine Scheiben geschnitten, auf ein Plättchen gelegt, mit Zucker bestreut, etwas weißer Wein darüber gegossen und so servirt.

25 Omelette.

Acht Eierdotter werden mit 8 Eßlöffel voll gestoßenen Zucker abgerührt, etwas Vanillezucker dazu gegeben, das Weiße der Eier zu Schnee geschlagen und mit 2 Löffel voll feinem Mehl unter die Masse gezogen. Eine Auflaufschale wird mit Butter bestrichen, die Masse hinein gefüllt, mit Zucker besäet und langsam in einem ausgekühlten Rohr ¼ Stunde gebacken; man gib sie ihrer Feinheit halber gleich zu Tische.

Dessertbackwerk.

5. Januar.

Wirsingsuppe mit Schnitten. 26

Zwei Stücke werden geputzt, von den Rippen befreit, rein gewaschen, in gesalzenem Wasser etwa 3 Minuten gesotten, abgeseiht und klein gewiegt. Ein Stück Butter wird heiß gemacht, der Wirsing darein gegeben, 2 Eßlöffel voll Mehl, fein geschnittene Zwiebel und Petersilie dazu, 6 Minuten geröstet, man gießt nach und nach Fleischbrühe daran, damit das Mehl keine Knöpfchen bildet und läßt den Wirsing ¼ Stunde aufkochen. Beim Anrichten wird diese Suppe mit 3 Eiergelb und etwas süßem Rahm legirt und über gebackene Schnitten gegessen.

Rindfleisch und Meerrettig. 27

Bereitung des Rindfleisches wie sonst.

Meerrettig in Milch: Der Meerrettig wird geputzt und aufgerieben, ein Stückchen Butter heiß gemacht, darin man 1 Löffel voll Mehl anziehen läßt, thut den Meerrettig hinein, läßt ihn ein wenig rösten, gießt die nöthige Milch daran, gibt ein Stück Zucker, etwas Salz, eine Hand voll gewiegte Mandeln dazu, läßt dies noch ¼ Stunde kochen und gibt's zu Tische.

28 Grüne Bohnen mit geräucherter Zunge.

Die Bohnen werden abgezogen, lang geschnitten und gewaschen, Butter in einem Casserole heiß gemacht, ½ Löffel voll fein geschnittene Zwiebel und Petersilie dazu, läßt dies eine Minute dämpfen, gibt die Bohnen hinein nebst Salz, Bohnenkraut und etwas Fleischbrühe, deckt sie zu und läßt sie langsam dämpfen. Sind sie weich, werden sie leicht mit Mehl bestäubt, eine gute Bratensauce und die nöthige Fleischbrühe dazu gegossen, noch 2 Minuten gedünstet, dann angerichtet.

Hammelfleisch, geräucherte Zunge und Bratwürstchen werden beigegeben. Die Zunge wird weich gesotten, abgehäutet, rund geschnitten und die Bohnen damit garnirt.

29 Blau abgesottener Hecht.

Nachdem der Hecht geputzt, gewaschen und der Schwanz in den Rachen gesteckt ist, wird er in ein passendes Geschirr gelegt, Essig, Wasser, Zwiebel, Petersilie, 1 Lorbeerblatt, Salz und weißen Pfeffer dazu, und zum Feuer gestellt; fängt er zu kochen an, zieht man ihn zugedeckt zurück, läßt ihn einige Minuten stehen und richtet ihn dann behutsam an. In die Mitte werden in Salzwasser gekochte, schön geschnittene Kartoffel gegeben, mit Butter aufge-

schmalzen und das Ganze mit Petersilie bestreut.

Lammsbraten mit Salat. **30**

Ein gut abgelegener Hammelsschlegel wird von allen Seiten mürbe geklopft, die Oberfläche mit Knoblauch gespickt, gut mit Salz und Pfeffer eingerieben, in eine Bratreine gethan, Zwiebel und gelbe Rüben, dazu Essig mit Wasser, mit guter Fette begossen und einige Stunden, unter öfterem Umwenden und Begleßen mit Fleischsuppe, lichtbraun gebraten. Mit Sauce übergossen, wird er angerichtet und mit gebratenen Kartoffeln bekränzt. —

Salat: Die Kartoffeln werden, noch warm, fein aufgeschnitten, mit Essig und Oel, Pfeffer und Salz gut vermengt und mit eigens angemachten Endivien verziert.

Dampfnudeln in Krebsbutter und Vanille Sauce. **31**

Man nimmt zwei Mäßchen Feinmehl, rührt einen kleinen Theil mit warmer Milch und einem Löffel voll Hefe an, ist er gegangen, so wird der Teig gemacht, nimmt dazu süßen Rahm, Zucker, 2 Eier, 1 Löffel voll Butter und Salz, schlägt ihn fein ab, läßt ihn nochmal gehen und macht kleine Nudeln; sind sie gegangen, so werden sie in einem Casserole, worin Krebsbutter und süßer Rahm bereitet ist, langsam gekocht.

Kurze Vanille-Sauce: Man kocht ein Stückchen Vanille mit süßem Rahm, rührt 3 Eierdotter und Zucker dazu und servirt die Sauce eigens. Dessertbackwerk.

6. Januar.

32 Gebackene Erbsensuppe.

Man nimmt 1 Mäßchen Feinmehl in eine Schüssel, brüht es mit siedender Milch zu einem starken Teig, rührt ihn ab, gibt etwas Salz zu, rührt 2 Eier daran, eines nach dem andenn, läßt ihn durch einen Spatzenlöffel passiren und backt ihn in heißem Schmalz. Sind die Erbsen fertig, werden sie mit einem Schaumlöffel herausgenommen, siedende Fleischbrühe darüber angerichtet und das nöthige Gewürz dazugegeben.

33 Italienischer Dunstbraten mit Kartoffeln.

Man nimmt einen Lungenbraten, häutet ihn, schneidet Speckstengel, steckt sie der Quere nach in den Braten, salzt und pfeffert ihn, bedeckt den Boden eines Casseroles mit Speckschnitzeln und rohen Schinken, gibt ein Glas rothen Wein, Zwiebel und 2 gelbe Rüben darein, einen Schoppen Wasser und dann den Braten zugedeckt; man läßt ihn unter öfterm Begießen 2 Stunden dünsten. Fängt er an, einzudünsten, stäubt man ihn mit 2 Eßlöffel voll Mehl, macht eine Zuckerbräune von 2 Stückchen Zucker daran, gießt Fleischbrühe nach, wenn die Sauce zu dick ist, und läßt sie nochmal aufkochen, richtet den Rostbraten an und passirt die Sauce durch ein Sieb. Den Rand kann man mit in Butter gerösteten Kartoffeln garniren.

34 Rosenkohl mit Hammels-Coteletten.

Den Rosenkohl läßt man ganz, klaubt und wascht ihn, brüht ihn ein wenig in Salzwasser, bringt ihn in einen Seiher, gießt kaltes Wasser darüber und läßt ihn ablaufen, macht in einem Casserole Butter heiß, röstet ein paar Löffel voll Mehl damit, jedoch nicht gelb, gießt siedende Fleischbrühe daran, gibt ein wenig Muskatblühe, Salz und Pfeffer dazu, legt den Rosenkohl darein und läßt ihn vollends weich kochen, rührt dabei aber nicht viel um, damit er schön ganz bleibt. Ein paar Eierdotter werden mit ein paar Löffel voll süßen oder sauren Rahm abgerührt, von der Brühe des Rosenkohls dazu genommen und so lange in einem kleinen Geschirr auf Kohlen gerührt, bis es recht heiß ist, thut dieß an den Rosenkohl und richtet an.

Die Hammelscoteletten: Man schneide aus dem Schlegel schöne Stückchen, so viel man nöthig hat, klopfe jedes recht zart, besäe es mit Salz, Pfeffer und

2*

fein geschnittenem Knoblauch, mische Bröseln mit Mehl, Salz und Pfeffer, lege die fertigen Coteletten darauf und bestreue sie damit, nehme ein passendes Casserole, mache darin Butter heiß, thue die Coteletten hinein, Fleischbrühe dazu und lasse sie zugedeckt eindünsten, gieße zuletzt ½ Schoppen saueren Rahm zu und lasse sie noch dünsten, denn das Schaffleisch ist oft alt und wird nicht gleich weich. Sind sie fertig, bildet man einen Kranz um den Kohl.

35 Forellen mit kalter Oelsauce.

Die blau abgesottenen und in ihrem Sude kalt gewordenen Forellen werden angerichtet, die Oelsauce daran und am Rande mit gebackter Fleischsulz garnirt.

Die kalte Oelsauce: Man schlägt 2 Eiergelb in eine Schale, stellt diese an einen kalten Ort, gießt 4 Loth feines Olivenöl in eine Obertasse, rührt die Eiergelb damit ab, nimmt ein größeres Gefäß, gibt dieses darein, dann eine Obertasse voll kalte, noch fließende Fleischsulz und ungefähr 4 Löffel voll Estragonessig nach und nach dazu, wie auch Citronensaft, Pfeffer und Salz. Diese Sauce muß lange gerührt werden, damit sie eine schöne, weiße Farbe erhält, dabei durchfließend und von angenehm säuerlichem Geschmack ist.

Rehschlegel mit italienischem 36 Salat.

Man nimmt den Schlegel aus der Beize, häutet ihn ab, und spickt ihn, dann wird er gesalzen, mit Zwiebeln, gelbe Rübenscheiben, 2 Zehen Knoblauch und ein paar Lorbeerblätter belegt, in eine Bratreine gethan, etwas Beize dazu gegeben und unter oftmaligem Begießen langsam gebraten. Zuletzt stäubt man einen starken Löffel voll Mehl daran und ½ Schoppen sauern Rahm, wenn dies aufgekocht hat, wird die Sauce extra angerichtet.

Chocolade-Creme. 37

Auf einen Liter Rahm nimmt man 4 Tafeln geriebene Chocolade, kocht denselben mit der Hälfte Rahm, nimmt zur andern Hälfte 16 Eiergelb und den nöthigen Zucker, schüttet dies an den Chocolade und läßt ihn beständigem Rühren so lange auf der Glut, bis er anfängt, dick zu werden und streicht ihn durch ein Sieb in die Schüssel. Zur Vorsorge kann man ihn bis zum Gebrauch auf heißes Wasser stellen. Beim Anrichten wird die Creme mit Mandeln garnirt.

Dessertbackwerk.

7. Januar.

38 Brodsuppe mit Seidenwürstchen.

Es wird das Brod geschnitten,
in guter Fleischbrühe aufgekocht, durch ein Haarsieb getrieben und mit der nöthigen Fleischbrühe
nachgegossen.

Man kann auch gelbe Rüben, fein
geschnitten und im Salzwasser abgekocht, mit der Suppe aufkochen lassen.

Die Seidenwürstchen oder Leberwürste werden in die Suppe gegeben.

NB. Man kann auch das Brod rösten,
oder in Wasser aufkochen; dann mit
2- -3 Eiergelb anrühren, einige Löffel
voll sauern Rahm dazu und die Suppe
mit Schnittlauch bestreuen.

39 Rindfleisch mit Kartoffeln
und Butter, für 12 Personen.

Fünf ℔ Rindfleisch werden bereitet
wie sonst. Die Kartoffeln werden
rein gewaschen, in Salzwasser geso-
ten, abgegossen, im Dunst noch zugedeckt. Die Butter wird durch einen
Durchschlag gestrichen in einen Teller
schön aufeinander, dann gibt es nette
Nudelchen, sie sehen prachtvoll aus und
werden mit Petersilie bestreut.

40 Wirsing mit Chalotten gedünstet, gebackenes Lammfleisch.

Vier Stück große Wirsingköpfe werden von den grünen Blättern
befreit, jedes Stück wird in 4 Theile
getheilt, von den Rippen befreit, gewaschen, in Salzwasser übersotten und
in einen Durchschlag gebracht zum Ablaufen. Man setzt einen Tiegel mit
1/4 Vierling Fette auf, schneidet 2 Chalotten und etwas Knoblauch darein,
läßt sie gut dünsten, durchschneidet die
Wirsinge einige Mal, gibt sie in den
Tiegel und läßt sie noch 1/2 Stunde
dünsten, stäubt 3 Eßlöffel voll Mehl
daran, Salz und Pfeffer dazu, gießt
mit Fleischsuppe auf, dünstet sie nochmal kurz und richtet sie dann zur Tafel an.

Gebackenes Lammfleisch: Zum Backen
ist das Beste ein Bruchstück oder ein
Rückgrat, ungefähr 2 1/4 ℔. Dieses
wird zu ordentlichen kleinen Stücken
gebackt, mit Salz und Pfeffer bestreut
und 1/4 Stunde zur Seite gestellt, daß
die Salzsäure eindringe; dann wird
Stück für Stück in Mehl umgewendet,
schnell in kaltes Wasser getaucht, in
feinen Semmelbröseln umgekehrt, in
heißes Schmalz gelegt und lichtbraun
gebacken, aber langsam, sonst würde das
Fleisch nicht auskochen. Wenn es gebacken, wird es, mit Petersilie geziert,
warm zu Tisch gebracht.

41 Ein Kalbskopf mit Weinsauce.

Wenn der Kopf ganz schön gereinigt ist, d. h. die Augen, Ohren, Maul und Nase, wird er gewaschen, in eine Serviette gebunden und zugesetzt in einem großen Topf, daß der ganze Kopf Platz hat und das Wasser, das mit 2 Maß Milch gemischt sein muß, damit der Kopf schön rein und weiß wird, über ihn geht. Dann legt man ihn in gute Fleischsuppe bis zum Gebrauch. Jetzt werden 6 Eiergelb abgerührt, nach und nach ein Schoppen Wein, 1 Löffel voll Mehl, 1 Stückchen Butter, 1 Stückchen Zucker, etwas Citronengelb daran, gibt das Alles in einen Tiegel auf die Glut und läßt's unter beständigem Rühren dickicht werden; wird sie zu dick, so muß sie mit Wein und Fleischsuppe verdünnt werden; nun wird sie über den Kalbskopf gegossen und nochmal nachgeschüttet; 2 Semmeln werden würfelig geschnitten, gelb gebacken, über den Kopf gestreut und selber schnell zur Tafel gebracht.

42 Capaunen mit Endiviensalat.

Wenn der Capaun geputzt ist, werden die Füße, die Flügel und der Kragen abgeschnitten, das Brüstchen eingedrückt, ausgelöst, der Capaun mit Salz und Pfeffer eingerieben, gut dressirt, damit er rund aussieht, an den Spieß gesteckt, langsam gebraten, stets mit Butter betropft und während er noch im Safte ist, zur Tafel gegeben. Endiviensalat wie sonst.

Apfelkuchen. **43**

Es werden 8—9 gute Aepfel geschält, schneidet sie dann klein gewürfelt und stellt sie auf die Seite. Jetzt treibt man ¼ ℔ Pfund Butter und nach und nach 12 Eiergelb darein, recht flaumig ab, gibt 1 Vierling Zucker, um 9 Pfg. feingeriebene Semmelbröseln, ¼ Quint Zimmt und die bereiteten Aepfel dazu, von 8 Eierklar den Schnee daran. Nun wird ein Becken mit Butter ausgestrichen, mit Bröseln bestreut, die Masse darein gefüllt und langsam gebacken.

Nach Belieben kann 1 Schoppen Wein mit Zucker aufgekocht und siedend darüber gegeben werden.

Dessertbackwerk.

8. Januar.

Geriebene Gerste mit Kalbs- **44** Knochen.

Zwei ganze Eier und 2 Dotter werden mit ¼ ℔ Mehl und etwas Salz zu einen festen Teig tüchtig bearbeitet und gerieben, das Geriebene wieder zusammengemacht und zum zweiten Mal gerieben; die Gerste wird dadurch so fein, daß diese Mühe reichlich belohnt ist. Man kocht sie in siedender Fleischsuppe 4 Minuten und

gibt fie, mit Schnittlauch beſtreut, zu
Tiſche.

45 Rindfleiſch mit Wirſing u. Senf.

Rindfleiſch bereitet man wie in Nr. 2.
Wirſing anderer Art: Der Wirſing wird von den Rippen geſtreift, gewaſchen, in Salzwaſſer geſotten, in einen
Durchſchlag zum Ablaufen gebracht, mit
Butter nebſt 2 Zwiebeln gedünſtet, fein
gewiegt mit Peterſilie und etwas Knoblauch, dickicht eingebrennt, mit guter
Fleiſchſuppe begoſſen und nochmal kurz
gekocht.

46 Erbſen mit Blut- und Leber-
würſten.

Ein Pfund Erbſen wird den Tag
vorher in kaltem Waſſer eingeweicht, am andern Morgen lau zugeſetzt,
mit Sellerie, Peterſilie und 1 Zwiebel
geſotten, durch ein Sieb paſſirt, in einen
Tiegel gegeben, in dem man 2 Löffel
voll Mehl mit Butter gelb geröſtet
und zu einem dicken Brei aufgekocht,
angerichtet und mit Blut- und Leberwürſten garnirt.

47 Sauerkraut mit Spatzen.

In 1 Vierling Butter mit Salz und
Zwiebel wird das Sauerkraut unter
öfterem Umwenden ½ Stunde gut gedünſtet, 1 Löffel voll Mehl daran ge-

ſtäubt, 1 Schoppen Fleiſchbrühe dazu
gegoſſen und zuletzt Bratenſauce, dann
zu Tiſch gegeben.

Die Spatzen werden bereitet wie in
Nr. 17 und zum Kraut aufgeſchmalzen
oder geröſtet. Wenn es beliebt, kann
man das Kraut damit garniren.

48 Gebratene Aalraupen mit
Kruſten.

Um die Aalraupen zu tödten, nimmt
man ein Tuch um den Fiſch, ſchlägt
denſelben öfter an den Tiſch, löſt die
Haut rings um den Kopf herum ab,
hängt ihn beim Kopf auf und zieht die
abgebogene Haut mit einem Tuch in der
Hand über den ganzen Fiſch herunter.
Derſelbe wird ausgenommen, gewaſchen,
in fingerlange Stücke geſchnitten, (die
ſtachligen Floſſen mit einer alten Scheer
weggezwickt), mit Salz und Pfeffer beſtreut, zugedeckt und 1 Stunde zur
Seite geſtellt. Nun macht man 1 Vierling Butter mit etwas Salbei heiß und
deckt ihn zu; nach ¼ Stunde ſeiht man
die zerlaſſene Butter in eine flache Pfanne,
trocknet die eingeſalzenen Aalſtücke ab,
kehrt ſie in Mehl um und bratet ſie in
der Butter. Man ſchneidet ſo viele und
große Schnitze Brod wie die Aalſtücke
ſind, bäht ſie ganz leicht, legt beim Anrichten auf jedes Brod ein Aalſtück,
drückt Citronenſaft darüber und gibt ſie
heiß zu Tiſche.

49 Gansbraten mit Selleriesalat.

Ist die Gans geschlachtet, so wird sie gerupft, flamirt, (d. i. die feinen Haare abgesengt), ausgenommen, rein gewaschen, mit Salz und Pfeffer eingerieben, in einer Bratreine mit 1 Schoppen Wasser unter öfterm Uebergießen langsam gebraten und ist sie fertig, mit gebratenen Kartoffeln bekränzt.

Der Sellerie wird gesotten, rein von der Haut befreit, in feine Scheiben geschnitten, mit Essig und Oel, Salz und Pfeffer angemacht und mit klein geschnittenem Sellerielaub verziert.

50 Griespudding mit Quittensauce.

In ½ Liter Milch kocht man ¼ ℔ Gries dick ein, läßt ihn abkühlen, treibt ihn mit ½ ℔ Butter nach und nach recht flaumig ab, rührt 10 Eiergelb einzeln daran, schlägt von 10 Eierklar steifen Schnee, nimmt ¼ ℔ gestoßenen Zucker, 4 Loth eingesottene Johannisbeeren, verrührt alles gut, streicht einen Model gut aus, bestreut ihn mit Semmelbröseln und gibt das Gerührte hinein. Ist eine Büchse vorhanden, was besser ist, so füllt man dieselbe, thut sie gut verschlossen in siedendes Wasser 1 Stunde lang, gibt dann den Pudding in die Schüssel und begießt ihn mit Quittensauce.

Die Quittensauce: Ungefähr 4 Quitten werden in einem Schoppen Wein mit 3 Loth Zucker gedünstet, 1 Mundbrod in Schnitten gebäht, 2 Minuten in kaltes Wasser getaucht, in das Gedünstete gegeben und unter öfterm Rühren verkocht ganz fein. Der Pudding wird mit Mandeln besteckt, die Sauce durch ein Sieb passirt und darüber gegossen. Sieht die Sauce nicht schön gelb aus, kann man mit Saffran nachhelfen.

Dessertbackwerk.

9. Januar.

51 Grießklößchensuppe.

Man nimmt 10 Loth schönes Rindschmalz, rührt selbes flaumig ab, 2 Eiergelb und 7 ganze Eier, jedes einzeln daran, 10 Eßlöffel voll Gries dazu und etwas Salz; man läßt dies 1 Stunde zugedeckt stehen und kann auch fein gewiegten Schinken darein geben. Die Klößchen sollen so groß wie ein Ei sein und müssen ½ Stunde sieden.

NB. Man kann sie, aufgeschmalzen, auch als Nebenspeise geben.

52 Rindfleisch mit Sauerrampfersauce.

Rindfleisch ist Nr. 2 bemerkt. Die Sauce, wie folgt: 3 Eier werden hart gesotten, sind sie kalt, die Dotter in eine tiefe Schüssel gethan, mit 2 Eß-

löffel voll Oel abgerührt, so daß es
ein feiner Brei ist, 3 Eßlöffel voll Senf
dazu, 1 Loth Zucker, eine Hand voll
Sauerrampfer, fein gewiegt und die
Sauce ist fertig; nur muß sie immer
kalt stehen.

53 Hammelobrust mit weißen Rüben.

Die Brüste werden an den Rändern
schön zugeschnitten, die Rippen
ausgezogen, die Oberfläche mit fein geschnittenem Speck gespickt, mit Salz und
Pfeffer bestreut, ¼ Stunde darnach am
Spieß oder in einem flachen, mit Speck
und einem Stück Sardelle belegten Tiegel
mit 1 Schoppen Wasser und Essig gemischt, unter öfterm Begießen zugedeckt
gebraten. Sind die Brüste schön gelbbraun, wird saurer Rahm dazugegeben
und dann recht heiß zu Tische.

Schäle schöne weiße Rüben, schneide
sie fein länglicht, gib in einen Tiegel
2 Loth Fette oder Schmalz, 1 Loth
Zucker, laß dieß schön braun werden,
gib die Rüben darein, einen Schöpflöffel
voll Fleischsuppe, etwas Salz, laß sie
zugedeckt dünsten, bis sie durchaus braun
sind. Sind sie eingedünstet, stäube einen
Eßlöffel voll Mehl daran, gieße einen
Schoppen Fleischsuppe zu und koche sie
nochmal, bis sie kurz sind und gib sie
dann zur Tafel.

Spinat mit rohem Schinken. 54

Wenn der Spinat von den Stielen befreit ist, wird er rein gewaschen, zwei
Minuten in siedendes Wasser gegeben, hierauf in einen Durchschlag. Indessen wird
Abschöpffette in einem Tiegel heiß gemacht,
der Spinat einige Mal durchgeschnitten,
darein gegeben, gedünstet mit Salz,
Pfeffer und Zwiebel, man stäubt 2 Löffel
voll Mehl daran, gießt 2 Schöpflöffel
voll Fleischsuppe auf und läßt ihn ein
wenig aufkochen. Beim Anrichten wird
er mit rohem Schinken garnirt; derselbe
muß vorher geklopft werden, daß er
mürbe wird; er wird in schöne Schnitzchen aufgelegt oder gerollt.

Schellfisch mit Butter. 55

Der Schellfisch wird geschlachtet, geputzt, gewaschen, mit Salz und
Pfeffer bestreut, der Schwanz in den
Rachen gesteckt, daß er einen Ring bildet,
in ein Casserole gelegt, Wasser, Salz
und Zwiebel daran, zugedeckt, 2–3 Minuten gekocht, zurückgenommen, herausgehoben, etwas Sauce dazu gegeben,
mit Petersilie bestreut und frische Butter
extra dazu, aufgetragen. Der Fisch darf
nur zur Hälfte im Wasser liegen, zugedeckt, kocht er oben im Dampf.

56 Fasanenbraten mit Salat.
Orangencompote.

Der Fasan wird behutsam gerupft,
rein flamirt, mit Salz und Pfeffer
bestreut, mit Butter und Citronensaft
betropft und nachdem er in Saft gebraten, gleich zur Tafel gegeben.
NB. Nach Belieben kann man den
Fasan in Speck einbinden oder spicken.

Orangencompot: Die Orangen werden
in Scheiben geschnitten, auf einer Platte
geordnet, mit Zucker bestreut und so
viel als nöthig, mit weißem Wein begossen.

57 Dampfnudeln mit Zimmtsauce.

Zwei ℔ Feinmehl werden gesiebt und
der Teig bereitet wie in Nr. 31;
man gibt die Nudelchen in ein Casserole,
worin zerlassene Butter, ¼ ℔, ein Schoppen süßer Rahm und 2 Stückchen Zucker
sind und läßt die Nudeln, sorgfältig
bedeckt, langsam kochen.

Die Zimmtsauce: 1 Ltr. süßen Rahm,
2 Loth Zucker, 1 Loth ganzen Zimmt
und etwas Citronenschale werden gekocht,
5 Eierdotter, mit Milch verdünnt, in
die siedende Sauce gerührt und dieselbe
sogleich durch ein Sieb in ein passendes
Geschirr gegeben.

Dessertbackwerk.

Schneckensuppe mit Semmel-**58**
schnitten.

Die Schnecken lasse, nachdem
sie gewaschen, in Wasser so
lange sieden wie harte Eier,
thu sie mit einer Gabel aus dem Häuschen, ziehe die schwarze Haut ab, schneide
den Kopf und den hintern Theil weg,
löse die Steine heraus, wasche sie mit
warmem Wasser einige Mal ab und
lasse sie noch ein wenig im Wasser oder
in Fleischbrühe sieden, daß sie weich
werden. Dann wiege oder hacke sie
fein bis auf einige, die man ganz läßt;
die gewiegten thu in einen Tiegel, etwas
Mehl, ein wenig gelb geröstet, daran,
Fleischbrühe darüber, würze sie mit
Pfeffer und Muskatblühe und lasse sie
noch ¼ Stunde kochen; richte sie über
weiße gebähte Semmelschnitten an, die
ganzen Schnecken lege in die Mitte und
decke sie zu, damit die Semmeln weich
werden.

NB. Man kann auch fein gewiegte
Petersilie und Citronenschalen mitrösten,
die Suppe bekommt einen bessern Geschmack. Für 2 Personen rechnet man
12—13 Schnecken und ¼ Liter Fleischsuppe. Wird sie als Fastensuppe genommen, nimmt man Wasser.

59 Lendbraten mit Macaroni.

Man nehme 5 ℔ Lungen, oder Lend,
braten, zieht die Haut ab, spickt
ihn wie einen Hasen, bestreut ihn mit
Salz und Pfeffer, gibt ihn in eine Brat,
reine, dazu einen Zwiebel, 2 Zehen
Knoblauch, gelbe Rüben, etwas Citrone,
ein Paar Lorbeerblätter, 1 Schoppen
Wasser, ⅛ Schoppen Essig und läßt
ihn auf beiden Seiten gut braten; zu,
letzt begießt man ihn mit saurem Rahm
und läßt ihn gut einkochen, richtet ihn
an und seiht die Sauce darüber.

Macaroni: ½ ℔ wird in Salzwasser
abgesotten, in einen Durchschlag gebracht,
damit das Schleimige abläuft; 1 Vier,
ling Butter wird in einem Casserole
heiß gemacht, die Macaroni, mit etwas
Salz darein gegeben, kurz geröstet und
beim Anrichten mit gerösteten Semmel,
bröseln bestreut.

60 Lunge mit Blumenkohl.

Die Lunge wird übersotten, und
und wenn sie abgekühlt, beschwert,
damit sie besser zu schneiden ist; man
schneidet sie dann länglicht fein, gibt sie
in einen Tiegel, worin in einem halben
Vierling Butter und einem Löffel voll
Rindschmalz 3—4 Löffel voll Mehl und
eine Zwiebel gelb geröstet wurden, läßt
sie 4 Minuten unter Aufrühren anziehen,
gibt Salz und Pfeffer, 1 Schoppen Wein
und die nöthige Suppe dazu und läßt

sie gut aufkochen. Beim Anrichten wird
sie mit gebackenem Blumenkohl bekränzt.

Blumenkohl gebacken: Der Blumen,
kohl wird geputzt, weich gekocht, abgeseiht
und auf ein Tuch zum Trocknen gelegt; 2
Eier werden mit einem Löffel voll Milch
verkleppert, ein Sträußchen nach dem
andern eingetaucht, in Semmelbröseln
umgekehrt und in heißem Schmalz heraus,
gebacken, schön gelb. Die Lunge damit
geziert, das nimmt sich gut aus. Man
kann auch ein Tellerchen voll auflegen
und mit feingeschnittener Petersilie be,
streuen, die Sträußchen müssen aber
rösch gehalten werden.

NB. Milch wird zu den Eiern ge,
nommen nur aus Ersparniß.

61 Wienerschnitzeln mit Kartoffeln
in Petersilie gedünstet.

Es werden 3 ℔ Kalbfleisch vom
Schlegel mürbe geklopft, in dünne
Schnitzen geschnitten in der Größe eines
Thalers, mit Salz und Pfeffer bestreut,
in frischer Butter gelbbraun gedünstet,
auch klein geschnittenes Petersiliegrün
darein; sind sie weich, werden sie ange,
richtet und mit Kartoffeln garnirt.

Die Kartoffel werden roh geschält,
klein gewürfelt, geschnitten, gewaschen,
in eine dicke Bratensauce mit Fette ge,
geben, 1 Schoppen Wasser, 1 Schöpf,
löffel voll Fleischsuppe, Salz und Pfeffer
dazu, gedünstet, zuletzt 3 Löffel voll
fein geschnittener Petersilie daran und
gibt sie nun zu Tisch.

3*

62 Hecht mit Kreen.

Nachdem der Hecht geschuppt und gewaschen, wird er gesalzen, in schöne Stücke geschnitten, in gutem Weinessig mit Salz, Pfeffer, Zwiebel und 2 Lorbeerblätter abgesotten, schnell in die Schüssel gegeben, aufgeriebener Kreen darüber gestreut, vom Sud des Hechtes 2 Schöpflöffel voll in die Schüssel, dieselbe wird zugedeckt, ein wenig stehen gelassen und dann zu Tisch gebracht.

63 Eine Gans mit Endiviensalat.

Wenn die Gans rein geputzt ist, wird sie mit Salz und Pfeffer eingerieben, in die Reine gegeben. in schöner Farbe gebraten und mit Endiviensalat zu Tisch gegeben.

64 Italienisches Compot von Aepfeln.

Man nimmt gute, geschälte Aepfel, schneidet sie in kleine Schnitze, dünstet sie mit Wein und Zucker weich; ist Sauce daran, gießt man selbe ab, läßt sie in einem kleinen Tiegel dick einkochen, bis sie nicht mehr fließend ist und rührt sie zu den gekochten Aepfeln, richtet das Compot auf einer Platte, einem Berge gleich hoch auf, überstreut's mit Zucker, brennt es mit einer kleinen glühenden Schaufel ringsumber auf, besteckt den Berg zierlich mit eingesottenen Früchten, als Johannesbeeren in Träubchen, Stachelbeeren und gibt ihn zur Tafel, mit Mund-Confect bekränzt.

65 Gefrorenes von schwarzem Kaffee.

Man macht einen guten schwarzen Kaffee, mit Hausenblasen klarifirt, seihe ihn rein ab, gibt Zucker zu, daß er wohl süß ist, auch ein Stückchen Vanille kann man mitkochen und gießt den Kaffee in die Gefrierbüchse. Hat man das Eis in Stücken, so zerschlägt man es, legt davon auf den Boden, streut eine Hand voll Salz darauf, stellt die Büchse hinein, gibt um die Büchse herum zerschlagenes Eis, bis der Kübel voll ist, der Deckel der Büchse jedoch muß frei sein, damit man dieselbe stets drehen kann; man muß sie schnell drehen und auch öfter hineinsehen um das, was sich an der Büchse anlegt, mittels einer kleinen Schaufel abzulösen. Man muß, wie bei jedem Gefrorenen, Acht haben, daß es nicht eisig wird, sondern fest und doch fein und mild wie Butter ist, und dies geschieht nur durch fleißiges Rühren und wiederholtes Ablösen. Ist es gefroren, nimmt man es heraus, läßt es in der Büchse oder gibt es in einen dazu bestimmten Model. Gibt man es zur Tafel, so nimmt man es theilweise heraus auf die dazu bestimmten Tassen. Dies Gefrorene ist einfach, aber köstlich.

Dessertbackwerk.

11. Januar.

66 Erbfenfuppe mit Bähfchnitten.

Eine halbe Maß dürre Erbfen werden verlefen, gewafchen, über Nacht eingeweicht, mit kaltem Waffer zugefetzt und weich gekocht, daß man fie durch ein Sieb ftreichen kann. ¼ ℔ Butter wird mit 4 Kochlöffel voll Mehl gelb geröftet, mit den durchgetriebenen Erbfen und der nöthigen Fleifchbrühe aufgefüllt und über Semmelfchnitten oder beliebige Knödel angerichtet.

67 Rindfleifch mit Rahmkartoffeln.

Rindfleifch wie in Nr. 2. Die Kartoffeln werden gefotten, in Würfel gefchnitten, eine braune Sauce daran gemacht und beim Anrichten eine Taffe fauerer Rahm dazu gerührt.

68 Kohlraben mit Schinken.

Junge Kohlraben werden gefchält, in 2 Theile gefchnitten. in Salzwaffer überkocht, in frifcher Butter weich gedünftet, 2 Löffel voll Mehl daran geftäubt, gefalzen und gepfeffert, man gießt die nöthige Fleifchbrühe daran und läßt fie kurz einkochen, beftreicht die Schüffel, in der die Kohlraben aufgetragen werden, mit Butter, gibt eine Lage Kohlraben darein, belegt diefe mit gekochtem magern Schinken, ganz dünn

gefchnitten und wiederholt dies 3—4 mal, gießt 3 mit guter Suppe abgerührte Eiergelb darüber, ftellt fie ¼ Stunde in ein nicht zu heißes Rohr und gibt fie zu Tifche.

NB. Wenn man die Kohlraben ganz überkocht, werden fie beffer; doch, ehe man fie zum Dünften gibt, werden fie klein gefchnitten.

Fricandellen mit Sauerampfen. **69**

Es werden die Fricandellen aus einem Kalbsfchlegel gefchnitten zu 3 Stücken, eines aus der Nuß, eines aus dem Kaiferbein, das dritte aus der Oberfchale, diefe dürfen handgroß fein, jedoch etwas länger, Haut und Nerven müffen ausgezogen werden, die Stücke dann blanchirt und fein mit Speck gefpickt. Laß Fette in einem Tiegel heiß werden, gieß ¼ Schoppen Wein und 1 Schoppen gute Fleifchbrühe darein, mehreres Wurzelwerk, 2 Zwiebel dazu, gib die mit Salz und Pfeffer beftreuten Fricandellen hinein und laß fie weich kochen. Vor dem Anrichten kehre fie in einer Klare um, damit fie braun werden und einen fchönen Glanz bekommen, dann lege fie auf die angerichteten Sauerampfen.

Die Sauerampfen klaube, wafche und wiege fein, dünfte fie wie den Spinat in Butter oder Fette, ftäube einen Kochlöffel voll Mehl daran, Salz und Pfeffer, gieße etwas Fleifchfuppe auf, laß fie 2 Minuten kochen, daß fie fchön bleiben

und durch längeres Dünsten den Geschmack nicht verlieren.

70 Hühner mit Endivien.

Es werden 3—4 Hühner geschlachtet, in siedendes Wasser getaucht, gerupft, flamirt, ausgenommen, das Brustbein eingedrückt, Leber, Magen und ein Stückchen Butter in den Körper geschoben, mit Pfeffer und Salz bestreut, dressirt und an dem Spieß gebraten, mit Endivensalat, weichen Eiern und Kirschencompot servirt.

71 Traubenkuchen.

Sechs Eier werden mit ¼ ℔ Butter abgezogen, mit ⅛ Vierling feingeschnittener Mandeln, 1 Löffel voll Citronen- und soviel Pomeranzenschalen, 1 Kaffeelöffel voll Zimmt und dem Gelben einer Citrone flaumig abgerührt; die Hälfte wird auf ein mit Butterteig belegtes Blech gefüllt. mit Traubenbeeren belegt, die zweite Hälfte darüber gezogen und der Kuchen bei guter Hitze gebacken. Dessertbackwerk.

12. Januar.

72 Hirnknödelsuppe.

Ein Kalbshirn wird gewaschen, abgehäutet, mit zerflossener Butter abgerührt bis sich Alles angenommen, mit 2 Eiern, eine Kaffee-

schale voll Milch, Semmelmehl, Salz und Muskatblüthe vermengt, Petersilie und etwas Citronenschale dazu, bis der Teig recht ist; forme Knöpflein und laß sie in Fleischbrühe aufkochen. Man kann sie auch in Schmalz backen, nimmt dann weniger Milch, aber 1 oder 2 Eier mehr.

Rindfleisch mit Zwiebelsauce. 73

Rindfleisch wie sonst. Zwiebelsauce wird bereitet wie in Nr. 9. Beim Anrichten derselben gibt man 2 Löffel voll Senf dazu und seiht die Sauce.

Gansleberwurst mit Blumen- 74 kohl.

Eine Gansleber wird gehäutet, fein gewiegt mit 2 Zwiebeln, Pfeffer, Salz, Majoran, dem Herzen und Magen der Gans (letzterer muß zuvor gesotten werden) und einem Lorb Gansfette dazu, auf ein Kalbsnetz gestrichen, dasselbe zusammengerollt, unten und oben sorgfältig eingeschlagen, mit Spagat umschlungen und locker gebunden. In einem Tiegel mache 2 Lorb Gansfette heiß, gib die Wurst darein, laß sie ¼ Stunde gelb dünsten, (man kann auch 3 Löffel voll Fleischbrühe mit eindünsten lassen), binde sie auf und gib die eigene Sauce darüber.

Diese Wurst ist allen andern vorzuziehen, denn sie ist besonders fein.

Der Blumenkohl wird rein geputzt,

abgesotten, in weiße Einmachsauce gelegt, darin 10 Minuten gekocht und beim Anrichten mit 3 Eiergelb legirt.

75 Ein gebratener Aal, Endiviensalat und Sardellensauce.

Ist der Aal getödtet, so nagelt man ihn durch den Kopf auf den Tisch (halten kann man ihn nicht), schneidet um den Kopf herum die Haut ab, zieht selbe ganz herab, nimmt ihn vom Tisch, hält ihn über glühende Kohlen bis man mit einem Tuche das noch an dem Fisch sich befindende Häutchen abziehen kann, salzt und spickt ihn abwechslungsweise mit Salbeiblätter und Speck, schneidet ihm den Kopf ab, rollt ihn rund zusammen, legt ihn in eine Bratreine, übergießt ihn mit zerlassener Butter, bratet ihn in einem Rohr und betropft ihn öfter mit Butter und Citronensaft. Man kann den Aal auch mit Semmelbröseln bestreuen, läßt ihn dann nochmal Farbe nehmen, gibt ihn in die Schüssel, die Sauce, in der er gebraten wurde, kalt; Essig und Oel dazu und nach Belieben Endivien.

76 Rehbraten mit grünem Salat.

Ein Ziemer oder Schlegel wird gehäutelt, gespickt, mit Salz und Pfeffer eingerieben, 1 Stunde stehen gelassen, daß sich die Salzsäure einsaugt, in eine Bratreine mit Butter oder Speck gelegt, nebst Zwiebel, gelbe Rüben

und Salbeiblätter, mit ¼ Schoppen Essig begossen und im Rohr lichtbraun gebraten. Gib das Wildpret mit der eigenen Sauce zu Tische, dazu beliebten grünen Salat.

77 Mandelpudding mit Fruchtsauce.

Acht Loth Mehl werden mit 1½ Schoppen Milch abgerührt, mit 5 Loth Zucker versüßt, aufs Feuer gestellt und unter beständigem Rühren wird ein Teig daraus gekocht; laß den Teig erkalten, rühre 4 Loth Butter, 8 Eiergelb nach und nach dazu, schlage das Weiße zu Schnee, menge es mit 4 Loth länglicht geschnittenen Mandeln in die Masse, fülle dieselbe in eine passende, mit Butter ausgestrichene Form, stelle diese in ein Casserole, worin siedendes Wasser und koche selbes langsam eine Stunde. Nach Belieben gib Früchtensauce dazu.

Dessertbackwerk.

13. Januar.

Maultaschensuppe. **78**

Mache einen gewöhnlichen Nudelteig, roll ihn aus, laß ihn ein wenig anziehen, unterdessen wiege kaltes Fleisch, Zwiebel, Petersilie, Citronenschalen, dünste das mit Butter, etwas Fleischbrühe, Citronensaft und eine Hand voll Semmelmehl,

laß es erkalten, schneide aus dem Nudelteig viereckige oder runde Stücke, belege
jedes mit 1 Löffel voll Gedünstetem,
schlag es doppelt zusammen, lege sie in
heiße Fleischbrühe und laß sie ¼ Viertelstunde kochen, habe dabei Acht, daß sie
nicht aufgeben und richte sie, mit Schnittlauch und Muskatnuß bestreut, an.

79 Rindfleisch mit Meerrettig in der Fleischbrühe.

Rindfleisch wie gewöhnlich.

Meerrettig: Derselbe wird geputzt, gerieben, mit Semmelmehl gemischt, in ¼ Loth heiße Butter gegeben,
Salz, ein Stückchen Zucker dazu, 3
Minuten gedünstet, mit einem Löffel
voll Mehl gestäubt, nochmal aufgekocht
und dann aufgetragen.

80 Blaukraut mit Pöckelfleisch.

Zwei bis drei Köpfe Blaukraut
werden geputzt, gehobelt, schnell
gewaschen, daß es nicht zu viel Farbe
verliert, in heißes Schwein- oder Gansfett gegeben mit ⅛ Schoppen Wein,
eben soviel Fleischbrühe und etwas Salz,
weich gedünstet, mit einem Löffel voll
Mehl gestäubt, mit Wein und Suppe
nebst 2 Löffel voll Essig aufgegossen
und nach Belieben mit gedünsteten
Kastanien geziert.

Das Pöckelfleisch wird 10 Tage in
Salz und Wachholderbeeren, Zwiebel
und Knoblauch in einem Schraubkübel
eingepöckelt. Nimm einen Schlegel, salz
ihn gut, laß ihn ¼ Stunde stehen,
spick ihn auf beiden Seiten mit Knoblauch, gib ihn in eine Bratpfanne, schneide
4 Loth Butter auf die Oberfläche, stell'
den Schlegel in das Rohr und brate
ihn unter öfterm Begießen, gib Zwiebel,
Gränzeug, ½ Schoppen Essig und 2
Löffel voll gestoßene Brodrinde dazu,
laß ihn gut braten und gieße beim Anrichten die Sauce durch ein Sieb darüber.

NB. Sollte das Pöckelfleisch zu alt
sein, so muß man es vor dem Spicken
mürbe klopfen.

81 Ochsenzunge mit Winterkohl.

Zuerst wird die Zunge gewaschen,
in Salzwasser gesotten, ½ Stunde
zurückgestellt, dann herausgenommen,
abgehäutet, in der Mitte getheilt, in
ein flaches Casserole mit heißer Butter
so gelegt, daß sie ein Herz bildet, mit
Salz und Pfeffer bestreut, ein wenig
gedünstet, so, daß ihre Farbe blaßgelb
bleibt und herzförmig auf einer Platte
angerichtet, mit Petersilie garnirt.

Winterkohl: Derselbe wird von den
Rippen gestreift, gewaschen, in Salzwasser gesotten, in einen Durchschlag
gebracht, ausgedrückt, fein gewiegt, in
heißer Butter nebst Salz und Pfeffer
gedünstet, mit 2 Löffel voll Mehl gestäubt, mit Bratensauce und der noch
nöthigen Fleischbrühe aufgegossen, kurz
aufgekocht und zu Tisch gegeben.

82 Schwarzwildpret mit Pasteten.

Nimm ein Stück Hirschziemer, koche es mit Zwiebel, Nelken, Lorbeer, blätter und Wachholderbeeren in halb Essig, halb Wasser; ist es weich, so gib es in eine Schüssel, röste fein geschnittene Zwiebel und eine Hand voll Semmel, bröseln mit einem Löffel voll gestoßenen Zucker hellbraun und bestreue damit dick das Wildpret.

Pasteten: Es werden vom Butter, teig, (der am 22. Februar bemerkt ist), nachdem er Messerrücken dick ausgerollt ist, runde Blätter ausgestochen, auf ein Blech gelegt, mit Eiergelb bestrichen, wieder kleinere Blätter ausgestochen, die Ränder, die von denselben abfallen, ebenfalls mit Eier bestrichen und auf die größern ge, legt, die kleinern Blätter auch mit Eier bestrichen, auf das Blech gelegt und schön aus einem gebeizten Rohr gebacken. Die Pastetchen werden gefüllt mit Einge, sottenem und die kleinen Blätter als Deckel aufgelegt.

83 Enten mit Endiviensalat.

Die Enten sind Nr. 18 bemerkt. Endiviensalat wie gewöhnlich; auch wird Kirschencompot dazu gegeben.

84 Reisauflauf.

Ein halbes ℔ Reis wird in Wasser gut aufgelöst, in einem Liter guter Milch trocken eingekocht; ist er

ausgekühlt, mit ⅛ ℔ Butter abgerührt, dazu 6 Eiergelb nach und nach, das zu Schnee geschlagene Weiße, 4 Loth Zucker und 4 Loth eingesottene Johannesbeeren. Nun wird ein Auflaufmodel hergerichtet, die Masse hineingefüllt und langsam gebacken, dann in eine Reisschüssel ge, stürzt und mit Zucker bestreut, servirt.

Dessertwerk.

14. Januar.

85 Bratklößchen zur Suppe.

Drei Viertel ℔ Kindsbrät wird mit ⅛ Schoppen Milch gut abgerührt, 2 bis 3 Kreuzer, semmel werden gerieben und mit 3 Loth zerlassener Butter oder Fette, 2 Eier, feingewiegte Citronenschale und Peter, silie und Zwiebel, Salz, Pfeffer und Muskatnuß und noch ⅛ Schoppen Milch zum Brät gerührt, kleine Knödel daraus geformt, in siedendem Salzwasser ¼ Stunde gekocht, mit einem Schaumlöffel herausgenommen, in die Suppenschüssel gethan und mit siedender Fleischsuppe begossen.

NB. Bei den Klößchen kann man stets als Probe eines kochen, sind sie zu leicht, muß mit Semmelmehl, sind sie zu fest, mit Milch nachgeholfen werden.

86 Rindfleisch mit Sardellensauce.

Rindfleisch wie sonst. Die Sauce: 4 Stück Sardellen werden rein geputzt, von den Gräten

gelöst, mit 2 Zwiebeln fein gewiegt, in einem Casserole, worin 1 Eßlöffel voll Mehl in Butter gelb geröstet, mit fein, geschnittenem Petersilie 3 Minuten ge, röstet, der nöthigen Fleischbrühe nebst Salz, Pfeffer und 1 Löffel voll Essig aufgegossen, nochmal aufgekocht und dann angerichtet.

87 Bodenrüben mit Schweinfleisch.

Das Schweinefleisch wird weich ge, dünstet, mit Salz, etwas Kümmel, 2 Zehen Knoblauch und 1 Schoppen Wasser, so, daß es eine schöne Farbe hat, zurück, gestellt, ein Schöpflöffel gekochte Rüben dazu gegeben, daß es einen guten Rüben, geschmack annimmt, und zugedeckt.

Die Rüben werden geschält, in läng, lich feine Streifen geschnitten, gewaschen, in Schweinfett und 1 Schoppen Fleisch, brühe gedünstet, sind sie weich, von 2 Stückchen Zucker, eine Bräune dazu gegeben und 2 Löffel Mehl, noch ein wenig gedünstet, die nöthige Fleischbrühe aufgegossen, kurz eingekocht, angerichtet und mit dem Schweinefleisch, das zu runden, handgroßen Stücken transchirt ist, bekränzt.

88 Wirsing mit Schinken.

Der Wirsing wird von den Rippen befreit, gewaschen, gesotten, nach dem Ablaufen etliche Mal durchschnitten,

in heißer Butter mit Salz und Pfeffer gedünstet ein paar Minuten, mit 1 Löffel voll Mehl gestäubt und nochmal kurz eingekocht. Jetzt wird ein Backblech mit Butter bestrichen, eine Hand voll Bröseln darauf gestreut, eine Lage Wirsing darein gethan, mit Schinkenschnitten bedeckt, wieder kommt Wirsing, darauf Schinken und so fort bis der Wirsing gar ist; 2 Eiergelb werden mit ¼ Schoppen Fleischbrühe vermengt, darüber gegossen, das Blech ins Rohr gestellt und ¼ Stunde anziehen lassen; der Wirsing wird dann herausgestürzt, eine weiße Buttersauce darüber gegossen und zu Tisch gegeben.

Kalbskopf mit Bröseln und **89** Kressesalat mit Eier.

Bereitung des Kopfes wie in Nr. 41 angegeben.

Ist er weich und gereinigt, so wird er auf eine Platte gelegt, mit Salz und Pfeffer bestreut, mit gerösteten Semmel, bröseln überzogen und mit Petersilielaub bekränzt. Die Gartenkresse wird mit Salz und Pfeffer, Essig und Oel ange, macht und damit ein Kranz um den Kopf gelegt.

Hasenbraten mit grünem Salat **90** und Aepfelcompot.

Der Hase wird dressirt, abgehäutet, fein gespickt, mit Salz und Pfeffer bestreut, einigen Speckscheiben belegt,

mit ⅛ Schoppen Essig und so viel
Wasser begossen, Zwiebel, gelbe Rüben
und Grünzeug dazu, in einem Rohr
schön braun und langsam gebraten und
mit Salat zu Tisch gegeben.

Aepfelcompot: Schöne Borsdorfer
Aepfel werden geschält, in ein Casserole
gegeben, worin 3 Stückchen Zucker schön
gelb gebräunt sind, ⅛ Schoppen Wein
und etwas Wasser dazu, behutsam gedünstet, daß sie ganz bleiben; sind sie
weich, mit länglich geschnittenen Mandeln
gespickt und zierlich angerichtet.

91 Aufgegangene Omelette.

Sechs Eier, 3 Loth Zucker, das zu
Schnee geschlagene Weiße, werden
verrührt, in einer Omelettenpfanne drei
Flädlein davon gebacken, jedoch muß
man zart damit umgehen, weil sie zu
fein sind. Ein Auflauftopf oder ein
Teller wird mit Butter ausgestrichen,
mit Bröseln bestreut, ein Flädchen
darauf gelegt, bestrichen mit Eingesottenem, das zweite darauf gelegt,
wieder bestrichen, das dritte darauf,
dann in ein nicht zu heißes Rohr gestellt,
daß es anzieht, (backen darf es nimmer),
man bestreut es mit Zucker und gibt
es zu Tische.

15. Januar.

Reissuppe mit Henne. 92

Ein halbes Pfund Reis wird
gewaschen, in Wasser aufgelöst, mit Fleischsuppe aufgegossen, so oft der Reis dick ist, man
trägt sie auf dickicht oder flüssig nach
Belieben, fricasirt sie mit 2 Eiergelb
und bestreut sie mit Schnittlauch.

Rindfleisch mit Kartoffelschnitz. 93

Rindfleisch wie sonst.
Kartoffelschnitze: Schäle rothe
Kartoffel, diese bleiben am besten ganz,
schneide sie in längliche Schnitze, wasche
sie, gib sie in ein Casserole, das nöthige
Wasser mit Salz dazu, laß sie kochen,
aber nicht verkochen, gieß sie ab, gib
sie in eine Schüssel, überzieh sie mit
gerösteten Semmelbröseln und Zwiebeln
und trage sie schön geordnet auf.

Weiße Bohnen mit gebackenen 94 Kalbsbriesen.

Die Bohnen werden geklaubt, über
Nacht in Wasser geweicht, am
Morgen zugesetzt mit Wasser und Salz
und weich gekocht. Röste in einem
Casserole Butter oder Fette mit 3 Löffeln
voll Mehl, 1 Löffel voll Zwiebel schön
gelb, lösche es mit Fleischbrühe und 1
Schoppen Essig ab, schütte dies an die
Bohnen und laß sie noch ¼ Stunde
kochen.

4*

Die Briefen werden gewaſchen, in
Fleiſchbrühe kurz geſotten, abgeháutet,
ſchöne, runde Stücke daraus gemacht,
mit Salz und Pfeffer beſtreut, in Semmel=
bröſeln umgekehrt, aus heißem Schmalz
hellbraun gebacken und die Bohnen
damit garnirt.

95 Sauerkraut mit Schinkenflurt.

Das Kraut wird ¼ Stunde in
Butter gedünſtet, mit 2 Löffel
voll Mehl geſtáubt, nochmal gedünſtet,
1 Schöpflöffel voll Suppe daran, dann
2 Minuten aufgekocht. Jetzt wird ein
Blech mit Schmalz beſtrichen, mit Bröſeln
beſtreut, eine Lage Kraut darauf ge=
breitet, dann fein geſchnittener Schinken,
wieder Kraut und Schinken, bis kein
Kraut mehr vorhanden iſt; das Ganze
wird ¼ Stunde in das Rohr geſtellt,
bis ſich eine gelbe Kruſte zeigt, heraus=
geſtürzt und mit Schinken garnirt zu
Tiſch gegeben.

96 Hecht, gedünſtet mit Kartoffeln.

Der Hecht wird geſchlachtet, ſein
Blut ſorgfältig geſammelt, dann
geſchuppt, ausgenommen, gewaſchen, der
Schwanz in den Rachen geſteckt, mit
Salz und Pfeffer beſtreut und 1 Stunde
ſtehen gelaſſen; thu auch 2 Zwiebel,
2 gelbe Rüben in Scheiben geſchnitten,
Peterſilielaub und 3 Salbeiblätter daran
und decke den Hecht zu. Nach einer
Stunde ſtellt man den Fiſch zum Dünſten

auf, gießt fleißig mit 1 Vierling Butter
nach und läßt ihn ¼ Stunde dünſten,
ſtáubt 1 Löffel voll Mehl daran und
gibt 1 Schoppen Eſſig mit Waſſer darein,
legt den Fiſch auf die Platte und
hált ihn warm und bedeckt; mache in=
deß die Sauce fertig, laß das Ange=
richtete noch ¼ Stunde kochen, gieß
½ Schoppen ſauern Rahm dazu, laß
ſie nochmal aufkochen, richte ſie durch
ein Sieb über den Fiſch, gib klein ge=
ſchnittene, in Salzwaſſer gekochte Kar=
toffel in die Mitte, beſtreue ſie mit
geſchnittenem Peterſilielaub und gib ſie
zur Tafel.

NB. Der Fiſch muß beim Dünſten
zuerſt auf den Rücken gelegt werden
4 Minuten lang, leg ihn dann auf den
Bauch, bis er fertig iſt; man kann beim
Kochen der Fiſche die Zeit nicht be=
ſtimmen, wie lang; wenn die Augen
ausfallen iſt der Fiſch fertig, nur nicht
lange kochen, ſonſt werden ſie hart und
trocken.

Gefüllte Kalbsbruſt mit En= **97**
divien und Compot.

Allererſt wird die Bruſt von den
Rippen befreit, das Háutchen,
in welchem die Rippen eingeſchloſſen,
durch einen Schnitt entzweit, die Rippen,
aufwárts gewendet, ausgezogen, die
Bruſt untergriffen, ſchön an den Seiten
zugeſchnitten und gewaſchen. 2 Semmeln
werden gerieben und mit ¼ Vierling
Butter, 1 Löffel voll Schmalz, 2 große

Eier, Salz, Pfeffer, Peterſilie, 3 Eßlöffel voll Milch verrührt, ¼ Stunde
ſtehen gelaſſen und dann in die Bruſt
gefüllt. Dieſelbe wird zugenäht, in eine
Bratreine gegeben, mit Salz und Pfeffer
eingerieben, mit Butterſchnitzchen belegt
und langſam unter oftmaligem Begießen
gebraten, beim Anrichten wird die Sauce
darüber geſeiht.

Endivien wie ſonſt.

Pfirſichcompot: Schöne Pfirſiche werden entzweit, die Kerne herausgenommen
und in einem Caſſerole behutſam geordnet,
½ Schoppen Wein, ſo viel Waſſer, 2
Loth Zucker daran und ſchön gedünſtet.
Sind ſie weich, ſo ordne ſie zierlich in
das bereitete Geſchirr und gib ſie zur
Tafel.

98 Zwetſchgenkuchen.

Mache einen Bröſelteig, rolle ihn
Meſſerrücken dick aus, lege ihn
auf ein mit Bröſeln beſtreutes Backblech,
belege ihn mit geſchälten, ausge-
ſteinerten, entzweiten Zwetſchgen, backe
ihn in gut heißem Rohr und beſtreue
ihn mit Zucker und Zimmt.

Bröſelteig: ½ ℔ Mehl, 2 Eiergelb,
1 ganzes Ei und 1 Vierling Butter
werden gebröſelt, 3 Loth geſtoßenen
Zucker dazu, dann zuſammengewirkt,
ausgewalcht, zuſammengeſchlagen, wieder
ausgewalcht und ſo 4 mal; nun läßt
man den Teig unter einem Tuch raſten;
er kann 2—3 Tage aufbewahrt werden.

Deſſertbackwerk.

16. Januar.

Kräuterſuppe mit Klößchen. 99

Eine Hand voll Körbelkraut,
ſo viele Sauerrampfen, etwas
Peterſilie werden gewaſchen
und mit einer Zwiebel fein gewiegt, mit
½ Vierling Butter gedünſtet, 2 Kochlöffel voll Mehl dazu gethan, mit Fleiſchbrühe unter ſtetem Umrühren aufgegoſſen
und ¼ Stunde gekocht. Thue in die
Suppenſchüſſel 2 Eiergelb, verrühre
ſie mit 2 Löffel voll ſauern Rahm und
richte die Suppe darin an; gib gebähte
Semmelſchnitten oder Markklößchen,
oder Geigenklöschen hinein und trage
ſie mit Muskatnuß beſtreut auf. Als
Faſtenſuppe gib ſtatt Fleiſchbrühe Waſſer
zu und mehr Kräuter.

Rindfleiſch mit Kappern- 100 ſauce.

Rindfleiſch wie ſonſt.
Mache Butter heiß, laß 1 Löffel
voll Mehl mit Zwiebel hellbraun werden,
löſche mit Fleiſchbrühe, gib ½ Schoppen
Wein, 2 Loth Kappern darein
und laß ſie aufkochen; gib ſie dann zum
Rindfleiſch.

Hammelsbruſt mit weißen 101 Rüben.

Die Bruſt wird geputzt, geklopft,
gewaſchen, auf der Oberfläche geſpickt, geſalzen, gepfeffert, in ein Caſſerole

gelegt, ¼ Schoppen Eſſig, 1 Schoppen Waſſer daran und 2 Stunden gedünſtet. Dünſtet ſie ein, ſo gießt man Fleiſchbrühe nach, beim Anrichten gibt man die eigene Sauce darüber.

Noch Rüben: Die Rüben werden geſchält, in Streifen geſchnitten der Länge nach und ins Waſſer gelegt. Gib ¼ Vierling Fette in ein Caſſerole, 3 Löffel voll geſtoßenen Zucker, laß ihn hellbraun werden, gib die Rüben darein, 2 Schöpflöffel voll Fleiſchbrüh dazu und laß ſie weich dünſten, ſtäube 2 Eßlöffel voll Mehl daran, gieß die nöthige Fleiſchſuppe auf, laß ſie nochmal einkochen und gib ſie mit Senf gemiſcht zur Tafel.

Spinat mit Eier-Omeletten. 102

Der Spinat wird geklaubt, von den Stielen befreit, gewaſchen, geſotten, zum Ablaufen in einen Durchſchlag gebracht, mit einem Zwiebel gewiegt, in ein Caſſerole gegeben, worin 3 Löffel voll Mehl mit Butter oder Fette geröſtet wurden, darin gedünſtet, Salz, Pfeffer, die nöthige Fleiſchbrühe dazu gegeben, nochmal aufgekocht und mit Eier-Omeletten garnirt zu Tiſch gebracht.

Eier-Omeletten: Gib etwas Schmalz in ein Pfännchen, ſchlage ein Ei in eine Taſſe, gib Salz und Pfeffer dazu und ſchütte es in das heiße Schmalz, laß es ſchön auflaufen und ſo lang beim Feuer, bis ſich am Rande ein gelbes Kränzchen bildet. Iſt das geſcheben, ſo nimmt man es heraus und backt die andern.

Gansleber in Madeira 103 Sauce.

Eine ſchöne Gansleber wird abgehäutet, mit Salz und Pfeffer beſtreut, in ein Caſſerole, worin 3 Löffel voll Gansfett ſind, gelegt, zuvor in ſchöne Schnitze getheilt, eine Zwiebel dazu, langſam gekocht, 2 Löffel voll Bröſeln daran, die Madeiraſauce darüber und zu Tiſch gegeben.

Die Madeiraſauce iſt Nr. 5 bemerkt.

Faſanenbraten mit Brunnen- 104 kreſſe anderer Art.

Der Faſan muß in ſeinen Federn im Winter 3—4 Tage hangen, daß er mürbe wird. Hierauf wird er gerupft, flamirt, ausgenommen, ausgewaſchen, gut eingeſalzen, dreſſirt und mit geſchnittenen Speckſcheiben eingebunden, am Spieß oder im Rohr gebraten, ehe er ganz fertig iſt, wird er aufdreſſirt, der Speck weggenommen, von außen noch gut geſalzen, abermals ¼ Stunde in das Rohr geſtellt, dann wird er angerichtet und mit in Eſſig und Oel angemachten Brunnenkreſſen garnirt; ſervire nach Belieben ein Compot.

105 Dampfnudeln mit Vanillesauce.

Bereitung der Dampfnudeln wie in
Nr. 31.
Vanille-Sauce: 1 Schoppen gute
Milch, ½ Schoppen süßer Rahm und
1 Stengel Vanille werden abgesotten
und zurückgestellt, gut zugedeckt, daß
der feine Geist der Vanille nicht ausdünstet. 3 Eiergelb werden mit 1 Eßlöffel voll kalter Milch verrührt, die
Vanille-Milch wird nochmal zum Sieden
gebracht und an die Eiergelb nebst beliebigem Zucker gerührt.
Dessertbackwerk.

17. Januar.

106 Blumenkohlsuppe mit
Krusten.

Der Blumenkohl wird in schöne
Röschen getheilt, in Wasser
gekocht und in einen Durchschlag gethan. Gib ein Stück Butter
oder Fett in ein Casserole, laß 2 Löffel
voll Mehl gelb rösten 2 Minuten lang,
gieß einen Löffel Suppe daran, rühr
es fein ab, gieß nach und nach 2½ Ltr.
Fleischsuppe daran, gib den Blumenkohl
darein, fricasire sie mit 3 Eiergelb und
gib geröstete Semmelschnitten darein.

107 Roß Beefsteak mit Kartoffeln.

Schneide aus einem Stück Lenden-
braten fingerdicke Streifen, schlage
sie breit, bestreue sie mit Salz und
Pfeffer, brate sie vor dem Gebrauch 6
Minuten auf dem Rost, richte sie im
Kranze schön an und gieße gute Sauce
darunter.

Zwölf Stück Kartoffel werden roh
geschält, gewaschen, in Schnitze getheilt,
in guter Fleischbrühe mit Salz weich
gekocht, durch ein Sieb passirt, mit 1
Stück Butter nochmal heiß gemacht;
sind sie zu dick, wird Fleischbrühe dazu
gegeben und beim Anrichten mit Bratensauce begossen.

108 Wienerschnitzeln mit gelben
Rüben.

Die Wienerschnitze werden bereitet
wie in Nr. 4.
Gelbe Rüben, 12 Stück werden abgebäutet, gewaschen, der Länge nach
Blättchen geschnitten, aus diesen feine
Streifchen gemacht, in ein Casserole gegeben, mit 2 Löffel voll guter Fette,
etwas Salz, eine Zwiebel und 1 Schoppen
Fleischbrühe weich gedünstet, mit 2 Löffel
voll Mehl gestäubt, wieder ein wenig
gedünstet, 1 Schoppen Fleischbrühe, 1
Löffel voll feingewiegtes Petersilielaub
beigegeben, nochmal aufgekocht und mit
den Schnitzen garnirt zu Tisch gegeben.

109 Rofenkohl mit geräucherter
Zunge.

Zum Rofenkohl iſt das Beſte eine
geräucherte Zunge. Dieſe wird
3 Stunden in laues Waſſer geweicht,
dann 4 Stunden langſam geſotten, bis
ſie weich iſt; nun wird ſie abgehäutet,
mit Salz beſtreut und trocken geſtellt
bis zum Gebrauch, ſodann zu feinen
Blättchen geſchnitten und im Kranze
angerichtet.

Der Rofenkohl: Die Röschen werden
losgemacht von den Stengeln, gewaſchen,
einige Minuten in Waſſer gekocht bis
ſie weich ſind, abgeſeiht und mit friſchem
Waſſer abgekühlt. Eine Viertelſtunde
vor dem Anrichten werden ſie mit ¼
Vierling Butter, 1 Kaffeelöffel voll geſtoßenen Zucker, ſoviel Peterſilie, Salz
und Muskatnuß auf Kohlenfeuer gedünſtet und ſchön erhaben angerichtet.

110 Kapaun mit Salat und
Compot.

Der Kapaun wird flamirt, ausge-
nommmen, gewaſchen, gut eingeſalzen, dreſſirt, eine Speckſcheibe über
die Bruſt gelegt und mit Faden ange-
bunden, in einer Reine mit ¼ Vierling
Butter in das Rohr geſtellt und unter
öfterm Begießen mit Butter 1 Stunde
lichtbraun gebraten, dann erſt von außen
geſalzen, aufdreſſirt und etwas Braten-
guß darunter gegeben.

Endivienſalat wie gewöhnlich. 3
hartgeſottene Eier und ⅛ Vierling gekochten Schinken werden gewiegt und
unter den Salat gemiſcht; er wird dadurch vortrefflich.

Dazu kann man nach Belieben ita-
lieniſches Compot geben.

Vanille-Gefrornes. **111**

Man behandelt dasſelbe gerade ſo,
wie bei Nr. 65 bemerkt iſt.
Deſſertbackwerk.

18. Januar.

Grünkernſuppe. **112**

Ein halbes ℔ Grünkern wird
gemahlen, in 1 Schoppen
Waſſer aufgelöſt, 2 Liter
gute Fleiſchbrühe daran gegeben, gelbe
Rüben, Peterſiliegrün und 1 Zwiebel
dazu; ſind ſie weich, werden ſie durch
ein Sieb paſſirt, mit der nöthigen Fleiſchſuppe aufgegoſſen und über kleine, würfelig
geſchnittene und geröſtete Semmelkruſten
angerichtet.

Rindfleiſch mit Meerrettig. **113**

Erſteres wie ſonſt.
Meerrettig in Milch: Derſelbe
wird gereinigt und gerieben, in ein
Caſſerole, worin 1 Löffel voll Butter
heiß gemacht wurde, gegeben, mit etwas
Mehl und 1 Löffel voll Bröſeln beſtäubt,

ein wenig geröſtet, Milch, 2 Loth fein
gewiegte Mandeln, 2 Stück Zucker und
Salz daran gegeben und kurz aufgekocht.

114 Blaukraut anderer Art mit
Würſtchen.

Die rauhen Blätter werden abgenommen, die Köpfe 4 mal ge-
theilt, die Strunke weggeſchnitten, das
Kraut wird fein gehobelt und in friſches
Waſſer gelegt, Schweinfett in einem
Caſſerole mit einer Zwiebel gelb ge-
röſtet, das Kraut, eine obere Taſſe voll
Eſſig, ein Schoppen Fleiſchbrühe und
Salz darein gegeben, weich gedünſtet,
mit 2 Löffel voll Mehl geſtäubt, ¼
Schoppen Wein und der noch erforder-
lichen Fleiſchbrühe aufgegoſſen und noch-
mal aufgekocht. Nach Belieben gibt
man beim Anrichten in die Mitte der
Platte gedünſtete Kaſtanien und in einem
Kranze um das Kraut blaß gebratene
Würſte.

115 Fiſolen mit Hirnhaveſen.

Die Fiſolen werden von den Fäden
befreit, länglich fein geſchnitten
und gewaſchen, in heißer Fette mit einer
Zwiebel, etwas Salz und 1 Schoppen
Fleiſchſuppe weich gedünſtet, mit 1 Löffel
voll Mehl geſtäubt, ½ Schoppen Suppe
nochmal aufgekocht und zu Tiſch gegeben.

Die Hirnhaveſen: 6 Semmeln werden
abgerieben, das Innere wird zum Bähen
geſchnitten, durch kalte Milch gezogen

und 6 Schnitten aufeinander gelegt,
daß ſie weich werden; das Hirn wird
geſotten, abgehäutet, mit 2 Zwiebeln,
Salz und Pfeffer fein gewiegt und geröſtet; iſt es ausgekühlt, ſo wird es
mit einem Ei verrührt und doch auf
die Schnitten gelegt, die Schnitten mit
Ei beſtrichen, mit Bröſeln beſtreut und
in heißem Schmalz gebacken.

Gefüllter Kalbsbug mit Kar- **116**
toffeln.

Der Bug wird ausgelöſt und gewaſchen; ¼ Vierling Reis wird
trocken gekocht, 4 Loth Butter flaumig
abgerührt, 1 Löffel voll Reis, der unterdeſſen abgekühlt iſt, mit einem Eiergelb
daran, wieder Reis und ein ganzes Ei
dazu gerührt, 1 Löffel voll klein geſchnittenem Peterſilie und etwas Salz
dazu, die Höhlung eingefüllt und zugenäht. Der Bug wird nun mit Salz
und weißem Pfeffer eingerieben, die
Oberfläche mit weißem Speck erhaben
geſpickt, mit 4 Loth Butter ſchön gelb
gebraten und beim Anrichten mit Kartoffelſalat im Kranz garnirt.

Eine Gans mit Sellerie- **117**
und Hagenbuttenſauce.

Wenn die Gans gepuzt und gewaſchen iſt, wird ſie innen und
außen mit Salz und Pfeffer eingerieben
und 2 Stunden langſam unter öfterm
Uebergießen und Entfetten auf allen

5

Seiten lichtbraun gebraten, beim Anrichten mit gebratenen Kartoffeln bekränzt und mit Sauce übergoſſen.

Der Sellerie wird geputzt, gewaſchen, geſotten, geſchält, geſchnitten, mit Salz, Eſſig und Oel angemacht und zu Tiſch gegeben.

Ein Vierling gedörrte Hagenbutten werden 2 Stunden eingeweicht, mit 1 Schoppen Wein, 4 Loth Zucker, Zimmt und ¼ Schoppen Waſſer zugeſetzt, weich gekocht, durch ein Sieb geſtrichen und zur Tafel gegeben.

118   Maßkuchen.

Man rührt ¼ ℔ Butter ſchaumig ab, gibt nach und nach 8 Eiergelb darein, ¼ ℔ geſtoßenen Zucker, feingewiegte Citrone, ¼ ℔ Mehl und zuletzt den Schnee der 8 Eierweiß, füllt die Maſſe in ein mit Butter beſtrichenes Kuchenblech, das jedoch nicht voll ſein darf, denn der Kuchen wird außerordentlich hoch, und bäckt ihn in einem guten Ofen oder Rohr.

Deſſertbackwerk.

19. Januar.

119   Gelbe Rübenſuppe mit Klöschen.

Vier Stück gelbe Rüben werden gepußt, gewaſchen, in Scheiben oder Stengeln geſchnitten, in 2 Löffeln voll Abſchöpffette gedünſtet, mit einer

Zwiebel, 2 Löffel voll feingeſchnittenem Peterſiliegrün und etwas Salz, mit 2 Löffel voll Mehl geſtäubt, mit der nötbigen Fleiſchſuppe aufgegoſſen und beim Anrichten mit 2 Eiergelb fricaſirt.

NB. 3 Maß Suppe geben 12 Teller, man kann ſich alſo leicht darnach richten. Im Durchſchnitt habe ich ſtets 12 Perſonen im Plan.

120   Rindfleiſch mit Kartoffel-Purée.

Rindfleiſch wie in Nr. 2. 12 große Kartoffeln werden geſchält, gewaſchen, in große Würfeln geſchnitten, in Waſſer geſotten; ſind ſie fertig, gieße daſſelbe ab, rühre ¼ Vierling Butter und etwas Salz mit den Kartoffeln fein ab, gib etwas Citronenſchale und 1 Schoppen ſüßen Rahm dazu und laß ſie heiß ſtehen bis zum Gebrauch. Beim Anrichten überziehe das Purée mit gelbgeröſteten Semmelbröſeln.

121   Weißkraut mit Schweinfleiſch anderer Art.

Zwei Krautköpfe werden fein geſchnitten, gewaſchen und in einem Caſſerole, worin 1 Vierling Gansfette, eine Zwiebel und etwas Kümmel heiß gemacht wurde, gedünſtet mit 1 Schoppen Fleiſchſuppe und Salz. Iſt das Kraut weich, ſtäube 2 Löffel voll Mehl daran, gib 1 Schoppen weißen Wein, 1 Stück

Zucker und die nöthige Suppe dazu,
laß es nochmal aufkochen, gieß nach Belieben Bratensauce und zuletzt 3 Löffel
voll Senf daran.

Das Schweinfleisch Ein schönes
Rippenstück wird gewaschen, mit Salz
und Pfeffer eingerieben, mit etwas Knoblauch gespickt, in einem Casserole mit
½ Schoppen Essig und Wasser gelbbraun
gedünstet und in die Mitte des Krautes
gegeben.

122 Blumenkohl mit Pfannen
kuchen.

Man bereitet den Carviol in weißer
Einmachsauce.

Die Pfannenkuchen: ½ K Mehl wird
mit 1 Schoppen Milch gut angerührt,
etwas Salz, nach und nach 3 Eier dazu;
nun laß in eine Omelettepfanne mit
heißem Schmalz so viel Teig einlaufen,
daß es einen Kuchen gibt; ist er gebacken, thu ihn auf ein warmes Teller
und backe die übrigen so schnell wie
möglich. Nach Belieben kann man sie
aufrollen, mit Zucker bestreuen und den
Kohl damit garniren.

123 Fricandeau mit Bechamelle
ganz anderer Art.

Die Kalbsnuß wird geklopft, abgehäutet, gespickt, mit Salz und
Pfeffer bestreut, in einem Casserole mit
½ Vierling Schweinfette, 1 Vierling
Schinkenschnitzen, 2 gelben Rüben,
2 Zwiebeln, etwas Sellerie, 1 Schöpflöffel voll Fleischsuppe und 3 Löffel voll
Essig, weich gedünstet, dann ausgelegt
und warm gestellt. In den zurückgebliebenen Saft, der nicht braun sein
darf, stäube 2 Löffel voll Mehl und
rühre dieses mit ¼ Schoppen süßen
Rahm ab, laß die Sauce eine Zeit lang
kochen, gieße sie durch ein Sieb, theils
auf eine Platte, theils in eine Saucerie,
gib das Fricandeau auf die Platte, etwas
Sauce darüber und garnire es nach
Belieben mit Semmelklößchen.

124 Enten mit Selleriesalat und
Compot.

Nachdem die Enten gewaschen sind,
werden sie mit Salz und Pfeffer
eingerieben und im Rohr schön hellbraun
gebraten unter öfterm Begießen mit der
eigenen Fette. Vor dem Anrichten wird
die Sauce entfettet und durch ein Sieb
über die Enten gegossen; man kann
dieselben mit gebratenen Kartoffeln bekränzen und mit Selleriesalat zu Tisch
geben, auch Compot dazu.

125 Chocoladepudding

Es wird ¼ K Butter schäumig
abgerührt, 8 Eiergelb, eines nach
dem andern daran, 4 Loth Citronenzucker, 4 Loth geriebene Chocolade, 6
Löffel voll feingeriebene Bröseln und
der Schnee der 8 Eierweiß dazu gegeben,
ein Tuch mit Butter bestrichen, die Masse

darein geschüttet, oben zusammengebunden und im Wasser gesotten. Ist der Pudding fertig, so binde ihn aus, bestecke ihn mit Mandeln, daß er einem Igel gleich sieht, und gib eine Sauce dazu von Einge-sottenem oder von Chocolade.

Dessertbackwerk.

NB. Unter Citronenzucker verstehe ich einen an der Citrone abgeriebenen Zucker.

20. Januar.

126 Jusuppe mit Markklößchen.

Zur Bereitung dieser Suppe wird ¼ Vierling Abschöpf-fette, 1 Vierling Kalbfleisch, 1 Vierling Rindfleisch, klein verhaute Beine von Geflügel, wenn solche da sind, Wurzeln und Grünzeug, Salz, Pfeffer und Muskatnuß gedünstet. Ist die Farbe schön braun, wird Fleischsuppe aufgegossen, gut ausgekocht, durch ein Sieb geseiht und folgende Klößchen darein gegeben.

Von 4 Semmeln wird die äußere Rinde abgerieben, dieselben klein wür-felig geschnitten, ¼ Vierling Ochsenmark fein gewiegt, ¼ Vierling Mark zerlassen und durch einen Schaumlöffel über das Brod und die gewiegte Ochsenmark ge-gossen, alles mit 4 Eier, etwas Salz und Muskatnuß verrührt und 1 Stunde stehen gelassen. Dann mache runde Klößchen in kochendes Wasser, sind sie fertig, gib sie in die braune Suppe und

bestreue dieselbe mit Muskatnuß und Schnittlauch.

Rindfleisch mit Sauer- **127**
rampfen-Sauce.

Rindfleisch nach Nr. 2. Die Sauce: 3 Eier werden hart gesotten, sind sie erkaltet, wird das Gelbe herausgenommen, mit 2 Löffel voll Oel zu einem feinen Brei gerührt, 2 Hände voll gewiegte Sauerrampfen, 3 oder 4 Löffel voll Essig, 2 Löffel voll Senf und 2 Löffel voll Zucker, gestoßenen, darunter gemengt und zur Tafel ge-geben.

Bayerische Rüben anderer **128**
Art und Bratwürstchen.

Die Rüben werden geschabt, ge-waschen und in ¼ Vierling heißem Schweinefett mit 1 Liter Fleisch-suppe und etwas Salz weich gedünstet. Röste 2 Löffel voll Mehl, gib 2 Stück Zucker darein, laß es schön dunkelbraun werden, lösche es mit 1 Schöpflöffel voll Fleischbrühe, schütte es an die Rüben, laß sie nochmal aufkochen, richte sie dann mit den Würsten an.

Winterkohl mit gebratener **129**
Zunge.

Erst wird die Zunge geklopft, eine Stunde lang gesotten, dann aus-gehoben, in eine Reine gelegt und wie ein Braten eingerichtet; so bald als

möglich nimmt man die Haut ab und läßt die Zunge unter öfterm Begießen vollends braten; wenn sie einbratet, gibt man Wasser und Salz nach. Beim Anrichten wird sie den langen Weg schön getheilt, so, daß sie ein Herz bildet und mit Petersilie geziert.
Der Winterkohl ist Nr. 81 bemerkt.

130 Schleien.

Der Schleien wird geschuppt, ausgenommen, in mehrere Stücke geschnitten, mit Salz und Pfeffer bestreut und in einem Casserole geordnet; gib dazu 1 Vierling Butter, 2 feingeschnittene Zwiebeln und 2 Löffel voll Petersilie. laß den Fisch auf beiden Seiten leichte Farbe nehmen, stäube 2 Löffel voll Mehl daran, gieße ein Glas Wein und etwas Jus dazu, würze ihn mit Citronengelb, Pfefferkörner und einer Messerspitze Safran, drücke Citronensaft darauf und laß ihn langsam in seinem Safte dünsten. Beim Anrichten ordne den Fisch schön im Kranz und seihe die Sauce darüber.

131 Ein Kapaun mit Compot wie in Nr. 42.

132 Kirchweihapfelkuchen.

Nimm 1¼ ℔ Feinmehl, rühre mit einem Löffel voll dicke Hefe ein Dämpfchen an und laß es geben. Unterdessen treib 1 Vierling Butter ab mit

2 Eiern, 2 Loth Citronenzucker, ⅓ Schoppen süßen Rahm, mache einen kernigen Teig, roll ihn aus, laß ihn geben, belege ihn mit Apfelcompot, bedecke ihn mit schönen Gittern, bestreiche diese mit einem in Milch verklepperten Ei und backe ihn.

Dessertbackwerk.

21. Januar.

Kartoffelsuppe mit Krusten. **133**

Obe Kartoffel werden geschält, in Würfel geschnitten, in Salzwasser gekocht, abgegossen, verrührt in einem Casserole, worin man mit guter Fette zwei Löffel voll Mehl und eine Zwiebel gelb röstete, ein paar Minuten gedünstet, mit guter Fleischsuppe aufgegossen, 2 Löffel voll Petersiliegrün darein, nochmal aufgekocht und über geröstete Semmelkrusten angerichtet.

Rindfleisch mit Petersiliesauce. **134**

Ersteres wie in Nr. 2.
Die Sauce: Wasche eine Hand voll Petersiliekraut, wiege es fein, lege Butter in ein Casserole, laß ein paar Löffel voll Mehl darin anlaufen, gib das Grün darein, laß es ein wenig dünsten, gieß Suppe darauf, laß sie zur gehörigen Dicke einkochen und gib sie zum Rindfleisch. Diese Sauce kann auch zum Lammfleisch und zu Hühnern gegeben werden.

NB. Wenn ich sage Suppe, so verstehe ich darunter Fleischbrühe, blos ist dies schneller gesagt.

135 Grüne Bohnen mit gedünstetem Hammelfleisch.

Die Bohnen werden von den Fäden befreit, länglich fein geschnitten, gewaschen, in guter Fette mit 2 Zwiebeln, Petersilie, Salz, Pfeffer und einem Schoppen Suppe weich gedünstet, mit 2 Löffel voll Mehl gestäubt, mit 1 Schoppen Suppe aufgegossen und nochmal aufgekocht.

Gedünstetes Hammelfleisch. Nachdem die Brust oder die Schulter zu ordentlichen Stücken gehackt ist, dünste das Fleisch in guter Schweinefette mit Zwiebel, Salz und Pfeffer, stäube 2 Löffel voll Mehl daran, gieße 1/4 Liter Suppe auf und laß die Sauce kurz einkochen. Man kann das Fleisch auch noch mit Carviol oder Spargeln bekränzen.

136 Wirsing mit gebackener Leber.

Eine Kalbsleber wird abgehäutet, in drei Finger breite Schnitze geschnitten, mit Salz und Pfeffer bestreut, in Semmelbröseln umgekehrt, gebacken und warm gestellt bis zum Gebrauch.

Wirsing anderer Art: 3 Wirsingköpfe werden in 12 Theile geschnitten, die Rippen herausgenommen, in Salzwasser gekocht, bis der Wirsing weich ist; dann lege ihn aus, mach eine weiße Buttersauce, lege Stück für Stück in dieselbe und laß den Wirsing noch 1/4 Stunde kochen; richte ihn behutsam an, daß er ganz bleibt.

Gespickte und gebratene 137 Karpfen mit Salat.

Die Karpfen werden hergerichtet, abrasirt, mit Salz und Pfeffer bestreut, über den Rücken mit fein und länglich geschnittenem Speck und Sardellen gespickt, aufdressirt, in eine mit Butter bestrichene Bratpfanne gelegt, nochmal gesalzen, mit zerlassener Butter übergossen und mit 2 Zwiebeln, 3 Löffel voll Essig und eben soviel Wasser im heißen Rohr langsam gebraten. Der fertige Fisch wird auf einer Platte kranzförmig angerichtet, mit der eigenen Sauce übergossen und mit leichtgebratenen Kartoffelchen geziert. Gib Kressensalat dazu.

Hühner mit Orangesalat. 138

Die Hühner werden hergerichtet, ausgenommen, gewaschen, mit Salz und Pfeffer eingerieben, die Brust mit einem Stückchen Speck belegt und gebunden, daß derselbe liegen bleibt, in den Leib 1 Stückchen Butter und etwas Petersilie gesteckt, schön zum Braten dressirt und am Spieß oder in einem Casserole mit Butter schön gelb gebraten.

Ist das Huhn fertig, wird es vom Speck befreit, auf eine Platte gelegt, mit Petersilie bekränzt, die eigene Sauce darüber gegossen und nebst beliebigem Compot zur Tafel gegeben.

139 Biscuit Omeletten.

Sechs Eiergelb, 3 Loth Zucker werden fein verrührt, 4 Loth zerlassene Butter, 3 Eßlöffel voll Feinmehl und das zu steifem Schnee geschlagene Weiße der 6 Eier beigegeben. Das Ganze wird in eine Auflaufform geschüttet und bei gelinder Hitze gebacken; vor dem Anrichten überziehe die Omelette mit Eingesottenem.

140 Apfelschaum mit Bröseln.

Man schält 6 Aepfel, kocht sie zu einem dicken Compot, läßt es auskühlen, schlägt von 4 Eierweiß einen ganz steifen Schnee, gibt das Compot in eine Schüssel, rührt es recht flaumig ab, reibt 2 Stück Mundbrod, gibt die Bröseln und 2 Loth Citronenzucker in das Compot, zieht den Schnee darunter, doch erst wenn es recht fein ist, fülle die Masse in eine Auflaufform, die jedoch nur zur Hälfte voll sein darf, denn der Schaum steigt hoch auf und bäckt sich schön gelb im Rohr.

Dessertbackwerk.

22. Januar.

Lotwingsuppe mit Schnitten anderer Art. 141

Zwei Wirsingköpfe werden geputzt, in Wasser abgesotten, nach dem Ablaufen mit einer Zwiebel und Petersiliegrün fein gewiegt, in guter Fette gedünstet, mit 3 Löffel voll Mehl gestäubt und Salz und Pfeffer dazu gegeben. Gieße 3 bis 4 Maß Suppe auf und laß sie unter stetem Rühren gut aufkochen, fricassire sie beim Anrichten mit 2 Eiergelb und 3 Löffel voll sauern Rahm, gib gebackene Semmelkrusten und zuletzt 3 Löffel voll Krebsbutter zu.

Rindfleisch mit Zwiebelsauce. 142

Das Rindfleisch wie in Nr. 2. Zwiebelsauce. Ungefähr 4 schöne Zwiebel werden geschält, in Scheiben geschnitten, mit 2 Löffel voll Mehl bedeckt und darin gestäubt, damit sich der gute Geruch in das Mehl und nicht in die ganze Küche verbreitet; laß 1 Loth Rindschmalz in einem kleinen Casserole heiß werden, gib 2 Loth Zucker darein, ist dieser hellbraun, so thu die gestäubten Zwiebel hinein, laß sie dünsten, gieß die nöthige Suppe auf, gib Salz und etwas Citronensaft dazu, laß sie nochmal aufkochen und gib die Sauce mit oder ohne Zwiebel zu Tische.

143 Sauerkraut mit Topfnudeln.

Das Sauerkraut ist Nr. 47 bemerkt.

Die Topfnudeln: Ein ℔ ordinäres Mehl wird mit Milch zu einem festen Teig geknetet, kleine Nudeln gemacht, in Wasser abgekocht, mit guter Schweinfette geröstet und zum Kraut gegeben.

144 Erbsen mit Blut- und Leberwürsten.

Die Erbsen sind Nr. 46 bemerkt. Die Würste werden recht heiß dazu gegeben.

145 Hecht, gespickt und gedünstet, mit Kressensalat.

Ein großer Fisch wird geputzt, gewaschen, oben am Rücken abgehäutet, mit weißen Speckstreifchen gespickt, so daß der Speck schön erhaben ist, mit Salz und Pfeffer bestreut, der Schwanz in den Rachen gesteckt, der Fisch in ein passendes Casserole gelegt, worin 1 Vierling Butter zerlassen, mit Zwiebel und mehrerem Grünzeug, zugedeckt und unter öfterm Begießen mit eigener Sauce langsam gekocht. Man stäube 2 Löffel voll Mehl daran, gebe etwas Suppe und 1 Schoppen Wein dazu, dünste ihn bis er durchaus fertig ist, ungefähr ¼ Stunde, drücke den Saft einer Citrone daran und bringe ihn, mit seiner eigenen Sauce übergossen, zu Tische mit Kressensalat.

146 Kalbsschlegel mit Selleriesalat.

Erst wird der Schlegel geklopft, ausgebeint, schnell gewaschen, mit Salz und Pfeffer eingerieben, mit etwas Speck gespickt, jedoch nur die Oberfläche, dann in eine Bratpfanne gelegt mit 4 Loth geschnittenem Speck, 2 Zwiebeln und im Ofen schön gelb gebraten unter öfterm Begießen. Zuletzt stäube 1 Löffel voll Mehl daran, verdünne die Sauce mit Wasser, laß sie nochmal aufkochen, richte den Schlegel an, gieß die Sauce durch ein Sieb darunter und gib ihn mit Selleriesalat zur Tafel.

147 Rahmnudeln anderer Art.

Es werden 8 bis 10 gute Äpfel geschält, geschnitten, mit einem Gläschen Wein und 3 Loth Zucker gedünstet und zum Erkalten gestellt. Jetzt wird ein Strudelteig dünn ausgezogen, oder ein Butterteig fein ausgerollt, mit Butter bestrichen, mit den Äpfeln gleichmäßig belegt, der Strudel wurstähnlich über einander gelegt, in ein mit Butter bestrichenes Casserole gelegt, 2 Schoppen lauwarme Milch daran gegossen und im Ofen unter öfterm Bestreichen mit Butter schön gelb gebacken. Ist er fertig, so richte ihn in seinem Saft auf eine Platte und bestreue ihn dick mit Zucker.

Dessertbackwerk.

23. Januar.

148 Kräutersuppe mit Fleisch-klößchen.

Die gewöhnlichen Kräuter wer-den gewaschen, in 2 Löffel voll zerlassener Fette mit Salz und Pfeffer ¼ Stunde gedünstet, 2 Löffel voll Mehl daran gestäubt, die nöthige Suppe aufgegossen, aufgekocht und vor dem An-richten mit 3 Eiergelb fricasirt.

Die Fleischklößchen: Alter Braten wird fein gewiegt, mit Petersiliegrün, Zwiebel und 1 Vierling Nierenfett, von 3 Semmeln wird die Rinde abge-rieben, die Semmeln werden in Milch geweicht, ausgedrückt, unter das Ge-wiegte vermengt, mit 3 Eiern, 6 Eß-löffel voll Milch und 3 Löffel voll Waizengries, Salz und Pfeffer, schöne runde Klößchen in siedendem Wasser gekocht, bis sie aufsteigen, dann in die Kräutersuppe eingelegt und zu Tisch gegeben.

149 Rindfleisch mit Linsen.

Ersteres wie in Nr. 2. Die Linsen werden eingeweicht, mit Wasser, Salz und einen Zwiebel zugesetzt. Sind sie weich, werden 2 Löffel voll Mehl in Butter geröstet, die Linsen darein gegeben, ¼ Schoppen Essig dazu, gut aufgekocht und zu Tisch gebracht.

150 Kohlraben mit rothem Schinken.

Die Kohlraben sind in Nr. 97 be-merkt. Der Schinken wird in feine Schnitten getheilt, dieselben über 2 Finger gerollt und die Kohlraben damit garnirt.

151 Weiße Rüben mit Schweine-knöcheln.

Die Knochen werden gewaschen, in Salzwasser, mit Zwiebel und Pfeffer zugesetzt, weich gesotten und zur Seite gestellt.

Weiße Rüben anderer Art. Ungefähr 12 Stück werden geschält, in längliche Streifen geschnitten, gewaschen, in ein Casserole gegeben, worin 2 Loth Zucker in 3 Löffel voll Fett braun gemacht sind; laß sie weich dünsten, stäube sie mit 2 Löffel voll Mehl, laß sie nochmal dünsten, gieß die nöthige Suppe zu und wenn sie ganz kurz eingekocht, richte sie an, gib die Knöcheln extra, im Kranz geordnet, bei, übergieße sie mit ihrer eigenen Sauce und 2 Löffel voll Senf.

152 Schwarzwildpret mit ge-rösteten Kartoffeln.

Ist in Nr. 82 bemerkt.

6

153 Hammelbraten und Bohnensalat.

Ein Schlegel wird tüchtig geklopft,
abgehäutet, mit Salz, Pfeffer
und Knoblauch eingerieben, mit Essig
besprißt und in einer Reine mit einem
Schoppen Wasser, einem Gläschen Wein
unter öfterm Begießen 2 Stunden gebraten, dann angerichtet.

Der Bohnensalat: Die Bohnen wer-
den der Länge nach fein geschnitten, in
Salzwasser gesotten, abgegossen, zum
Erkalten gestellt und mit Essig und
Oel angemacht.

154 Dampfnudeln mit Zimmtsauce.

Erstere sind in Nr. 31 bemerkt.
Die Sauce wird bereitet wie
die Vanillesauce, nur statt Vanille wird
Zimmt, ein ganzer, in der Milch gekocht und mit 8 Eiergelb legirt.

Dessertbackwerk.

24. Januar.

155 Suppe à la reine mit
Klößchen.

Von einem bereiteten Huhn löse
das Brustfleisch ab, baue die
übrigen Knochen klein zu-
sammen, röste 2 Löffel voll Mehl schön
gelb in ¼ ℔ Butter, lösch es mit Suppe
und laß es mit den Hühnknöcheln

2 Stunden kochen, streich es durch ein
Haarsieb, und richte es mit Eiergelb
und Madeira-Wein, der abgezogen,
fricasirt, über die von den Hühnerbrüstchen bereiteten Klößchen an.

Rindfleisch mit Rahm- **156**
Kartoffel.

Das Rindfleisch ist bekannt.
Rahmkartoffel anderer Art: Gesottene Kartoffel werden in feine Blättchen
geschnitten. Laß ein Stück frische Butter
zerschleichen, rühre 2 Löffel voll Mehl
einen Zwiebel, 2 Stückchen Zucker, quirl
es recht ab, gieß einen Schoppen sauern
Rahm dazu, laß die Sauce aufkochen,
gib die Kartoffel darein, laß sie gut
auskochen und richte sie, mit Parmesankäs bestreut, an.

Rosenkohl mit Schinken. **157**

Die Bereitung des Ersten ist Nr.
109 bemerkt.
Der Schinken wird gekocht, in feine
Schnitten getheilt, über den Finger gebogen, daß er schöne Rollen bildet und
diese im Kranz um den Rosenkohl gelegt.

Blumenkohl mit Pastetchen. **158**

Der Blumenkohl ist in Nr. 122
bemerkt.
Die Pasteten werden vom Butterteig, der am 22. Februar bemerkt ist,
ausgestochen und gebacken.

159 Brisen-Ragout mit Semmel-Klößchen.

Vier schöne Brisen werden gewaschen, in Fleischsuppe zum Theil gesotten, abgehäutet, in heißer Butter mit Zwiebel, Citronenschale, etwas Salz und Muskatnuß gedünstet, mit 2 Löffel voll Mehl gestäubt, und etwas weißem Pfeffer, mit 1 Schoppen Wein und der nöthigen Suppe aufgekocht, und mit beliebigen Klößchen, im Kranze geziert, zur Tafel gegeben.

160 Indian mit grünem Salat und Compot.

Der Indian wird 3 Tage vor dem Gebrauch hergerichtet, ausgewaschen, gut mit Salz und Pfeffer innen ausgerieben, schön dressirt, und über die Brust eine dünne Speckscheibe gebunden. Nun werden 2 Bögen Papier mit einer Nadel gestupft, mit Butter bestrichen, der Indian darein gehüllt, mit einem Bindfaden befestigt, 1 1/2 Stunde vor dem Anrichten mit zerlassener Butter übergossen und gebraten. Nach 1 Stunde nimmt man die Papierhülle weg, und verstärkt das Feuer, damit der Braten von allen Seiten eine lichtbraune Farbe erhält, nun wird er nochmal von außen gesalzen, einige Minuten später herausgenommen, aufdressirt, in ein lange Schüssel gelegt, die Bratenfette daruntergegossen und mit grünem Salat zu Tisch gegeben.

Schmankerlauflauf. **161**

Zehn Loth Mehl, 10 Loth Zucker werden mit einer Maß süßen Rahm verrührt, in einer Pfanne zum Feuer gestellt und unter beständigem Rühren zu einem dicken Brei gekocht; will es ankochen, so stelle es auf eine heiße Platte unter öfterem Umrühren, schütte es in eine Schüssel zum Kühlen, gib in eine zweite Schüssel 5 Loth Butter, rühre sie flaumig ab, nach und nach 9 Eiergelb dazu, dann das Mus und zuletzt den Schnee der 9 Eierweiß. Gib das Ganze in eine Auflaufschale, bestäube es mit Zucker und backe es langsam 1/2 Stunde.
Dessertbackwerk.

25. Januar.

Gerstensuppe mit Rübchen. **162**

Ein halbes ℔ Gerste wird in einem Suppentopf gegeben, 2 Eßlöffel voll Mehl mit kaltem Wasser daran gerührt, 2 Liter Fleischsuppe dazu, der Topf zum Feuer gestellt und stets gerührt, bis sie kocht, noch 1 Liter Suppe dazu und so oft sie dick wird, gieße Suppe nach. 12 junge gelbe Rüben und 1 weiße werden gereinigt, würfelig geschnitten, gewaschen, in Abschöpffette und Suppe, mit 2 Stückchen Zucker und etwas Salz gedünstet und in die Gerste gegeben. Die Hälfte der Gerste wird in die

Suppe gegeben, die andere Hälfte durch ein Siebchen geseiht und der Schleim mit der übrigen Suppe über geröstete Brodkrusten gegossen.

163 Rindfleisch mit gerösteten Kartoffeln.

Laß in guter Bratenfette einen geschnittenen Zwiebel gelb rösten, schneide gesottene Kartoffel, gib sie in die Fette mit Salz und Pfeffer und röste sie ¼ Stunde. Beim Anrichten garnire damit Rindfleisch.

164 Gelbe Rüben mit gebackenem Hirn.

Das Hirn wird gewaschen, behutsam in ein Casserole gelegt, ¼ Liter Suppe daran gegeben, wenn es ein wenig angezogen, herausgenommen, abgehäutet, mit Salz und Pfeffer bestreut, in Bröseln umgekehrt und gelbbraun gebacken. Man kann das Hirn nach Belieben theilen, in kleine oder große, in runde oder lange Stücke. Die Rüben sind in Nr. 108 bemerkt und werden mit dem Hirn im Kranz garnirt.

165 Gefüllter Krautkopf.

Zu einem Krautkopf für 4 Personen nimm ½ ℔ Schweinfleisch, backe selbes fein, rühr es mit einer Schale Milch und 3 oder 4 Eier ab, thu Salz,

Pfeffer, geriebene Muskatnuß und eine Handvoll Semmelmehl daran und laß es stehen. Nun schneide von einem großen Kopf die äußern 12 Blätter weg, nimm die nächsten bis auf das Herz heraus, lege diese ¼ Stunde in siedendes Wasser, dann in einen Seiher, daß sie ablaufen. Entferne von den 12 äußern Blättern die erhabenen Rippen, jedoch so, daß sie kein Loch bekommen, laß sie in heißem Wasser ein paar Wellen aufkochen, dann ablaufen. Jetzt drücke die inneren Blätter aus, wiege sie und rühre sie an das gebackte Fleisch; lege in eine irdene flache Schüssel 5 bis 6 Fäden übers Kreuz, die Enden müssen heraushängen, auf die Fäden lege eines der größeren 12 Blätter, auf dies lege die übrigen Blätter, jedoch so, daß der obere Theil jeden auf dem ersten zusammenstößt und die Rippen über sich sehen, mische die Fülle nochmal durcheinander, thu sie in die aufgestellten Blätter, decke ein Blatt darauf, drücke die übrigen einwärts, daß das Ganze die Form eines Krautkopfes annimmt, decke noch ein Blatt darauf und binde die Fäden übers Kreuz oben zusammen. Jetzt lege in einen Tiegel ein kleines Holzgitter, den Krautkopf darauf, gieße halb Suppe, halb Wasser siedend darauf, jedoch so, daß die Brühe nicht über den Kopf geht, deck ihn zu, laß ihn ungefähr 1 Stunde gut kochen, wende ihn um, laß ihn nochmal 1 Stunde kochen; eine halbe Stunde vor dem Anrichten thu ein paar Löffel voll in Butter ge-

röstetes Semmel- oder anderes Mehl
zu, 1 Stück Butter, ¼ Schoppen süßen
oder sauern Rahm und laß ihn nochmal kochen; hat er zu wenig Brühe,
so gieße noch nach. Beim Anrichten
hebe ihn behutsam aus dem Tiegel,
schneide die Fäden weg, thu ihn in eine
Schüssel und gieß die Brühe darüber.

166 Gebratener Aal mit grünem Salat.

Laß Butter mit etwas Salbeiblätter heiß werden, deck sie zu,
seihe sie nach ¼ Stunde in eine eiserne
Pfanne, gib die Aalstücke, nachdem sie
¼ Stunde im Salz gelegen, mit Pfeffer
bestreut und in Mehl umgekehrt sind,
darein und laß sie braten. Beim Anrichten lege jedes Stück auf eine geröstete Brodscheibe und betropfe es mit
Citronensaft.

167 Hirschbraten mit grünem Salat, Schafmäulchen.

Dieser Salat braucht besonderen
Fleiß beim Waschen, er wird
reinlich geputzt und wie der Kopfsalat
angemacht.

Der Braten: Gewöhnlich nimmt
man einen Ziemer, häutet ihn ab, spickt
ihn, bestreut ihn mit Salz und Pfeffer,
bratet ihn mit 1 Schoppen Beize und
Butter, 2 Zwiebeln, 2 gelbe Rüben,
Salbei und Petersiliegrün im Rohr
unter öfterm Begießen, reibt dann 2

Loth schwarze Brodrinde, gibt sie zur
Sauce mit 1 Schoppen Weißwein, richtet
den Braten an, gießt die Sauce darüber
und trägt ihn auf mit Apfelcompot.

Kirschenkuchen. 168

Nimm 12 Loth gestoßenen Zucker
9 Eiergelb, rühr beides in einem
Topf recht schaumig, reibe darunter
12 Loth Schwarzbrod und 1 Semmel,
zieh den Schnee der 9 Eierweiß langsam darunter, rühre 1 Loth Zimmt,
2 Loth feingewiegte Orangenschalen und
½ ℔ eingesottene Kirschen zur Masse,
besäe ein bestrichenes Blech mit Bröseln,
gib den Teig darauf und backe ihn bei
gelinder Hitze ¼ Stunde im Rohr.

Dessertbackwerk.

26. Januar.

Grünkernsuppe anderer Art. 169

Ein halbes ℔ gemahlene oder
gestoßene Grünkerne werden
in kochende Fleischbrüh eingesäet und 2 bis 3 Stunden gekocht;
verklopfe dann 2 Eiergelb in der Suppenschüssel mit 2 Löffel voll süßen
Rahm und richte die Suppe über in
kleine Würfel geschnittene und geröstete
Semmeln an.

Man kann diese Suppe auch als
Schleimsuppe geben und verfährt damit
wie bei Gersten- oder Reissuppe.

170 Rindfleisch mit Sardellensauce.

Nimm 4 Loth Sardellen oder
einen Häring, reinige und wasche
sie, lös die Gräten aus, stoße das Fleisch
im Mörser mit 4 harten Eierdottern
recht fein, gib ½ Loth Butter und 1
Löffel voll Mehl darein, streich das
Ganze durch ein Sieb, gieß einen
Schoppen Suppe dazu, laß die Sauce
4 Minuten aufkochen und gib sie zum
Rindfleisch.

171 Bayerische Rüben mit
Jus einfach.

Selbe sind Nr. 16 bemerkt.

172 Spinat mit Pfannenkuchen.

Man klaubt und wäscht den Spinat,
siedet ihn, läßt ihn ablaufen,
und wiegt ihn mit einer Zwiebel, läßt
ihn in heißer Butter oder Fette, stäubt
2 Löffel voll Mehl daran, etwas Salz
und Pfeffer, gießt Suppe auf, läßt ihn
kurz einkochen und richtet ihn an. Nach
Belieben kann man ihn mit gebackenen
Semmelwürfeln bestecken, es sieht hübsch
aus.

Pfannenkuchen: Man rührt 6 Löffel
voll Mehl mit siedendem Rahm ab,
gibt 1 Loth Butter, 2 Loth Zucker
darein, rührt dies bis zum Erkalten,
hierauf 4 Eiergelb, eins nach dem andern,
etwas Salz und zuletzt die zu Schnee

geschlagenen Eierweiß und backt die
Pfannenkuchen mit ein wenig Schmalz.
Die Masse wird 3 Kuchen geben, dann
bekommen sie die gehörige Dicke; sei
beim Umkehren behutsam, damit sie
nicht brechen; servire sie mit Zucker bestreut.

Schleien in schwarzer Sauce. **173**

Nimm eine lebendige Schleie, suche
so viel wie möglich das Blut
zu bekommen, schneide sie in Stücke, bestreue sie mit Salz und Pfeffer, lege sie
in heiße Butter mit Selleriescheiben,
Zwiebel, Citronenschnitze, 2 Salbeiblätter, decke sie zu und laß sie dünsten,
stäube 1 Löffel voll Mehl daran, gieß
Erbsensud auf, 3 Löffel voll Essig, das
gesammelte Blut dazu, laß es noch einmal aufsieden, und richte gleich an. Die
Zwiebeln und Selleriescheiben garnire
am Rand herum.

NB. Die Fische, die man im Blute
dünstet, dürfen nie gewaschen werden,
außer die Galle wird erdrückt.

Hühner mit Stechsalat und **174**
Compot.

Die Bereitung der Hühner ist Nr.
138 bemerkt.

Stech- oder Nisselsalat wird angemacht wie der Kopfsalat und mit 3 harten Eiern garnirt.

175 Citronenpudding.

Schäle von 3 Semmeln die Rinde ab, schneide sie klein gewürfelt, rühre 4 Eiergelb ab, gieß nach und nach einen Schoppen süßen Rahm dazu und gib beides über die Semmeln, decke sie zu und laß sie einstweilen stehen. Treibe 12 Loth Butter ab, nach und nach 8 Eiergelb daran, ein Vierling ausgelöste Rosinen, 1 Vierling Weinbeer, 1 Vierling Citronenzucker, das feingewiegte Gelbe einer ganzen Citrone, die eingeweichten Semmeln, von einer Semmel die Bröseln und zuletzt den Schnee; streiche eine Serviette dick mit Butter aus, gib das Abgetriebene hinein, binde es gut zusammen, jedoch so, daß die Masse gut aufgeben kann, gib sie in siedendes Wasser, 1/4 Stunde, wende sie ein paar Mal um und rühre 6 Eiergelb mit einem Schoppen Wein ab, 3 Loth Citronenzucker, laß dies unter beständigem Strudeln auf Kohlenfeuer zusammen geben; wenn es schäumt und dickicht wird, ist die Weinsauce fertig. Binde den Pudding aus, gib ihn in die Schüssel, die Sauce darüber und servire ihn.

Dessertbackwerk.

27. Januar.

Suppe mit Schwamm-Klöschen. 176

Rühre 4 Loth Mehl mit einem Schoppen Milch ab, ein wenig Zucker, eine Messerspitze Salz dazu, laß das Ganze unter fortwährendem Rühren aufkochen, leere es in eine Schüssel, laß es erkalten, gib 2 Eiergelb und den Schnee von 2 Eierweiß dazu, mache davon kleine, längliche Klöße in die kochende, weiße oder braune Suppe; in 5 Minuten sind sie fertig, richte sie behutsam an und gib sie gleich zu Tische, da sie sehr schnell zusammenfallen.

Rindfleisch mit Petersilie-Kartoffeln. 177

Die gesottenen Kartoffel werden in Würfel klein geschnitten, in heiße Butter oder Fette gelegt mit Salz und Pfeffer, 1 Löffel voll Feinmehl angestäubt, ein paar Mal behutsam umgewendet, daß die Würfel nicht zerbrechen, gieße gute Suppe auf, laß sie einige Mal aufkochen und gib 2 starke Löffel voll feingeschnittene Petersilie darein. Beim Anrichten thu 3 Löffel voll Senf daran und garnire die Kartoffel mit Petersilie.

178 Schwarzwurzeln mit Winterschnitzen.

Aus der Kalbsnuß werden schöne, 3 Finger breite Schnitze geschnitten, geklopft, mit Salz und Pfeffer bestreut, in Mehl umgekehrt, in 1 Loth Butter gedünstet, so, daß sie eine schöne gelbbraune Sauce haben, mit einem Schoppen Suppe aufgegossen, nochmal kurz gekocht und zu den Schwarzwurzeln gegeben.

Die Schwarzwurzeln werden weiß geschabt, in Mehlwasser gelegt, in Salzwasser gekocht und abgegossen. Röste in 1 Loth Butter 2 Löffel voll Mehl blaß ab, gieß Suppe auf, laß sie aufkochen, gib die Wurzeln mit Salz, Zwiebeln und Muskatnuß darein, laß sie 4 Minuten aufkochen und richte sie an.

179 Winterkohl mit Salami.

Der Kohl ist Nr. 81 bemerkt. Salami werden meistens beim Mannheimerkoch geholt, schön geblättelt und im Kranz um den Kohl gegeben.

180 Gedünsteter Hecht mit Kartoffeln.

Die Bereitung ist Nr. 145 bemerkt.

181 Wildenten mit gemischtem Salat und Johannesbeercompot.

Die wilden Enten werden einige Tage in Essig gebeizt, dann auf der Brust in 3 Reihen mit Speck und Citronenschale gespickt, gut gesalzen, gepfeffert, im Rohr gebraten, mit sauerm Rahm und Essig betropft und in der eigenen Sauce, nach Belieben mit Kartoffeln aufgetragen.

Der gemischte Salat ist zusammengesetzt aus 6 in Blättchen geschnittenen Kartoffeln, 2 Häringe, 1 Vierling gebratenem Kalbfleisch, 1 Vierling kochten Schinken, 3 Aepfeln, 2 gesottenen rothen Rüben, 4 Essiggurken, 3 Löffel voll Kappern, 4 harten Eiern, all' dies wird würfelig geschnitten, in einer Salatine sternartig eingerichtet, in der Mitte eine Rosette von Krebsschweifen, recht grünen Oliven, feingeschnittene Petersilie und Sardellenfilets gebildet.

182 Blinde Apfeltorte.

Zwei ℔ Bröseln von Schwarzbrod werden trocken gemischt mit 2 Loth Zimmt, 12 Loth Zucker, 2 Loth gewiegte Orangenschalen, ½ gewiegte Citronenschale; 8 schöne Kochäpfel werden würfelig geschnitten, ein Auflaufblech mit Schmalz dick bestrichen, mit Semmelbröseln bestreut, von der gemischten Masse eine gliedhohe Lage gemacht, von

den Aepfeln eine Lage darauf, wieder
Bröseln und so 2—3 Lagen, die oberste
soll von Bröseln sein. Gib einen Löffel
voll Rindschmalz in kleinen Theilen darauf, backe die Torte langsam 1 Stunde
bei gelinder Hitze, ist sie kalt, so schütte
sie heraus; daß sie nicht zerbricht, muß
Acht gegeben werden; servire sie, mit
Zucker bestreut.

Dessertbackwerk.

28. Januar.

183 Augsburger à la patri-
Suppe.

Zu dieser Suppe nimm ver-
schiedene Klößchen, grüne
Klößchen, Gries-, gebackene
Gries-, Kalbfleisch-, Brat-, Geigen-
klößchen, alle leicht abgekocht, halbfinger-
lang, geschnittene Bratwürstchen, gebackene Nocken, Fisch- und Krebs-
würstchen, ausgewässerte, weich gekochte
und abgehäutete Kalbsmilze, in kleine
Würfel geschnitten, Morcheln gewaschen
und in Suppe gekocht, Spargeln, geputzt, abgeschnitten und in Salzwasser
gekocht, Blumenkohl und grüne Erbsen,
auch gekocht. Gib nach der Zahl der
Gäste von diesem in die Suppenschüssel,
gieß weiße oder braune Fleischbrühe
daran, bestreue sie mit Muskatnuß und
servire sie. Auch Krebsschweifchen und
noch Verschiedenes kann man einlegen.

184 Rindfleisch mit Kappernsauce.

Röste in einem Loth Butter einen
Löffel voll Mehl hellgelb, gieß
Suppe daran, laß die Sauce langsam
kochen. Dünste einen geschnittenen
Zwiebel, einen Löffel voll Pfefferkörner
und eine Obertasse voll Essig kurz ein,
gib das in die Sauce und 2 Löffel voll
Kappern, laß sie nochmal aufkochen,
salze, entfette und seihe sie und gib sie
zum Rindfleisch; diese Sauce paßt auch
zum Wildpret.

185 Bohnen mit gebackenem
Lammfleisch anderer Art.

Die Bohnen werden, nachdem sie
2 Stunden im Wasser gelegen,
in guter Fette, mit Salz, Pfeffer und
2 Zwiebeln gedünstet, sind sie weich,
mit 2 Löffel voll Mehl gestäubt, mit
guter Suppe und ¼ Schoppen Essig
aufgegossen, nochmal gekocht und zur
Tafel gegeben.

Siede das Lammfleisch ¼ Stunde,
wenn es gut angelaufen, laß es auskühlen, mache schöne Stücke daraus, bestreu sie mit Salz und Pfeffer, kehr sie
in Bröseln um, backe sie rasch aus heißem
Schmalz und gib sie zu den Bohnen.

Alle Schmalzbäckereien sollen, um
sie rösch zu Tisch zu bringen, vom Schmalz
heraus, 1 Sekunde in das helle Feuer
gehalten werden, das gilt auch für
Fische, Hühner, Lammfleisch ꝛc. ꝛc.

NB. Nur die eingemachten Bohnen werden eingeweicht, daß sie den unangenehmen Geruch uud Geschmack verlieren.

186   Eingemachte Hühner mit Reis.

Richte die Hühner wie gewöhnlich, salze sie ein, laß sie ¼ Stunde liegen und siede sie 6 Minuten im Rindfleischtopf. Unterdessen wird ein Vierling Karolinenreis mehrmal im warmen Wasser gewaschen, geseiht, in eine Casserole gethan, dazu Salz und 2 Zwiebeln, eine Maß fette Suppe darüber gegossen und ¼ Stunde gedünstet, bis die Körner auseinanderfallen. Wird der Reis zu dick, so gib die nöthige Suppe zu, thu den Reis zur Hälfte in eine Schüssel, lege die tranfchirten Hühner darauf, bedecke sie mit dem übrigen Reis, übergieße sie mit Geflügelsauce, bestreue sie mit geriebenem Parmesankäs und servire sie.

187   Fasanenbraten u. Brunnen Kreßesalat.

Ist in Nr. 56 bemerkt.

188   Kabinetopudding.

Bestreiche eine runde glatte Sturzform mit Butter, besäe sie mit Bröseln, belege das mit weißem Papier und bestreiche das ebenfalls mit Butter.

Von 12 Loth Bisquittafeln, lege die erste darein, überziehe sie mit Aprikosenmarmelade, die zweite Tafel darauf zur Bedeckung, schneide 2 Loth Citronat klein auf, gib ¼ ℔ eingemachte Weichseln zum Ablaufen auf ein Teller, rühre in einem Topf 8 Loth gestoßenen Zucker, 3 ganze Eier und 6 Eiergelb zusammen und ½ Liter süßen Rahm dazu. Nun gib in die Form auf die Bisquitbelege 1 Theil Weichseln, 1 Theil Citronat und Rosinen, dann eine Bisquittafel, wieder Weichseln, Citronat und Rosinen und so fort; oben muß es mit Bisquit bedeckt sein; dann gieße den Rahm dazu, laß die Bisquite einsaugen, stell die Form in ein zur Hälfte mit siedendem Wasser gefülltes Casserole, und laß sie ½ Stunde kochen, zugedeckt. Stürze die Form auf eine passende Platte, nimm das Papier weg, gib eine Weinsauce darüber und gleich zur Tafel.

Dessertbackwerk.

29. Januar.

Suppe mit Wildpret Klößchen.   189

Vom Wildpret, Reh oder Hasen, wird das zarte Fleisch fein gewiegt oder gehackt, hierauf wird Cayenne-Pfeffer und Salz dazu gegeben, von Waldboullon ein gebrühtes Teiglein (oder Brandteig) gemacht und dieses mit dem Reibstein gestoßen, dann werden Eier dazu gegeben, wie bei den

Hühnerklößchen oder Kalbfleischklößchen und ebenso gemacht, wie diese.

Auch die Klößchen von Hühnerfarce werden so bereitet und sowohl zur Suppe als zu feinem Ragout gegeben.

190 Rindfleisch mit Mandel-Creme.

Der Meerrettig wird gereinigt, mit einer Semmel gerieben, in 4 Loth heiße Butter gegeben, mit 1 Löffel voll Mehl gestäubt, 4 Minuten gedünstet, mit guter Milch oder Rahm zu einem angenehmen Brei gekocht, etwas Salz, 1 Loth Zucker, 2 Loth fein gewiegte Mandeln darein gegeben und noch ein Mal aufgekocht, dann zur Tafel gegeben. Dieser Creme ist sehr gut.

191 Sauerkraut mit Leberknödel.

Das Sauerkraut ist Nr. 47 bemerkt.

Die Leberknödel: 9 Semmeln werden klein geblättert geschnitten, mit einem Schoppen siedender Milch angebrüht, unter einander geschüttelt, und zugedeckt zurückgestellt. Häute eine Kalbsleber ab, schneide alles Drüsige aus und wiege sie mit 1 Vierling Ochsennierenfett, eine kleine Hand voll Petersiliegrün, einen Löffel voll Majoran, eine große Zwiebel, 3 Sträußchen Sellerielaub, ein Schnitzchen Citrone, gib das Gewiegte in eine Schüssel, rühre 4 ganze Eier, ein's nach dem andern daran,

vermenge damit die Semmeln, Salz und Pfeffer dazu, laß den Teig zugedeckt ¼ Stunde stehen; sollte er zu leicht sein, so gib 4 bis 5 Löffel voll Waizengrieß darein.

192 Gefüllter Wirsing mit gebackenen Kalbsfüßen.

Drei schöne Wirsingköpfe werden von den stärkern Rippen befreit, aber die Köpfe nicht zerbrochen, die weitere Behandlung ist Nr. 240 bemerkt. Fülle die Wirsingköpfe wie die Krautköpfe.

Die Kalbsfüße werden halbirt, weich gesotten, ausgelegt, mit Salz und Pfeffer bestreut, in Semmelbröseln umgekehrt, im heißen Schmalz rösch gebacken und im Kranz um die Wirsingköpfe garnirt.

193 Gespickte Karpfen mit Kartoffeln und Kappernsauce.

Ein schöner Karpfen wird geschuppt, ausgenommen, gewaschen, rein abgehäutet, eingesalzen, die Oberfläche fein gespickt, in eine Bratreine gelegt, zerlassene Butter darüber gegossen und im Rohr unter öfterm Begießen gebraten, daß er eine schöne, gelbe Farbe bekommt. Richte den Fisch an, gieß von seiner Sauce darüber und gib ihn, mit in Butter gelb gerösteten Kartoffeln bekränzt, zu Tische; servire dazu eine Kappernsauce, die in Nr. 184 bemerkt ist.

7*

194 Rindfleischwurst mit Senf und Salat.

Zu einer Wurst nimm 2½ ℔ Rind-fleisch von der Keule, jedoch noch warm vom Schlachten, schlage das Fleisch mit einem hölzernen Schlägel ganz fein, gib während des Schlagens eine starke Maß Wein darein, schütte sie jedoch auf 6 Mal daran, rühre ihn jedes Mal fest ein, gib 2½ Loth Salz, 2 Prisen Pfeffer dazu, mische es gut und laß es zuge-deckt über Nacht im Keller stehen. Am andern Tag rühre das Wurstbrät stark ab, gib ¼ ℔ frische, süße Butter darein, aber zerlassen, auch ½ Loth fein ge-schnittenes Citronat, nach Belieben, fülle eine große Wurst in den dicken Darm, verwelle sie in heißem Wasser eine gute halbe Stunde, bis sie aufsteigt, brate sie dann 6 Minuten in guter Braten-fette, richte sie in ihrer Sauce an und gib sie mit Senf zu Tische.

195 Aprikosenkuchen.

Dieser Kuchen wird wie der Apfel-kuchen in Nr. 43 bereitet, nur statt Aepfel, Aprikosenmarmelade aufge-legt und schmeckt sehr gut.

Dessertbackwerk.

30. Januar.

Sagosuppe. 196

Man nimmt ¼ ℔ Sago, wascht ihn rein durch die Hand, bis nichts Sandiges mehr daran ist, setzt ihn kalt mit Jüssuppe zu, gibt etwas Citronenschale, ein Stückchen Zimmt dazu und läßt ihn langsam bei mäßiger Hitze kochen, bis er sich auflöst. Man kann die Suppe mit Weinessig oder Citronensaft säuern, das ist ge-sund und dient zur Befeuchtung. Fri-casire sie nach Belieben mit 3 Eiergelb.

Rostbeafsteak mit Kartoffeln 197 anderer Art.

Man nimmt ein Stück von der dicken Rippe, ungefähr 5 ℔, hackt der Länge nach vom Grat, baut die Gratbeine ganz weg, klopft es ganz mürbe, spickt es auf der obern Seite mit Speck, bestreut es mit Salz, Pfeffer und feinen Kräutern, als Basilikum, Thymian, Burgunderkraut und Chalot-ten, läßt es einen Tag lang an einem kühlen Ort stehen, schüttet dann einen Schoppen guten Wein daran, das Fleisch muß in einem passenden Geschirr sein, daß der Wein darüber geht. In dieser Beize kann man das Fleisch 7 bis 8 Tage aufbewahren. Am Tage des Ge-brauches legt man das Fleisch frühzeitig auf den Rost oder steckt es an den Spieß und läßt es 5 bis 6 Stunden braten

unter öfterm Begießen mit dem Beiß-
wein. Zur Sauce kommt ein Glas
Wein mit den obigen feinen Kräutern,
einem Schöpflöffel voll braune Suppe
und Citronat, dieses alles wird gut aufgekocht, was vom Beefsteak abgetropft
ist, dazu, dann auf einer Platte angerichtet und der Braten darauf gelegt.

198 Rosenkohl mit Cotelette.

Der Rosenkohl ist Nr. 109 bemerkt.
Die Cotelette: Man nimmt
ein Stück vom Rückgrat, hackt die Beine
ab, schneidet mit jedem Rippchen Kar-
bonaden ab, löst das Häutige weg,
klopft das Fleisch recht mürbe, formirt
eine runde oder längliche Karbonade,
bestreut sie mit Salz und Pfeffer, kehrt
sie in Bröseln um, gibt sie in heißes
Schmalz, läßt sie auf beiden Seiten
bräunlich werden, legt sie auf eine
Platte, und betropft sie mit Citronensaft.

199 Gelbe Rüben mit Hirnba-
vesen anderer Art.

Die Rüben sind Nr. 108 bemerkt.
Die Hirnbavesen: 2 Kalbs-
birne werden abgesotten, gehäutet, mit
Chalotten fein gewiegt, mit Salz und
Pfeffer bestreut, in heißer Butter
fein geröstet. Auch kann man zwei
Löffel voll Bröseln und 2 Löffel voll
Suppe dazu geben und das Hirn zu einem
dicken Brei ankochen. Man schneidet nun

4 Semmeln in Bähschnitten, taucht jede
Schnitte rasch in Wein, legt sie auf ein
dick mit Bröseln besäetes Brett, legt das
Hirn erhaben auf, verkleppert 1 Ei mit
2 Löffel voll Milch, bestreicht damit die
aufgelegten Bavesen, bestreut sie mit
Bröseln, backt sie im Schmalz, und legt
sie im Kranz auf die Rüben.

200 Ein Schellfisch gebraten mit Kräuterbutter.

Der Schellfisch wird rein geschuppt,
ausgenommen, ausgewaschen, mit
Salz und Pfeffer eingerieben, in feines Oel
getaucht, auf dem Roste lichtbraun gebraten, auf eine Unterlage von Kräuterbutter gelegt, Citronensaft daraufgedrückt,
und zu Tisch gegeben.

201 Indian mit Stechsalat.

Die Bereitung des Indian ist Nr.
160 bemerkt.
Der Stechsalat wird wie der Kopfsalat bereitet.

202 Aprikosen Creme.

Gib 3 Eßlöffel voll Feinmehl und
½ ℔ Zucker in ein Casserole,
rührt das mit kaltem, süßem Rahm an,
gib 12 Eiergelb, das auf Zucker abgeriebene Gelbe einer Orange, 1¼ Schoppen süßen Rahm darein und laß die
Masse beim Kohlenfeuer unter beständigem Rühren zu einer fließenden

Creme anziehen, dicklicht, sie darf jedoch nicht kochen; sollte sie zu dick werden, so rühre süßen Rahm nach und setze ja mit dem Rühren nicht aus, daß sie nicht anliegt. Servire die Creme sobald als möglich.

31. Januar.

203 Brandsuppe mit Würsten.

ünf Semmel werden aufgeschnitten, mit kalter Suppe angeweicht, ¼ Stunde zum Feuer gestellt, mit einem Liter heißer Suppe angekocht, fein abgerührt, nun die nöthige Suppe, Chalotten, etwas Muskatnuß und Petersiliegrün darein gegeben, beim Anrichten durch ein Sieb gestrichen, mit 3 Eiergelb fricasirt und geräucherte Würste dazu gegeben.

204 Rindfleisch mit Kartoffel schnitz und Senfsauce.

wölf schöne Kartoffel werden roh geschält, in längliche Schnitze geschnitten, in Salzwasser gesotten, abgegossen und mit gerösteten Bröseln und Zwiebeln aufgeschmalzen.

Die Senfsauce: 3 harte Eiergelb werden mit 3 Löffel voll Oel fein angerührt, Salz, Pfeffer, Muskatnuß, Citronensaft und zuletzt 3 Löffel voll Senf und 2 Stück Zucker darein gegeben und aufgetragen.

205 Bayrisches Pulver mit Schweinsknochen.

as Rübenkraut wird mit mehreren Knochen gesotten; sind dieselben weich, werden sie ausgehoben, auf die Seite gestellt und das Kraut fertig gekocht. Jetzt röste in einem Vierling Schweinefette 3 Löffel voll Mehl und eine Chalotte hellgelb, rühre das Kraut darein und laß es gut aufkochen. Gib Schweinefette in ein Casserole, laß es heiß werden, thu die Knochen darein, laß sie gelb anlaufen, bestreu sie mit Salz, Pfeffer und Zwiebel und gib sie zum Kraut.

206 Bodenrüben mit Würsten anderer Art.

ie Rüben werden geputzt, gewaschen, in lange feine Streifen geschnitten, im Casserole weich gedünstet, mit 3 Löffel voll Mehl gestäubt, mit Suppe begossen, Salz und Pfeffer daran, etwas Muskatnuß, kurz eingekocht und beim Anrichten mit Würsten besteckt, so daß sie einen Stern bilden. Gib 3 Löffel voll Senf daran.

207 Hecht, blau abgesotten, mit Kartoffeln.

st der Hecht geputzt, wird er mit Salz und Pfeffer eingerieben, ihm der Schwanz in den Rachen gesteckt, in ein passendes Casserole gegeben. Ein

Schoppen Weineſſig, 3 Chalotten, 2 Salbei- und Lorbeerblätter dazu, abgeſotten, auf die bereitete Schüſſel gebracht, den heißen Sud darüber gegoſſen, mit geſottenen, würfelartig geſchnittenen Kartoffeln garnirt und letztere dick mit Peterſiliegrün beſtreut.

208 Hirſchbraten anderer Art mit Kreſſenſalat und Compot.

Ein Stück Wild, ſei es Ziemer oder Keule, wird ausgebraten, auch gedünſtet, was beſſer iſt, weil das alte Wildſtück ſchneller weich wird.

Bedecke den Boden eines großen Caſſeroles mit Speckſcheiben, ſchneide Zwiebel, Citronenſchale, Baſilikum, gelbe Rüben und Peterſilie auf den Speck, gib ¼ Schoppen Eſſig und ein Glas Wein darein, dann das Wildpret, beſtreue es mit Salz und Pfeffer und laß es unter öfterm Begießen dünſten. Hat

es angezogen, ſo ſtupfe es tief und oft mit einer Gabel, daß die Sauce einſaugt, gib ſchwarze Brodrinde und Suppe dazu, laß es wie einen Braten kurz eindünſten, gib 2 Löffel voll Wachholderſelz dazu, daß die Sauce ſchön ſchwarz ausſieht. Gieß die Sauce beim Anrichten durch ein Sieb über den Braten und ſervire ihn mit Salat und Compot.

Kartoffelauflauf. 209

Zerdrücke 8 mehlige Kartoffel ganz fein auf einem Brett, richte ſie locker in die Höhe und laß ſie auskühlen; rühre ¼ ℔ Butter flaumig ab, gib 10 Eiergelb, eins nach dem andern daran, 4 Loth Citronenzucker, die Kartoffeln, zuletzt den Schnee der 10 Eierweiß, back ihn langſam und ſervire ihn mit Zucker beſtreut.

Deſſertbackwerk.

Monat Februar.

1. Februar.

210   Bisquitsuppe.

Ein viertel ℔ Butter wird flaumig gerührt, dazu 6—7 Eiergelb, das zu Schnee geschlagene Weiße der Eier, ¼ ℔ feines Mehl und etwas Salz; dann wird der Teig in einen bestrichenes Model gefüllt, gebacken, wenn er erkaltet ist, in schmale Schnitten oder kleine Würfel geschnitten, mit kochender Fleischbrühe begossen, oder ein paar Mal aufgekocht und mit Schnittlauch bestreut, aufgetragen.

211   Rindfleisch mit Petersiliensauce.

Ersteres ist schon bekannt.

Man wiege eine Hand voll Petersiliegrün, gebe etwas Fett in ein Casserole, lasse ein paar Löffel voll Mehl darin anlaufen, gebe das Grün darein, salze es, gieße die nöthige Suppe auf und koche sie zu gehöriger Dicke ein.

212   Blaukraut mit Schweine-Coteletten.

Das Blaukraut ist Nr. 114 bemerkt. Die Coteletten: Vom dicken Gratstück wird alles Beinige entfernt, das Fleisch schön abgelöst und geklopft. Ist es halb mürbe, so gib 2 Zehen Knoblauch, 2 Chalotten, Salz und Pfeffer und etwas Citronenschale dazu, klopfe oder backe Alles fein, forme daraus Coteletten nach Belieben, lege sie auf ein mit Mehl besäetes Brett, kehre sie um, brate sie in der Omelettenpfanne schön bräunlich und garnire sie im Kranze um das Blaukraut.

213   Spinatsturz mit Zunge.

Koche Spinat ganz dick und stelle ihn, wenn er fertig ist, auf die Seite; schneide eine geräucherte, weich gesottene Zunge in feine, runde Scheiben, siede 4 eingerührte Eier, bestreiche eine Auflaufform mit Butter, besäe sie mit Bröseln, gib eine Lage Spinat darein, eine Lage Zunge, wieder Spinat, dann eine Lage Eier, eine Lage Zunge und zuletzt nochmal Spinat, laß das Ganze leicht backen. Vor dem Anrichten garnire den Sturz mit den übrigen Eiern und den Rand der Platte mit Zungenschnitzen. Dieser Sturz sieht hübsch aus.

214   Fricandeau mit Kartoffelnudeln.

Ersteres ist Nr. 17 bemerkt.

Die Nudeln: Ungefähr 12 heiße Kartoffeln werden fein zerdrückt, 1 ℔ Feinmehl, etwas Salz und ein Ei

darunter vermengt und kleine, lange Nudeln daraus gemacht. Gib ¼ Vierling Schmalz in ein großes, flaches Casserole, ist es heiß, so gib ½ Liter Milch und 2 Loth Zucker dazu, die Nudeln darein, laß sie gelbe Räumerln annehmen; sind sie zu trocken, gieße heiße Milch nach und gib sie zu Tische.

215 Enten mit gelbem Rüben-salat.

Die Enten sind Nr. 18 bemerkt.

Große gelbe Rüben werden gesotten, abgehäutet, fein geschnitten, mit Essig und Oel angemacht und mit Nessel-salat garnirt.

216 Kirschenkuchen und Dessert-backwerk.

2. Februar.

217 Kalbskopfsuppe.

Ein Kalbskopf wird in Salzwasser gekocht, in kaltes Wasser gelegt, in schöne, gleiche Filets geschnitten und in Fleischbrühe noch weich gesotten. In einem Vierling Butter wird Mehl braun geröstet, soviel als derselbe annimmt, mit brauner Suppe und 1 Schoppen rothen Wein glatt gerührt, die Sauce wird 1—2 Stunden gekocht, jedoch nicht zu

dick, das Fett abgenommen, durch ein Haarsieb geseiht, der geschnittene Kalbs-kopf, kleine Farce-Klößchen, ein paar hartgekochte Eiergelb, 1 Messerspitze rothen Pfeffer, ½ Schoppen Madeira-Wein darein gegeben und zu Tisch gebracht.

218 Rindsfleisch mit Kartoffel-sturz und Meerrettig.

Rindsfleisch wie sonst.

Kartoffelsturz: 15—18 Kartoffel, kalte, werden geschält und gerieben, dann wird eine Auflaufform mit Rindsschmalz bestrichen, mit Bröseln bestreut, der Boden gliedhoch mit geriebenen Kartoffeln bedeckt, jedoch behutsam, darauf eine Lage gerösteter Brösel und Zwiebeln, wieder Kartoffel, nochmal Brösel und etwas Salz und in einem nicht zu heißen Rohr ½ Stunde gebacken; wenn sich beim Schotteln der Sturz hin und her schucken läßt, ist er fertig, er wird auf die Platte gestürzt und gleich aufgetragen. Je weniger die Kartoffeln berührt werden, desto höher wird der Sturz, die gelben sind die schönsten dazu.

Kalter Meerrettig: Derselbe wird rein geputzt, gerieben, dazu der 4. Theil einer Geige, mit 3 Löffel voll feinem Oel und dem nöthigen Essig vermengt und so servirt.

219 Artiſchoken mit Würſten.

Die Artiſchoken werden gewaſchen, in Salzwaſſer geſotten, geſchält, in 4 Theile geſchnitten, im Kranze um die Platte gelegt, mit friſcher Gansfette betropft und etwas Salz beſtreut. In die Mitte der Platte gib in Zuckerbräune gedünſtete Kaſtanien.

NB. Man laſſe ſie nicht lange ſieden, daß ſie nicht zerfallen, lieber läßt man ſie zugedeckt im Dunſte vollends ausziehen.

Die Würſte ſollen nur fingerlang ſein und zwiſchen die Artiſchoken und Kaſtanien zierlich geſteckt werden.

220 Blaukohl mit Schaf
Coteletten.

Der Blaukohl wird von den Rippen geſtreift, in Salzwaſſer geſotten, fein geſchnitten, in guter Fette gedünſtet, mit 2 Löffel voll Mehl geſtäubt, Salz, Pfeffer, eine Zwiebel und die nöthige Suppe dazu gegeben, nochmal aufgekocht und mit den Coteletten zu Tiſch gegeben.

Dieſelben ſind Nr. 198 bemerkt.

221 Rebhühnerbraten mit
Orangenſalat.

Die Rebhühner werden geputzt, ausgenommen, mit Salz und Pfeffer eingerieben, die Bruſt mit Speck geſpickt, die Füße und die Flügel eingebogen, am Spieß, unter Betropfen mit Butter und Citronenſaft, gebraten und mit Orangenſalat ſervirt.

Ein gefülltes Omelette. **222**

Rühre in einem Hafen 3 Löffel voll feines Mehl mit ſüßem Rahm zu einem leichten Teig, 3 Eier dazu, ½ Schoppen Rahm, nochmal 3 Eier und ¼ Schoppen Rahm, rühr Alles feſt ab, beſtreich eine Omelettenpfanne, iſt ſelbe heiß, ſo gib die Hälfte des Abgerührten hinein, laß es gut auseinander laufen, richte es ſtets in die Höhe und laß es auf der Glut gut abtrocknen, gib es in eine Schüſſel, das Gebackene auf dem Boden, mache ein Ragou von Krebsſchweifchen oder Karpfenmilch in kurzer Sauce darauf, backe die andere Hälfte, ſtürze ſie darüber und gib das Ganze zur Tafel.

Deſſertbackwerk.

3. Februar.

Suppe mit Butternockerln. **223**

Rühre 1 Vierling Butter ab, 4 Eier, ½ ℔ Mehl und ¼ Schoppen Milch dazu, und laß dieß ½ Stunde ſtehen. Nun gib mit einem Eßlöffel die Klößchen in ſiedende Fleiſchbrühe, laß ſie eine gute halbe Viertelſtunde kochen, nimm ſie mit einem Schaumlöffel heraus, gieß

die Suppe daran und bestreue sie mit Schnittlauch und Muskatnuß.

224 Rindfleisch mit sauerm Kartoffelgemüse.

Die Kartoffeln werden gesotten und in runde Blättchen geschnitten. In guter Fette laß 3 Löffel voll Mehl gelb werden, gib die nöthige Suppe und nach Belieben Essig dazu, die Kartoffel und 2 Chalotten darein und laß sie gut aufkochen.

225 Weiße Rüben mit Schweinefleisch.

Die Rüben sind Nr. 151 bemerkt. Das Schweinefleisch wird zuerst allein gedünstet. dann in die Rüben gelegt und darin fertig gedünstet. Beim Anrichten gib das Fleisch in die Mitte und die Rüben im Kranze um dasselbe.

226 Linsen mit Schinken.

Die Linsen werden über Nacht eingeweicht, am Morgen zugesetzt und weich gesotten, 2 Löffel voll Mehl werden in Butter oder Fette braun gemacht, die Linsen durch ein Sieb gestrichen, darein gegeben mit Salz und Pfeffer, 2 Chalotten und ¼ Schoppen Essig, gut aufgekocht, sind sie zu dick, mit Suppe aufgegossen, mit gekochtem Schinken angerichtet und mit Parmesankäs bestreut.

227 Man abgesottene Forellen.

Die zum Absieden bestimmten Forellen dürfen nicht eher aus dem Wasser, bis man sie braucht. Man schlägt sie auf den Kopf, schlitzt ihnen den Bauch auf, nimmt das Innere heraus, wascht sie gut aus, spritzt Essig darauf, setzt 1 Schoppen Wasser mit Salz auf, gibt, wenn es siedet, die Forellen darein mit 1 Schoppen Essig und 2 Chalotten, läßt sie 3 Minuten sieden, richtet sie an in ihrem Sud und gibt extra Essig und Oel dazu nebst Zwiebeln.

228 Rehbraten mit Salat und Apfelcompot.

Man klopft einen Schlegel mürbe, zieht die Haut ab, spickt die Oberfläche mit Speck, salzt und würzt ihn, legt ihn in eine Bratreine mit 1 Vierling in Scheiben geschnittenen Speck und 1 Schoppen Beize, bratet ihn hellbraun, begießt ihn einige Mal nach Belieben mit sauerm Rahm, bratet ihn kurz ein und servirt ihn mit der eigenen Sauce, nebst Selleriesalat und Apfelcompot.

229 Hagenbuttenschnitten.

Man reibt von 6 Mundbroden die Rinden ab, theilt sie in Schnitten, taucht diese in Wein, legt sie auf ein mit Bröseln besäetes Brett, kehrt sie um, backt sie in heißem Schmalz, taucht sie nochmal in Wein, der mit Zucker

vermiſcht iſt, dann in die Hagenbutten,
ſauce und gibt ſie zu Tiſche.
Deſſertbackwerk.

4. Februar.

230 Leberſuppe mit Kruſten.

Eine Kalbsleber wird fein ge-
ſchabt oder gewiegt, mit fein-
gewiegtem Peterſiliegrün und
Citronenſchale, 10 Eiern, 3—4 Eßlöffel
voll feines Mehl verrührt, langſam in
ſiedende Fleiſchbrühe eingegoſſen, ein
paar Mal aufgekocht und gleich aufgetragen, damit die Leber nicht hart wird.
Gib nach Belieben gebackene Kruſten
darein.

231 Dunſtbraten mit geröſteten Kartoffeln.

Schneide von einem Rippenſtück gehörige Roſtbraten herunter, beſtreue ſie mit Salz und Pfeffer, brate
ſie ſchön braun auf dem Roſt, gib ſie
in ein Caſſerole, gieße dazu gute Sauce
oder Suppe, gib 3 geſchnittene Sardellen und Zwiebeln darein und laß ſie
weich dünſten. Gib den Braten auf
eine Platte, die Sauce darüber, garnire
ihn mit Peterſilielaub und ſervire ihn
mit geröſteten und mit Sellerielaub ge-
zierten Kartoffeln.

232 Kleine grüne Kohlraben mit Salami.

Von den Kohlraben wird das Kraut
abgeſtreift, gewaſchen, die Kohlraben geſchält. Beide werden in Salzwaſſer abgekocht, in kaltes Waſſer gelegt, das Kraut fein gewiegt, die Kohlraben in dünne Scheiben geſchnitten,
beide einzeln in Butterſauce, gewürzt
mit Muskatnuß, gelegt, gut aufgekocht,
und auf einer Platte angerichtet, zuerſt
die Kohlraben, darüber das Grüne.
Die Salami wird eigens beigegeben,
garnirt mit Peterſilielaub.

233 Bohnen mit gebackenen Briſen anderer Art.

Lege die Bohnen 2 Stunden in
Waſſer, gib ſie dann in heiße
Fette und laß ſie mit 2 Zwiebeln weich
dünſten, ſtäube 2 Löffel voll Mehl daran, gieße die nöthige Suppe und ¼
Schoppen Wein dazu, laß die Bohnen
kurz einkochen, gieße 1 Schoppen abgerührten ſauern Rahm darein und richte
die Bohnen an. Die Briſen werden
gebacken wie die Hühner und im Kranze
um die Bohnen garnirt.

234 Hecht mit Kren.

Der Hecht wird in Stücke getheilt,
mit Salz und Pfeffer beſtreut,
in gutem Weineſſig mit Zwiebeln und
Lorbeerblättern abgeſotten, dann in

eine Schüssel gelegt, mit geriebenem Kren
bestreut, vom Sud etwas unter den
Fisch gegossen, 3 Minuten zugedeckt und
servirt.

235 Hühner mit Compot.

Erstere werden bereitet wie in Nr.
204. Sind sie am Spieße halb
gebraten, werden sie dick mit Bröseln
bestreut und etwas Salz, dann fertig
gebraten, und behutsam mit Butter betropft, daß die Bröseln nicht abfallen.
Die Hühner bekommen so eine angenehme
rösche Kruste und werden sogleich aufgetragen mit Compot von im Dunst
eingesottenen Zwetschgen.

236 Zwetschgenkuchen.

Dieser wird wie der Apfelkuchen in
Nr. 43 gemacht, nur statt Apfel-
marmelade, Zwetschgenmarmelade.

Tellerbäckerei.

5. Februar.

237 Braune Sago-Suppe.

Der braune Sago wird rein
durch die Hand gewaschen,
in guter Suppe aufgelöst, ein
Glas Wein (rothen,) 2 Citronenscheiben,
etwas Muskatnuß und einige Pfefferkörner darein gegeben und zuletzt einige
Krebsschweifchen.

Sonderraten mit Juden. 238

Um mehr Wechsel in Rindfleisch
zu haben, nimm 5 ℔ Lungen-
oder Lendbraten, löse alle Beine aus,
backe dieselben, siede sie und auch das
ausgelöste Stück. Nach einer Stunde
nimm dasselbe heraus, bestreue es mit
Salz und Pfeffer, brate es mit feinem
Grünzeug, zwei gelben Rüben und
Zwiebeln eine Stunde, überzieh das
ganze Stück mit gerösteten Bröseln und
bekränze es mit fein geschnittenem Petersiliegrün.

Geschnittene Nudeln in Oel und
Mache geschnittene Nudeln, siede
sie in Wasser, gib sie in frisches Wasser
laß sie ablaufen, menge sie mit Essig
und Oel, Salz und Pfeffer gut ineinander und garnire sie dick mit Schnittlauch.

Sauerkraut mit Aepfeln 239 und Nocerwürmern.

Das Kraut wird mit guter Schweinefette ½ Stunde gedünstet. Dünste
unterdessen 4 große, geschnittene Aepfel
in 1 Loth Butter ganz weich, gib das
Kraut darein, laß es noch eine Stunde
weich dünsten, stäube es mit einem
Löffel Mehl, gib frische Bratensauce dazu und richte es an.

Die Nocerwürmer: 1 ℔ Mehl wird
mit einem Ei und ungefähr 1 Schoppen
Milch angemacht, fest geknetet, mit etwas
Salz, dann zu feinen Nudeln gemacht.

Diese werden in Wasser gesotten, geröstet und nach Belieben mit gelb gerösteten halbirten Chalotten garnirt und zum Krant gegeben.

240 Erbsen mit Blut- und Leberwürsten.

Wie in Nr. 43.

241 Gefüllter Karpfen mit Butterteig und Sardellensauce.

Ein schöner Karpfen wird gereinigt, die Rückgräten ausgelöst und innen mit Hechtfülle gut belegt. Ein ausgerollter Butterteig wird auf ein Kranz- oder Tortenblech gelegt, der Fisch darauf, das Gefüllte nach Oben, Kopf und Schwanz soll vorstehen; ein weiterer ausgerollter Butterteig wird in Streifen geschnitten, davon ein Gitter auf den Fisch gemacht, vom Schwanz bis auf den Kopf, mit einem, in Milch verkleppertem Ei bestrichen und hellbraun gebacken. Der Karpfen wird vom Blech genommen, auf eine Serviette in eine lange Schüssel gelegt, mit gekochten Krebsen und Petersilieträußchen garnirt und mit Sardellensauce heiß aufgetragen.

242 Gansbraten mit Kartoffelsalat.

Die Bereitung ist Nr. 49 bemerkt.

243 Kabinet Pudding Nr. 188.

Prinz Karl-Speisen.

Dessertbackwerk.

6. Februar.

244 Brisensuppe mit Schnitten.

Zwei Paar Kalbsbrisen werden in das Wasser gelegt, bis sie weich sind, darauf in Salzwasser 4 Minuten gesotten, mit Petersilielaub und 2 Chalotten fein gewiegt, in heiße Butter gegeben, ein Löffel voll Mehl daran gestäubt, mit der nöthigen Suppe aufgegossen, und 1 Viertelstunde gekocht; verrühre 1 Schoppen sauern Rahm mit 3 Eiergelb, thu das an die bereitete Suppe und richte sie über die gebähten Schnitten an.

245 Lendbraten mit Macaroni.

Lendbraten Nr. 238. Die Macaroni werden bereitet wie die geschnittenen Nudeln in Nr. 238.

246 Artischoken mit gebackenen Hühnern anderer Art.

Nimm 12 Artischoken, stuße die Spitzen, entferne die äußern Blätter, lege sie behutsam in heißes Wasser, etwas Salz darauf, decke sie zu und laß sie weich sieden, gieße sie ab und puße das Raube und Faserige oben in der Mitte

heraus und stelle sie, mit Suppe begossen, warm bis zum Gebrauch. Mache eine weiße Buttersauce, gib fein gewiegtes Petersilielaub darein und laß sie gut kochen, gieß zuletzt 1 Schoppen süßen Rahm dazu, stell die Artischoken in eine bestimmte Schüssel, gib die heiße Sauce darüber, mache einen Kranz von gebackenen Hühnern um den Rand der Schüssel und gib sie zu Tisch.

NB. Die Artischoken werden wie die feinen Früchte im Dunste eingesotten und aufbewahrt. Das gilt für die hohen. Die Boden-Artischoken werden im Keller aufbewahrt.

247 Rosenkohl mit Schinkenrollen.

Ersterer ist Nr. 109 bemerkt. Der gekochte Schinken wird in feine Blättchen geschnitten, dieselben um den Finger gerollt und damit der Rosenkohl garnirt.

248 Ein Indian mit Kopfsalat und Compot.

Die Bereitung ist Nr. 160 bemerkt.

249 Erdbeer Creme.

Acht Loth Zucker werden in einer Messingpfanne langsam geschmolzen, bis derselbe ein gelbes Aussehen hat, dann gieße 3 Quart süßen Rahm darein, laß ihn kochen, gib 4 Loth

Zucker dazu, stelle den Rahm kalt, rühre 8 Eiergelb und 1 ganzes Ei ab, nach und nach den Rahm und eine Obertasse voll Erdbeerensaft dazu, seihe das Ganze in einen Becher, stelle denselben bis zur Hälfte in heißes Wasser, das jedoch nicht sieden darf, deck ihn zu, gib einige Kohlen unter den Topf und laß die Creme stocken. Ist sie fertig, stelle den Becher kalt, wisch ihn ab und gib ihn auf einer Platte mit Kaffeelöffeln zur Tafel.

Dessertbackwerk.

7. Februar.

250 Bisquitsuppe mit Krebsbutter.

Selbe ist Nr. 210 bemerkt.

251 Dunstbraten mit Senfkartoffeln.

Ein schönes Schweißstück wird geklopft, gewaschen, mit Salz und Pfeffer bestreut, mit Zwiebel und allen Suppenkräutern eingerichtet, ¼ Liter Suppe darein gegeben, zugedeckt und auf allen Seiten lichtbraun gedünstet. Ist das Fleisch halb fertig, so gieße ein Glas Wein, eine Maß Suppe dazu, laß es eindünsten, stäube 2 Löffel voll Mehl daran, laß es nochmal einkochen, gieß einen Schoppen sauern Rahm dazu, seihe die Sauce, gib davon über den Braten und richte die übrige Sauce eigens an.

Senfkartoffel: Gesottene Kartoffel werden geblättelt, in heiße Butter gegegeben, mit Zwiebeln, Petersiliegrün, Pfeffer und Salz ¼ Stunde gedünstet, mit einem Löffel voll Mehl gestäubt, die nöthige Suppe und 4 Löffel voll Senf daran gegeben und nochmal aufgekocht.

252 Spinat mit gebackenen Eiern anderer Art.

Ersterer wird wie sonst bereitet, nur statt mit Suppe, mit süßem Rahm gekocht und die gebackenen Eier werden im Kranze darauf garnirt.

253 Blaukraut mit Schweinscarbonaden.

Das Blaukraut ist Nr. 114 bemerkt. Die Carbonaden: Ein schweinernes Rippenstück wird von den Beinen gelöst, zu Brät geschlagen, fein geschnittener Speck, Citronengelb, Salz und Pfeffer darunter gemischt, eine Semmel in kalte Milch eingeweicht, fein gebröselt darunter gerührt, in Kalbsnetzchen eigroße Carbonaden eingelegt, in Fette oder Butter schön braun gebraten, an die Sauce ein Schöpflöffel voll Suppe geschüttet und damit kurz aufgekocht.

Englischer Kalbskopf mit 254 holländischer Sauce.

Verlange bei dem Metzger einen Kalbskopf sammt der Haut, gebrüht und geputzt; lege ihn 2 Stunden in ein laues Wasser, damit er recht weiß wird, reibe ihn dann mit Citronensaft ein, belege ihn mit Speckscheiben, binde ihn in eine Serviette, laß ihn 2 Stunden vor dem Anrichten in fetter Suppe weich kochen, binde ihn aus, befreie ihn vom Speck, lege ihn in eine lange Schüssel, mache über das Hirn einen Kreuzschnitt, nimm die Hirnschale heraus, löse die Zunge aus, schneide sie, wenn sie abgehäutet, der Länge nach und lege sie herzförmig über den Kopf gieße die holländische Sauce darüber, damit der ganze Kopf maskirt ist, und bestreue ihn mit einer Obertasse voll, in kleine Würfel geschnittene und in Butter gebackene Weißbrodkrusten.

Rühre einen Löffel voll Mehl mit kaltem Wasser ab, dazu 6 Eiergelb, 8 Loth zerlassene Butter, 12 weiße Pfefferkörner, etwas Muskatnuß und ein wenig Suppe; rühre die Sauce sorgfältig auf heißem Herd ab, bis sie aufstoßen will, presse den Saft einer Citrone darein, seibe sie durch ein Sieb und stell sie bis zum Gebrauch in's warme Wasser.

NB. Alle Buttersaucen dürfen erst kurze Zeit vor dem Anrichten verrührt werden.

255 Rehbraten mit grünem ...

Der Ziemer wird aus der Beize genommen, abgehäutet, gespickt, gut eingesalzen, mit Zwiebeln, Grünzeug und 1 Schoppen Beize in eine Bratreine gelegt, im Rohr schön braun gebraten, unter öfterem Begießen mit sauerm Rahm, die Sauce darüber angerichtet und mit Kressensalat servirt.

256 Apfelschnitzel mit Hagenbuttensauce.

Ein Vierling Butter und 3 Loth Schmalz werden flaumig abgerührt, 6 Loth Zucker und 6 Eiergelb, das zu Schnee geschlagene Weiße, 6 in kleine Würfel geschnittene Borsdorfer Aepfel nach und nach dazu, in eine bestrichene, mit Bröseln bestreute Form gegeben, schön gebacken und mit einer Hagenbuttensauce aufgetragen.
Dessertbackwerk.

8. Februar

257 Französische Suppe.

Ein Vierling Reis wird mit 4 Schöpflöffel voll Suppe und einer, mit einigen Nelken gespickten Zwiebel langsam weich gedämpft; der Reis muß ganz bleiben. Gelbe Rüben, Sellerieköpfe, Pastinaken und Petersiliewurzeln werden geputzt und fein der Länge nach oder in Würfel geschnitten, gereinigter Blumen- und Rosenkohl in Röschen getheilt, dieses Alles in Fleischbrühe weich gekocht und zwar von den Pastinaken und Petersiliewurzeln ½, von dem Kohl und dem übrigen einen ganzen Schöpflöffel voll. Eine Viertelstunde vor dem Anrichten werden Macaroni oder Sternchen in Fleischbrühe einige Mal aufgekocht und stehen gelassen, damit sie auflaufen. Beim Anrichten wird Alles in die Suppenschüssel gelegt mittels eines Schaumlöffels, mit brauner Jussuppe der gehörige Bedarf dazu gegeben und aufgetragen.

258 Rindfleisch mit Zwiebelsauce.

Das Rindfleisch in Nr. 2.

Die Sauce: Mache mit 2 Löffeln voll Schmalz und 1 Loth Zucker eine Bräune, gib 6, in Scheiben geschnittene Zwiebel darein, stäube einen tüchtigen Löffel voll Mehl daran, laß sie einige Zeit dünsten, gieß die nöthige Suppe auf, gib etwas Salz dazu, rühr die Sauce fein ab und laß sie gut aufkochen. Wer die Sauce picant will, kann zwei Löffel voll Weinessig dazu geben.) Seihe sie durch ein Sieb und gib sie mit oder ohne Zwiebel zur Tafel.

259 Winterkohl mit Regensburgerwürsten.

Die Bereitung ist Nr. 81 bemerkt.

260 Rothfisch gekochter Wirfing mit Wienerschnitzen.

Der Wirfing wird von den Rippen befreit, gewaschen, gesotten, in einen Durchschlag zum Ablaufen gegeben, hierauf in einen Schoppen gute Suppe gelegt. Nun lege 3 Blätter aufeinander, gieße 2 Löffel voll gute Geflügelsauce darüber, wieder 3 Wirfingblätter und Sauce, mache so fort, bis alle Blätter aufgelegt sind; dieser Hügel hat das Aussehen einer Zuckerhutspitze und wird zuletzt mit gut gerösteten Bröseln überzogen.

Die Wienerschnitze werden um den Rand garnirt, sie sind Nr. 108 bemerkt.

261 Der Rothfisch mit Kartoffeln.

Der Rothfisch wird geputzt, ausgenommen, ausgewaschen, eingesalzen in einen Sud, wie die Forellen gegeben und langsam gekocht, dann auf einer Platte mit einer Serviette angerichtet und mit Kressen garnirt; in eine Saucerie gib zerlassene Butter mit Petersiliegrün, gewiegt, extra und in kleine Würfel geschnittene Kartoffel, mit Fischsud angerichtet.

262 Enten mit rohem Sellerie-Salat und Kastanien-Compot.

Erstere sind Nr. 18 bemerkt.

Der Salat: Der Sellerie wird geputzt, gewaschen, geschält, fein gehobelt,

eingesalzen, nach einer Stunde ausgedrückt, mit Essig, Oel und Pfeffer angemacht und mit Sellerielaub garnirt.

Das Compot: 25 Kastanien werden geschält, einmal in siedendem Wasser aufgekocht, damit sich die zweite Schale gut abziehen läßt. Nun wird 1 Loth Zucker, 1 Schöpflöffel voll Wasser und ½ Quart Milch aufgekocht, die Kastanien darin langsam weich gesotten, doch so, daß sie ganz bleiben, auf einer Compotschale erhaben angerichtet und die Sauce darüber geseiht.

Pudding von sauerm Rahm. 263

Vier Milchbrode werden fein geschnitten, mit ¼ Schoppen sauerem Rahm befeuchtet, mit 8 Eiergelb, 6 Loth Zucker, 8 Loth Rosinen und etwas Citronenschale gut verrührt, zuletzt mit dem Schnee vermengt, in eine gut bestrichene Form gefüllt, gut verschlossen in ein mit Wasser halb gefülltes Casserole gestellt, ¾ Stunden gesotten und mit einer Sauce von eingekochten Himbeeren aufgetragen.

Dessertbackwerk.

9. Februar.
Spinatkrapfensuppe. 264

Die Spinatkrapfen werden bereitet wie die Maultaschen, nur werden die ausgerollten Flecke mit kaltem Spinat bestrichen, zu-

sammengerollt, die Karpfen in beliebiger Größe abgeschnitten, in heißer Fleischbrühe abgekocht und mit Muskatnuß bestreut aufgetragen.

265 Rindfleisch mit Kartoffel und Butter.

Die Kartoffel werden vom Sud weggenommen und zu Tisch gegeben mit Butter. Dieselbe wird mit einem großen Kochlöffel durch einen Durchschlag gedrückt, auf eine Platte, daß sie einen Hügel bildet, der Rand der Platte wird mit fein geschnittenem Schnittlauch garnirt.

266 Gebackene Artischoken mit Mayonaise.

Die Artischoken werden gesotten, behutsam in ein Sieb zum Ablaufen gelegt, in 2 mit 3 Löffel voll Milch verklepperten Eiern eingetaucht, auf einem mit Bröseln besaeten Brett umgekehrt, in der Omelettenpfanne hellbraun gebacken, auf eine Platte gestellt, die Sauce darunter gegossen, und davon auch extra in eine Saucerie gegeben.

Die Mayonaise oder Oelsauce: Stelle 3 rohe Eiergelb in einer Schüssel mit engem Boden auf Eis, rühre ¼ Schoppen Olivenöl tropfenweise daran, jedoch schnell, damit es nicht gerinnt; ist der Teig dick, so rühre 6 Löffel voll feinen Essig, etwas Salz und den Saft einer

halben Citrone dazu und laß die Sauce zugedeckt bis zum Gebrauch auf dem Eis stehen.

267 Weißes Kraut mit Schwein fleisch.

Dasselbe ist Nr. 121 bemerkt.

268 Fisch mit Madeira-Sauce.

Die Bereitung des Fisches ist Nr. 130 bemerkt.

Die Sauce: Schneide 6 Loth magern Schinken, einige Chalotten, eine gelbe Rübe, Sellerie, Porrie und Pastinaken klein zusammen, gib dies mit Petersilie und einigen Pfefferkörnern in heiße Butter, röste das Alles lichtgelb, gieße 1 Schöpflöffel voll Suppe und 1 Schoppen Madeira daran, koche die Sauce noch ¼ Stunde, entfette sie und schäume sie ab, gieße sie durch ein Sieb und stelle sie warm bis zum Gebrauch.

269 Kapaunenbraten und italienischer Salat anderer Art.

Der Kapaun wird hergerichtet, rein gewaschen, mit Salz und Pfeffer eingerieben, schön dressirt, das Brustbein ausgelöst, mit Speckscheiben belegt, in mit Butter bestrichenes Papier eingebunden und im heißem Rohr gebraten. Nach einer halben Stunde entferne das Papier und brate ihn unter öfterm Begießen mit zerlassener Butter und seiner

eigenen Sauce fertig. Beim Anrichten
verziere ihn mit Citronenscheiben.

Die Salat Schäle 10 frisch gesottene
Kartoffel, schneide sie fein geblättelt,
ebenso 1 Vierling kalten Braten, 1
Vierling geräucherte und gekochte Junge,
hoble 3 Essiggurken, gib dazu eine
Obertasse voll Rahmen und menge Alles
mit Essig und Oel, 4 Löffel voll Senf
und etwas Salz gut ineinander und
richte es erhaben in eine Salatschüssel
an. Nun wiege Petersilie, Rahmen,
Eiergelb, Eierweiß, kalten Braten,
Junge und Fischstreifen, jede Gattung
extra, mache davon verschiedene Felder
auf den Salat, bald gelb, bald roth,
bald weiß ꝛc. Schneide aus einem Ei
ein Körbchen, mache aus Citronenschale
ein Bögchen darauf und fülle dasselbe
mit Kappern.

270 Vanille Creme.

Selbe wird wie die Erdbeer-Creme
Nr. 249 bereitet.
Dessertbackwerk.

10. Februar.

271 Schwarzbrodsuppe mit
Bratwürsten.

Schwarzes, altgebackenes Brod
wird fein geschnitten, in
Fleischsuppe weich gekocht,
durch ein Sieb gestrichen, mit Suppe verdünnt, mit 3 Eiergelb und einer feinge-
schnittenen gelben Rübe fricasirt und
mit Schnittlauch bestreut. Die Bratwürstchen werden eigens beigegeben.

272 Rindfleisch mit Sardellensauce anderer Art.

Dünste ¼ Vierling Butter mit
Petersilie, 2 Zwiebeln und 4
Sardellen, alles fein gewiegt, stäube
3 Löffel voll Mehl daran, röste es gelb,
lösch es mit Suppe ab, gieß 1 Glas Wein
daran, laß die Sauce noch einmal aufkochen und gib sie, durch ein Sieb gestrichen, zur Tafel.

273 Mangold mit Salami.

Ersterer wird von den Stielen befreit, gewaschen, in Salzwasser
gesotten, in einen Seiher gegeben,
ausgedrückt und fein gewiegt. Dünste
zwei geschnittene Zwiebel schön gelb
in 1 Vierling Butter oder Fette, gib das
Gewiegte darein, laß es 1 Viertelstunde
dünsten, gib 2 Löffel voll Mehl daran,
Salz und Pfeffer, etwas Essig und
Suppe, laß es gut aufkochen, richte es
in einer Gemüseschale an, schmalze es
würfelartig geschnittenem Speck auf und
bekränze den Rand mit Salamiblättchen.

274 Bayerisches Pulver mit
Blut- und Leberwürsten.

Solches wird gesotten, dick einge-
brannt, Schweinfett und Zwiebeln
darin gekocht, 2 Paar Leberwürste aus-

gedrückt, in das Kraut gerührt und mit abgebräunten Leberwürsten aufgetragen.

275 Schweinsschlegel mit einer Kruste und Salat.

Von diesem wird die Haut abgezogen, mit Salz und Pfeffer wird er eingerieben und in einer passenden Pfanne mit 2 Zwiebeln, 1 Schöpflöffel voll Wasser und ½ Schoppen Essig, unter öfterm Begießen mit seinem Saft, 2½ Stunden gebraten. Hierauf wird er herausgenommen, mit Butter bestrichen, mit feinen Bröseln messerrückens dick bestreut und in den Ofen gestellt, bis die Kruste eine gelbe Farbe hat und rösch ist.

Boragensalat: Die Boragen werden wie breite Nudeln geschnitten, gewaschen, mit 3 hart gesottenen, grob gewiegten Eiern, Essig und Oel und Salz gut vermengt und erhaben auf der Salatiere angerichtet.

276 Reisauflauf mit Himbeersauce.

Flöße ½ ℔ Reis mit Wasser ab, koche ihn dick mit Milch und laß ihn erkalten. Rühre nun 7 Loth Butter ab, daran 7 Eiergelb, jedes Mal einen Löffel voll Reis dazu, etwas Citronengelb, den Schnee der 7 Eierweiß und 6 Loth gestoßenen Zucker, menge alles gut ineinander, fülle damit eine bestrichene

Form und laß es langsam backen. Gib den Auflauf mit Himbeersauce zu Tische.

Dessert, ??? ???

11. Februar.

Schwarzwurzelsuppe. 277

Die Wurzeln werden rein geschabt, in Milchwasser gewaschen, in fingerlange Streifen geschnitten, in Salzwasser weich gekocht und in einen Durchschlag zum Ablaufen gebracht. Laß Butter zerschleichen, röste darin etwas Mehl, es muß jedoch beinahe weiß bleiben, gieße gute Suppe daran, laß sie langsam kochen, thue die Wurzeln darein, laß sie mitkochen, gib die nöthige Suppe zu und richte sie mit Schnittlauch und Muskatnuß bestreut, an. Nach Belieben kann man etwas Citronensaft beigeben.

Rindfleisch mit Kartoffel- 278 Puree.

Mehlige Kartoffel werden roh geschält, in Schnitze getheilt, in Wasser weich gekocht, dasselbe abgeseiht, die Kartoffel mit 1 Vierling Butter, 1 Schoppen süßen Rahm und etwas Salz schaumig abgerührt am heißen Herd und dann zu Tisch gegeben.

279 Mangoldſtiele mit Hirnbaiſen.

Dieſe Stiele werden abgezogen, mit
Butter in Waſſer weich gekocht,
in ein Sieb zum Ablaufen gebracht,
in eine Butterſauce gegeben und mit
2 Eiergelb und Citronenſaft fricaſirt.
Die Hirnbaiſen: Waſſere 2 Kalbshirne, koche ſie in einem Liter Suppe
ein Mal auf, laß ſie ablaufen, häute
ſie ab und dünſte ſie in heißer Butter
mit Zwiebel, Pfeffer und Salz und 2
Löffel voll Bröſeln. Schneide 3 Semmeln in Bähſchnitten, tauche ſelbe in
Wein, laß ſie etwas einſaugen, verkleppere 2 Eier mit 3 Löffel voll Milch,
tauch die Schnitten auch in die Eier,
lege ſie auf ein mit Bröſeln beſäetes
Brett, kehre ſie um, gib auf jeden etwas
erhaben Hirn darauf, beſtreiche daſſelbe
mit den Eiern, ſtreue Bröſeln darüber,
backe ſie im heißen Schmalz und lege
ſie im Kranze auf die Mangoldſtiele.

280 Blaues Kraut mit
Schweins-Coteletten.

Erſteres iſt Nr. 114, die Coteletten
ſind Nr. 212 bemerkt.

281 Kalbskopf anderer Art.

Selber wird behandelt wie gewöhnlich; wenn er geſotten, wird er
abgelöſt, in beliebige Stücke geſchnitten,
bergartig auf einer Platte angerichtet,
mit kräftiger Kalbsjus übergoſſen und
mit geriebenem Meerrettig, in Zucker,
Eſſig und Oel angerichtet, zur Tafel
gegeben.

282 Rebbraten mit Borragen
ſalat und Compot.

Erſterer iſt Nr. 221 bemerkt.
Die Borragen werden wie in
Nr. 275 bereitet, nur werden 3 feingewiegte Sardellen und 2 Löffel voll
Senf darunter gemengt.
Aepfel-Compot: 12 Borsdorfer Aepfel
werden geſchält, mit 6 Loth Zucker,
einem Glas Wein und einem Löffel voll
Johannesbeeren ganz gedünſtet und mit
länglicht geſchnittenen Mandeln geſpickt,
zierlich angerichtet.

283 Griespudding mit Sauce.

Koche ¼ ℔ Gries ganz dick und
laß ihn erkalten. Rühre ¼ ℔
Butter ab, gib 6 Eiergelb darein, 2
ganze Eier, den Gries, rühr alles fein,
gib gewiegte Citronenſchale und 6 Loth
Zucker dazu, binde die Maſſe ein und
laß ſie ſieden, bis der Pudding fertig
iſt. Gib Hagenbuttenſauce dazu.
Deſſertbackwerk.

12. Februar.

284 Einlaufsuppe.

Vier Löffel voll Mehl werden mit 3 Löffel voll Wasser angerührt, nach und nach 5 Eier dazu und noch so viel Wasser, bis der Teig in glatten Tropfen vom Löffel fällt. Nun laß ihn in siedende Suppe einlaufen und 3 Minuten kochen.

285 Rindfleisch mit Kartoffel und Senf.

Letztere werden in Würfeln geschnitten, in guter Gansfette geröstet, mit Salz, Pfeffer und Kümmel und zum Rindfleisch gegeben mit Senf.

286 Sauerkraut mit Schweineknochen.

Ersteres ist Nr. 47 bemerkt. Die Knochen werden rein gewaschen, in 2 Liter Wasser und ¼ Liter Essig weich gesotten, ½ Stunde vor dem Anrichten mit ihrem Safte in das Kraut gegeben, dann ein Mal aufgekocht und im Kranz um das Kraut gelegt.

287 Ochsenschweif mit Pasteten.

Ersterer wird gebrüht, in beliebig große Stücke gehaut, in einer Beize, wie der Ochsengaumen, weich gesotten, in Madeirasauce, die in Nr. 33 bemerkt ist, aufgekocht, mit Trüffelscheiben und aus Butterteig bereiteten Pasteten garnirt und aufgetragen.

288 Hecht mit Kartoffeln.

Die Bereitung ist Nr. 9 bemerkt.

289 Gans mit Endivien Nr. 40.

290 Englischer Pudding.

Ein Vierling Butter wird fein gerührt, 4 geschälte Semmeln werden in kalte Milch geweicht und fest ausgedrückt, 5 Loth abgezogene Mandeln gewiegt, 1 Loth Citronen- und Orangenschalen klein geschnitten, 8 Loth Rosinen und 19 Eiergelb darein gerührt, dazu den Schnee der Eierweiß. Die Masse wird gut abgetrieben, in eine Puddingform gefüllt und ⅗ Stunden gesotten, dann aufgetragen mit Chaudeau-Sauce: Schlage ¼ Liter Wein, 8 Eiergelb und 10 Loth Zucker mit einer Schneerutbe recht ab, stell es zum Feuer unter beständigem Rühren, laß es dickicht werden, jedoch nicht kochen und gib diese

Sauce zum Pudding mit 2 Kelchgläsern
voll Kirschengeist.
Dessertbackwerk.

13. Februar.

291 Gerstenschleimsuppe.

Ein Vierling Gerste wird mit 2
Löffel voll Wasser und etwas
Butter angekocht, mit guter
Suppe, nach jeder ¼ Stunde 1 Maß, 4 bis
5 Mal aufgegossen. Nach 1 Stunde
rühre 2 Loth Mehl mit Milch flüssig
an und gib sie mit Selleriefchnitzen in
die Gerste, laß sie noch ¼ Stunde
kochen, gieße Suppe zu, nach Bedarf,
und seibe sie vor dem Anrichten durch
ein Sieb.

292 Englischer Braten mit
Kartoffeln.

Die Spickschooß wird ausgebeint, geklopft, mit Salz und Pfeffer bestreut und mit Bindfaden gleich umwickelt, in einem Casserole mit Suppenkräutern, Wurzeln, 1 Vierling Butter,
1 Schoppen Suppe weich gedünstet und
begossen mit seiner eigenen Sauce, zu
Tisch gegeben, mit geriebenem Meerrettig
garnirt. Die Kartoffel werden extra
beigegeben, mit Bratensauce übergossen.

293 Blumenkohl mit Gansleber.

Ersterer ist Nr. 109 bemerkt.
Die Gansleber, geputzt und ge-
... 2 schöne große Ganslebern wer-
den zugeschnitten, abgehäutet, deren
Oberfläche mit Gansspeck gespickt, mit
Salz und Pfeffer bestreut, in heißer
Gansfette hellgelb gebacken, jedoch nicht
hart, und zierlich angerichtet.
NB. Die Leber wird rund zuge-
schnitten und in 2 Theile getheilt.

294 Schöpsenbraten mit Kressen
und Kartoffelsalat.

Ein schönes Schöpsenstück wird recht
geklopft, so viel als möglich die
Beine ausgelöst, die Oberfläche mit
Speck gespickt, mit Salz und Pfeffer
eingerieben, mit Wurzeln und Suppenkräutern nebst ½ ℔ Butter 3 Stunden
zu einer schönen Glanzfarbe saftig gebraten, der Bratensaft entfettet, 2 Löffel
voll Mehl, ein Glas Wein und die
nöthige Suppe dazu gegeben, aufgekocht, die Sauce durch ein Sieb geseiht
und der Braten mit obigem Salat aufgetragen.

295 Junger Auerhahn mit
Compot.

Derselbe wird geputzt, mit einem
Tuch ausgerieben, da er in kein
Wasser kommen soll, dressirt, mit Salz

und Pfeffer bestreut, mit Speckscheiben eingebunden, 2 Stunden in Bratenfette gebraten, dann aufdressirt, auf eine Platte gelegt und heiß gestellt. Der Bratensaft wird entfettet, mit etwas Madeirawein aufgekocht und in einer Saucerie mit dem Hahn aufgetragen.

NB. Dieser Hahn wird nicht gebrüht, der Kopf und der Kragen nicht gerupft; ist er angerichtet, so wird ihm der Kopf und auch der Schweif wieder beigegeben.

296 Citronen Creme.

Diese wird bereitet wie die Orangen-Creme in Nr. 202, nur statt Orangensaft, Citronensaft genommen.

Dörrbackwerk

14. Februar.

297 Gebackene Erbsensuppe, anderer Art.

Zerkleppere 2 Eier, thu ein wenig Salz und Mehl darein, mache einen Teig, jedoch nicht so fest, wie zu Nudeln, rolle ihn messerrückendick aus, schneide das Untere eines dicken Federkieles weg, tauche ihn in Mehl und stich damit aus dem Teige runde Kügelchen, backe selbe in heißem Schmalz schön gelb, gib sie mit einem Schaumlöffel in die Suppenschüssel, gieße sie mit siedender Fleischbrühe an und trage sie mit Muskatnuß bestreut auf.

298 Bayerische Schwämme, Suamaron.

Die Schwämme werden geputzt, gewaschen, in Salzwasser gesotten, abgegossen, gewiegt, in heißer Butter, 2 Loth, mit Salz, Pfeffer, Zwiebel und Petersiliegrün gedünstet, mit 2 Löffel voll Mehl gestäubt, der nöthigen Suppe und nach Belieben etwas Essig aufgegossen und, mit Grünzeug garnirt, aufgetragen zum Rindfleisch.

299 Bayerische Ruben mit Gänsefleisch.

Die Bereitung ist Nr. 16 bemerkt.

300 Gespickte Karpfen und Kartoffelsalat.

Der Karpfen wird geschuppt, geputzt, am Rücken aufgeschnitten, mit Salz und Pfeffer bestreut, dann eine gute Fülle gemacht, in die Hälfte des Karpfens gelegt, die andere Hälfte darüber geschlagen, am Rücken zusammengenäht, die Oberfläche mit weißem Speck erhaben gespickt, in heiße Butter, 1/2 ℔, gelegt, mit Zwiebeln und anderm Wurzelwerk und unter öfterm Begießen mit dem eigenem Saft gebraten.

Ist er fertig, so richte ihn mit seinem Saft an und gib ihn mit Kartoffelsalat zur Tafel.

301 Huhner mit Endivien und Compot.

Die Ersten sind in Nr. 138 angegeben. Compot nach Belieben.

302 Apfelkuchen in Nr. ...

15. Februar.

303 Suppe mit Spinatknödeln.

Eine gute Hand voll Spinat wird sauber geklaubt, gewaschen, gebrüht, nach ¼ Stunde fest ausgedrückt und fein gewiegt. Chalotten, Petersilie, Schnittlauch werden gleichfalls gewiegt und mit einer, in Milch geweichten Semmel zum Spinat gegeben, mit einem oder zwei Eier zusammengerührt, davon kleine Knödel in siedender Suppe oder Salzwasser gekocht, mit heller Suppe angerichtet und mit Muskatnuß bestreut servirt.

304 Filet mit Macaroni anderer Art.

Ein Lendenstück wird von den Häuten und Beinen befreit, mit einem Tuch umwickelt, geklopft, geordnet, daß es einem Hasen gleich sieht, gut eingesalzen, gespickt, mit Pfeffer, Zwiebel und gelber Rübe im Rohr schön gebraten, mit seinem Saft begossen, einem Löffel voll Mehl gestäubt, einem Glas weißen Wein aufgegossen, nochmal gebraten, dann angerichtet und die Sauce extra dazu gegeben.

Die Macaroni werden im Wasser abgesotten, in einem Durchschlag zum Ablaufen gebracht, auf einer Platte bergartig angerichtet, mit gerösteten Bröseln überzogen, mit Petersiliegrün geziert und mit Käse aufgetragen.

305 Weiße Ruben mit Ochsenzunge.

Die Rüben sind Nr. 151 beschrieben und werden mit der geräucherten Zunge im Kranze garnirt.

306 Morcheln mit gebackener Leber.

Wasche zu einer Platte 8 Loth Morcheln, koche sie in Salzwasser auf, laß sie ablaufen, gib sie in 4 Loth Butter mit Salz, Pfeffer und ¼ Liter Suppe, dünste sie weich, stäube einen Löffel voll Mehl daran und fricasire sie beim Anrichten mit 2 Eiergelb.

Gebackene Kalbsleber: Es wird eine schöne Leber enthäutet, in schöne Schnitten getheilt, mit Salz und Pfeffer bestreut, in Bröseln umgekehrt und in ein wenig Schmalz gebacken.

NB. Die Leber soll nie im Schmalz schwimmen, wie andere Bäckereien, sondern am Boden aufliegen, dann bleibt sie viel zarter.

307 Hecht mit Kren.

Der Hecht wird wie in Nr. 137 bereitet und beim Anrichten mit geriebenem Kren überzogen.

308 Nierenbraten mit grünem Salat.

Ein schönes Nierenbratenstück wird gewaschen, mit Salz und Pfeffer eingerieben, mit 3 Loth Butter gebraten, unter öfterm Uebergießen und in seiner eigenen Sauce mit Nesselsalat zur Tafel gegeben.

309 Dampfnudeln mit Vanille-Sauce.

Die Bereitung ist Nr. 31 beschrieben. Dessertbackwerk.

16. Februar.

310 Sauerampfensuppe mit Krusten.

Drei Hand voll Sauerampfen werden geputzt und gewaschen, mit Petersiliegrün und Zwiebel fein gewiegt, in einem Vierling Fette oder Butter gedünstet, mit 3 Löffel voll Mehl gestäubt, Salz und Pfeffer und 4—5 Liter Suppe daran gegeben, ½ Stunde gekocht, 2 Eiergelb und ¼ Schoppen sauern Rahm daran gerührt und über Semmelkrusten angerichtet.

311 Rindfleisch mit weißen Bohnen.

Die Bohnen werden geklaubt, über Nacht in Wasser geweicht, am Morgen gewaschen und mit kaltem Wasser zugesetzt. Sind sie halb weich, so gib das nöthige Salz zu und laß sie fertig kochen. Röste in 4 Loth Butter oder Schweineschmalz 3 Kochlöffel voll Mehl und einen Eßlöffel voll Zwiebel gelb, lösche es mit der nöthigen Suppe und ½ Schoppen Essig, gib die Bohnen und etwas Pfeffer darein, laß sie ¼ Stunde kochen und gib sie zum Rindfleisch.

312 Kohlraben mit Schaffleisch anderer Art.

Erstere werden geschält, ein Mal getheilt, gesotten, abgegossen, in kleine Würfel geschnitten, in 1 Vierling heißer Fette gedünstet, mit 3 Löffel voll Mehl gestäubt und mit Salz, Pfeffer und der nöthigen Suppe aufgekocht. Eine Hand voll Spinat wird gesotten, abgegossen, einige Mal durchschnitten und in die Kohlraben gegeben, damit sie appetitlicher aussehen. Das Schaffleisch wird gedünstet, der Saft in die Kohlraben gegeben und mit denselben auf einer großen Platte angerichtet.

313 Grüne Bohnen mit Würsten.

Die eingewinterten Bohnen werden in Wasser gelegt, in 1 Vierling heißer Fette gedünstet, ³/₄ Liter Suppe, Salz, Pfeffer und 2 Zwiebeln dazu gegeben, 3 Löffel voll Mehl darangestäubt, 4 Löffel voll Senf und die nöthige Suppe dazugegossen, 2 Minuten aufgekocht und mit Bratwürstchen angerichtet.

NB. Der deutsche Senf ist besser als der französische.

314 Gefüllte Forellen.

In Schoppen Wein, 1 Schoppen Wasser, 3 Löffel voll Weinessig, 3 Chalotten, gelbe Rübenscheiben, Salz und Pfeffer werden gesotten, 6 Forellen 2 Minuten darin gekocht und dann zurück gestellt. Richte die Forellen auf einer Platte zierlich an, laß den Sud durch eine Serviette tropfen, nochmal sitzen; ist er klar, so gib ihn über die Forellen. Soll der Sud nicht recht gestockt sein, muß er nochmal eingekocht werden, aber ohne die Forellen. Die Sulz wird mit Citronengelb und Pfeffer bestreut.

315 Ein Kalbsschlegelbraten mit Selleriesalat.

Der obere Schlegel wird von den Beinen befreit, geklopft, gewaschen, mit Salz und Pfeffer eingerieben, nach

¼ Stunde die Oberfläche mit Speck gespickt, mit einem Vierling Butter unter öfterm Begießen gebraten, in seinem Saft angerichtet und mit Sellerielaub garnirt. Servire dazu Selleriesalat.

316 Rahmetopfetsupp.

Die Bereitung ist Nr. 188 bemerkt.

Pfeffersalat.

17. Februar.

317 Reissuppe mit Henne.

Eine alte Henne wird den Tag vorher abgestochen, sauber gepußt, gewaschen, in 4 Theile geschnitten und mit Magen und Leber in Wasser, das gerade über die Henne gehen soll, zugesetzt. Schäume oft die Suppe ab und laß sie fortsieden, bis die Henne etwas über halb weich ist, gib dann ¼ ℔ gewaschenen Reis hinein mit Selleriewurzeln, Petersilie, gelbe Rüben und Salz, laß Alles kochen, bis die Henne weich ist, nimm die Wurzeln heraus, gieße die nöthige Fleischbrühe zu und richte die Suppe mit Muskatnuß und Schnittlauch bestreut an. Man kann die Henne auch allein serviren, zu kleinen Theilen geschnitten.

318 Rindfleisch mit Senfgurken und Rahmensalat.

319 Gelbe Rüben mit Coteletten.

Die Rüben sind Nr. 108 bemerkt. Die Coteletten: Rinde 4 Milch-brode ab, halbire sie, welche sie 2 Mi-nuten in kalte Milch und lege sie zuge-deckt in eine Schüssel. Wiege übrig gebliebene Braten- oder Geflügelreste mit Grünzeug, röste sie etliche Minuten ab, brösele die eingeweichten Semmeln, gib das Gewiegte, Salz und Pfeffer dazu, schlage 3 Eier darein, mach Alles gut ineinander, formire daraus Coteletten, bestreiche sie mit einem, in Milch ver-klepperten Ei, bestreue sie mit Bröseln, backe sie in Schmalz hellbraun und garnire sie auf die gelben Rüben.

NB. Bei diesen Falsch-Coteletten nimm nur wenig Schmalz und backe sie in einem breiten Tiegel, sie müssen auf-liegen.

320 Rosenkohl mit Kastanien und Leberschnitten.

Von den Kastanien löse die braune Haut ab, lege sie in siedendes Salzwasser, daß die zweite Haut abge-schält werden kann. Gib 1 Schöpf-löffel voll Jus, 2 Loth Butter und etwas Zucker in ein Casserole, koche darin die Kastanien, bis sie schön glasirt aussehen.

Der Rosenkohl wird gekocht, abge-kühlt, 10 Minuten gedämpft in heißer Butter, mit Salz und Muskatnuß ge-würzt, auf einer Platte schön ange-richtet und die Kastanien in die Mitte gegeben.

Die Leberschnitten: Reibe von sechs Mundbroden die Rinden ab, schneide sie in Bähschnitten, tauche sie in Wein, bestreiche sie mit feingewiegter und einem Ei verdünnter Kalbsleber, rechts und links, recht dick, besäe sie mit Bröseln und backe sie, im Schmalze schwimmend.

Fricandeau mit Macaroni. **321**

Vom Schlegel wird die kleine Schale geklopft, abgehäutet, mit weißem Speck belegt, mit Salz und Pfeffer ein-gerieben, mit Zwiebelscheiben, einem halben Schoppen Essig, einem Glas Wein 1 Stunde zugedeckt. Gib ¼ ℔ Butter in eine Bratreine, laß das Fleisch darin anziehen, schütte Wein nach, be-gieße es recht oft, stäube 2 Löffel voll Mehl darein, gieße noch 1 Glas Wein daran und die nöthige Suppe, laß es aufkochen; ist es schön gelb gebraten, gib die Sauce durch ein Sieb und das Fricandeau mit Macaroni dann zur Tafel.

Gespickter Kalbsrücken mit **322** Kastanien und Apfelcompot.

Von einem Kalbsrücken wird der Grat und der obere Deckel weg-geschnitten, dann abgehäutet mit weißem Speck gespickt, weich gedünstet, glasirt, im eigenen Saft angerichtet mit Kastanien und Apfelcompot.

323 Orangen Creme, bereitet wie die Erdbeer Creme in Nr. ... Dessertbackwerk.

18. Februar.

324 Wirſingſuppe anderer Art.

Ein kleiner Wirſingkopf wird geputzt, gewaschen, gekocht, abgekühlt, ausgedrückt und fein geschnitten. Röſte 2 Löffel Mehl in Butter, gib Fleiſchbrühe dazu, was zur Suppe nöthig iſt, den Wirſing darein und laß ſie aufkochen. Rühre drei Eiergelb mit kaltem Waſſer in der Suppenſchüſſel an und gib die Suppe darein über gebähte Schnitten oder Klößchen.

325 Rindfleiſch mit Peterſilie Kartoffel.

Schneide geſottene Kartoffel in Würfel, gib ſie in heiße Fette, ſtäube ſie mit einem Löffel voll Mehl, gieße gute Suppe auf, laß ſie mit Salz, Pfeffer und Zwiebel gut kochen, gib vor dem Anrichten eine Hand voll gewiegte Peterſilie darein, laß ſie ein wenig ſtehen und trage ſie dann mit dem Rindfleiſch auf.

326 Schwarzwurzeln mit gebackenen Brisen.

Die Wurzeln werden rein geputzt, in Milch- oder Mehlwaſſer gelegt, fingerlang geſchnitten, die ſtarken geſpalten, in ſiedendem Salzwaſſer weich gekocht, abgegoſſen, auf einer Platte mit Butterſauce bereitet, mit Suppe übergoſſen und mit Citronenſaft betropft.

Gebackene Briſen: Die Briſen werden 10 Minuten in Suppe gekocht, abgebäutet, in ordentliche Schnitze getheilt, mit Salz und Pfeffer beſtreut, in Bröſeln umgekehrt und in Schmalz gebacken.

327 Bohnen mit Aepfel und Hamburger Rauchfleiſch.

Lege die Bohnen 2 Stunden in friſches Waſſer, dünſte ſie in einem Vierling Butter mit 4 geſchälten Aepfeln, aus welchen das Kernhaus geſchnitten iſt und etwas Salz, ſind ſie weich, ſo ſtäube ſie mit 2 Löffel voll Mehl. gieße gute Suppe auf, laß ſie kurz kochen und gib ſie mit gekochtem Hamburger Rauchfleiſch zu Tiſche.

328 Gebackene Grundeln mit Kreſſenſalat.

Ungefähr 30 Grundeln werden in ſüße, kalte Milch gelegt, worin ſie ſo viel trinken, bis ſie ſterben, mit der Hand ſind ſie gar nicht zu tödten. Sind ſie todt, ſo werden ſie eingeſalzen,

in feinen Bröseln umgekehrt und in Schmalz rösch gebacken, bergartig auf der Platte angerichtet, mit Kressen garnirt und nebst Kressensalat aufgetragen.

NB. Die Grundeln dürfen nicht zerschnitten und nicht gewaschen werden, denn das Schleimige gibt eine gute Kruste.

329 Gefüllte Kalbsbrust mit Kartoffelsalat.

ine Kalbsbrust von ungefähr 5 ℔ wird ausgelöst, gut untergriffen, nach Belieben gefüllt, daß die Brust schön erhaben aussieht und so gerichtet, daß sie ein Dreieck bildet, dann in eine Bratreine gelegt mit ¼ ℔ Butter, Salz und Pfeffer und ¼ Liter Suppe, ½ St. zugedeckt gebraten, hierauf abgedeckt, und fertig gebraten, unter öfterm Uebergießen.

330 Gefüllte Omelette Nr. 222. Dessertbackwerk.

19. Februar.

331 Baumwollsuppe mit Würsten.

übre 12 Loth Butter flaumig ab, gib 6 Eier, 6 Löffel voll Mehl, 2 Löffel voll Mutschelmehl und eine Tasse voll süßen Rahm darein, rühre Alles fein ab, laß drei Maß siedende Suppe in den Teig

tropfen und einmal aufkochen und richte sie gleich an mit Würsten.

332 Rindfleisch mit gemischten Gurken.

ingemachte Gurken werden gebobelt und angemacht, ein feuchter Kartoffelsalat angerichtet, beide unter einander gemischt und zum Rindfleisch gegeben.

333 Linsenpüree mit geräucherten Würsten.

ie Linsen werden weich gesotten und fein durch ein Sieb getrieben. Drei Löffel voll Mehl werden in 6 Loth Schweinfett gebräunt mit Zwiebeln, abgelöscht mit ¼ Schoppen Essig, etwas Jus und der nöthigen Suppe, die Linsen darein gegeben, einige Minuten aufgekocht und mit halbgeräucherten Bratwürsten aufgetragen.

334 Geschmälzte Bohnen mit Salami.

an legt die Bohnen 2 Stunden in Wasser, kocht sie schnell in Salzwasser, daß sie die Farbe nicht verlieren, gießt sie ab, richtet sie heiß auf eine Platte, überschüttet sie mit in Butter gerösteten Bröseln, und bringt sie, mit Salami garnirt, zu Tische.

335 Wilde Enten mit Pasteten.

Erstere werden mit ihrer Beize ge=
dünstet, bestäubt, kurz eingekocht,
mit Beize und einem Glas Wein auf=
gegossen, nochmal aufgekocht und mit
Pastetchen servirt.

336 Hammelsbraten mit
Selleriesalat.

Der Schlegel wird geklopft, das
Schlußbein ausgelöst, mit Salz
und Pfeffer eingerieben, mit 1 Schoppen
Essig, 1 Schoppen Wasser, Zwiebel, gelbe
Rüben und Knoblauch 3 bis 4 Stunden
zu einer schönen, gelben Farbe gebraten
und in seinemSaft mitSelleriesalatservirt.

337 Apfelkuchlein.

Mache einen mürben Brandteig,
schneide gute Aepfel in Scheiben,
tauche sie in den Teig und backe sie
rösch in heißem Schmalz unter beständi=
gem Schütteln.
Desertbackwerk.

20. Februar.
338 Körbelsuppe mit Semmel=
Krusten.

Vier Hände voll Körbelkraut
werden von den Stielen be=
freit, mit Petersilie und 2
Chalotten fein gewiegt, in Butter ge=

dünstet, mit 3 Löffel voll Mehl ge=
stäubt mit der nöthigen Suppe aufge=
kocht, durch ein Sieb passirt, mit 3
Eiergelb und 1 Schoppen sauern Rahm
angerichtet und gebackene Semmelkrusten
darein gegeben.

339 Rindfleisch mit Essausrüber
Sauce.

Die Sauce ist in Nr. 254 bemerkt.

340 Sauerkraut mit Schinken
garnirt.

Ersteres ist in Nr. 47 bemerkt.
Die Nudeln: 3 Nudelkuchen
werden in Fleckchen geschnitten, in Salz=
wasser abgekocht, in ein Sieb zum Ab=
laufen gegeben, 1 Schoppen sauern Rahm,
4 Eiergelb, 2 ganze Eier, 4 Loth ge=
riebenen Parmesankäs, Salz und Pfeffer
und die Flecklein in einer Suppenschüssel
zusammen gerührt, die Hälfte davon in
eine mit Butterteig ausgelegte Form
gefüllt, gekochte Schinkenscheiben darauf
gelegt und mit der andern Hälfte zu=
gedeckt, in ein heißes Rohr gestellt und
hellbraun gebacken.

341 Hecht mit Kartoffeln und
Butter.

Ersterer wird wie in Nr. 29 be=
reitet. Die Kartoffel werden
ganz mit Butter aufgetragen.

342 Gans mit Endivien und Compot.

Die Bereitung ist Nr. 49 bemerkt. Preise Karl-Speise. Dessertbackwerk.

21. Februar.

343 Suppe mit feinen Semmel Klößchen.

Reibe 8 Semmeln, rühre 10 Loth Butter ab, 7 Eier nach und nach daran, die Bröseln, 3 Löffel voll süßen Rahm, Salz und den Schnee der obigen Eier; sollten sie noch zu fest sein, so gieß noch Rahm nach, mache kleine Klößchen, koche sie ½ Viertelstunde und richte sie an.

344 Rindfleisch mit Schnittlauchsauce.

Sechs gekochte Eiergelb werden mit 6 Löffel voll Oel fein abgerührt, 2 Stück Zucker, 4 Löffel voll Senf, 4 Löffel voll feingewiegten Schnittlauch und eine starke Prise Pfeffer darein, ¼ Stunde abgerieben, bis die Sauce dickicht wird, und aufgetragen.

345 Winterkohl mit Frankfurter-Wurst.

Der Kohl ist in Nr. 81 bemerkt.

346 Kastanienpuree mit Wiener schnitten.

Die Kastanien werden von der braunen Hülse befreit, in Salzwasser gekocht, bis die zweite Schale abgezogen werden kann, in Butter weich gedünstet, durch ein Haarsieb passirt, mit etwas Jus und brauner Sauce verrührt, damit aufgekocht und angerichtet. Wenn es beliebt, kann auch Zucker darein gerührt werden. Die Wienerschnitze sind in Nr. 108 bemerkt.

347 Schill mit klarer Sauce.

Es wird der Schill geschuppt, geputzt, ausgewaschen, in starkem Salzwasser und etwas Milch zum Feuer gestellt, sobald er anfängt zu kochen, weggenommen, auf einer passenden Platte angerichtet, mit in Würfel geschnittenen Kartoffeln garnirt und mit klarer Butter zu Tisch gegeben.

348 Gedünsteter Hammelschlegel und Kartoffel.

Ein abgelegener Hammelschlegel wird mürbe geklopft, mit Pfeffer und Salz bestreut, mit Knoblauch gespickt, in ein passendes Geschirr gebracht, Wasser daran gegossen, daß dasselbe ½ Finger hoch darüber geht. Fängt er zu kochen an, wird er abgeschäumt und langsam eingekocht. Will er kurz werden, so gib ein Glas Wein daran,

laß den Sud nochmal kurz werden und richte den Schlegel in seinem Safte an mit Kartoffeln.

349 Gefüllten Omelette ist in Nr. 222 bemerkt.

Dessertbackwerk.

22. Februar.

350 Butterteig.

Wasche 1 ℔ sehr frische, fette Butter in kaltem Wasser gut aus, damit alles Milchige herauskommt, forme daraus eine langviereckige Scheibe, lege sie wieder in frisches Wasser; wiege 1 ℔ feines Mehl, seibe es durch ein Haarsieb auf den Backtisch; mache es zu einem Häufchen, in die Mitte eine Grube, gib etwas Salz, 2 Loth von der Butter, nach und nach 1 Liter frisches Wasser, rühre damit einen leichten Teig an mit beiden Händen recht fein, bis er die Härte der Butter hat. Decke den Teig zu und laß ihn ¼ St. stehen. Nimm die Butter aus dem Wasser in ein Tuch und trockne sie ab. Rolle nun den Teig aus zu einem viereckigen Blatt, das so groß sein muß, daß es über die Butter nach allen Seiten eingeschlagen werden kann. Bestäube den Backtisch mit Mehl, lege den Teig darauf, rolle ihn zu ¹⁄₂ Elle langen und ¼ Elle breiten, egalen und querfingerdicken Scheibe aus, kehre das Mehl ab und schlage den Teig 2 Mal über-

einander, lege ihn zusammen, decke ihn zu und laß ihn 10 Minuten ruhen. Rolle ihn noch 3 Mal aus und schlage ihn 2 Mal zusammen, hülle ihn in ein reines Tuch und bewahre ihn auf im Keller bis zum Gebrauch.

Man kann denselben fünf bis sechs Tage aufheben.

Krebssuppe mit Reis. **351**

Koche 30 Krebse in Salzwasser, bis sie roth sind, nimm die Schweife ab, befreie sie von den Schalen, mache die Körper auf und nimm das Unreine heraus, stoße den Körper mit der Schale und ¼ ℔ Butter recht fein und röste das Gestoßene in Butter mit Sellerie, Petersilie, Lauchwurzeln und Zwiebel 10 Minuten, stäube 1 Kochlöffel voll Mehl daran und fülle mit kräftiger Suppe auf. Hat sie ¼ Stunde gekocht, so schöpfe die Fette (Krebsbutter) ab und stelle sie bei Seite. Laß die Suppe noch ¾ Stunden kochen, gieße sie durch ein Haarsieb, gib etwas sauern Rahm und die Krebsbutter dazu mit den Schweifen und richte sie über gekochten Reis oder bloß Klößchen an.

Filet mit gerösteten Kartoffeln anderer Art. **352**

Nimm ein Lendenstück oder eine kurze Rippe, 5 ℔, löse das Fleisch von den Beinen langsam, klopfe es mürbe, forme es länglich, reibe es mit Salz und Pfeffer ein, lege es in eine

Bratreine mit Zwiebel, gelbe Rübe, Grünzeug, einem Glas Wein, einem Schoppen Wasser und einigen zerdrückten Wachholderbeeren, decke es zu und brate es langsam. Wenn es zu früh einkocht, gib die nöthige Suppe zu, dann 1 Schoppen sauern Rahm, laß es nochmal kurz einkochen und gib es im eigenen Saft mit gerösteten Kartoffeln zur Tafel.

NB. Die ausgelösten Beine und alles Häutige wird zur Suppe zugesetzt, ¼ ℔ Ochsenleber darein geschnitten, dann wird die Suppe auch kräftig und ersetzt den Verlust des Fleisches.

353 Weißes Kraut mit Krammetsvögel.

Das Kraut wird mit 1 Vierling Schweinfett, 2 Zwiebeln, etwas Kümmel, einem Glas Wein und ½ Liter Suppe gut gedünstet, mit 2 Löffel voll Mehl gestäubt, gute Bratensauce dazu gegeben und aufgetragen.

Die Krammetsvögel: Diese sind im Herbst und im Anfang des Winters zu den feinsten Speisen zu rechnen und werden des zarten Speckes wegen am Vogelspieß gebraten bei heller Flamme und auf das Kraut garnirt.

354 Blumenkohl mit Schinken.

Ersterer ist in Nr. 122 bemerkt. Der gekochte Schinken wird fein geschnitten und auf den Kohl garnirt.

355 Rothfisch mit rohen Sellerie- salat.

Der Fisch wird in schöne Stücke getheilt, mit Salz und Pfeffer bestreut, in heißer Butter schnell gebraten, ein Glas Wein daran gegossen, auf die bestimmte Platte gelegt, der Wein etwas eingekocht, der Saft unter den Fisch gegeben und mit Selleriesalat servirt.

356 Indian mit Stechsalat und Eier, Senf und Compot.

Ersterer ist in Nr. 160 bemerkt.

357 Schaumtorte mit Vanille- Creme.

Rühre 6 Eier und 8 Loth Zucker mit der Schneeruthe recht schaumig, dazu ½ ℔ Stärkmehl, wieder bis es schäume, gib die Masse auf ein rundes, bestrichenes und mit Mehl bestäubtes Tortenblech und backe sie langsam. Schlage 6 Eierweiß zu steifem Schnee, ziehe darunter langsam 12 Loth Zucker, gib den Schaum auf die erkaltete Torte und laß ihn im Ofen steif werden.

Die Creme wird bereitet wie die Erdbeer-Creme, statt den Erdbeeren gib dazu 1 Quint Vanille, gekocht in 1 Schoppen süßen Rahm.

Dessertbackwerk.

11*

23. Februar.

358 Schneidergerste mit Henne.

Arbeite fein einen Nudelteig von 3 Eiern, 1 ℔ Mehl und 1 Löffel voll Wasser, rolle ihn aus, schneide feine Nudeln, diese schneide so klein, daß sie aussehen, wie geriebene Gerste. Die Henne siede mit dem Rindfleisch und gib sie zur Suppe, geziert mit Petersilie.

359 Rindfleisch mit Essignudeln und eingesottenen Zwetschgen.

Mache von 2 Eiern und 1 Löffel voll Wasser starke Nudeln, siede sie in Salzwasser ab und mache sie mit Essig und Oel an, garnirt mit Schnittlauch.

360 Grüne Erbsen mit gelben Ruben und Wienerschnitzen.

Gekochte Erbsen und gelbe Rüben werden auf eine Platte gehäuft, zuerst die Rüben, in die Mitte derselben die Erbsen und am Rande aus Schmalz gebackene Semmelschnitten. Die Wienerschnitze sind in Nr. 108 bemerkt.

NB. Die getrockneten Erbsen werden Tags zuvor eingeweicht.

361 Winterkohl mit Kalbsvögerln.

Der Kohl ist Nr. 81 bemerkt.

Die Vögerl: Schneide vom untern Schlegel 2 fingerbreite und 3 fingerdicke Schnitze, klopfe sie etwas breit, spicke sie mit weißem Speck, salze sie und brate sie auf beiden Seiten lichtgelb, gib Bratensauce daran und laß sie noch ½ Stunde dünsten, richte sie im Kranze an und gib die Sauce in die Mitte.

NB. Die Vögel, welche zu Braten dienen, werden mit 1 Obertasse voll sauern Rahm gebraten, die als Auflage mit 1 Vierling Butter.

362 Schinkenpastete mit Kressensalat.

Erstere ist bereits beschrieben.

363 Hasenbraten mit grünem Salat und Compot.

Der Hase wird gewaschen, abgehäutet, die Brust ausgelöst, gesalzen, mit weißem Speck gespickt, mit Zwiebeln, gelbe Rüben, Grünzeug, 1 Schoppen Weinessig und 1 Schoppen Wasser über Nacht gebeizt und am nächsten Tag im Rohr oder am Spieß gebraten.

364 Zwetschgenmarmelad
Kuchen.

wird bereitet wie der Apfelkuchen in
Nr. 43.

Dessertbackwerk.

24. Februar.

365 Linsensuppe mit Würsten.

Die Linsen werden über Nacht
eingeweicht, am Morgen zugesetzt, mit Salzwasser und
2 Liter Suppe weich gekocht, durch ein
Sieb getrieben, in heiße Butter, worin
3 Löffel voll Mehl und eine Zwiebel
gelb geröstet sind, gegeben, die nöthige
Suppe zugegossen, aufgekocht, über
Krusten angerichtet und geräucherte
Würste darein gegeben.

366 Rindfleisch mit Kartoffel
schnitzen.

Die Kartoffeln werden roh geschält,
in lange Schnitze getheilt, in Salzwasser gekocht, abgegossen und mit
Bratenjüs und gelb gerösteten Bröseln
überzogen.

367 Kohlraben mit Schaflungen.

Erstere sind in Nr. 312 bemerkt.
Die Jungen werden gesotten geschält, herzförmig geschnitten und schön
angerichtet in eigenem Saft.

368 Wirsing mit Gegginger
Wurst.

Erstere wird bereitet wie in Nr. 40.

369· Gebratener Aal mit Kar
toffelsalat.

Der bereitete Aal wird ausgenommen,
gereinigt, in 3 fingerbreite Stücke
geschnitten, mit Salz und Pfeffer bestreut,
in ein flaches Casserole gelegt mit ¼ ℔
Butter, 2 Zwiebeln, gelbe Rübenscheiben
und einigen Lorbeerblättern. Laß den
Fisch anziehen, bis die Butter zerlassen
ist, gieße 1 Glas Wein und ¼ Schoppen
Wasser zu und brate ihn kurz. Ist er
fertig, so richte ihn auf eine Platte, verziere ihn mit Petersilie und trage ihn
mit Essig und Oel auf.

NB. Die Tödtung und Bereitung
des Aales ist im Monat Januar bemerkt.

370 Kapaunenbraten mit
grünem Salat und Eier.

Der Kapaun ist in Nr. 42 bemerkt.

371 Apfel-Coteletten.

Vier abgeriebene Mundbrode werden mit Wein befeuchtet, daß sie
zerfallen, in einer Schüssel mit 4 ge-
schälten und geriebenen Aepfeln, 3 Eiern
und zuletzt 2 Obertassen voll gerösteten
Bröseln angerührt, Coteletten daraus
formirt, auf ein mit Bröseln bestreutes

Brett gelegt und in einem flachen Casserole mit wenig Schmalz gelb gebacken, dann mit Zucker bestreut. Tellerbackwerk.

25. Februar.

372 Städleinsuppe.

Sechs Löffel voll Mehl werden mit etwas Milch angerührt, dazu 4 Eier und ½ Schoppen Milch, in einer Omelettenpfanne feine Städlein gebacken, geschnitten, 4 Minuten aufgekocht in der Suppe und angerichtet.

373 Rindfleisch mit Sauerrampfensauce.

Drei harte Eiergelb werden mit 3 Löffel voll Oel abgerührt, 3 Löffel voll Senf, 4 Löffel voll feingewiegte Sauerrampfen und so viel Essig dazu, daß die Sauce einem dicken Brei gleicht, angerichtet und mit den zurückgelegten Eierweißen, zierlich geschnitten, garnirt.

374 Blaukraut mit Schweine-Coteletten.

Ersteres ist Nr. 114, letztere Nr. 212 bemerkt.

Gefüllte Kohlraben mit **375** Hammelsbrust.

Schäle 24 rohe kleine Kohlraben, mache in die untere Seite eine tiefe runde Höhlung, begieße 2 klein gewürfelte Mundbrode mit ½ Loth heißer Butter und 3 Löffel voll kalten, süßen Rahm, decke sie zu, wiege 2 Loth kalten Braten, etwas Citronengelb, gib das Gewiegte mit Salz und Pfeffer zu den Mundbroden, verkleppere 2 Eier, rühre sie dazu, fülle damit die Kohlraben nicht ganz voll, setze sie in ein großes, flaches Casserole, gib Suppe daran und laß sie dünsten unter öfterm Nachgießen von fetter Suppe, die jedoch nicht in die Kohlraben eindringen darf, decke sie zu; schneide die ausgestochenen Deckel flach und dünste sie eigens, nimm sie mit der Backschaufel heraus, gib sie auf die Kohlraben, mache eine weiße Sauce, laß sie darin kurz aufkochen und ziere sie mit Petersilie. Die Hammelsbrust wird mit Suppe, einem Glas Wein, Salz, Pfeffer, Knoblauch und Zwiebeln gedünstet.

Aalraupen **376** wie in Nr. 48.

377 Nierenbraten mit gemischtem Salat.

Ein Stück zu 5 ℔ wird schön läng-lich hergerichtet, mit Salz und Pfeffer eingerieben, mit Butter schön gelb gebraten.

Salat: Gurken, Kartoffel und Eier mit Nesselsalat werden angemacht und in einer Salatiere schön geordnet.

378 Tausend Blättertorte.

Ein und ein halbes ℔ Mehl wird mit 7 Eiern und dem nöthigen Rahm zu einem festen Teig gewirkt und ausge-rollt, 1 ℔ Butter darein gewickelt, noch 6 mal ausgerollt, jedesmal über-schlagen und ¼ Stunde unter ein Tuch gelegt. Nun bestreiche ein Tortenblech mit Butter, bestäube es mit Mehl, rolle von dem Teig einen Boden aus, lege ihn in das Blech, stupfe ihn mit der Gabel und laß ihn bei gelinder Hitze backen. Solche Böden rolle 6 aus, be-streiche jeden mit verkleppetten Eiern und backe ihn einzeln. Sind sie er-kaltet, so bestreiche sie mit beliebigem Marmelad, lege sie aufeinander, schneide sie gleich zu, setze das Ganze auf die Tortenplatte, mache ein Eis von 2 Eier-weiß, 12 Loth Zucker und einer Citrone Saft, bestreich die Torte und laß sie trocknen.

Tellerbackwerk.

26. Februar.

Griessuppe mit Brisen. **379**

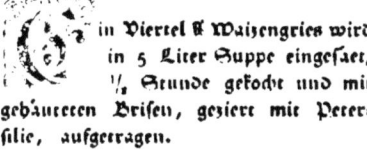

Ein Viertel ℔ Waizengries wird in 5 Liter Suppe eingesaet, ½ Stunde gekocht und mit gebauereten Brisen, geziert mit Peter-silie, aufgetragen.

Rindfleisch mit Bohnensalat. **380**

Bodenrüben mit Schweine-fleisch. **381**

Diese Rüben werden wie die weißen in Nr. 151 bereitet. Das Fleisch wird gedünstet und zu den Rüben ge-geben, mit eigenem Saft übergossen.

Blaukohl mit gewickeltem Bauchfleck. **382**

Der Blaukohl wird bereitet wie Spinat.

Bauchfleck: Vom gestrigen Braten wurde der Bauchfleck weggeschnitten, auseinandergetrennt, aneinander gestückt, gereinigt, mit Salz und Pfeffer bestreut. Schneide zwei weiße Brode in Würfel, schmalze sie mit heißer Butter, weiche sie mit etwas Milch, gib 2 Eier, 3 Loth fein gewiegtes Fleisch und etwas Peter-siliegrün dazu, menge alles unterein-ander, streiche es auf den Fleck, rolle ihn locker zusammen, nähe ihn zu, brate ihn schön gelb mit 1 Vierling Butter,

1 Schoppen Jusfuppe zugedeckt unter öfterm Uebergießen. Derselbe soll aussehen wie eine Salami.

383 Blau abgesottene Forellen.

Koche selbe mit Essig, Wasser, Salz und Pfeffer und Zwiebeln zehn Minuten.

384 Hase mit grünem Salat und Hagenbuttensauce.

Die Sauce: 3 Loth Hagenmark werden mit 1 Schoppen Wein gekocht, 1 Löffel voll Mehl mit Wasser flüssig gemacht, darein gerührt, den nöthigen Zucker dazu, wird die Sauce zu dick, gib Wasser und Wein nach und laß sie gut auskochen.

385 Arakpudding.

Acht Loth Zucker, acht Eiergelb werden dick gerührt, dazu 6 Loth Mehl, 1 Gläschen Arak und den Schnee, in eine bestrichene Form gefüllt, ¼ Stunde gesotten und mit Arak servirt. Dessertbackwerk.

27. Februar.
386 Flecksuppe mit Würsten.

Von 3 Eiern und 18 Loth Mehl mache einen Nudelteig, rolle ihn aus, rädle ihn in Würfel, gib diese in siedende Suppe, die Würste darein und richte sie mit Petersilie bestreut an.

387 Rindfleisch mit Schwämmen in Buttersauce.

Die getrockneten Schwämme werden über Nacht in Salzwasser gelegt, am Morgen in Salzwasser gesotten, abgegossen, in weiße Buttersauce gegeben mit Salz, Pfeffer und 2 Löffel voll Petersilie aufgekocht und zum Rindfleisch aufgetragen.

388 Sauerkraut mit Rauchfleisch und Zopfnudeln.

Ersteres ist in Nr. 47 bemerkt, das Fleisch kann man darin kochen nach Belieben. Die Zopfnudeln sind schon einmal bemerkt.

389 Spinat mit eingerührten Eiern.

Verrühre 4 Eier mit ¼ Schoppen Rahm und etwas Salz, gib sie in heiße Butter, laß unter beständigem Rühren die Eier anziehen und garnire sie mit Salami auf den Spinat.

390 Schill, gebraten mit Salat.

Die Bereitung ist in Nr. 200 bemerkt.

391 Rehbraten mit Brünnen Sauce.

Ein Schlegel wird aus der Beize genommen, abgehäutet, gespickt, gesalzen und mit Zwiebeln, Kräutern, Schweinfette und 1 Schoppen Beize unter öfterm Begießen hellbraun gebraten.

392 Griesauflauf.

Ein Viertel ⅛ Gries wird in 3 Schoppen Milch dickgekocht und zum Auskühlen gestellt. Dann rühre 12 Loth Butter ab, dazu 8 Eiergelb, 8 Loth gestoßenen Zucker, etwas Citronengelb und den Schnee der 8 Eier, gib die Masse in eine Form, backe sie langsam und gib sie mit beliebigem Compot zur Tafel. Desserts-Tavori.

28. Februar.

393 Schnittensuppe mit Schnitten.

Uebrig gebliebene Schnitze werden klein geschnitten, im Mörser gestoßen, mit Petersilie, Zwiebel und 1 Schoppen Wein in heißer Butter gedünstet, mit 2 Löffel voll Mehl gestäubt, mit siedender Suppe aufgefüllt, gut ausgekocht und durch ein Sieb gegeben über gebähte Schnitten.

394 Lendbraten mit Kartoffeln.

Ein Lendenstück wird ausgebeint, die Haut abgezogen, mürbe geklopft, mit Salz und Pfeffer eingerieben und mit einem Liter heißer Beize begossen und zugedeckt. Nach einer Stunde spicke die Oberfläche mit Speck, gib die fetten Häute und einige Speckscheiben in eine Reine, das Fleisch darauf mit allen Wurzeln und Grünzeug, laß es im Rohr anziehen. gieße dann die Beize zu, brate es dunkelgelb, stäube etwas Mehl daran, gieße mit Suppe und 1 Glas Wein auf. Beim Anrichten wird die Sauce durch ein Sieb über den Braten geseiht.

Die Kartoffel werden gesotten, geschält, in Bratenfette gelb gebraten, auf das Fleisch garnirt und dasselbe mit Rahmensalat servirt.

395 Bayerische Ruben mit Schweinfleisch Nr. 16.

396 Endiviengemüse mit gebackenen Hühnern.

Treife die gelben, mitunter auch grüne Blätter von den Ragen, wässere sie gut, siede sie, gieße sie ab, gib sie in zerlassene Butter oder Fette mit Pfeffer, Salz und Zwiebel, dünste sie, stäube 2 Löffel voll Mehl daran, gieße Suppe auf und laß sie gut auskochen.

Zum gebackenen Hühner. Siede die

Hübner 10 Minuten in der Suppe, tranſchire ſie, beſtreue ſie mit Salz und Pfeffer, tauche ſie in 2 mit Milch verklepperten Eier, kehre ſie in Bröſeln um, backe ſie röſch im Schmalz, halte jedes einen Augenblick in helles Feuer und bekränze damit das Gemüſe.

397 Hecht mit Kartoffeln und Butter.

Die Bereitung iſt in Nr. 96 bemerkt.

398 Eine Wildgans mit grünem Salat.

Die Wildgans wird gerupft, flamirt, gewaſchen, die Bruſt und der Schlegel geklopft, 3 Tage lang mit ¹⁄₂

Schoppen Eſſig, einem Glas rothen Wein, zerdrückten Wachholderbeeren, Zwiebeln, Grünzeug, Salz und Pfeffer gebeizt, zugedeckt und kalt geſtellt. Beim Gebrauch ſpicke Bruſt und Schlegeln, lege ſie in eine Reine mit Beize und 1 Schoppen Waſſer, brate ſie zugedeckt und gib ſie mit Kreſſenſalat und Apfelcompot zu Tiſche.

399 Dampfnudeln mit Zimmtſauce.

Die Nudeln ſind in Nr. 31, die Sauce iſt in Nr. 154 bemerkt.

Deſſertbackwerk.

Monat März.

1. März.

400 Braune Sagosuppe mit Wein.

Zwölf Loth Sago werden rein durch die Hand gewaschen, mit 3 Schoppen Wasser aufgelöst, gute Suppe daran gegeben, wird er dick, mit Suppe aufgegossen und mit einem Glas rothen Wein, ist dieser gut aufgekocht, zur Tafel gegeben.

401 Rindfleisch mit Häringsauce.

Ein Milchner wird gewaschen, abgehäutet, ausgegräten, mit dem Fleisch und 4 harten Eiern fein gewiegt, mit klein gewiegter Petersilie, Chalotten und Schnittlauch gemischt, 4 Löffel voll Oel, ebensoviel Essig und Senf, 1 Löffel voll Pfeffer dazu gerührt und mit Wasser verdünnt, aufgetragen.

402 Rahm-Bohnen mit Pasteten.

Die Bohnen werden in Wasser gelegt, in heißer Fette mit 2 Chalotten, Salz, Pfeffer und 1 Schoppen Suppe weich gedünstet, mit 2 Löffel voll Mehl gestäubt, Essig und der nöthigen Suppe aufgekocht, ¼ Schoppen sauern Rahm verrührt und zu Tisch gegeben.

Pasteten mit Ragout: Stich aus dem bereiteten Teig 4 Böden aus, 3 davon stich aus, daß sie Ringe bilden, lege sie aufeinander, bestreiche sie mit Eiern, gib die Deckel darauf, backe sie und fülle sie mit beliebigem Ragout.

403 Weißkraut mit Salami.

Ersteres ist in Nr. 121 bemerkt und wird mit geschnittener Salami im Kranze garnirt.

404 Wirsing mit gebackenen Brisen auf welsche Art.

Schneide 3 schöne Wirsingköpfe in 4 Theile, siede sie in Salzwasser, laß sie ablaufen gib sie in heiße Fette 1 Liter Suppe, Chalotten, Salz und Pfeffer dazu, streue eine Hand voll Reis darauf und dünste sie zugedeckt unter öfterm Nachgießen, bis der Reis aufgegangen, gib eine Hand voll geriebenen Parmesankäs dazu, laß sie noch 2 Minuten kochen und gib sie mit gebackenen Brisen zu Tische.

405 ...

... in frischer Lachs wird in dünne Scheiben geschnitten, ¼ Stunde in Wasser gelegt, in 1 Liter Salzwasser mit Zwiebeln und einer Handvoll Coriander gut ausgekocht, auf der Platte angerichtet, Citronensaft und in Butter geröstete Bröseln darauf gegeben und mit Essig, Oel und Kappern servirt.

406 ...

Die Enten sind in Nr. 18 bemerkt.

407 ...

Erstere ist in Nr. 25 bemerkt.

2. März.

408 ...

... wei Milze werden in kleine Schnitten getheilt, in 2 Loth Bratenfette mit 3 Chalotten und 1 Hand voll Petersiliegrün zum Feuer gestellt und so lange gedünstet, bis sie am Boden bräunlich sind, mit 2 Löffel voll Mehl gestäubt und mit Suppe aufgegossen. Gib geröstete Semmelwürfeln in leere Suppe, bis sie weich sind und laß sie mit 3 gelben

Rüben in der Milchsuppe 1 Stunde kochen, seihe sie durch ein Sieb über gebackene Schnitten.

409 ...

... erselbe ist in Nr. 33 bemerkt.

Die Kartoffel werden roh geschält, in kleine Würfel geschnitten, in Salzwasser gekocht, mit Zwiebeln und Bröseln aufgeschmalzt und mit gewiegtem Petersiliegrün garnirt.

410 ...

... er Wirsing wird nach 136 bereitet, die Würste werden blaß gebraten, und um den Ersteren garnirt.

411 ...

... ieselben werden rein geputzt, in Salzwasser gesotten, behutsam ausgelegt und das Faserige davon entfernt. Röste in ein Loth Butter einen Löffel voll Mehl gelb, lösche mit Suppe, gib 2 fein gewiegte Sardellen, Petersiliegrün und eine Zwiebel dazu, laß die Sauce gut auskochen und richte sie über die in einer Schüssel zierlich aufgestellten Artischoken an, mit Coteletten garnirt.

Von einem Kalbs-Coteletten-Stück wird der Grad abgehauen, Rippe für Rippe heruntergemacht, mürbe geklopft, mit Salz und Pfeffer bestreut, in Bröseln

umgekehrt, 5 Minuten gebraten und schnell zur Tafel gegeben.

412

...an klopft ein Stück Hirschfleisch mürbe, kocht es in halb Wasser und Essig, mit Salz, Pfeffer und zwei Zwiebeln nebst Petersilie, läßt es zu/ gedeckt weich kochen und schmalzt es beim Anrichten mit Zwiebeln und Bröseln dick auf. Servire es mit Brunn/ kressensalat.

413

...ie Hühner sind in Nr. 138 be/ merkt.

Von 2 Loth Zucker wird eine Bräune gemacht, mit 1 Glas Wein und 1/2 Schoppen Wasser ge/ löscht und geschälte Birnen darin weich gedünstet.

414

wie in Nr. 168.

3. März.

415

...echs große, gelbe Rüben wer/ den geputzt, gerieben, in heißer Fette bräunlich ge/ dünstet, mit einem Löffel voll Mehl

gestäubt, die gelb gebackenen Schnitten einer Semmel zu Pulver gestoßen und ein Stückchen Schinken dazu gegeben, die nöthige Suppe nachgegossen und gut aufgekocht. Beim Anrichten wird die Suppe durch ein Sieb passirt und über geröstete Semmelwürfel gegeben. Diese Suppe ist gut für Kranke.

416

...chneide ein paar Stückchen Sellerie in kleine Würfel, laß sie in heißer Butter gelb dünsten, stäube sie mit 2 Löffel voll Mehl, laß dies anlaufen und gib gute Suppe daran, koche die Sauce auf und gib sie zum Rindfleisch.

417

Das Erstere ist in Nr. 114 bemerkt, die Vögel in Nr. 353.

418

...ie Dörschen werden geputzt, in kleine Würfel geschnitten, in Salz/ wasser gekocht, bis sie anfangen, weich zu werden, dann in eine Zuckerbräune gegeben, mit Mehl gestäubt, mit Suppe aufgegossen und kurz eingekocht. Vom Bug werden 2 1/2 Pfund Fleisch weich ge/ sotten und mit den Dörschen zur Tafel gegeben.

419 Spargelſalat mit Nudeln.

Erſteres iſt in Nr. 17 bemerkt. Von 2 Eiern werden geſchnittene Nudeln gemacht und mit Eſſig, Oel, Salz und Pfeffer vermengt.

420 Gefüllte Tauben mit Cichorienſalat.

Es werden ſechs Tauben hergerichtet und in Waſſer gelegt, eingeſalzen, gefüllt, in heißer Butter, ½ ℔ und etwas Schmalz ſchön gelb gebraten unter öfterm Aufgießen mit Suppe und im eigenen Saft zu Tiſch gegeben.

Der Cichorien wird gewäſſert, daß er das Bittere verliert und mit Eſſig, Oel, Salz und Pfeffer angemacht.

421 Kirſchenkuchen Nr. 105.

4. März.

422 Hirnſuppe mit Schnitten.

Zwei Kalbshirne werden abgekocht, abgehäutet, mit Zwiebel, Peterſilie, 2 Stämmen Porrie fein gewiegt, Salz und Pfeffer dazu gegeben, in Suppenfette gedünſtet, mit 2 Löffel voll Mehl geſtäubt, der nöthigen Suppe aufgegoſſen, gut gekocht und durch ein Sieb über Schnitten oder Klößchen angerichtet.

423 Durchgeſchlagenes Linſen Puree.

Man kocht die Linſen weich, durch's Sieb paſſirt, eingebrennt und mit Suppe dickicht gekocht.

424 Gebakenes Rübenkraut mit Schweinefüßen.

Das Kraut wird mit den Füßen, die gereinigt und in kleine Theile gebackt werden, gekocht, mit Waſſer und Mehl ein Teiglein gemacht, in das Kraut gerührt, Salz dazu gegeben, gut ausgekocht, mit 2 Zwiebeln, in Schmalz geröſtet, übergoſſen und aufgetragen.

425 Ferkel mit Senf und ganzen Kartoffeln.

Erſteres wird geputzt, ſchön dreſſirt, daß es knieend bleibt, die Füße befeſtigt, mit Salz und Pfeffer eingerieben, in einem Backblech aufrecht gebraten unter öfterm Beſtreichen mit Butter, daß es eine röſche Kruſte erhält, die Ohren werden in Papier gehüllt, daß ſie nicht anbrennen. Gib es auf eine Platte, ſteck ihm einen Apfel in das Maul, hänge die, aus dem Innern des Thieres bereitete Wurſt an den Hals und ſervire es mit Senf und Kartoffeln.

Die Wurſt: Lunge, Leber, Herz und Nieren werden gekocht, die Leber gehäutet, alles fein gewiegt mit 3 Chalotten, einer Priſe Majoran, 1 Vierling

fetten Fleifchabfall, Salz und Pfeffer,
1 Schoppen Suppe dazu gegeben, in
einen Darm gefüllt und verwellt.

426 Kalbsbratbraten mit grünem Salat und Eiern.

Die Bruſt wird ſchön zugeſchnitten,
ausgelöſt, untergriffen, mit Salz
und Pfeffer eingerieben, gefüllt, die Ober-
flåche gefpickt, mit ¼ ℔ Butter unter
öfterm Begießen gebraten und im eigenen
Saft ſervirt.

427 Griespudding mit Roſt-
[...]

Erſterer iſt in Nr. 392 bemerkt.
Deſſerbackwerk.

5. Mårz.
428 Panadelſuppe mit Briſen.

Reibe 4 Semmel, röſche ſie in
Fette, gieße 1 Liter Suppe
daran, laß ſie dick einkochen,
rühre ſie ſchleimig ab, gieße die übrige
Suppe darauf und koche ſie gut aus.
Rühre 3 Eiergelb mit 4 Löffel voll
ſauerm Rahm ab, gib ſie in die Suppe
und richte dieſe über die in Stücke geſchnittenen Briſen an.

429 Rindfleiſch mit Paradies-
äpfelſauce.

Ungefähr 15 Paradiesäpfel ſchneide
in Scheiben, laß ſie in 2 Loth
Butter weich dünſten, ſtäube 3 Löffel
voll Mehl daran, laß ſie dick einkochen,
ſtreiche ſie durch ein Sieb und gib ſie
zum Rindfleiſch.

430 Bohnen mit neuen Häringen.

Die Bohnen werden gewäſſert, in
heiße Fette gegeben, Salz, Pfeffer
und Zwiebel daran, 1 Schöpflöffel voll
Suppe und 1 Glas Wein, laß ſie gut
eindünſten, ſtäube Mehl daran, gieße
Suppe auf, gib einen Häring darein,
laß ihn mitkochen und richte die Bohnen
an; ſervire ſie mit Häringen.

431 Blumenkohl mit Fleiſch-
ſtrudeln.

Erſtere iſt in Nr. 122 bemerkt.
Uebriggebliebenes Fleiſch wird mit
Peterſilie feingewiegt und mit Salz und
Pfeffer beſtreut. 2 geriebene Semmeln
werden in Milch geweicht, mit dem Fleiſch
gemiſcht und mit heißem Schmalz begoſſen, 3 Eier darunter gerührt, auf
den fein ausgegoſſenen Strudelteig gefüllt, in flachem Caſſerole gebacken und
mit dem Blumenkohl aufgetragen.

432 Reh Ragout mit Kartoffel
.... n.

..... odve die zerhackten Vordertheile vom
... . Reh in der Beize und 1 Liter
Waſſer, mache eine dunkle Brenne,
löſche ſie mit dem Sud und laß ſie gut
auskochen.

Die Kloßchen: Reibe 1 ꝓ geſottene,
kalte Kartoffel, rühre ¼ ꝓ Butter ab,
daran 5 Eier, eines nach dem andern,
jedesmal 1 Hand voll geriebene Kartoffeln dazu, die Bröſeln von 2 Semmel,
2 Löffel voll Mehl, Salz, Pfeffer und
Peterſilie, mache davon kleine Klöße,
gib ſie in ſiedendes Waſſer und ſchmalze
ſie beim Anrichten mit Zwiebeln und
Bröſeln auf.

433 Rapaunen mit Sboten-
....

Erſte ſind in Nr. 42 beſchrieben,
der Salat in Nr. 420.

434 Rahmſtrudeln.

Ein Strudelteig wird ausgezogen,
mit Roſinen gefüllt, zuſammengerollt, halbkreisförmig in ein Caſſerole
gelegt mit 1 Vierling Butter, ¼ Vierling Zucker und ½ Liter Rahm, langſam ſchön gelb gedünſtet und zu Tiſch
gegeben.

Deſſertmehlten.

Verſchiedene Teige.

Geröhrter Teig zu **435**

..... an ſetze 1 Schoppen Milch, 4 Loth
..... Butter und etwas Salz auf's
Feuer; ſiedet das, ſo gib ⅛ ꝓ feingeſiebtes Mehl darein, rühre den Teig ſo
lange, bis er ſich von der Pfanne löſt,
gib ihn in eine Schüſſel, laß ihn eine
zeitlang ſtehen und rühre zuletzt 6 Eier,
eins nach dem andern darein und 2 Loth
Citronenzucker.

Mürber Teig zu feinem **436**
Kuchen.

Gib ein halbes Pfund fein geſiebtes
Mehl auf ein Backbret, 9 Loth
Butter darein, 1 Vierling Zucker, 2
Eiergelb und 4 Eßlöffel voll Waſſer,
backe alles mit einem Meſſer untereinander, mache es mit den Händen
zuſammen, rolle den Teig 4 Mal aus und
ſchlage ihn jedesmal zuſammen, bedecke
ihn mit einer Serviette und laß ihn
eine Stunde ruhen.

Mürber feiner Butterteig. **437**

..... an ſiebe ein ꝓ Mehl und 1 Vierling Zucker fein und mache mit 2
Eiern, 2 Loth Butter, etwas Milch und
Salz einen feſten Teig, arbeite ihn glatt
und fein, laß ihn ½ Stunde unter einem
Tuche raſten, an einem kühlen Ort. Knete
1 ꝓ Butter ab mit etwas Mehl, rolle

den Teig aus, gib die Butter darauf, schlage den Teig von allen Seiten herein, daß der Butter nicht austritt, rolle ihn viereckig, halbfingerdick aus, schlage ihn wieder zusammen und wiederhole dies noch 4 Mal. Man kann den Teig gleich verwenden zu Krapfen, Pasteten u. dgl. oder im Keller aufbewahren.

438 Ausgezogener Strudelteig.

Nimm 1½ ℔ Mehl, 2 Eier, 1 Eiweiß, zerlassene Butter, wie ein kleines Ei soviel, etwas Salz und ein wenig lauwarmes Wasser, mache einen festen Teig, rolle ihn unter den Händen aus, schlage ihn in ein Tuch, daß er nicht trocken wird und laß ihn ½ Stunde bei einer Wärme ruhen. Rolle den Teig aus und ziehe ihn über ein Sophakissen, das mit einem Tuch überdeckt ist, so fein, daß dasselbe durchsieht, laß ihn trocknen, bestreiche ihn mit zerlassener Butter, fülle ihn nach Belieben, rolle ihn locker zusammen, forme ihn wie eine Schnecke und laß ihn im Rohr backen.

6. März.

439 Schwarzwurzelsuppe anderer Art.

Die Wurzeln werden geputzt, kurz geschnitten, gesotten, zum Ablaufen in einen Durchschlag gebracht, in heißer Fette gedünstet, mit Mehl gestäubt, der nöthigen Suppe aufgegossen, gut ausgekocht, feine Semmelklößchen dareingegeben, 5 Eiergelb und eine Tasse sauern Rahm.

440 Rindfleisch mit Mandelsauce.

Vier Loth Mandeln werden abgezogen, in 2 Löffel voll gebräunten Zucker und 1 Löffel voll Schmalz gedünstet, wenn sie gestoßen, 2 Löffel voll Bröseln, 1 Glas Wein und ein wenig Suppe dazugegeben, gut ausgekocht und zum Rindfleisch aufgetragen.

441 Chalotten mit Bratwerwurst.

Zwanzig Chalotten werden in Scheiben geschnitten, in heißem Rindschmalz gedünstet, mit 3 Löffel voll Mehl gestäubt, Salz und Pfeffer daran, mit guter Suppe dickicht aufgekocht, von 2 Loth Zucker eine Bräune daran gerührt und mit der Wurst zur Tafel gegeben.

442 Sauerkraut mit Erbsen und Schinken.

Das Sauerkraut ist in Nr. 47 bemerkt. Die Erbsen werden weich gekocht, durch ein Sieb getrieben, in eine hellgelbe Einbrenne gegeben, mit Suppe verdünnt, zu einem dickichten Brei angekocht, der Schinken darein gegeben, damit sie einen guten Geschmack bekommen und beim Anrichten der Schinken gerollt darauf garnirt.

443 Gebratene Gansleber mit Kartoffeln.

Eine schöne Gansleber wird in Gansfette, einem Löffel voll Zwiebel, Salz und Pfeffer gelb gebraten, mit 1 Schoppen guter Suppe begossen, auf einer warmen Platte angerichtet, die Sauce mit Suppe verdünnt, aufgekocht, mit Citronensaft pikant gemacht, über die Leber gegossen und dieselbe mit gebratenen Kartoffeln servirt.

444 Rehbraten mit Salat und Kirschencompot.

Der Rehbraten ist in Nr. 76 bemerkt. Kopfensalat: Die jungen Sprossen werden gereinigt, in Salzwasser gesotten, abgegossen und mit Essig und Oel angemacht.

445 Apfeltorte.

Einige Aepfel werden mit Zucker und Wein gedünstet, ein Butterteig (Nr. 437) 2 messerrückendick ausgerollt, an den Seiten ein Daumenbreiter Streif herumgelegt, die Aepfel auf den Teig gestrichen, ein zierliches Gitter darauf gemacht, bestrichen und gebacken. Ist die Torte fertig, so gib nach Belieben Eingesottenes zwischen die Gitter, bestreue sie mit Zucker und schicke sie rösch zur Tafel.

Dessertbackwerk.

7. März.

446 Suppe mit böhmischen Knödeln.

In ⅛ Mehl, ½ Schoppen süßen Rahm und 6 Eier mache zu einem weichen Teig, schneide 4 Semmeln in Würfel, röste sie gelb, mische sie unter den Teig, mache schnell Knödel in siedendes Wasser, nicht rund sondern lang und eckig, sind sie ausgekocht, gib sie in braune oder weiße Suppe, aber schnell, damit die Würfel noch rösch in den Knödeln sind.

447 Rostbeefsteak mit Kartoffeln.

Ersteres ist in Nr. 107 bemerkt. Kartoffeln in Gansfett gebacken: Rohe Kartoffel werden geschält, in Würfel geschnitten, in heiße Gansfette (eine Obertasse voll) gelegt, mit 1 Schoppen Wasser, Zwiebel und Salz, zugedeckt und bräunlich unter öfterm Umwenden gebraten. Sie sollen ganz bleiben und werden, mit Petersilie garnirt, aufgetragen.

448 Hopfensprossen mit Salami.

Die Sprossen werden, wenn sie zu tief gestochen, etwas gestutzt, in Wasser gesotten, dann in Buttersauce aufgekocht und mit Salami garnirt, zur Tafel gegeben.

449 Winterkohl mit Wiener schnitzen.

Der Kohl ist in Nr. 81 bemerkt, die Letzteren in Nr. 108.

450 Gebratene Wildenten und Heeringsalat.

Die Wildenten werden einige Tage in Essig gebeizt, dann auf der Brust mit 6 Reihen Speck gespickt, mit Salz und Pfeffer eingerieben, im Rohr unter öfterm Begießen gebraten und im eigenen Saft mit Salat und Weichsel compot servirt.

451 Omeletten.

Selbe sind in Nr. 25 bemerkt.
Dessertbackwerk.

8. März.

452 Selleriesuppe mit Krusten.

Vier schöne Sellerie werden gerieben, in heißer Fette gedünstet, schön gelb, mit etwas Suppe, Salz, Pfeffer und Petersilie, 3 Löffel voll Mehl gestäubt, dann mit Suppe aufgegossen, aufgekocht, durch ein Sieb über gebackene Krusten passirt und mit 3 Eiergelb und einer Tasse sauern Rahm legirt.

453 Rindfleisch mit sauern Weichseln und eingesottenen Gurken.

Gib eingesottene Weichseln und Gurken nebst Senf zum Rindfleisch.

454 Pastinakengemüse und Bratwürste.

Erstere werden gewaschen, geschabt, der Länge nach geschnitten in heiße Fette gegeben, Salz, Sellerielaub und 1/8 Liter Suppe dazu, zugedeckt, damit der feine Geruch nicht so ausdünstet. Sind sie weich, so stäube Mehl daran, gib Suppe auf und beim Anrichten eine Bräune von 2 Loth Zucker. Gib die Würste im Kranze darauf.

455 Tausendblättertorte.

Die Bereitung ist in Nr. 378 bemerkt.
Dessertbackwerk.

9. März.

456 Melonensuppe mit Bähschnitten.

Eine große oder zwei kleinere Melonen werden geschält, dünn geschnitten, in heißer Fette weich gedünstet, 2 Löffel voll Mehl daran gestäubt, die nöthige Suppe aufgegossen, gut verkocht und durch ein Sieb über Bähschnitten passirt.

457 Rindfleisch mit Mandel
Creme.

Letztere wird wie alle Cremen bereitet und zuletzt 4 Loth abgezogene, feingewiegte Mandeln darein
gekocht.

458 Bayerische Rüben und
Schweinfleisch.

Erstere sind in Nr. 151 bemerkt. Das
Fleisch wird in den Rüben gesotten.

459 Kleine Pasteten mit Ragout.

Man macht die Pasteten vom Wasserbutterteig (5. März), da dieser
sich höher blättert.

Ragout: Uebrig gebliebenes Fleisch
wird gewiegt, in guter Fette gedünstet,
mit Zwiebel und Petersilie, ein Löffel
voll Mehl daran gestäubt, mit Suppe
dickicht gekocht, die Pasteten damit gefüllt und zur Tafel gegeben.

460 Blau gesottene Forellen
und Kartoffel.

Die Bereitung ist in Nr. 183 bemerkt.

461 Indian, gelber Rübensalat
und Compot.

Der Indian ist in Nr. 160 bemerkt.
Salat: Gesottene gelbe Rüben
werden abgehäutet, lange feine Streifen

geschnitten, Essig, Oel und 2 Loth
Zucker dazu gegeben.

Bröseltorte. **462**

Mache ¾ ℔ feingesiebtes Mehl, ¼ ℔
Zucker, ½ ℔ feingestoßene Mandeln, 1 Ei, ¼ ℔ Butter untereinander, zuerst das Mehl und die Butter, dann
den Zucker und die Mandeln, Citronenschale und ein Loth Zimmt, wirke den
Teig fest zusammen, rolle ihn aus, fülle
ihn mit Weichseln oder Johannesbeeren,
lege ein Gitter darauf und backe ihn
rösch.

Zuckerbäckerei.

10. März.

Klare Suppe mit Gold **463**
würfel.

Vier weiße Brode werden in
Würfel geschnitten, in Milch
getaucht, in verklepertem
Ei umgekehrt, mit Bröseln bestreut,
in Schmalz gelb gebacken und mit Suppe
übergossen.

Rindfleisch mit gemischten **464**
Gurken.

Eingemachte Gurken werden geschält,
gehobelt, mit Kartoffel- und
Zwiebelscheiben gemischt, in Essig und
Oel angemacht.

465 Blaukraut mit Bratwürsten.

Ersteres ist in Nr. 114 bemerkt.

466 Artischoken mit Kalbs Coteletten

Im Dunst eingemachte Artischoken werden gestutzt, die abgelösten Blätter beseitigt, gesotten, in einer Buttersauce ¼ Stunde gekocht, auf eine Platte gestellt, die Sauce darüber gegossen und die Coteletten im Kranze um dieselben garnirt.

467 Schleie mit schwarzer Butter.

Koche die Schleie in Salzwasser, übergieße sie mit heißer Butter, und trage sie, mit Petersilie bestreut, auf.

468 Kalbsschlegel mit Kopfsalat und Eiern.

Der Schlegel wird flach geklopft, das große Bein ausgelöst, eine halbe Stunde gewässert, eingesalzen, mit ¼ ℔ Butter langsam gebraten, nach einer Stunde mit verkleppertem Eiergelb und etwas Milch bestrichen, mit feinen Bröseln bestreut und noch eine Stunde bei guter Oberhitze gebraten, in eigener Sauce servirt.

469 Kirschenpudding.

Selber wird gemacht, wie der Kabinetpudding, nur wird darein ½ ℔ eingesottene Kirschen gegeben und der Pudding beim Anrichten mit Kirschensauce übergossen.

470 Suppe mit Bechamelle-nockerln.

Mache von ¼ ℔ Mehl und 12 Loth Butter ein Bechamelle, trockne dies ab, wie einen Brandteig, gib 8 Eiergelb und den Schnee von 4 Eiern darein, mache die Nockerln in siedende Suppe und verfahre dabei wie mit Butternockerln.

471 Rostbeefsteak mit Senfsauce.

Ersteres ist in Nr. 107 bemerkt. Die Sauce: 4 harte Eiergelb werden mit 3 Löffel voll Oel fein abgerührt, dazu 4 Löffel voll Senf und etwas Weinessig, nach Belieben auch Zucker.

472 Sauerkraut mit Aepfeln und Bauchstöckerln.

Das Kraut wird ¼ Stunde gekocht, mit 4 Aepfeln in heißes Gänseschmalz gegeben, unter öfterm Um-

wenden weich gedünstet, mit 2 Löffel voll Mehl gestäubt, mit Bratensauce, einem Glas Wein und der nöthigen Suppe ausgekocht.

Bandnüdeln: 2 ℔ ordinäres Mehl werden mit Milch zu einem festen Teig gemacht, gesalzen, gut gearbeitet, zu kleinen Nudeln gemacht, in Wasser gekocht und geröstet.

473 Gebackene Karpfen mit Salat.

Zuerst werden die Karpfen geputzt, in Stücke geschnitten, mit Salz und Pfeffer eingerieben, darin ¼ Stunde liegen gelassen, in Bröseln umgekehrt, im Schmalz rösch gebacken, zierlich angerichtet und mit Kressensalat servirt.

474 Kapaun mit sauern Weichseln und Orangencompot.

Die Kapaunen sollen, wenn möglich, trocken gerupft werden, sie sind viel zarter und schmackhafter. Reibe sie mit Salz und Pfeffer ein, und brate sie mit Butter, die Brust mit Speckscheiben belegt.

475 Aufgezogener Weinpfanzerl.

Rühre ¼ ℔ Butter flaumig ab, lege 6 Eier in warmes Wasser, rühre eins nach dem andern in den Butter, Citronenzucker und ¼ ℔ Mehl daran, rühre Alles tüchtig ab, gib es

in eine bestrichene Reine und backe es dunkelgelb im Rohr. Laß es auskühlen, gib in ein Casserole 2 Glas Wein, eine Obertasse Wasser, etwas Zucker, das Gelbe einer halben Citrone und das Gebackene, stelle es an das Feuer und wende das Gebackene einmal um, daß es durch und durch saftig wird; ist es fertig, so bestecke es mit langgeschnittenen Mandeln igelförmig, hat es zu viel Wein gesaugt, gib noch welchen nach und servire es heiß.

NB. Alle Bisquite, Pfanzeln und Puddinge sollen in kalten Wein gesetzt werden, sie bleiben dabei locker und saftig.

12. März.

476 Eiergerste mit Parmesankäse.

Vier Semmeln werden in kaltes Wasser geweicht, ausgedrückt, in eine Schüssel gegeben, 5 Eier nach und nach daran geschlagen, Salz, Pfeffer, Muskatnuß und ein Schöpflöffel voll frische Suppenfette dazu, tüchtig abgerührt, in siedende Suppe gegeben, einige Mal umgerührt, gut ausgekocht und mit Schnittlauch und Petersilie bestreut, zu Tisch gegeben.

477 Rindfleisch mit Kanitzsauce.

Sechs harte Eiergelb werden mit einer Hand voll abgezogenen Mandeln und 2 Loth Zucker gestoßen,

mit 2 Löffel voll feinem Oel und etwas
Weineffig dickicht angerührt, feingewiegtes
Peterfiliegrün dazu gegeben und zum
Rindfleisch fervirt.

478 Rofenkohl mit Kaftanien
und Coteletten.

Der Kohl ift in Nr. 109 bemerkt,
die Coteletten in Nr. 198.

479 Lungenragout mit Butter-
teigKränzchen.

Die Lunge wird in Waffer gefotten
und befchwert, dann fo fein als
möglich gefchnitten. Mache 1 Vierling
Butter und 1 Schöpflöffel voll Fette
heiß, laß darin 4 Löffel voll Mehl gelb
röften, gib die Lunge darein mit Salz,
Pfeffer und Zwiebel, dünfte fie etliche
Minuten und laß fie mit Suppe, einem
Glas Wein, 3—4 Löffel voll Weineffig und einer Hand voll gewiegtem
Peterfiliegrün auffochen.

480 Schill mit Peterfilie und
Kartoffel.

Der Schill wird in Salzwaffer ge-
focht und mit Peterfilie beftreut.

481 Gebratener Schweinerücken
und Kartoffelfalat.

Ein fchönes Rückenftück wird aus-
gebauen, abgezogen, mit Salz
und Pfeffer beftreut, mit Zwiebel,

1 Schoppen Waffer und ebenfoviel Effig
fchön gelb und röfch gebraten.

482 Gefülltes Omelette

in Nr. 222.
ZuckerbackwerK.

13. März.

483 Wurzelfuppe mit Klößchen.

Sellerieerbfen, gelbe Rüben,
Kohlraben, Wirfing, Lauch-
zwiebel, Sellerie, Peterfilie zc.
werden gewafchen, klein gewiegt, in
guter Abfchöpffette gedünftet mit Salz
und Pfeffer und 2 in Schnitten ge-
theilte gelbgeröftete und mit Suppe geweichten Semmeln, mit 1 Löffel von
Mehl geftäubt, der nöthigen Suppe
aufgekocht und über Semmelklößchen angerichtet, mit 3 Eiergelb fricaffirt.

484 Rindfleifch mit Borax und
Monatrettig.

Der Borax wird fein gefchnitten,
ein wenig gewäffert, mit gehobelten Monatrettigen in Effig, Oel,
Salz und Pfeffer angemacht und zum
Rindfleifch gegeben.

485 Winterkohl mit Schweine-
Coteletten.

Der Kohl ift in Nr. 81 bemerkt,
die Coteletten in Nr. 212.

486 Zunge in schwarzer Sauce.

ie Zunge wird weich gekocht, der Länge nach vertheilt, daß sie ein Herz bildet, eine braune Brenne gemacht, mit Suppe, einem Glas Wein, dem nöthigen Essig, Zwiebel und Grünzeug gelöscht und die Zunge darin gekocht. Gewürz kann nach Belieben beigegeben werden. Richte sie an und gib Krapfen dazu.

487 Kabeljau mit Austernsauce.

iefer Fisch wird ausgenommen und eingesalzen versendet. Deßhalb muß er 3 Stunden gewässert werden. Dann wird er geschuppt und gereinigt, zum Feuer gestellt mit Wasser, 1 Liter Milch; kommt er zum Sieden, wird er zurückgestellt und zugedeckt, damit er vollends auszieht, mit aufgeschmalzten Kartoffelwürfeln garnirt und mit Austernsauce servirt.

NB. Der Kabeljau ist frisch abgekocht im Salzwasser, ein Leckerbissen, er gehört zum Geschlecht der Schellfische, sein Fleisch ist schneeweiß und sehr gut.

488 Nierenbraten mit Selleriesalat.

rsterer wird ordentlich hergerichtet, eingesalzen, mit Butter und Zwiebelscheiben unter öfterm Begießen mit eigener Sauce gebraten. Ist zu-

viel eingebraten, wird Wasser nachgegossen. Hat er schöne Farbe und ist er weich, so wird er heiß mit Selleriesalat aufgetragen.

Zimmttorte. **489**

in halbes ℔ Zucker, ½ ℔ gestoßene Mandeln, 12 Eiergelb, 2 Loth Zimmt und etwas Citronengelb werden schaumig gerührt, der Schnee von acht Eierweiß darunter gemengt und bei mäßiger Hitze gebacken.

Dessertbackwerk.

14. März.

Schwarzbrodsuppe mit **490** sauerem Rahm und Seidenwürstchen.

wei ℔ schwarzes, altgebackenes Brod wird gerieben, in guter Abschöpffette gelb geröstet, mit der nöthigen Suppe aufgekocht und kurz vor dem Anrichten mit 1 Schoppen sauerm Rahm, worein 3 Eiergelb gerührt, legirt; bestreue sie mit Schnittlauch und gib sie mit den Seidenwürsten zur Tafel.

Boeuf à la mode. **491**

in Schweifstück wird geklopft, mit fingerdickem Speck bespickt und wenn man es gleich braucht, in beiße Beize gelegt, mit Salz, Pfeffer, allem möglichen Grünzeug, Citrone und Mus-

farnuß. Nach der Beizezeit setze es mit der Beize und 2 Maß Wasser zum Feuer und laß es zugedeckt 3—4 Stunden dünsten, nimm die Fette fleißig ab, gib sie in ein frisches Casserole, laß sie heiß werden, gib das Schweifstück darein, stäube es mir 3 Löffel voll Mehl, laß es schön dunkelgelb anlaufen, gieß mir dem Sud auf, laß eine dicke Sauce anlaufen, nach Belieben ein Glas Wein daran und zuletzt färbe mit Wachholdersalz die Sauce schwarz, trage es auf und gib dazu

Leberknödel: 8 Semmeln werden durchsichtig geschnitten, mit kalter Milch angefeuchtet und zugedeckt. Unterdessen wiege ½ ℔ Ochsenleber, 1 ℔ Kalbsleber, ¼ ℔ Nierenfette, 2 Zwiebel, Petersilie, Sellerie und Majoran, gib Alles an die Semmel, 3 Eier, eine Obertasse Walzengries. Salz und Pfeffer dazu, mache es gut untereinander und setze davon runde Knödel in siedendes Wasser.

492 Bayerische Rüben mit Bratwürsten.

Dieselben sind in Nr. 16 bemerkt.

493 Kalbsgekröse mit abgetrockneten Nudeln.

Ein frisches Kröse wird rein gewaschen und weich gekocht. In ¼ ℔ Butter werden 4 Löffel voll Mehl gelb geröstet, mit Suppe und einem Glas Wein aufgekocht, Salz und beliebiges Gewürz daran gegeben, das Kröse in Schnitzen darein gegeben und heiß gestellt bis zum Gebrauch.

Die Nudeln: Mache sie wie die Suppennudeln, nur etwas stärker und arbeite eine eigroße Butter in den Teig; gib ¼ ℔ Butter, 1 Schoppen süßen Rahm, etwas Zucker und eine Obertasse voll Milch in ein Casserole; siedet das, so gib die Nudeln darein und laß sie gelb abtrocknen.

Hecht, blau abgesotten, in 494 Essig und Oel.

Selber ist in Nr. 29 bemerkt.

Junge Hühner, gebraten, 495 und Weichselcompot.

Selbe sind in Nr. 138 bemerkt.

Apfelauflauf. 496

Koche von 12 schönen Aepfeln ein dickes Compot und laß es erkalten. Rühre 12 Loth Butter, 3 Eiergelb und 4 ganze Eier schaumig ab, sae 3 geriebene Semmeln nach und nach darein, Zimmt und Citronenschale, die Aepfel, den Schnee von 3 Eiern, ¼ ℔ Rosinen, fülle die Masse in die Form und backe sie behutsam.

15. März.

497 Kräutersuppe mit Semmel-
Bröschen.

...bereite die Suppe von den gewöhnlichen Kräutern, gib
1 Tasse sauern Rahm, legirt
mit 3 Eiergelb und feine Semmelklößchen darein.

498 Windsuppe mit Orangen
(?)...

Mache Abschöpffette heiß, laß darin
2 Löffel voll Mehl rösten, bis
es schäumt, gieße gute Suppe auf, gib
den Saft einer großen oder 2 kleinen
Orangen darein und 2 Stückchen Zucker,
schneide die ganze Orange darein, laß
die Sauce gut aufkochen, (will man sie
gelb, so gib Safran darzu) seibe sie durch
ein Sieb. Gib dazu Weinessig in einem
eigenen Gefäß.

499 Spinat mit Salami.

...er Spinat wird wie gewöhnlich
bereitet, vor dem Anrichten eine
Tasse süßer Rahm darein gekocht, wo-
von er sehr mild wird und mit Salami
garnirt.

500 Wirsing mit Schweinefleisch.

...rei schöne Wirsingköpfe werden
von den Ragen befreit, jeder
Kopf in 4 Theile geschnitten, dann
fein gehobelt, in heißer Bratenfette mit
2 Schöpflöffel voll Suppe, einem Glas
Wein, Zwiebel und etwas Fleisch gut
gedünstet, mit 2 Löffel voll Mehl gestäubt, mit Suppe aufgegossen und angerichtet, das Schweinefleisch darauf gelegt.

501 Kalbfleisch ragout mit
Pasteten.

...iege übrig gebliebenes Fleisch,
Zwiebel und Petersilie, gib es in
hellgelbe Einbrenne mit Salz und
Pfeffer, dünste es ein wenig, laß es
mit Suppe, einem Glas Wein zu einem
dickichten Brei kochen und gib es mit
kleinen Pasteten oder beliebiger Mehlspeise zu Tische.

NB. Wenn das Ragout übergossen,
so gib Semmelbröseln daran.

502 Rehbraten mit Schnitzsalat
und Eiern.

Selber ist in Nr. 36 bemerkt.

503 Kartoffelauflauf.

...eibe 12 kalte gesotene Kartoffeln,
rühre ½ ℔ Butter, 9 Eiergelb
fein ab, gib 8 Loth Citronenzucker dazu, die Kartoffel und den Schnee der
9 Eier, backe es in einer Form und bestreue es mit Zucker.

16. März.

504 ~~Reisbrein mit Henne~~

in halbes ℔ Reis wird zuge=
setzt, mit Wasser aufgelöst,
mit Suppe aufgegossen, der
Schleim stets abgeschöpft und warm ge=
stellt, der Reis dann durch ein Sieb
passirt, mit 3 Eiergelb fricassirt und
Schnittlauch bestreut und mit der Henne
aufgetragen.

505 ~~Rindfleisch mit Kümmel=~~
~~sauce.~~

Röste 2 Löffel Mehl und etwas
Zucker in Fette ganz dunkelbrann,
gib 3 Löffel voll Kümmel darein, laß
ihn ein wenig kochen, gieße die nöthige
Suppe und 3 Löffel voll Weinessig auf,
rühre die Sauce fleißig und gib sie durch
ein Sieb zum Rindfleisch.

506 ~~Blaukraut mit Schinken~~
~~und Eiern.~~

Ersteres ist in Nr. 114 bemerkt.
Wiege gekochten Schinken ¼ ℔
mit Petersilie, rühre nach und nach
8 Eier, 4 Löffel voll süßen Rahm, Salz,
Pfeffer und 2 Löffel voll Bröseln, gib
selbes in heißes Rindschmalz und koche
es 4 Minuten unter stetem Rühren,
richte sie erhaben an und bestreue sie
mit Schnittlauch.

507

as Gänsjung wird in ordentliche
Stücke getheilt, mit Essig, Wasser,
Salz, Pfeffer. Zwiebel und Grünzeug
weich gekocht, in weiße oder braune
Brenne gegeben und darin gut aufge=
kocht. Nach Belieben kann man auch
das Blut in die Sauce geben.

Der Gansjung 6 Semmeln
werden eingeschnitten, mit kalter Milch
geweicht, mit heißer Butter geschmalzen,
5 Eier langsam darunter gezogen, mit
1 Vierling Butter und 2 Löffel voll
Rindsschmalz weich gekocht und zum
Gänsjung aufgetragen.

508 ~~Forellen, blau gesotten~~
~~und Kartoffel.~~

Selbe sind in Nr. 383 bemerkt.

509 ~~Eine Gans mit Sellerie=~~
~~salat.~~

Diese ist in Nr. 49 bemerkt.

510 ~~Reisstrudel.~~

Der Strudel wird wie sonst bereitet,
ausgezogen, mit Butter bestrichen,
zur Fülle ¼ ℔ Reis in Milch gekocht,
ausgekühlt, mit ¼ ℔ Butter, 5 Eiern,
½ Vierling Weinbeeren und 6 Loth
Zucker. (Dies Alles fein zusammenge=
rührt) gut verrührt, die Fülle finger=

dick aufgeſtrichen, der Strudel zuſammengerollt, mit Butter, 1 Schoppen ſüßen
Rahm und 1 Loth Zucker im Rohr
gelb gebacken, und mit Zucker beſtreut
ſervirt.

17. März.

511 Rollgerſte mit ſüßem Rahm
und Kalbsknochen.

Die Rollgerſte wird in kaltem
Waſſer aufgelöſt, mit Suppe
nach und nach aufgekocht,
würfelig geſchnittene Sellerie daran gegeben, kälberne Schenkel und zuletzt
1 Glas Wein und etwas gute Jus.
Gib in die Terrine eine Taſſe ſüßen
Rahm, darüber die Suppe mit den
Körnern, geſottenes Kalbfleiſch, klein
getheilt.

512 Rindfleiſch mit Melonen-
ſauce.

Von geſpeiſten Melonen wird der
Abfall klein geſchnitten, in Butter
welch gedünſtet, mit 2 Löffel voll Mehl
geſtäubt und Jusſuppe gelöſcht, einem
Gläschen Wein, 2 Stückchen Zucker und
dem Saft einer halben Citrone aufgekocht, auch etwas Salz dazu, durch ein
Sieb geſeiht und zum Rindfleiſch gegeben.

513 Rothe Rüben als Gemüſe
und Wurſt.

Sechs bis 8 rothe Rüben werden
länglich geſchnitten, in heißer
Fette mit Salz und Suppe weich gedünſtet, mit 2 Löffel voll Mehl geſtäubt,
mit Suppe aufgekocht, mit Sellerie, der
geſotten, in Scheiben geſchnitten und
dieſe in lange Streifen gerädelt, garnirt,
und mit Bratwürſten aufgetragen.

514 Dürre Bohnen mit
Coteletten.

Die Bohnen werden wie die Erbſen
rein geklaubt und gekocht. Gib
2 Zwiebeln, Peterſilie und 1 Löffel
voll Mehl in heiße Butter, die Bohnen
darein, laß ſie gut einkochen und trage
ſie auf mit Schaf-Coteletten, die in
Nr. 220 bemerkt ſind.

515 Gebackene Gansleber.

Die Leber wird in 3 fingerbreite
und meſſerrückendicke Schnitze getheilt, mit Salz und Pfeffer beſtreut,
in Bröſeln umgekehrt, in heißer Fette
gelb gebacken und mit jungem Brunnen-
kreſſenſalat ſervirt.

516 Schweinsbraten mit
Kartoffelſalat.

Das Schweinfleiſch wird mit Salz
und Pfeffer eingerieben und mit
Kümmel, Zwiebel, etwas Eſſig und ein

Schoppen Wasser schön roth gebraten, im eigenen Saft angerichtet.

517 Dampfnudeln mit Vanille Sauce.

Diese sind in Nr. 31 bemerkt.

18. März.

518 Hirsesuppe mit Weiß- würsten.

Ein halbes ℔ Hirse wird durch die Hand rein gewaschen, mit ¹/₈ Liter Wasser aufge- löst, mit Suppe weich gekocht, mit drei Eiergelb fricasirt und mit Weißwürsten zur Tafel gegeben.

519 Rindfleisch mit Gurkensauce.

Zwei frische Gurken werden ge- schält, gehobelt, weich gedünstet, mit Mehl gestäubt, mit Jussuppe und 2 Löffel voll Weinessig aufgekocht und zum Rindfleisch gegeben.

520 Erdkochrüben mit Coteletten.

Ungefähr 6 große Dorschen werden abgebäutet, in Würfel geschnitten, mit guter Fette weich gedünstet, und 2—3 Löffel voll Mehl daran gestäubt, eine Zuckerbräune von 2 Loth Zucker dazu gegeben, nochmal aufgekocht und mit Coteletten nach Nr. 212 ange- richtet.

521 Sauerkraut mit Rauchfleisch.

Ersteres ist in Nr. 47 bemerkt. Das Rauchfleisch: Schöne Stücke Schweinfleisch werden ausge- bauen, (dicke Rippe oder Bauchfleck), mit Salz und Knoblauch und einigen Wachholderbeeren eingerieben, zugedeckt und über Nacht stehen gelassen. Am Morgen mache ein Salzwasser mit drei Händen voll Salz und ¹/₄ Liter Wasser, gieß es an das Fleisch, laß es 24 Stun- den darin liegen, hänge es 24 Stunden in die Selche, dann brate es, denn im Sieden verliert es den Geschmack.

522 Lungenragout mit Kartoffel- nudeln.

Ersteres ist in Nr. 481 bemerkt. Die Nudeln: Die Kartoffel werden vom Sud weg geschält, zerdrückt, mit Mehl, einem Ei und etwas Salz zu einem Teig gearbeitet, in ein flaches Casserole ¹/₄ ℔ Butter, 2 Löffel voll Schmalz, 2 Stück Zucker und ¹/₂ Liter süßen Rahm gegeben, die Nudeln darin gekocht, daß sie gelbe Räumerln haben und erhaben auf der Platte angerichtet.

523 Gebratene Tauben mit Cichoriensalat.

Die Bereitung ist in Nr. 420 be- merkt.

524

in halbes ℔ Mandeln werden geschält, gestoßen, mit 12 Loth
Zucker und 12 Eierdottern ½ Stunde
verrührt, der Schnee von 9 Eiern und
etwas Citrone darunter gezogen, in eine
Form gefüllt, wenn es flaumig abgerührt, rösch gebacken und nach Belieben
verziert.

19. März.

525

ie Sprossen werden gereinigt,
von unten gestuzt, jede in
3 Theile geschnitten, in Wasser
gesotten, in Abschöpffette gedünstet, mit
3 Löffel voll Mehl gestäubt, Salz und
Pfeffer und gute Suppe aufgegossen,
aufgekocht, mit 3 Eiergelb und 1 Schoppen sauern Rahm fricasirt, über italienische Rohrnudeln, welche zuerst in klarer
Suppe aufgekocht sind, angerichtet und
mit geriebenem Parmesankäse servirt.

526 Dunstbraten mit weißem Bohnensalat.

er Dunstbraten ist in Nr. 33 be-
bemerkt. Die Bohnen werden
über Nacht eingeweicht, in Salzwasser
gekocht, abgegossen und mit Essig und
Oel angemacht.

527

Selbes ist in Nr. 121 bemerkt.

528

ie Schwämme werden geschält,
gewaschen, in Butter mit Salz,
Pfeffer und Petersiliegrün gedünstet, gestäubt, aufgekocht und mit Schinkeneiern
garnirt, aufgetragen.

529 Taubenragout mit Krapfen.

echs junge Tauben werden gepuzt,
in Jußsuppe gekocht, 6 Minuten,
zurück gestellt, dann herausgenommen,
jede in 4 Theile geschnitten und der
Saft sorgfältig wieder zu den Tauben
gegeben. Nun laß die Tauben in heißer
Butter mit Salz und Pfeffer, Citronen
und Zwiebel dünsten, stäube sie mit
3 Löffel voll Mehl, gieße gute Suppe
auf, ein Glas Wein, 2 Löffel voll Essig
und zuletzt rühre das Blut darein, koche
Alles nochmal auf und gibs mit Butter-
teigkrapfen zur Tafel.

Der Wasserteig eignet sich noch mehr
zu Krapfen. 5. März zu sehen.

530 Gedünstete Wildenten mit Weinbeeren

Die Enten werden mit halb Beize, halb Wasser weich gedünstet, dann ausgelegt, unterdessen eine dunkle Sauce gemacht, wozu der Sud verwendet wird, die Enten mit 3 Löffel voll Kappern darein gelegt und mit einem Glas Wein aufgekocht.

Das Weinbeermehl: Von 2 ℔ Mehl mache einen guten Hefenteig mit 1 Schoppen süßen Rahm, ¼ ℔ Butter, 3 Loth Zucker, 3 Eier und Hefe, laß ihn geben, roll ihn aus, rädle lange Streifen daraus bestreiche sie mit zerlassener Butter, fülle Weinbeeren darauf, rolle sie locker zusammen, gib sie mit Butter in eine Reine und backe sie im Rohr.

531 Birkhenne mit Salat und Weichselcompot

Zwei Birkhennen werden gerupft, gespickt, mit Salz und Pfeffer eingerieben und mit Butter unter öfterm Begießen gebraten.

532 Quittenauflauf

Reibe von 3 Semmeln die Rinde ab, koche 3 große Quitten in ein wenig Wasser und ein Loth Butter weich, treib das Mark derselben durch ein Sieb, weiche die Semmeln in die Quittensauce, drücke sie fest aus, treibe ½ ℔ Butter ab, rühre dazu 1 Vierling gestoßenen Zucker, die Semmeln, ½ ℔ Quittenmark, 8 Eiergelb, den Schnee der 8 Eier und 4 Loth gewiegte Mandeln, fülle die Masse in eine Form, und backe sie langsam, gib den Auflauf mit Zucker bestreut zur Tafel.

20. März.

533 Bohnensuppe mit Kerbeln

Die Bohnen werden eingeweicht, damit sie schneller kochen, mit Salzwasser zugesetzt, wenn sie einkochen, mit Suppe nachgegossen, sind sie weich, durch ein Sieb getrieben, 2 Löffel voll Mehl in heißer Fette geröstet, mit guter Suppe gelöscht, die Bohnen darein gegeben mit der nöthigen Suppe, gut aufgekocht und über gebackene Semmelkrusten angerichtet, mit Schnittlauch bestreut.

534 Rindfleisch mit Brunnenkressensauce

535 Sauerkraut, Erbsen, Blut und Leberwürste

Das Sauerkraut ist in Nr. 47 bemerkt. Die Erbsen werden eingeweicht, in kaltem Wasser zugesetzt, sind sie weich, durch ein Sieb getrieben und gut eingebrennt; es soll auch Sellerie mitgekocht werden.

Die Blut und Leberwürste werden heiß gemacht, in Schweinefette abgebräunt und mit Obigem zu Tisch gegeben.

536 Schill mit Kartoffel.

Der Schill ist in Nr. 347 bemerkt.

537 Eine junge Gans mit Sellerie.

Erstere wird bereitet wie gewöhnlich, nur soll sie gefüllt werden mit aufgelösten Kastanien, Kartoffeln oder Mundbrod; dazu wird aufgetragen Selleriesalat und Orangencompot.

538 Spritzkuchen.

Ein halbes ℔ feingestoßene Mandeln vermische mit ¼ ℔ Mehl, mache mit frischem Brunnenwasser und etwas Orangenblütenwasser einen Teig an in der Stärke eines Eierkuchenteiges, gib 4 Loth Citronenzucker darein, laß ihn durch die Sprize in heißes Schmalz laufen, backe ihn weißgelb und bestreue ihn mit Zucker. NB. Dieser Kuchen wird in einer etwas großen Pfanne mit wenig Schmalz gebacken, so, daß er sich ein wenig schwingen kann; schwimmen darf er nicht.

21. März.

539 Suppe à la reine anderer Art.

Koche eine alte Henne und einen Vierling Kalbfleischabfall mit allem möglichen Grünzeug; ist die Henne weich, so schneide das Brustbein sammt dem Fleisch heraus, auch die Schlegel, das Uebrige backe in ganz kleine Stücke und koche sie noch besser aus. 15 Löffel voll feinen Reis koche weich und dick, gib die Hennensuppe durch ein Sieb in den gekochten Reis, stelle ihn nochmal zum Feuer und rühre ihn so lange, bis er kocht, dann sieb ihn gleich weg; schneide die zurückgestellte Brust und die Schlegeln in schöne Würfel, gib sie in die Suppe, fricasire sie mit 3 Eiergelb und bestreue sie mit Schnittlauch.

540 Englischer Braten mit Rahm und Kartoffel.

Fünf ℔ Fleisch werden geklopft, abgehäutet, der Länge nach in zwei Reihen gespickt, gut gesalzen und gepfeffert, mit Zwiebeln, gelben Rüben, einem Glas Wein und 1 Schoppen Wasser im Rohr hellbraun gebraten, mit seinem Saft und einer Tasse sauern Rahm angerichtet und mit gerösteten Kartoffeln aufgetragen.

541 Rosenkohl mit Wiener-schnitzen.

Der Rosenkohl ist in Nr. 109, die Wienerschnize in Nr. 108 bemerkt.

542 Bayerische Rüben mit Bratwürsten.

Selbe sind in Nr. 171 bemerkt, die Würste werden im Kranze darauf garnirt.

543 Eine junge Gans mit
Endivien und Kirschencompot.

Die Gans wird gerupft, flammirt,
(gebrüht dürfen die jungen Gänse
nicht werden), ausgenommen, der Kragen
sorgfältig gereinigt, die Gans gewaschen,
mit Salz und Pfeffer bestreut, der
Kragen mit Kalbfleischfülle oder mit in
Gansfette saftig gerösteten Kartoffeln
gefüllt, unten und oben zugenäht und
mit Papier bedeckt gebraten. Den Magen
und die Leber dünste in Gansfette und
gib sie zur Gans auf die Platte.

544 Schaumtorte.

Selbe ist in Nr. 357 bemerkt.
Dreier bedeutet.

22. März.

545 Suppe mit Brätknödeln.

Rühre 1 ℔ Brät mit 1 Vierling Butter ab, schlage 3
Eier darein, ¼ Schoppen
süßen Rahm gib dazu mit den feinen
Bröseln von 3 Semmeln, Salz, Pfeffer
und etwas Citronenschale, rühre Alles
zusammen, laß es eine Stunde rasten
und gib zuerst 1 Stück in die Suppe,
sind sie zu weich, so gib noch Bröseln
nach.

546 Rindfleisch sammt Trüffelsauce.

Die Trüffeln werden so lange gewaschen, bis sie frisch sind, abgetrocknet, gebürstet, zerschnitten, in
heiße Butter gegeben, ¼ Liter Suppe
daran gegeben, Salz, Pfeffer und Petersiliengrün, zugedeckt, weich gedünstet, mit
2 Löffel voll Mehl gestäubt, aufgekocht
und mit oder ohne Trüffeln zur Tafel
gegeben.

547 Kohlraben mit gebackenen
Brisen.

Die Kohlraben sind in Nr. 68 und
die Brisen in Nr. 94 bemerkt.

548 Gelbe Rüben, grüne Erbsen
und Hammelbrust.

Die Rüben sind bekannt.
Die Erbsen werden geputzt,
die Fäden abgezogen, nach Belieben geschnitten, in Fette mit Salz, Pfeffer
und Zwiebel gedünstet, mit Mehl gestäubt und mit Suppe aufgekocht. Beim
Anrichten gib die Rüben in die Mitte,
die Erbsen im Kranze um dieselben.
Die Hammelbrust: Dieselbe wird
wie ein Dreieck geformt, schön zugeschnitten, tüchtig geklopft, die Oberfläche
mit weißem Speck in 3 Reihen gespickt,
mit Salz, Pfeffer, Zwiebel und Knoblauch, Essig und Wasser weich gedünstet
(zugedeckt).

549 Hecht mit Kartofel.

Derselbe ist in Nr. 96 bemerkt.

550 Hühner mit Apfelcompot.

Die zarten Hühner werden trocken gerupft, flammirt, ausgenommen, dressirt, mit Salz und Pfeffer eingerieben und am Spieß gebraten.

551 Zimmtkuchen.

Rühre 10 Loth Butter fein ab, 2 Eier, 8 Loth Zucker, 2 Loth Zimmt, 1/2 Schoppen Wein und so viel Mehl dazu, daß es einen festen Teig gibt. Von diesem lege so groß wie eine Welschnuß in ein heißes, bestrichenes Eisen, drücke dies fest zu und backe die Kuchen, einen nach dem andern. Beim Herausnehmen hänge sie still über einen Kochlöffel, damit sie krumm werden und bestreue sie mit Zucker.

23. März.

552 Bayerische Rübensuppe mit Schnitten und Schweinezunge.

Sechsunddreißig große, schöne Rüben werden geputzt, in Wasser weich gekocht, zu einem Brei zerdrückt, in heißer Fette mit Salz und Pfeffer bräunlich gedünstet, mit Mehl gestäubt in guter Suppe aufgekocht, durch ein Sieb über gebähte Schnitten passirt und eine in Würfel geschnittene Zunge darein gegeben. Diese Suppe hat einen vortrefflichen Geschmack.

553 Rindfleisch mit Kräutersauce.

Wiege fein 3 Zwiebel, 3 Knoblauchzehen, Thymian, Basilikum und Petersiliengrün, dünste dieses in Fette mit 3 Stücklein Zucker, stäube 2 Löffel voll Mehl daran, koche es mit 3 Löffel voll Essig auf und gib es zum Rindfleisch.

554 Sauere Rahmbohnen mit Salami.

Die Bohnen werden bereitet wie in Nr. 402 und vor dem Anrichten mit einem Schoppen sauern Rahm aufgekocht. Die Salami darauf garnirt.

555 Böhmische Erbsen mit geräuchertem Schweinefleisch.

Sechs Obertassen voll große, dürre Erbsen werden über Nacht eingeweicht, mit Wasser, einem Stück Speck und etwas Salz an das Feuer gesetzt, kochen sie ein, Suppe aufgegossen, nach dem ersten Einkochen das Schweinefleisch darein gegeben und, wenn sie anfangen weich zu werden, ganz eingekocht. Man darf sie nicht umrühren, sondern nur aufschwingen. Beim Anrichten stürze

sie auf eine Platte, röste Bröseln und
würfelig geschnittenen Speck gelb, gib
dies über die Erbsen und belege sie
mit dem in Schnitze getheilten Schweinfleisch.

NB. Die Erbsen müssen ganz bleiben.

556 Hecht, blau mit Essig und
Oel.

Derselbe wird bereitet wie die
Forellen in Nr. 383.

557 Schweinsschlegel mit
Kruste und Kartoffelsalat.

Derselbe ist in Nr. 275 bemerkt.

558 Gebackener Hirsebrei.

Zwei Obertassen voll Hirse werden
rein durch die Hand gewaschen,
mit Milch dick eingekocht, ausgekühlt,
4 Loth Zucker, 4 Eier, 8 Loth Rosinen,
etwas Zimmt und Butter in die Hirse
gerührt, nochmal gekocht, ein Tuch mit
Butter bestrichen, die Hirse zwei zwerch-
fingerdick darauf gelegt, wenn sie erkaltet, in Stücke geschnitten, mit verklepperten Ei bestrichen, in Schmalz
gebacken und mit Zucker bestreut.

Dessertbackwerk.

24. März.

559 Weiße Rübensuppe mit gebackenen Erbsen.

Die Rüben werden bereitet wie
die gestrigen, jedoch nicht gesotten, sondern gleich gedünstet, mit Suppe und einer Obertasse voll Bratenjus aufgekocht und durch
ein Sieb über gebackene Erbsen passirt.

560 Rindfleisch mit Buttersauce.

Rühre ein Stück Butter mit zwei
Löffel voll Mehl ab, fülle gute
Suppe auf, laß dies unter beständigem
Rühren auf der Glut kochen, gib etwas
Muskatnuß daran und servire es zum
Rindfleisch.

561 Hopfensprossengemüse mit
Hirnbavesen.

Die Hopfenkeime werden gestutzt,
gesotten, abgegossen, in gute
Kalbfleischsauce gegeben, aufgekocht und
mit Hirnbavesen aufgetragen.

Hirnbavesen: Semmelschnitten werden mit gekochtem Hirn gefüllt, in Eier
getaucht, in Bröseln umgekehrt und in
Schmalz gebacken.

562 Lungenragout mit Waffeln.

Ersteres ist in Nr. 479 bemerkt.
Die Waffeln: ¼ ℔ Butter
wird abgetrieben, darein 12 Eigelb,

15*

¼ ℔ Zucker, 1 Loth Zimmt, 1 Schoppen süßen Rahm, ¼ ℔ Mehl, ¼ ℔ geschossene Mandeln und den Schnee der 12 Eier; nun wird ein Waffeleisen mit Schmalz bestrichen, warm gemacht, ein paar Löffel voll Gerührtes darein gegeben, auf beiden Seiten gut gebacken, oder ein Walzholz gerollt und mit Zucker bestreut.

563 Frischer Lachs mit Kartoffeln.

Selber ist in Nr. 405 bemerkt.

564 Junge Enten mit italienischem Salat.

Die Enten sind in Nr. 18 bemerkt, der Salat in Nr. 36 bemerkt.

565 Arakpudding.

Derselbe ist in Nr. 385 bemerkt. Dessertbackwerk.

25. März.

566 Erbsensuppe mit gebackenen Krusten.

Sechs Obertassen voll Erbsen werden eingeweicht, mit guter Suppe und einem Stück Sellerie zugesetzt. Sind sie weich, werden 3 Löffel voll Mehl gelb geröstet, mit dem Erbsensud gelöscht, mit Suppe aufgekocht und mit Pfeffer, Salz und Petersiliegrün über gebackene Krusten angerichtet.

567 Rindfleisch mit gerösteten Kartoffeln und geriebenen Rettigen in Essig und Oel.

Gesottene Kartoffel werden in Würfel geschnitten, in Gansfette oder Bratenjus schön gelb, aber weich und saftig geröstet.

Zwei schöne Rettige werden gerieben, gesalzen, sind sie geweicht, ausgedrückt, mit Salz, Pfeffer, Essig und Oel angemacht.

568 Rosenkohl mit Bratwürsten.

Ersterer ist in Nr. 109 bemerkt.

569 Wirsing mit Kalbscoteletten.

Der Wirsing ist in Nr. 40, die Coteletten in Nr. 198 bemerkt.

570 Ochsengaumen mit Kartoffeln.

Ein Ochsenmaul wird weich gekocht, wenn es erkaltet in Würfel geschnitten, in ordinäre braune Sauce gegeben mit Zwiebel und Grünzeug und sonstigem Gewürze, darin gut ausgekocht.

571 Rehbraten oder Kartoffel.

Die Kartoffel werden vom Sud weg aufgeschnitten, gesalzen und mit gerösteten Bröseln und Zwiebeln aufgeschmalzen.

572 Rehbraten mit Kressensalat.

Der Braten ist in Nr. 391 bemerkt. Der Salat wird mit Eier garnirt.

573 Hagenbuttenstrudel.

Mache von 2 Eiern fein geschnittene Nudeln, koche sie in Milch mit 3 Stückchen Zucker, bestreiche eine Auflauf- form, bestreue sie mit Bröseln, fülle die Hälfte der Nudeln darein, laß sie erkalten, stürze sie heraus und backe die andere Hälfte, gib auf diese eingesottene Hagen- buttenmark, zwei Messerrücken dick, 2 Loth Zucker dazu, decke die erste Form darauf, schneide Butter darauf und backe sie schön gelb im Rohr. Beim An- richten gieß Sauce darüber.

26. März.

574 Körbelsuppe mit Pfanzel schnitten.

Die Suppe wird bereitet wie die Kräutersuppe, statt den Kräutern wird Körbelkraut und Petersilie genommen.

Fleischpfanzeln: Wiege übrig ge- bliebenes Fleisch mit Petersilie und

etwas Citrone, weiche 3 Semmeln in kalte Milch, drücke sie fest aus und zer- schüttle sie, daß sie zerfallen, gib das Gewiegte darein, schmalze sie mit heißer Butter auf, mache Alles locker durch- einander, gib 3 Eier daran, Salz und Pfeffer, fülle damit eine bestrichene Auf- laufform, backe das Pfanzel im Rohr, stürz es heraus, laß es auskühlen, schneide es in Schnitten oder Würfel, laß sie in der Suppe einmal aufkochen und gib sie zur Tafel.

575 Rindfleisch mit Pfeffersauce.

Röste in Butter 2 Löffel voll Mehl gelb, gieße gute Suppe und etwas Jus dazu, laß die Sauce langsam kochen, dünste indeß eine Zwiebel, 1 Löffel voll Pfefferkörner und eine Obertasse voll Essig kurz ein, gib dies an die Sauce und laß sie aufkochen, entfette, seibe sie rein, salze sie, gib ein Stückchen Zucker darein und servire sie.

576 Blaukraut mit Krammets- vögel.

Das Blaukraut ist in Nr. 114 be- merkt, die Vögel in Nr. 353.

577 Dicke Bohnen als Gemüse mit Hetz-Coteletten.

Die Bohnen werden über Nacht ein- geweicht, mit siedendem Wasser gebrüht, zugedeckt, die Hülsen entfernt, mit Butter, Zucker, 2 Zwiebeln, etwas

Salz und Suppe weich gedünstet, Gemüsesauce daran gegeben, durcheinander
geschwungen und heiß angerichtet.

Von Coteletten. Vom Schlachten weg
wird noch warmes Schweinefleisch geholt, zu Brät geschlagen, zu 2 ß ¼
Liter Wasser eingerührt, feiner Speck,
Citrone und Salz, eierförmige Coteletten
daraus gemacht, in Netze eingeschlagen,
in guter Fette gebraten und zu den
Bohnen gegeben.

578 Hühner mit Reis.

Die Hühner werden trocken gerupft,
flammirt, ausgenommen, die Füße
abgehauen und in den Leib gesteckt.
Lege sie in ein Casserole, salze sie, gieße
kaltes Wasser darüber, decke sie zu,
laß sie einmal aufkochen, bis sie aufge-
laufen sind. Nach 5 Minuten lege sie
in ein Geschirr zum Auskühlen, tranchire
jedes in 5 Theile, gib 1 Schoppen Suppe
darüber und stelle sie zugedeckt warm.
Koche unterdessen 10 Loth feinen Reis
in einem flachen Casserole mit guter
Suppe, diese muß beim Zusetzen finger-
hoch darüber geben, der Reis darf nicht
umgerührt werden, damit er ganz bleibt.
Beim Anrichten gib die Hälfte Reis auf
eine Platte, die Hühner darauf, setzt
den übrigen Reis, darüber den Saft
der Hühner und etwas Jus nebst geriebenem Parmesankäse.

Lammbraten mit Schaf **579**
mit Feldsalat.

Ersteres ist in Nr. 153 bemerkt.
Der Feldsalat wird
rein geputzt, in Wasser gelegt, gesottene
kalte Kartoffel gehobelt, mit dem Feldsalat in Essig und Oel angemacht, auch
ein Stück Sellerie gehobelt, angemacht
und in die Mitte gegeben.

Dampfnudeln in Krebs **580**
butter mit Vanillesauce.

Die Dampfnudeln sind in Nr. 31
bemerkt, nur wird statt weißer
Butter Krebsbutter genommen.
Dessertbackwerk.

27. März.

Krebssuppe mit Bäh **581**
schnitten.

Zwanzig Krebse werden ge-
kocht, geseiht und das Wasser
aufbewahrt, die Krebse ausgebrochen, die Schweifchen in die Terrine
gegeben, die Schalen mit ¼ ß Butter
gestoßen, in einem Casserole zum Feuer
gestellt und geröstet, bis die Butter zu
schäumen anfangt, dann mit 2 Liter
Suppe aufgekocht, die noch nöthige
Suppe aufgegossen, ¼ Stunde vor dem
Anrichten 6 Löffel voll Erbsenpuree mit
beliebigem Grünzeug darein gegeben
und die Suppe durch ein Sieb über
gebähte Schnitten passirt.

582 Knödlein mit Kartoffel püree.

Letzteres wird wie das Linsenpuree in Nr. 333 gemacht.

583 Winterkohl mit Schinken paſtete.

Erſterer iſt in Nr. 81 bemerkt, die Paſtete in Nr. 340.

584 Gedünſtete Kalbsbruſt mit Morcheln.

Erſtere wird mit Salz und Pfeffer eingerieben und in Butter unter öfterm Begießen gebraten.

Die Morcheln werden einige Mal in lauem Waſſer gewaſchen, deren Stiele geſtutzt, die Großen klein geſchnitten, in Butter mit Zwiebel, Peterſilie, Salz und Muskatnuß langſam gedünſtet, mit etwas Mehl beſtäubt, mit Suppe ¼ Stunde aufgekocht, gute Jus daran geben und heiß angerichtet.

NB. Es gibt 2 Arten Morcheln, ſpitzige und runde, die erſten erhalten bloß die Größe eines Fingerhutes, die letztern die einer Obertaſſe. Friſch ſind beide gut, getrocknet haben ſie keinen Werth und ſind ungeſund.

585 Haſenbraten mit grünem Salat.

Erſterer iſt in Nr. 12 bemerkt.

Weinſchnitten. **586**

Von 6 Weißbroden reibe die Rinde ab, ſchneide dicke Bähſchnitten daraus, tauche ſie ſchnell in Wein, kehre ſie in mit Milch verklepperten Eiern um, beſäe ſie mit Bröſeln und backe ſie im Schmalz. Nun ſtelle ſie mit ½ Liter Wein, 1 Schoppen Waſſer, 6 Loth Zucker und 1 Vierling Weinbeeren zum Feuer, koche ſie auf und richte ſie an. Haben ſie alles eingeſaugt, ſo gieße nochmal Wein mit Waſſer daran, beſtecke jede Schnitte mit länglicht geſchnittenen Mandeln und gib die Weinbeeren in die Mitte derſelben.

Deſſertbackwerk.

28. März.

Endivienſuppe mit Semmel **587** klößchen.

Drei ſchöne Endivien werden geputzt, nudelartig geſchnitten, in Waſſer gelegt, dann in Abſchöpſfette gedünſtet, mit 3 Löffel voll Mehl geſtäubt, mit Suppe, Zwiebel, Peterſilie, Salz und Pfeffer aufgekocht und beim Anrichten über Semmelklößchen und geröſtete Kruſten mit drei Eiergelb, abgerührt mit einer Obertaſſe ſauern Rahm, fricaſirt.

Lendbraten mit Macaroni. **588**

Der Lendbraten iſt in Nr. 59 bemerkt.

589 Blaukraut mit gebackenen Kälberfüßen.

Erſteres iſt in Nr. 604 bemerkt.
Sechs Kälberfüße werden halbirt, in Waſſer weich geſotten, ausgelegt, von den Beinen gelöſt, mit Salz und Pfeffer beſtreut, in mit Milch verkleppertem Ei getaucht, mit Bröſeln beſäet und im Schmalz gebacken.

590 Sauerkraut mit Schweine-knöcheln.

Das Kraut iſt in Nr. 47 bemerkt, die Knöcheln werden in demſelben gekocht und darauf angerichtet.

591 Junge Tauben, ſchnepfenartig gekocht mit Eingeweide und Compot.

Erſtere werden ſchön gerupft, ausgenommen, tüchtig gewaſchen, (die Köpfe werden nicht abgenommen), die Bruſt geſpickt, mit Salz und Pfeffer eingerieben, in ¼ ℔ Butter gebraten und im eigenen Saft ſervirt.

Die Eingeweide: Die Herzen, Lebern und Mägen werden fein gewiegt mit Zwiebel und Peterſilie, eine Kalbsmilz dazu geſtreift, 4 Löffel voll Bröſeln in Rindsſchmalz geröſtet, das Gewiegte darein gegeben mit Salz, einem Kaffeelöffel voll Pfeffer, 1 Schoppen Wein und ein paar Löffel voll Suppe, dicklicht

eingekocht, auf röſch gebähte Schnitten gelegt und dieſe im Kranze um die Täubchen garnirt. Dazu wird Birnencompot aufgetragen.

592 Kalbsſchlegel mit Kruſten und Scharlottenſalat

Erſterer iſt in Nr. 275 bemerkt.

593 Omeletten mit eingemachten Weichſeln.

Sieben Eiergelb, ¼ ℔ Zucker und etwas Citrone werden fein abgerührt, das zu ſteifem Schnee geſchlagene Weiße der Eier langſam darunter gezogen, davon 4 Omeletten gebacken, dieſe mit eingemachten Weichſeln belegt, zuſammengerollt, in ein breites, flaches Auflaufblech gelegt, mit Zucker beſtäubt, mit Citronenſaft beträufelt, auf ein Blech geſtellt und langſam im abgekühlten Rohr durchwärmt.

Deſſertbackwerk.

29. März.

594 Reißknödelchen in der Suppe.

Ein halbes ℔ feiner Reis wird in Milch aufgedünſtet, daß er zerfällt und nur trockenfeucht iſt, ausgekühlt, ¼ ℔ Butter, 4 Eiergelb und 3 ganze Eier abgerührt, nach und nach den Reis daran und das

nöthige Gewürz, kleine Knödel davon gemacht, in siedender Suppe gekocht, 6 Minuten, und angerichtet.

595 Rindfleisch mit gelb kalter Sauce.

Vier Stück Essiggurken, 1 Löffel voll Kappern, Petersilie, 6 Chalotten fein gewiegt, ¼ Stunde in Butter gedünstet und mit 1 Kaffeelöffel voll ganzen Pfeffer, etwas Suppe und 2 Löffel voll Essig nochmal aufgekocht.

596 Wirsingkrauten mit Bratwürsten.

Drei schöne Wirsingköpfe werden gereinigt, halbirt, 4 Minuten in siedendes Wasser gelegt, abgegossen und ausgekühlt. Jetzt löse stets 2 Blätter ab, lege sie aufeinander, fülle sie mit Fleischfülle, rolle sie zusammen, biege sie oben und unten ein und binde sie. Sind alle gefüllt, so lege eine an die andere in ein Casserole mit einem Stück Schinken, etwas Suppe, 2 Zwiebeln, Salz, und Pfeffer und dünste sie weich. Vor dem Anrichten löse den Faden ab, richte sie an und gieße kräftige Jus darüber. Garnire sie mit Bratwürsten.

597 Sauerkraut mit Coteletten.

Ersteres in Nr. 114 bemerkt. Coteletten zu allen Mimuren: Diese werden geklopft, mit Salz und Pfeffer bestreut, in zerlassener Butter eingetaucht und eine Minute auf beiden Seiten gebraten in Butter.

598 Kalbfleischragout mit Pastelen.

Ein Stück Einmachfleisch wird einige Minuten in den Fleischtopf gelegt und blanchirt, in kleine Portionen geschnitten, in heiße Butter gegeben, mit 3 Löffel voll Mehl gedünstet, mit Suppe, Zwiebeln, Petersilie, Citrone und einem Glas Wein aufgekocht.

Pasteten von Wasserbutterteig (6. März) werden erhaben auf der Platte angerichtet.

599 Schweinsbraten mit Kartoffelsalat.

Ersterer ist in Nr. 275 bemerkt. Der Kartoffelsalat wird mit Sellerie und Gurken gemischt.

600 Semmelnudeln mit Zimmtsauce.

Reibe von 8 Semmeln die Rinde ab, halbire sie, tauche sie in kalte Milch und lege sie auf ein Backbrett, damit sie aufgehen. Gib ¼ ℔ Butter, 4 Stückchen Zucker, 1 Schoppen süßen Rahm und 1 Schoppen Milch in eine Reine, laß darin die Semmeln gelb aber saftig einkochen und bestreue sie mit

16

Zucker. Die Zimmtsauce ist in Nr. 154 bemerkt.

Zuckerbackwerk.

30. März.

601 Legirte Reissuppe mit Henne.

Koche ¼ ℔ Reis in guter Hennensuppe und legire sie mit drei Eiergelb, in einem Schoppen süßen Rahm verrührt. Die Henne, gut zu allen Reis und Nudelsuppen, wird mit 3 ℔ Ochsenfleisch gekocht, tranchirt und extra beigegeben, mit Petersilie garnirt.

602 Rindfleisch mit schwarzer Buttersauce.

Schneide 3 Chalotten, 3 gelbe Rüben und Petersilienwurzeln, dünste sie in heißer Butter mit 2 Löffel voll Mehl, etwas Suppe, 4 Löffel voll Weinessig, Salz und Pfeffer, aufgekocht und durch ein Sieb passirt.

603 Blaukohl mit gebackenen Brisen.

Ersterer wird bereitet wie der grüne Winterkohl in Nr. 81 und mit den Brisen bekränzt.

604 Sauerkraut mit Blut und Leberwürsten.

Dieses ist bekannt.

605 Maudeln von übrig gebliebenem Fleisch mit Erdäbern.

Bereite von den Fleischresten ein Ragout, dünste sie in 1 Vierling Fette mit Salz, Pfeffer, Grünzeug und Zwiebeln, stäube sie mit 2 Löffel voll Mehl und koche sie mit einem Glas Wein und Suppe dick auf.

Koche ¼ ℔ Mehl, Milch, 2 Loth Butter und so viel Zucker, bis sich der Teig von der Pfanne löst, laß ihn kühlen, gib 5 Eier, eines nach dem andern daran, ein wenig Salz und Citrone, koche ihn behutsam und verstopfe ihn klein oder groß nach Belieben.

606 Gebratene Hühner mit Apfelcompot.

Erstere sind in Nr. 174 bemerkt. Das Compot wird von dick gekochtem Apfelragout zu einem schönen Hügel gehäuft, mit Johannesbeeren u. dgl. garnirt.

607 Weinpränzel.

Ein Liter schwarze Brodbröseln und ¼ Liter Semmelbröseln werden mit 10 Eiergelb und ¼ ℔ Zucker verrührt, dazu der Schnee der 10 Eierweiß

und Gewürze nach Belieben, gebacken, dann in ¼ Liter kalten Wein und Zucker gelegt und aufgekocht. Man kann auch noch Wasser nachgeben, wenn es nöthig ist.

31. März.

608 Suppe mit Leberpfänzeln.

Ein viertel ℔ frisch ausgelassenes Ochsenmark wird fein gerührt, nach und nach 6 Eiergelb dazu, ½ ℔ feingewiegte Kalbsleber, 6 Löffel voll Bröseln, das nöthige Salz und den Schnee der 6 Eier, fingerdick in eine mit Butter bestrichene Form gefüllt und langsam gebacken, ist es kalt, in Würfel geschnitten, mit brauner Suppe begossen und mit Schnittlauch bestreut, servirt.

609 Rindfleisch mit Morcheln-sauce.

Die Morcheln werden rein gewaschen, mit Butter, Bratensauce, Salz und Suppe ¼ Stunde gedünstet, mit Mehl gestäubt, mit brauner Suppe 10 Minuten gekocht, rein abgeschäumt, Citronensaft daran gepreßt und zum Rindfleisch gegeben.

610 Linsengemüse mit Ochsen-schweif.

Ersteres ist in Nr. 149 beschrieben. Der Ochsenschweif wird in dünne Stücke gehaut, mit Zwiebeln, Grünzeug,

Citronen, Gewürze, 1 Liter Wasser und 1 Glas Weih weich gedünstet, mit zwei Löffel voll Mehl gestäubt, kurz aufgekocht, die Sauce an die Linsen gegeben und der Schweif mit Jus begossen.

611 Gespickter Karpfen mit grünem Salat.

Selber ist in Nr. 137 bemerkt.

612 Kalbsschlegel mit sauerm Rahm und grünem Salat.

Der Schlegel ist in Nr. 214 angegeben, nur wird zuletzt 1 Schoppen sauerer Rahm mitgekocht.

Rosenkohlsalat: Die Röschen werden schön abgelöst, bebusam gesotten, abgeseiht, mit frischem Wasser begossen und mit Essig und Oel angemacht.

613 Bröseltorte.

Selbe ist in Nr. 462 bemerkt.

Dessertbackwerk.

NB. Wenn ich bei den Mehlspeisen das Mehl nicht nenne, so ist darunter bei den feinern das Feinmehl, bei ordinäreren und Einbrennen das gewöhnliche gemeint. Uebrigens weiß das jede Hausfrau und Köchin.

Befonderes von den Schwämmen.

Kleine Schwämme (Mousserons.)

Diefer Schwamm ift matt orange-gelber Farbe, fieht faft welk aus, ift frifch fehr gut und zählt auch ge-trocknet zu den beften, gibt dem Fleifch, den Ragout's und Saucen ein fchönes Anfehen; daher man fie auch jetzt fchon trocknet.

Morcheln.

Selbe find frifch gepflückt fehr an-genehm, getrocknet jedoch fchäd-lich und unverdaulich.

1. April.

614 Linsensuppe mit Bratwürsten.

Diese wird bereitet wie die Erbsensuppe und über gebackene Kruften angerichtet. Gib 3 Paar in Scheiben geschnittene Bratwürste darein.

615 Lungenbraten mit Kartoffeln.

.....rfteter ist in Nr. 231 bemerkt. Die Kartoffeln werden in Würfel geschnitten, in Bratenjüs gelb geröstet und um den Braten garnirt.

616 Schnittkohl mit Salami.

Der Kohl wird von den Rippen gestreift, in Wasser gesotten, abgegossen, gewiegt, gedünstet, mit zwei Löffel voll Mehl gestäubt, mit Salz, Pfeffer und der nöthigen Suppe aufgekocht und mit geschnittener Salami garnirt.

617 Schellfisch mit Kartoffeln.

Dieser Fisch ist am besten, wenn er in Salzwasser gekocht wird. Gib ihn mit Kartoffeln, aufgeschmalzen mit Bröseln und Petersilie zu Tisch.

618 Ein Kitzchen mit Citronen.

Ein schönes, großes Kitzchen wird ausgezogen, ¼ Stunde in Wasser gelegt, innen mit Salz und Pfeffer eingerieben, dressirt, so daß es auf den Vorderfüßen kniet und bequem auf den Hinterfüßen ruht, auf dem Backblech oder am Spieß gebraten, von Außen mit gesalzener Butter bestrichen, dann angerichtet, in das Maul ein Sträußchen gesteckt und auch die Platte mit grünem Laub garnirt.

Zum Garniren: Gib die Birnen auf eine Platte, mache von zwei Loth Zucker eine Bräune, lösche sie mit Wein, laß sie 3 Minuten kochen, gieße sie über die Birnen.

619 Spargelkoch.

Selber ist in Nr. 538 bemerkt.

2. April.

620 Wurzelspeis mit gebackenen Krebsen.

.....eterfilie, gelbe Rüben, Paftinaken, Porrie, Steckrüben, Schwarzwurzeln, Cichorie u. dgl. werden gedünstet. Sind sie

gelb, gib von 2 Semmeln gebähte und
gestoffene Schnitten dazu, gieß gute Suppe
auf, laß die Wurzeln gut auskochen
und seibe sie durch ein Sieb über gebackene Semmelknödel.

Gebackene Semmelknödel: Einfache
Knödel werden gebrüht oder abgerührt,
in Bröseln umgekehrt und ein wenig
unter Schütteln im Schmalz gebacken.

621 Rindfleisch mit gerösteten Kartoffeln und Senf.

Die Kartoffel werden in Bratenfette geröstet, mit Schnittlauch
bestreut und mit Senf zum Rindfleisch
gegeben.

622 Blaukraut mit Kalb-Coteletten.

Ersteres ist in Nr. 114 bemerkt,
die Coteletten in Nr. 253.

623 Lungenragout mit Suppen-nudeln.

Ersteres ist in Nr. 522 bemerkt.
Die Nudeln: Mache von 1 ℔
Mehl und dem nöthigen Toppen, mit
wenig Salz einen lockern Teig, forme
Nudeln und backe sie röthlich und rösch
in Butter.

624 Forellen blau, gespickt mit Krebsen in Essig.

Die Forellen werden nach Nr. 383
gesotten, mit Krebsschweifen gespickt und eine dünne Citronensauce, in
Nr. 628 bemerkt, dazu gegeben.

625 Nierenbraten mit grünem Salat.

Ersterer ist in Nr. 377 bemerkt.

626 Ein Mandelstrudel.

Gib in eine tiefe Schüssel 8 Eiergelb, 1 Vierling feingestoßene
Mandeln, ebensoviel Zucker, rühre es
dick zusammen, gib den Schnee obiger
Eier darein und 5 Loth feines Mehl,
gib von dem Gerührten messerrückendick
auf ein bestrichenes Backblech, backe es
in einem nicht zu heißen Rohr, bestreiche es dann mit Eingesottenem,
stelle es auf eine Platte, rolle es zusammen wie einen Strudel und mache
so fort, bis das Abgerührte gar ist.
Sind alle gebacken, bestreue sie mit
Zucker und laß sie nochmal trocknen.

3. April.

627 Suppe mit Kartoffel knödeln.

Schäle rohe Kartoffel, mache sie zu Schnitze, siede sie, gieße sie ab, zerrühre sie trocken zu Mehl und laß sie auskühlen. Vermenge nun ½ ℔ verrührte Kartoffel, einen Vierling Butter, 4 Eier, 3 Löffel voll Mehl, ebensoviel Petersilie und Schnittlauch und etwas Salz, gib alles auf ein bestrichenes Backblech und backe es wie ein Pfanzel; ist es fertig, so stich kleine Nockerln aus und gib sie in braune Suppe.

628 Rindfleisch mit Citronen sauce und Essigzelten.

Laß in 3 Löffel voll Abschöpffette 3 Löffel voll Mehl anlaufen, gib gute Suppe darauf, säuere es nach Gutdünken mit Citronensaft, gib einen Zwiebel und eine ganze Citronenschale darein, nach Belieben Safran und einige Löffel voll Bratenjüs und seibe die Sauce durch ein Sieb.

629 Linsen mit Rebhühnern.

Ein halbes ℔ Linsen werden mit frischem Wasser zugesetzt, gesalzen, weich gekocht, abgegossen, in heißer Fette mit fein geschnittenen Zwiebeln gedünstet. Die Rebhühner werden gespickt, ein gesalzen, mit weißem Speck, einem Glas Wein und ebensoviel Suppe weich gedünstet, mit der Sauce an die Linsen gegeben, kurz aufgekocht und angerichtet, die Hühner in die Mitte und die Linsen im Kranze um sie her.

630 Sauerkraut mit Zwiebeln und Schinken.

Räune 1 Loth Zucker in 1 Vierling Schweinfette, gib eine Hand voll geschnittene Zwiebeln darein, dann das Kraut und Suppe, dünste es, stäube es mit Mehl, gib einen Schöpflöffel voll Suppe darein und Schinken, laß alles kurz aufkochen und richte es an.

631 Lachs mit Essig, Oel und Kappern.

Der Lachs ist in Nr. 405 bemerkt.

632 Gebratene Enten mit frischem Kartoffelsalat.

Die Enten sind in Nr. 18 bemerkt.

633 Pröseltorte gefüllt.

Mische auf dem Backbrett 3 ℔ Mehl, ½ ℔ Butter, 1 Ei, dazu ½ ℔ gestoßene Mandeln und ¼ ℔ Zucker, etwas Zimmt, Citrone und Muskatnuß, rolle den Teig aus, lege ihn in eine Tortenpfanne, fülle ihn mit Eingesottenem, mache ein Gitter darauf und

backe ihn im Ofen oder im Rohr. Ziere
die Torte nach Belieben.

4. April.

634

chneide 6 Semmeln und 1 ℔
Speck in kleine Würfel, laß
Petersilie, Chalotten und den
Speck auf der Glut anlaufen, gib das
an die Semmeln, dazu 6 Eier und
1 Schoppen Milch und decke es ¼ Stunde
zu; dann mache den Teig mit dem
nöthigen Mehl an, forme Knödel da=
raus, koche selbe und richte sie mit guter
Suppe an, und bestreue sie mit Schnitt=
lauch.

635

äure das Fleisch ab, klopfe es
mürbe, salze es ein, spicke es mit
länglich geschnittenem Speck und dünste
es mit Speckscheiben, rohem Schinken,
einem Glas rothen Wein, einem Loth
Zucker und einem Schoppen Wasser zu=
gedeckt unter öfterm Begießen mit eigener
Sauce. Laß die Sauce dick werden,
seihe sie über den Braten und garnire
am Rand der Platte geröstete Kartoffel.

636

Ersterer wird bereitet wie in Nr. 136.

637

er Gaumen wird weich gesotten,
in Würfel geschnitten, in braune
Sauce gemacht und gewürzt; dazu saure
2 ℔ ordinäres Mehl wird
mit sauerm Rahm und dem nöthigen
Salz zu einem festen Teig gemacht,
Nudeln in beliebiger Größe daraus
geformt, in 1 Schoppen Wasser, 1 Schop=
pen sauerm Rahm und 1 Vierling Butter
saftig gekocht, geriebener Parmesankäse
beigegeben und angerichtet.

638

er Fisch wird blau abgekocht und
beim Anrichten mit roh geriebenem
Meerrettig bestreut.

639

ie Keule wird auf der Oberseite
gespickt, 2 Tage gebeizt in ½ Liter
Essig, 1 Schoppen Wasser, Salz, Pfeffer,
Grünzeug, Wurzeln und Citronen, dann
im Rohr mit etwas Beize gebraten,
mit sauerm Rahm bestrichen und mit
grünem Salat servirt.

640

ist in Nr. 489 bemerkt.

5. April.

641 Morchelsuppe mit gebacken ...

echs runde Morcheln werden
rein gewaschen, in kleine
Würfel geschnitten, in Fette
gedünstet mit Salz, Pfeffer, Petersilie
und etwas Muskatnuß; sind sie weich,
mit Mehl gestäubt, mit der nöthigen
Suppe aufgekocht und ein wenig Jus,
½ Stunde, die Erbsen darein gegeben
und aufgetragen.

642 ... mit ...

er Borasch wird nudelartig geschnitten, kurze Zeit in Wasser
gelegt und nebst gehobelten Monatrettigen mit Essig und Oel angemacht.

643 ...

ie jungen Keime des Kobles werden in Salzwasser gesotten, gedünstet, mit Mehl gestäubt und guter
Suppe aufgekocht und mit gebackenen
Brisen garnirt.

644 Spinat mit ...

wei Kalbslebern werden abgehäutet, mit weißem Speck gespickt, in heißer Fette mit Salz und

Pfeffer gedünstet, (auch Zwiebel und
Citrone), so lange, bis kein Blut mehr
abgeht. Gib auch auf den Deckel Glut.
Vor dem Anrichten gib Citronensaft und
4 Löffel voll Suppe dazu, servire sie
in ihrem eigenen Saft mit Spinat.

645 Karpfen in dunkler Sauce
mit ...

er Karpfen wird blau abgesotten,
sodann eine dunkle Brenne gemacht, mit dem Fischsud gelöscht, etwas
Blut darein gegeben, die Sauce umgerührt, bis sie glänzt, der Fisch darein
gelegt, aufgekocht und servirt mit ...
die aufgeschnittenen
Semmeln werden geröstet, mit Milch
gebrüht, zugedeckt, dann mit 4 Eiern
und einer Tasse Mehl angemacht und
gekocht.

646 ...

Ersterer ist in Nr. 12 bemerkt.

647 ...

in halbes ℔ Zucker und zehn Eier-
geib werden ¼ Stunde abgerührt, dann der Schnee der 10 Eier,
10 Loth Kartoffelmehl und etwasCitrone,
Alles in eine Form gefüllt, langsam gebacken und mit Zucker bestreut.

6. April.

648 Blumenkohlsuppe mit ge...
...

er Kohl wird abgesotten, klein geschnitten, mit guter Fette ... gedünstet, mit Mehl gestäubt, der nöthigen Suppe aufgekocht und beim Anrichten über gebähte Schnitten fricasirt und mit Petersilie bestreut.

649 Rost-Beefsteak mit Kar...
...

Selbes ist in Nr. 197 bemerkt.

650 Dorschen mit Schweine...
...

... le Dorschen werden geschält, länglich oder in Würfel geschnitten, weich gekocht, dann in eine Zuckerbräune gegeben, etwas Mehl und die nöthige Suppe dazu, kurz eingekocht und mit frisch gesottenem Schweinfleisch servirt.

651 Dürre Bohnen mit ... Cotelet...

... le Bohnen werden mit kaltem Wasser zugesetzt, weich gekocht und in Butter mit Zwiebel und Petersilie gedünstet.

652 Bricenragout mit Semmel-Schmarren.

... aß die Brisen in dem Fleischtopf ein wenig anziehen, lege sie aus, bäute sie ab, theile sie in schöne Schnitze, bestreue sie mit Salz und Pfeffer, lege sie mit Grünzeug in eine Butterfauce und laß sie mit einem Glas Wein aufkochen. Der Semmelschmarren ist bekannt.

653 Kalbshirn mit beliebtem Schmeer.

Selbe sind in Nr. 629 bemerkt.

654 Sagopudding mit Wein auszufüllen.

... oche ¼ ℔ Sago dick ein mit einem Liter Milch, treibe ½ ℔ Butter ab mit 6 Eiergelb, 2 ganzen Eiern, 8 Loth Zucker, etwas Vanille und Zimmt und den ausgefüllten Sago, binde den Pudding in eine bestrichene Serviette, laß ihn ungefähr 1 Stunde sieden, binde ihn aus und koche ihn in gutem Wein mit Zucker, bestecke ihn auf der Oberfläche mit länglich geschnittenen Mandeln, gieß den noch vorhandenen Wein darüber und trag ihn auf.

Zuckerbackwerk.

7. April.

655 Rebhühnersuppe mit Kräutern.

Es werden alle Beinchen, sowie die Mägen, Herzen und Lebern und das Rippenblut braun gedünstet, dann fein gewiegt oder gehackt, wieder in das Casserole gegeben mit gebähten Schnitten, mit der nöthigen Suppe aufgekocht, durch ein Sieb über gebackene Krusten gegossen und mit Schnittlauch bestreut.

656 Rindfleisch mit Dillsauce.

Eine Hand voll junges Dillkraut wird fein gewiegt, in ein Loth heiße Butter, worin 1 Löffel voll Mehl angelaufen, gegeben, einen Schoppen sauern Rahm dazu, gut abgerührt, 1/2 Loth Zucker, etwas Salz dazu, nochmal aufgekocht und zum Rindfleisch gegeben.

657 Bayerische Rüben mit Schweinefleisch.

Selbe sind in Nr. 16 bemerkt, das Fleisch wird mitgekocht.

658 Kalbskopf mit Kressensalat.

Wenn der Kalbskopf weich gekocht, wird das Fleisch weggeschnitten, in eine dick mit Butter bestrichene Schüssel gelegt, Salz, Pfeffer und gebackene Bröseln dazwischen, zuletzt Citronensaft und 4 Eßlöffel voll Suppe darüber geträufelt, aufgekocht und dann servirt.

659 Blau gesottene Forellen mit Kartoffeln und Butter.

Selbe sind in Nr. 383 bemerkt.

660 Gebratene Enten mit grünem Salat.

Die Enten sind in Nr. 18 bemerkt, sie werden mit Schnittsalat und Eiern servirt.

661 Eiergelbauflauf.

Rühre 1/2 L Butter fein ab, dazu 12 Eiergelb, eines nach dem andern, 1/4 L Zucker, das Gelbe einer Citrone und den Schnee von 6 Eiern und 2 Löffel voll Mehl, gib das Gerührte in eine Form, backe es langsam, stürze es heraus und bestreue es mit Zucker.

8. April.

662 Griessuppe mit Prisen.

Zwölf Loth feiner Walzengries wird in Suppe eingesäet, selbe beim Anrichten mit 3 Eiergelb fricasirt, mit Schnittlauch be-

ſtreut und aufgeſchnittene Briſen darein gegeben.

663 Rindfleiſch mit Krebsſauce.

....aß 2 Löffel voll Mehl in Butter .... gelb anlaufen, gib gute Suppe, Peterſilie und Zwiebel darein, Salz und etwas Pfeffer, laß dies gut kochen, gib 2 Löffel voll Krebsbutter darein und ſeibe die Sauce über 2 Löffel voll klein geſchnittene Krebsſchweifchen; gib ſie zum Rindfleiſch.

664 ......

rſtere werden in weißer Einmach, ... ſauce bereitet. Die Paſteten wer, den vom Waſſerbutterteig, (am 22. Febr. bemerkt), ausgeſtochen.

665 Blaukraut mit Schinken p.....

Erſteres iſt in Nr. 114, letztere in Nr. 340 bemerkt.

666 Aal auf dem Roſt gebraten.

..er Aal wird in Stücke geſchnitten, mit Salz und Pfeffer beſtreut und 1 Stunde zugedeckt zur Seite ge, ſtellt. Nun ſtecke je 3 Stücke an einen hölzernen Spieß, zwiſchen jedes Sellerie, blätter, beſtreiche den heißen Roſt mit Speck, lege die Aalſtücke darauf, brate ſie lichtbraun auf beiden Seiten, be, ſtreue ſie mit Bröſeln, ſtreife ſie von den Spießen und richte ſie mit Citronen, ſcheiben bekränzt an. Gib eine kalte Senfſauce bei.

667 Gefüllte Tauben mit .....

ie Täubchen werden rein gerupft, flammirt, gut untergriffen, rein ausgewaſchen, geſalzen, gefüllt, zuge, näht und in Butter und Schmalz lang, ſam gebraten, mit rund gedrehten, gelb geröſteten Kartoffeln bekränzt und mit Cichorie und Stechſalat ſervirt.

668 Vanille Auflauf.

.n einem Schoppen ſüßen Rahm wird ein Stengel Vanille aufge, kocht und zum Erkalten geſtellt. Nun rühre 8 Loth Mehl und 8 Loth Zucker ab mit dem Vanillerahm, dazu 4 Eier, gelb und 4 Loth zerlaſſene Butter bei Kohlenfeuer bis es aufkocht, dann ſtelle es zurück und rühre es kalt, dazu noch 8 Eiergelb und den Schnee von 12 Eiern, fülle damit eine Auflaufform, beſtreue ſie mit Zucker und backe ſie langſam. Servire ſie auf einer runden Platte.

Selleriekraut.

9. April.

669

Die Sagosuppe ist in 339 bemerkt.

Rühre zwei
ganze Eier und 3 Dotter mit einem
Schoppen kalter Suppe ab, etwas Muskatnuß dazu, schüttle es einige Male
hin und her, fülle es in eine bestrichene
Form, stelle diese in siedendes Wasser
bis zur Hälfte, decke sie zu und laß das
Wasser langsam sieden, bis der Eier-
käse langsam gestockt ist, nimm ihn dann
heraus, laß ihn ein wenig erkalten, stich
davon kleine Nockerln ab und gib sie
beim Anrichten in den gekochten Sago.

670

Ersteres ist in Nr. 197 bemerkt.
Die Macaroni werden in Salzwasser gesotten, abgegossen, warm im
Kranze um das Beefsteak garnirt und
mit in Butter gerösteten Zwiebeln aufgeschmalzen.

671

Ersterer wird wie der Spinat gekocht
und mit den Würsten garnirt.

672

Eine schöne Brust wird in Wasser
½ Stunde gekocht, herausgenommen, zwischen 2 Brettchen beschwert,
bis sie kalt ist, in gleiche Stücke getheilt,
in Mehl getaucht, in 1 Vierling heißer
Butter braun gedünstet mit ½ Liter
brauner Suppe, einem Glas Wein, Salz,
Citronen und Grünzeug, mit 2 Obertassen voll gekochte Morcheln und Kalbfleischklößchen garnirt, die Sauce darüber
geseiht und aufgetragen.

Uebrig gebliebenes
Kalbfleisch wird fein gewiegt, die Bröseln
von 3 Semmeln dazu gegeben, gute
Fette abgerührt, dazu 3 Eier und die
gemischten Bröseln, alles gut ineinander
gemacht mit Salz, Pfeffer und Petersilie,
einer Obertasse voll Mehl, kleine Klößchen daraus geformt und in guter Suppe
aufgekocht.

673

Kleine Forellen werden rein geschuppt ausgenommen, ausgewaschen, auf beiden Seiten messerrücken-
tiefe Einschnitte gemacht, ½ Stunde
eingesalzen und zugedeckt, dann abgetrocknet, in Mehl umgekehrt, in mit
Milch abgeschlagene Eier getaucht, dick
mit Bröseln bestreut, in Schmalz gebacken und mit Citronenscheiben garnirt
aufgetragen.

674

Derselbe ist bemerkt in Nr. 618 und wird mit Kopffalat und Weichselcompot fervirt.

675

ebn Eiergelb, ¼ Liter fauern ... Rahm, 6 Loth Zucker werden mit der Schneeruthe abgeschlagen, 8 Loth Mehl und der Schnee der 10 Eier darunter gerührt, davon dünne Omeletten gebacken, gleich auf die bestimmte Platte gegeben, mit Zucker bestreut, nochmal leicht überbacken und fo fervirt.

10. April.

676

ebackene Flädlein werden in drei Finger breite Streifen geschnitten, mit gewiegtem Kalbfleisch, gemischt mit Zwiebeln, Grünzeug und 2 Eiern, gefüllt, in der Suppe aufgekocht und mit Schnittlauch bestreut zu Tische gegeben.

677

Die Rahnen werden gehobelt und mit Kümmel, Salz, Pfeffer, Essig und Oel angemacht, ebenso die Bohnen.

678

s werden durchaus geschlossene, frisch gepflückte Champignons unten am Stengel gestutzt, mehrmal in frischem Wasser gewaschen, mit 1 Vierling Butter, dem Saft einer Citrone, einem Zwiebel, Salz und 1 Schoppen Suppe einige Minuten gedünstet, mit 2 Löffel voll Mehl gestäubt, nochmal ein wenig gedünstet, gute Jüs daran gegeben und aufgetragen mit Schweinscoteletten, in Nr. 212 bemerkt.

679

rei Weißkrautköpfe werden in 4 Theile geschnitten, die starken Rippen ausgelöst, gewaschen, in siedendem Wasser gekocht, abgegossen, ausgedrückt, einige Mal durchschnitten, in heißer Fette 3 Zwiebel gelb geröstet, das Kraut darin gedünstet mit 1 Löffel voll Kümmel und guter Suppe, eine weiße Sauce darangegeben und gute Jüs oderGansbratenfette noch, ¼ Stunde gedünstet und mit Salami angerichtet.

680

echs Zungen werden im warmen Wasser gewaschen, mit dem Rindfleisch weich gesotten, abgehäutet, der Länge nach halbirt, wie ein Herz ge-

forme, in Einmachſauce gekocht, nur kurze Zeit, dann zierlich angerichtet, die Sauce darüber geſeiht und mit Semmel⸗ klößchen garnirt. aufgetragen.

681 gede mit Meerrettig.

Derſelbe iſt in Nr. 638 bemerkt.

682 Kalbsbleuel mit grünem Sauce.

Die Bereitung iſt bemerkt in Nr. 214.

683 Eine eine Backwerkſpeiſe.

Sechs Löffel voll Mehl und 6 Löffel voll Zucker werden mit ſauerm Rahm fein angerührt, dazu 10 Eier, ½ Liter ſüßer Rahm, Alles in eine Auflaufform gefüllt und lichtbraun ge⸗ backen. Schneide daraus 3 fingerbreite Streifen, rolle ſie auf und richte ſie er⸗ haben mit Zucker beſtreut an.

11. April.

684 Grüne Bohnenſuppe mit Pfanzelſchnitten.

Die Bohnen werden geſotten, abgegoſſen, mit Peterſilie fein gewiegt, in heißer Butter gedünſtet, mit Mehl geſtäubt, mit Salz, Pfeffer und Suppe aufgekocht, und über Pfanzelſchnitten angerichtet.

685 Rindfleiſch mit Sauer⸗ ampfenſauce.

Letztere wird bereitet wie die Schnitt⸗ lauchſauce in Nr. 373.

686 Spargeln mit Butterſauce und Ragoutpaſteten.

Die Spargeln werden gereinigt, vom Kopf angefangen alle ſchuppen⸗ ähnlichen Blätter abgelöſt, die Stengel rein abgeſchabt, dann gewaſchen, wieder zuſammengebunden, die Stiele gleich⸗ mäßig abgeſchnitten und in kaltes Waſſer geſtellt, vor dem Anrichten in Salz⸗ waſſer abgekocht, gehäuft auf die Platte gegeben, die Butterſauce darüber ge⸗ goſſen und mit Paſteten ſervirt.

Die Butterſauce iſt ſchon bemerkt.

687 Grüne Schwämme mit Eiern.

Dieſelben werden oft gewaſchen, rein gepußt, in friſcher Butter ge⸗ dünſtet, mit Zwiebeln, Peterſilie, Salz, Pfeffer und Muskatnuß, mit Mehl ge⸗ ſtäubt, mit guter Suppe und etwas Jhs nebſt Citronenſaft aufgekocht, ¼ Stunde, dann angerichtet und mit Kalbs⸗ Coteletten, in Nr. 198 bemerkt, garnirt.

688 Gefüllter Karpfen mit
grünem Salat.

er Karpfen wird am Rücken gespalten, auseinander gelegt, erhaben gefüllt und in ¹/₂ ℔ Butter mit
Salz und Pfeffer gebraten.

Zur Fülle rühre ¹/₄ ℔ Butter ab,
darein 3 Eier, 2 Tassen voll Semmelbröseln, Salz, Pfeffer und 3 Löffel voll
süßen Rahm.

689 Lammsbraten mit grünem
Salat.

inem Lamm werden der Kopf, die
Schultern, die Brust und die Füße
abgehauen, daß es die Gestalt eines
Hasen hat. Das Lamm wird abgehäutet, mit Salz und Pfeffer bestreut,
gespickt, mit Citronensaft, Zwiebel, gelbe
Rüben und Lorbeerblätter 1 Stunde
gebeizt, dann bei hellem Feuer unter
öfterm Bestreichen mit Butter am Spieß
oder in einer Reine lichtbraun gebraten,
1 Stunde lang, und mit grünem Salat
servirt.

690 Kirschenstrudeln.

in ℔ schwarze Kirschen werden
gedünstet mit 1 Vierling Zucker,
etwas Zimmt, Citrone und 1 Schoppen
Wasser, feine Pfannenkuchen gebacken,
mit Kirschen belegt, zusammengerollt und
in einem breiten, flachen Casserole mit

1 Vierling Butter, 2 Löffel voll Schmalz,
6 Loth, und ¹/₄ Liter Milch so lange
gebacken, bis die Milch eingesaugt ist
und die Strudeln schöne gelbe Farbe
haben.

Kalbsuppe mit Brisen. **691**

ühre 1 Vierling Abschöpffette
fein ab, dazu 5 Eier und
bei jedem 1 Löffel voll Mehl,
etwas Salz und Muskatnuß, gib dies
in siedende Suppe, laß ihn 5—6 Minuten
aufkochen, schneide die Brisen in schöne
Schnitze und richte die Suppe mit
Schnittlauch bestreut an.

692

ier Steinpilze werden geputzt, rein
gewaschen, zu dünnen Schnitzen
oder kleinen Würfeln geschnitten, mit
Butter, Salz, Pfeffer, Petersilie und
einer Zwiebel weich gedünstet, mit 2 Löffel
voll Mehl gestäubt, mit dem Saft
einer Citrone und etwas Suppe aufgekocht und zum Rindfleisch gegeben.

Spargelerbsen mit Hühner- **693**
brüsten.

leine, grüne Spargeln werden
gereinigt, so klein geschnitten
wie Erbsen, gesotten, abgegossen, in
eine Spargelsauce gegeben, ein wenig

mit Zucker bestreut, auf dem Feuer leicht geschwungen, dann aufgetragen mit Hirn-schnitten, die schon bemerkt sind.

694 Eingemachtes Lammsfleisch
mit Semmelklößchen.

ie Vordertheile eines Lammes wer-den mit Butter, Zwiebel, Peter-silie, Citrone und 1 Glas Wein halb-weich gedünstet und in einer weißen Einmachsauce, wozu der Saft des Lamm-fleisches verwendet wird, vollends weich gekocht, dann angerichtet, die Sauce darüber geseiht und Semmelklößchen dazu gegeben. .

695

ie Grundeln werden in süße Milch gelegt, bis sie todt sind, dann in Salzwasser. Das die meiste Milch wieder auszieht, bestreue sie mit Salz und Pfeffer, laß sie ½ Stunde einsaugen, mische 3 Löffel voll Mehl und 3 Löffel voll Bröseln zusammen, kehre die Grun-deln darin um, backe sie rösch aus heißem Schmalz und gib sie gleich zur Tafel.

696

Erstere sind schon früher bemerkt.

697

ühre 4 Löffel voll Mehl mit einem Schoppen süßen Rahm an, dazu 5 Eier, eine Prise Salz, backe davon 3 Pfannenkuchen, sind sie fertig, gib 2 Löffel voll Kirschenwasser darauf, streiche dies mit einem Pinsel auseinander, streue Zucker darauf, lege sie dann auf-einander, gib auf den oberen Kuchen gebrannten Zucker und servire sie mit beliebigem Compot.

13. April.

698

ine halbe Kalbslunge wird gesotten fein gewiegt mit Zwiebeln, Petersilie und Schnittlauch und in Butter leicht ge-röstet. Nun schneide 6 Semmeln klein würfelig, laß sie ½ Stunde weichen, gib die Lunge, 4 Eier und eine Ober-tasse Mehl daran, mache Klößchen in die Suppe und trage sie, mit Schnitt-lauch bestreut, auf.

699

rsterer ist in Nr. 231 bemerkt. Die Kartoffeln werden in Wür-fel geschnitten, geröstet und mit Braten-jus angerichtet.

700 Artischoken mit kälbernen Lözerln.

Die Artischoken sind bemerkt in Nr. 219.

Die Nierln: Schneide aus dem untern Theil des Schlegels 2 fingerdicke und 3 fingerbreite Schnitze, klopfe sie und spicke die Oberfläche mit Speck, salze sie und brate sie in einem flachen Geschirr auf beiden Seiten lichtbraun. Gib Citronensaft, 1 Obertasse voll sauern Rahm und Bratenjus darüber und laß sie noch ¼ Stunde kochen. Richte sie im Kranze an und gib die Sauce in die Mitte.

701 Winterkohl mit Göggingerwurst.

Derselbe ist in Nr. 81 bemerkt.

702

Die Ochsengaumen werden in Würfel geschnitten und in dunkelbraune Sauce gegeben.

Die Pasteten werden von Butterteig bereitet, zu sehen am 6. März.

703 Dickbäuche mit grünem Salat und Compot.

Erstere werden gerupft, flammirt, ausgenommen, gewaschen, mit Salz und Pfeffer eingerieben, dressirt, über der Brust eine Speckscheibe be-

festigt, 1 Stunde vor dem Anrichten am Spieß oder im Rohr gebraten unter öfterem Uebergießen mit Butter und dem eigenen Saft. Beim Anrichten werden sie aufgetrennt, tranchirt, aufgebauft und mit der eigenen Sauce begossen.

704 Herzogintorte.

Treibe 1 ℔ Feinmehl durch ein Sieb auf das Backbrett, davon wird ein Häuschen gemacht, darein eine Grube, in diese gib ½ ℔ Butter, 4 Eier, 2 Loth Zucker und 1 Tasse frisches Wasser, mache den Teig leicht zusammen, reibe ihn 2 Mal durch, arbeite ihn wieder zusammen, schlage ihn in ein Tuch bis zum Gebrauch und lege ihn kalt. Nun rolle 4 gleiche Flecke aus, lege sie auf ein Backblech, stich mit einer Gabel öfters durch und backe sie blaßgelb im Rohr. Sind sie kalt, so bestreiche sie mit Aprikosenmarmelad und etwas Malaga, lege sie aufeinander, schneide sie außen gleich zu und mache ein Eis darüber.

14. April.

705 Trüffelsuppe mit Krusten.

Die Trüffeln werden in lauwarmem Wasser öfter gewaschen, auch gebürstet, damit das Sandige wegkömmt, gesotten, abgegossen, in feine Schnitze getheilt, in heiße Butter oder Fette gegeben, mit

Salz, Pfeffer und Petersilie gedünstet, dazu 2 gebähte Semmel, im Mörser verstoßen, mit Suppe noch ¼ Stunde aufgekocht, beim Anrichten mit 3 Eiergelb fricasirt und über gebackene Krusten gegossen.

706

Letzteres ist in Nr. 190 bemerkt.

707

Die Pfifferlinge werden abgebäutet, deren Stiele gestutzt, gewaschen und mit ¼ ℔ Butter, Zwiebel und Petersilie ½ Stunde gedünstet. Dann stäube 2 Löffel voll Mehl daran, gieße die nöthige Suppe auf, koche sie noch kurze Zeit und trage sie auf mit Coteletten, die in Nr. 198 bemerkt sind.

708

Selbes ist in Nr. 114 bemerkt.

709

Die Karpfen werden gereinigt, in Stücke geschnitten, mit Salz und Pfeffer bestreut, in Mehl und Bröseln umgekehrt und rösch in Schmalz gebacken

710

Die Tauben sind in Nr. 667 bemerkt, dazu Schnittsalat mit Eier und frisch aufgekochtem Kirschencompot.

711

Rühre ¼ ℔ Butter fein ab, dazu nach und nach 10 Eiergelb, zwölf Loth Zucker, 12 Loth geriebenes Schwarzbrod, 8 Loth geriebene Chocolade, bis es recht schäumt; ziehe den Schnee der 10 Eier langsam darunter, fülle Alles in eine Form und laß es im Dunste sieden.

Die Mandarine: Rühre in einem Casserole 1 Eßlöffel voll Mehl mit Wasser fein ab, gib 8 Loth Zucker, ganzen Zimmt, Citrone und ¼ Liter weißen Wein dazu, rühre die Sauce beim Kohlenfeuer, bis sie aufkochen will, seihe sie und gib sie zum Pudding.

15. April.

712

Zwanzig Stück Spargel werden kurz geschnitten, mit Abschöpffette und 1 Schoppen Suppe weich gedünstet, mit 2 Löffel voll Mehl gestäubt, mit der nöthigen Suppe, Salz

und Pfeffer aufgekocht und beim An,
richten mit 3 Eiergelb fricasirt.

NB. Braunes Gewürz, besonders die
scharfen Nägerl, nehmen der Suppe und
oft auch den andern Speisen den feinen
Geschmack.

713

er Sellerie wird roh fein gehobelt,
mit Essig, Oel, Pfeffer und Salz
angemacht, mit Sellerielaub garnirt und
mit Gurken zum Rindfleisch gegeben.

714

echs bis acht Endivienstücke werden
gereinigt, gewaschen, gesotten, ab,
gegossen; in Fette mit Salz, Pfeffer,
Zwiebel und Petersilie gedünstet, mit
2 Löffel voll Mehl gestäubt und der
nöthigen Suppe aufgekocht.

6 Kalbsfüße werden weich gesotten,
dann halbirt, gesalzen, in 2 mit Milch
verklepperte Eier getaucht, in Semmel,
bröseln umgekehrt, im Schmalz gebacken
und auf das Gemüse garnirt.

715

Die Bereitung dieses Fisches ist in
Nr. 405 bemerkt.

716

ersterer ist in Nr. 160 bemerkt.

Kopfsalat mit Eier und kleinen
Schinkenstreifen und 2 Löffel voll Zwiebel,
röhrchen. Die Orangen werden geschält,
geblättert, geschnitten, mit Zucker be,
streut und mit Wein begossen.

NB. Die Orangenschalen werden auf
Papier am Herd getrocknet und zu feinen
Mehlspeisen und süßen Saucen ver,
wendet oder in Zucker eingesotten.

717

cht Löffel voll Mehl und 1 Prise
Salz werden mit 2 Schoppen
süßen Rahm angerührt, dazu 6 Eier.
Nun mache 1 Vierling Schmalz und
1 Vierling Butter heiß zum Rauchen,
gib den Teig darein, laß ihn auf einer
Seite Kruste nehmen, gib die ausge,
kernten Zwetschgen darauf, decke den
Schmarren zu, damit die Zwetschgen
weich werden, aber nicht verkochen.

16. April.

718

ier weiße Rüben werden ge,
schält, in Würfel geschnitten,
gewaschen, gesalzen, in Fette
weich gedünstet, gestäubt, mit Suppe
aufgekocht und durch ein Sieb über ge,
backene Krusten gegeben.

719

in Bruſtkernſtück wird kalt zugeſetzt, mit den Suppenkräutern
weich geſotten, daß man die Rippen
herausdrehen kann, ausgelegt und kalt
geſtellt. Jetzt dünſte gewiegte Peterſilie und Zwiebel, mache darin 1 Löffel
voll Mehl gelb, koche es mit 1 Schoppen
Suppe, Citronenſaft, Salz und Pfeffer
zu einer dicken Sauce, beſtreiche damit
das Fleiſch auf allen Seiten, beſtreue
es mit Bröſeln und backe es in einem
flachen Geſchirr mit Butter und etwas
Suppe lichtbraun.

Der Kreen wird gereinigt, gerieben,
mit Fett und Zucker gedünſtet, geſtäubt
und mit Suppe aufgekocht.

720

rſterer iſt in Nr. 161 bemerkt.
Die Coteletten werden wie
Fleiſchpfanzel bereitet, nur kann man
ſelben beliebige Formen geben.

721

Die Kohlraben ſind in Nr. 150
bemerkt.

722

as Gansjung wird in runde Schnitze
gebaut, mit Eſſig, Waſſer, Zwiebel, Peterſilie, gelbe Rüben und etwas
Citrone weich geſotten, eine braune
Brenne gemacht, mit dem Sud gelöſcht,
fein abgerührt, bis die Sauce einen
Glanz hat, das Jung darein gegeben
mit Salz und 1 Gläschen Wein, gut ausgekocht und mit Paſteten zur Tafel gegeben.

723

ie Gans wird bereitet wie gewöhnlich, muß aber gefüllt wer-
den, da ſie ſo klein iſt. 8 geſottene kalte Kartoffel
werden gerieben, 2 Paar gekochte Würſte
in feine Blättchen geſchnitten, mit Salz,
Pfeffer und den Kartoffeln vermengt,
leicht in die Gans gefüllt, dieſe zugenäht und mit Papier belegt gebraten.

724

Selber iſt in Nr. 385 bemerkt.

17. April.

725

er Kohl wird in Röschen getheilt, in ſiedendem Waſſer
gekocht, 5 Minuten, dann abgegoſſen, in Fette gedünſtet, mit Mehl

beſtäubt, mit Suppe aufgekocht, mit 1 Quart ſüßen Rahm und 3 Eiergelb legirt und über gebähte Schnitten gegeben.

726 Lendbraten mit Macaroni-Nudeln.

Selber iſt in Nr. 59 bemerkt.

727 Braunkohl mit Kaſtanien und Schinken.

Der Kohl wird von den Rippen geſtreift, gekocht, abgegoſſen, fein geſchnitten, in Fette mit Salz und Pfeffer gedünſtet, mit 2 Löffel voll Mehl geſtäubt und etwas Suppe und Bratenjus aufgekocht.

25 Kaſtanien werden gebrüht, abgehäutet, in Zuckbräune, bereitet mit 2 Loth Zucker und gelöſcht mit etwas Suppe, weich gedünſtet, dann in die Mitte des Kohles gegeben und ringsum Schinkenſchnitze garnirt.

728 Kalbsgekröſe mit Toppennudeln.

Erſteres wird geſotten, geſchnitten und in weißer Einmachſauce gekocht. Zu den Nudeln wird ein leichter Teig gemacht, nur ſoviel Mehl als der Toppen netzt, etwas Salz dazu und in Butter abgekocht.

729 Farcirte Wachteln mit Kirſchen.

Die Wachteln werden gerupft, flammirt, ausgenommen, mit Salz und Pfeffer eingerieben, über die Brüſtchen Weinlaub gelegt, durchgeſtupft, eine Speckſcheibe darauf gebunden, ¼ Stunde vor dem Anrichten am Spieß gebraten, dann aufdreſſirt und auf geröſteten Brodſchnitten angerichtet, die abgetropfte Fette darunter gegoſſen und mit Kirſchencompot aufgetragen.

730 Gebackene Aepfel mit Deſſertbackwerk.

Ungefähr 20 Borsdorfer Aepfel werden geſchält und das Kernhaus von unten ausgeſtochen. Jetzt kehre ſie in Mehl um, tauche ſie in 2 mit Milch verklepperte Eier, beſtreue ſie mit Bröſeln, backe ſie in heißem Schmalz, fülle die Höhlung mit Eingeſottenem, dünſte ſie in Wein, laß ſie jedoch nicht verkochen, ſpicke ſie mit Mandeln und gib ſie im eigenen Saft zu Tiſche.

18. April. (Charfreitag.)

731 Froſchſuppe mit gebähten Schnitten.

Zwei Wieden Froſchſchenkel werden gewaſchen, klein gehackt, mit Butter gedünſtet, nebſt Peterſilie, Zwiebel, Paſtinaken,

gelbe Rüben und einem Stamm Porrie und Salz, nach ½ Stunde mit Mehl gestäubt, mit dem nöthigen Wasser aufgekocht, noch ½ Stunde, durch ein Sieb geseiht, mit 3 Eiergelb und einer Obertasse voll sauern Rahm legirt und über gebähte Schnitten gegeben.

732 Eingerührte Eier mit Schnittlauch.

Zwölf Eier werden mit einer Obertasse voll süßen Rahm verkleppert, etwas Salz und Schnittlauch daran, in heiße Butter gegeben, unter beständigem Rühren weich gekocht und, mit Schnittlauch bestreut, schnell zu Tisch gegeben.

733 Hecht, blau abgesotten, mit Fischkartoffel mit Essig und Oel.

Ersterer ist in Nr. 29 bemerkt. Die Kartoffeln werden roh geschält, in Würfel geschnitten, in Wasser abgekocht, abgegossen, mit Fischsud gut befeuchtet und mit Petersilie bestreut aufgetragen.

734 Dampfnudeln mit Vanille sauce.

Beides ist in Nr. 31 bemerkt.

735 Sauerkraut mit Stockfisch.

Das Sauerkraut wird gedünstet mit Butter, 2 Aepfeln, einem Zwiebel und etwas Kümmel, mit 1 Löffel voll Mehl gestäubt und einem Glas Wein und Wasser nebst Fischsud aufgekocht.

Der bereits gewässerte Stockfisch wird in lauem Wasser zugesetzt, 2 Mal aufgekocht, dann herausgenommen, in die bestimmte Schüssel gegeben und mit gerösteten Zwiebeln und Bröseln aufgeschmalzen.

Gebratener Rothfisch mit grünem Salat. **736**

Ein Stück Rothfisch von 4 ℔ wird mit Salz und Pfeffer bestreut, nach einer Stunde mit ¼ ℔ Butter, Zwiebelscheiben, Salbeiblätter unter öfterm Begießen gelblich gebraten und in seinem Saft mit Kressensalat servirt.

Gebratene Grundeln mit Spargelsalat. **737**

Die Grundeln sind in Nr. 695 bemerkt.

Omeletten mit Compot. **738**

Die Omeletten sind in Nr. 25 bemerkt.

Kaffee und Dessertback werk. **739**

19. April.

740 Maccaronikern.bensuppe
mit Würsten.

Zwölf Loth Sternchen werden in brauner Suppe eingekocht, ¼ Stunde gesotten, dann angerichtet und die Würste darein gegeben.

741 Rindfleisch mit Peterfiliekartoffel.

Die Kartoffel sind in Nr. 325 bemerkt.

742 Hopfenfprossen mit Wienerschnitzel.

Erstere werden geputzt, gewaschen, gesotten, abgegossen, in einer Spargelsauce aufgekocht, mit 3 Eiergelb und einer Tasse süßen Rahm legirt und mit Wienerschnitzen, die in Nr. 108 bemerkt sind, aufgetragen.

743 Kalbsfüße in Citronensauce mit Pasteten.

Erstere werden weich gesotten und, in Stücke getheilt, in eine Citronensauce gegeben.

Die Sauce. Laß in Butter 2 Löffel voll Mehl gelb anlaufen, gieße gute Suppe auf, gib Citronensaft, das Gelbe einer Citrone, eine Zwiebel und etwas

Bratenjus dazu und seihe sie durch ein Sieb.

Forellen, blau gesotten, mit **744** Kren zc.

Die Bereitung ist in Nr. 383 bemerkt.

Nierenbraten mit Gurkenfalat. **745**

746

Von 3 Semmeln reibe die Rinde ab, koche 4 Quitten im Wasser weich, treibe sie durch ein Sieb, weiche die Semmeln in das Quitten-Wasser, drücke sie aus und zerschüttle sie, rühre ½ ℔ Butter ab, dazu 10 Eierzelb, ½ ℔ Quitten, die Semmeln, den Schnee von 10 Eiern und ¼ ℔ Zucker, fülle Alles in eine Form, backe es langsam und gib es mit Zucker bestreut zur Tafel.

20. April.

Braune Suppe mit Kügelchen **747** und Leber.

Die Beiner vom gestrigen Nierenbraten werden fein verhackt, in heißer Abschöpffette braun gedünstet mit allen Suppenkräutern, mit Suppe ausgekocht, durch ein Sieb passirt, die Kügelchen, die es in jeder Specereihandlung gibt, wenn man sie

nicht felbſt bereitet aus geſchnittenem Nudelteig, darin 6 Minuten gekocht und mit den Briſen ſervirt.

748 Roſtbraten mit Macaroni.

Erſtere ſind in Nr. 197 bemerkt. Die Macaroni werden abgekocht, abgegoſſen, mit geröſteten Bröſeln geſchmalzen und um die Beeffteaks garnirt.

749 Artiſchoken in ſauſer Sauce mit Sardellen.

Erſtere werden wie gewöhnlich bereitet, in Salzwaſſer geſotten, ausgelegt, vollends gereinigt, in eine Butterſauce gegeben, mit klein gewiegten Sardellen und Peterſilie, dann ſtehend in eine Schüſſel gegeben, die Sauce darüber gegoſſen und die Würſte um die Artiſchoken garnirt.

750 Briſenragout mit Toppennudeln.

Die Briſen werden ſammt dem geſtrigen Bauchfleck, 12 Minuten zum Fleiſch eingelegt, gebäutet und in weißer Einmachſauce fertig gekocht.

751 Gebackener Karpfen und Kartoffelſalat.

Es wird der Karpfen in ſchöne Stücke getheilt, mit Salz und Pfeffer beſtreut, nach einer Stunde in 2 mit Milch verklepperte Eier getaucht, in feinen Bröſeln umgekehrt und röſch gebacken.

752 Schweinsſchlegel mit Kruſten und Sellerieſalat.

Der Schlegel mit Kruſten iſt in Nr. 275 bemerkt.

753 Aprikoſenſtrudel.

Ziehe den Nudelteig wie gewöhnlich aus, trockne ihn und beſtreiche ihn mit Butter. Rühre 6 Loth Zucker, 4 Eiergelb, ¼ ℔ Aprikoſenmark, etwas Citrone und den Schnee der 4 Eier zuſammen, ſtreiche dieſes auf den Strudel, rolle ihn zuſammen und backe ihn mit ſüßem Rahm und Butter im Rohr.

Schneebackwerk.

21. April.

754 Suppe mit türkiſchen Knödeln.

Ein viertel ℔ Rindfleiſch, ¼ ℔ Schweinefleiſch, beide vom Schlegel, und 4 Loth Speck werden fein gebackt, 4 Loth Abſchöpffette werden verrührt, dazu 4 Eier, ¼ ℔ Bröſeln, 4 Loth aufgelöſten Reis und das Fleiſch, Salz und Pfeffer, Knödel daraus geformt, ¼ Stunde geſotten und mit Suppe angerichtet.

755

_s werden die Kartoffeln vom Sud
... ber in Würfel geschnitten, in der
bestimmten Schüssel erhaben angerichtet,
mit Gans- oder Entenfette heiß begossen, gesalzen und mit Schnittlauch
bestreut zum Rindfleisch gegeben.

756

er feingeschnittene Sauerkohl wird
mit ¼ ℔ Schweinbratenfett und
¼ Liter Wasser weich gedünstet, mit Salz,
Pfeffer, 1 Glas Wein und etwas Zucker
aufgekocht, und mit Kartoffel-Puree oder
Erbsenbrei und Schweins-Coteletten, die
in Nr. 212 bemerkt sind, aufgetragen.

757

rstere werden in lauwarmem
Wasser gewaschen, in Butter oder
Fette, Salz, Pfeffer und ¼ Liter Suppe
weich gedünstet, 3 Löffel voll Semmelbröseln nach und nach daran gegeben
und mit Suppe aufgekocht.

Die Brisen werden in Suppe gekocht, tranchirt, mit Salz und Pfeffer
bestreut, in Bröseln umgekehrt und gebacken.

758

wei Kapaunen werden gesalzen,
gepfeffert, mit feinen Speckscheiben umbunden, in heißer Butter unter
öfterm Begießen gelb gedünstet, (auch
etwas Wasser soll man dazu nehmen,
damit sie nicht so schnell Farbe nehmen)
und in ihrem Saft angerichtet.

759

Erstere sind in Nr. 31 bemerkt.

22. April.

760

wölf große Kartoffel werden
geschält, in Würfel geschnitten,
in Wasser gesotten, abge-
gossen und warm gestellt, 6 große gelbe
Rüben geschabt und gerieben, selbe in
heißer Fette mit Salz und Pfeffer gedünstet, die Kartoffeln darein gegeben,
eine Obertasse voll geröstete Semmelbröseln und viel gewiegtes Petersiliegrün, nochmal gedünstet, mit der nöthigen Suppe aufgekocht, ¼ Stunde,
und über gebackene Krusten angerichtet.

761

Derselbe ist in Nr. 59 bemerkt.

762

er Spinat wird wie sonst bereitet, nur statt mit Suppe mit süßem Rahm. Die Schinkeneier werden wie die eingerührten gekocht, zu je 10 Eier 8 Loth fein gewiegter Schinken genommen.

763 Sauerkraut mit ... und Leberwürsten.

Selbes ist in Nr. 47 bemerkt.

764

erstere wird 24 Stunden gebeizt, in der Beize und drei Liter Wasser 4 Stunden gekocht, abgebäutet, der Länge nach geschnitten, mit 3 Löffel voll Mehl gestäubt, einem Glas Wein und etwas Suppe aufgekocht und in ihrem Safte angerichtet.

2 ℔ Mehl werden mit Milch zu einem starken Teig gemacht, gesalzen, 2 Eier dazu genommen, mit dem Spatzenlöffel kleine Spatzen in siedendes Wasser gegeben, abgegossen, kaltes Wasser darüber gegossen und geröstet.

765

ersterer ist in Nr. 214 bemerkt. Frühlingssalat: Körbelkraut, Monatrettigkraut, Borasch, Cichorie. fein-

geschnittene Zwiebelröbchen und Schnittlauch werden mit Essig und Oel und Salz angemacht.

766

Selber ist in Nr. 669 bemerkt.

23. April.

767

ehn Zwiebeln werden in Scheiben geschnitten, in Abschöpffette gedünstet, sind sie braun, mit 2 Löffel voll Mehl gestäubt, mit Pfeffer, Salz und Suppe aufgekocht, durch ein Sieb passirt und über gebackene Knödel gegeben.

768

Der Kohl wird bereitet wie in Nr 109.

769

er Spargel wird wie gewöhnlich bereitet. Die Pasteten werden vom Butterteig gemacht und mit Kalbfleischragout gefüllt.

770 *Tendl Welleni mit Braten[?]*

Die Keime werden gedünstet, mit Zwiebel, Salz und Pfeffer, Petersilie und Suppe, mit Mehl bestäubt und mit Suppe aufgekocht.

Die Bratenschnitze werden weich geröstet mit Zwiebel, Salz, Pfeffer und 3 verklepperten Eiern, 3 Löffel voll Suppe und auf den Kohl garnirt.

771 *Hecht mit Kreen.*

Die Bereitung ist in Nr. 234 bemerkt.

772 *Gebratene Schnepfen, die Eingeweide und Compot.*

Die Schnepfen werden ausgenommen, gewaschen, mit Salz und Pfeffer bestreut, die Brüste mit Speck belegt und mit Speck unter öfterm Begießen gebraten.

Das Innere der Schnepfen wird fein gewiegt, mit einer Obertasse voll gerösteten Bröseln, Salz und Pfeffer gedünstet, mit einem Glas Wein, und, wenn nöthig, etwas Suppe aufgekocht, auf rösch gebackene Semmelschnitten gegeben, und um die Schnepfen auf der Platte im Kranze garnirt und mit beliebigem Compot servirt.

773 *Dampfknödln mit Dampf[?]*

Selbe sind in Nr. 31 bemerkt.

24. April.

774 *Schnepfensuppe mit Kreußen.*

Die Köpfe, Füße, Krallen, Brustbeine und Flügel werden den erbsenklein gebackt, mit Pastinaken, gelben Rüben und Petersilie gelbbraun gedünstet, eine Obertasse voll gebackene und dann gestoßene Semmelkrusten darein gegeben, mit der nöthigen Suppe aufgekocht und über gebackene Krusten durch ein Sieb angerichtet.

775 *Dunstbraten mit Kartoffel und Senf.*

Ersterer ist in Nr. 526 bemerkt. Die Kartoffel werden in Würfel geschnitten und mit Bratensaft begossen.

776 *Wirsing mit Feldhühner.*

Einige Wirsingköpfe werden in vier Theile geschnitten, von den starken Rippen befreit, gewaschen, gesotten, abgegossen, ausgedrückt und in fetter Suppe mit Salz, Pfeffer und ¼ ℔ rohen Schinken weich gedünstet.

Die Feldhühner werden gerupft, geputzt, flammirt, ausgenommen, gewaschen,

eingeſalzen, dreſſirt, weich gedünſtet, und in die Mitte des Wirſings ſammt ihrem Safte gegeben.

777 *Ein gebratener Fiſch mit Geſchichte fi...*

... dieſer Fiſch iſt in Nr. 390 bemerkt.

Zum Salat wird junge Gartenkreſſe und eine Hand voll Kräuter angemacht und mit 2, in feine Scheiben geſchnittenen Eiern garnirt.

778 *Spanferkel mit Senf und Kreſſenſalat.*

Erſteres wird mit Salz und Pfeffer eingerieben, gebraten und mit weißem Bier beſtrichen.

779 *Aprikoſenkuchen.*

Walke von Waſſerbutterteig (am ... 6. März) ein Blatt meſſerrücken dick aus, backe es, beſtreiche es mit Aprikoſenmarmelade, walke ein zweites Blatt aus, backe es, lege es auf das erſte, beſtreiche es ebenfalls mit Marmelade, mache von Schnee eine Verzierung darauf, laß den Kuchen im Rohr trocknen und beſtreue ihn mit Zucker.
Deſſertbackwerk.

25. April.

780 *Suppe mit Macaroni... mit Ochſenleber-Knochen.*

... ie Knochen des geſtrigen Fer kels werden klein gehackt, in ... Fette mit Wurzelwerk, Salz, Pfeffer und ½ ℔ Ochſenleber in Schnitze getheilt, hellbraun gedünſtet, mit Suppe noch eine Stunde gekocht, dann durch ein Sieb in ein anderes Caſſerole gegeben, ¼ ℔ Macaroniſternchen eingeſäet, aufgekocht und mit Schnittlauch beſtreut, ſervirt.

781 *Rindfleiſch mit Kräuter-Sauce.*

... öffelkraut, Schnittlauch, Sellerie, ... Peterſilie, Zwiebelröhrchen und Sauerampfer werden fein gewiegt, 3 harte Eiergelb mit 3 Löffel voll Oel abgerührt. 3 Löffel voll Senf, die Kräuter, 3 Löffel voll Eſſig und drei Stückchen Zucker daran gegeben und mit dem Eierweiß, länglich geſchnitten garnirt.

782 *Spanferkel mit Schweins-... Coteletten.*

Das Kraut iſt in Nr. 47, die Coteletten in 212 bemerkt.

783 [illegible]

Das Ragout iſt in Nr. 479 bemerkt.

784 Gefüllte junge Gans ... Art mit Kopf ...

ie Gans wird ſammt dem Kopf aufgetragen, nachdem der Kropf daraus entfernt, der Hals und die Gans gefüllt mit in Gansfette geröſteten Kartoffeln und 2 Paar fein geſchnittenen Bratwürſten und ſchön gebraten.

785 [illegible]

Derſelbe iſt in Nr. 510 bemerkt.

26. April.

786 Pfannenkuchenſuppe.

s werden Pfannenkuchen gebacken, der Teig dazu mit gewiegtem Peterſilie, Schnittlauch, Spinat und Zwiebelröhrchen gemiſcht, wie Nudeln geſchnitten, in ſiedender Suppe eingekocht.

787 [illegible] und Senfſauce.

Die Senfſauce iſt in Nr. 471 bemerkt.

788 [illegible]

echs Selleriekopfe werden gereinigt, gewaſchen, in Waſſer geſotten, halb weich abgegoſſen, in feine Scheiben geſchnitten, gedünſtet, mit 2 Löffel voll Mehl geſtäubt, mit Salz, Pfeffer, Suppe und einer Obertaſſe voll ſauern Rahm und mit Hirnbaveſen garnirt zu Tiſch gegeben.

789 [illegible]

Dasſelbe iſt in Nr. 114 bemerkt und wird mit den Würſten garnirt.

790 [illegible]

rſtere werden getödtet, eingeſalzen, 1/2 Stunde zurückgeſtellt, daß die Schuppen leichter entfernt werden können, dann ausgenommen, in mit Mehl gemiſchten Bröſeln umgekehrt und in Schmalz röſch gebacken.

791 Kaninchen mit Salat.

ie Kaninchen werden Tags vorher geſchlachtet, über Nacht gebeizt, das Vordere zu Ragout verwendet, der Ziemer und die Schlegel zu Braten. Aus der Beize genommen, wird das Fleiſch geſpickt mit weißem Speck, mit Salz und Pfeffer gut beſtreut und am Spieß oder im Rohr gebraten.

792

...ichte zu 3 ꞔ Mehl mit 2 Löffel voll dicker Hefe ein Dämpfchen an, ist es gegangen, so mache den Teig mit süßem Rahm, 3 Loth Zucker, 2 Eier, etwas Salz und Citrone und 2 Obertassen voll Weinbeeren, schlage ihn fein ab, laß ihn nochmal gehen, bereite daraus Nudeln, übers Kreuz aufgeschnitten und backe sie unter Schütteln im Schmalz.

27. April.
793

...eiche 3 Semmeln in Milch und drücke sie wieder aus; wiege die Leber von gestern, dazu eine Kehlleber, die Nieren, ¼ ꞔ Ochsennierenfette, 2 Zwiebel, Petersiliegrün, Schnittlauch und 2 Löffel voll Majoran, gib Alles in eine tiefe Schüssel, Salz, Pfeffer und 2 Eier dazu, rühre es fein ab, gib von 3 Semmeln Bröseln dazu, dann die ausgedrückten Semmeln, mache den Teig zusammen mit 1 Obertasse voll Mehl, gib Klößchen in siedendes Wasser, dann in die von den Kaninchenbeinen bereitete braune Suppe.

794

Die Kartoffel werden in Bratenjüs geröstet.

795

Das Sauerkraut ist in Nr. 47 bemerkt und wird mit Schinken garnirt.

796

...as Vordere des Kaninchens und ... 1 ꞔ Kalbfleisch werden in Stücke gehaut, gedünstet, mit 2 Löffel voll Mehl gestäubt und mit Suppe, einem Gläschen Wein, Petersilie und etwas Citrone aufgekocht.

... Mache von 3 ꞔ Mehl, ¼ ꞔ Butter, 1 Schoppen süßen Rahm, 3 Loth Zucker, 3 Eier und etwas Salz einen starken Teig, rädle daraus 2 fingerbreite Streifen, bestreiche sie mit Butter, fülle sie mit Weinbeeren, rolle sie zusammen und laß sie gehen, dann backe sie im Rohr.

Gebackene Greundeln mit Krusten. 797

Selbe sind in Nr. 695 bemerkt.

Gefüllte Kalbsbrust und Kartoffelsalat. 798

...s werden die Beine ausgenommen, die Brust zugeschnitten und gefüllt.

Welche 2 fein geschnittene Semmeln in Milch, schmalze sie mit Butter

auf, gib 2 Eier daran, Pfeffer und Salz, und Peterſilie oder Schnittlauch. Brate die Bruſt mit Butter und eigenem Saft und gib ſie, mit Brunnenkreſſe geziert, zur Tafel.

799 Jägertorte in Nr. .

28. April.

800 Steinpilzſuppe mit Mehr mit Sterndeln.

ie Steinpilze werden gepuzt und gewaſchen, fein geſchnit‐ ten, gedünſtet, mit Mehl beſtäubt, mit Suppe, Salz, Pfeffer und Peterſilie aufgekocht, die Sterndchen extra eingekocht und beim Anrichten zuſammen‐ gegeben.

801 Lendbraten mit Peterſilie‐ Kartoffel.

Der Braten iſt in Nr. 39, die Kar‐ toffel in Nr. 325 bemerkt.

802 Roſenkohl mit Kalbs‐ vögerln und Kaninchen.

Die Kaninchen werden bereitet wie die vorhergehenden, die Vögerln ſind auch ſchon bemerkt.

803 Spargeln in Butterſauce und Braten.

er Spargel wird wie gewöhnlich bereitet. Die Brennen 1 Schoppen Milch, 4 Loth Butter, 4 Loth Zucker und etwas Zimmt wird geſotten, 10 Loth Mehl darein gegeben, aufgekocht, bis ſich der Teig ablöſt, ausgekühlt, 3 Eier und 4 Dotter darein gerührt, der Teig in die Sprize gegeben und ſchön gebacken.

804 Haſenragout mit Toppen‐ nudeln.

as Vordere des Haſen wird mit der Beize und Waſſer weich ge‐ kocht, in eine braune Brenne gegeben, die mit Sud gelöſcht und fein abgerührt iſt, aufgekocht, mit den Toppennudeln aufgetragen. Selbe ſind in Nr. 750 bemerkt.

805 Kapaunen mit grünem Salat.

Selbe ſind in Nr. 42 bemerkt.

806 Mannheimertorte.

Rühre ¼ ℔ Citronenzucker mit 10 Eiergelb ab und 4 Loth Mehl, bis es ſchäumt, den Schnee der 10 Eier, walke ein Blatt Butterteig aus, mache einen Rand darauf, fülle die Maſſe darein, garnire den Rand mit

ausgeſtochenem Butterteig und backe die
Torte in nicht zu heißem Rohr.

29. April.

807 Reisſuppe mit Krebs-
ſchwänzen und Krebsbutter.

Zwölf Loth Reis werden gewaſchen, mit Waſſer aufgelöſt, mit Suppe fertiggekocht,
Salz und Peterſilie darein gegeben, in
die Terrine gegoſſen, 4 Loth Krebsbutter darein gerührt und eine Obertaſſe voll Krebsſchwänzchen darein gegeben.

808 Rindsfleiſch mit Mandelkreen.

Der Mandelkreen iſt ſchon bemerkt.

809 Bayeriſche Rüben mit Bier
gekocht und Schweinsfleiſch.

Die Rüben ſind in Nr. 16 bemerkt,
die Schweinsknochen werden mit
denſelben gekocht. Beim Anrichten gib
3 Löffel voll Senf in die Rüben.

810 Sauerkraut mit Schinkenpaſteten.

Das Kraut iſt in Nr. 47 und die
Paſteten in Nr. 340 bemerkt.

811 Kalbsſchlegel mit Kopfſalat.

Ein ſchöner Schlegel wird geklopft,
abgehäutet, geſpickt, mit Salz,
Pfeffer, Zwiebel, gelbe Rüben und Peterſilie gewürzt, mit einem Glas Wein
begoſſen, zugedeckt und über Nacht in
den Keller geſtellt. Andern Tags gib
ihn in ein geſchloſſenes Geſchirr, belege
ihn mit Speckſcheiben und dünſte ihn in
ſeiner Beize, gib Suppe zu, wenn er
zu viel eingekocht; iſt er hellbrauner
Farbe, gib ihn auf eine Platte und
ſeihe die Sauce darüber.

Kopfſalat mit Häringen: Die Häringe
werden geklopft, abgehäutet, in Stücke
geſchnitten, in Eſſig, Oel, Salz und
Pfeffer und Zwiebel angemacht ¼ Stunde
zugedeckt, dann auf den Salat garnirt.

812 Schmankerl-Creme.

Acht Loth Macaroni, 12 Loth Bisquit und 8 Loth Zucker werden
fein geſtoßen, mit ¼ Liter ſüßen Rahm
und 8 Eiergelb beim Feuer zu einer
Creme gerührt, warm geſtellt und zugedeckt. Beim Anrichten wird eine Lage
Schmankerln auf die Platte gegeben,
dann eine Lage Creme, dieſes wiederholt und zur Tafel geſchickt.

30. April.

813 Hennenſuppe mit Spinat
Krapfen.

Die Henne wird mit dem Rindfleiſch, heute 4 ℔, gekocht.
Mache einen Nudelteig von
3 Eiern und Mehl, rolle ihn aus, ſchde
2 fingerbreite Streifen herunter, fulle
ſie mit dick gekochtem Spinat, rolle ſie
zuſammen, drücke den Teig unten und
oben feſt zu, ſiede die Krapfen im
Waſſer ab, gib ſie in die Terrine, richte
Hennenſuppe darüber an und beſtreue
ſie mit Schnittlauch. Die Henne wird,
mit Peterſilie geziert, extra beigegeben.

814 Rindfleiſch mit Brunnen
Kreſſe und Senf.

815 Spargelerbſen anderer Art
und Netz-Coteletten.

Von den ſchwachen Spargeln wer-
den kleine Erbſen geſchnitten,
gedünſtet mit Salz und Pfeffer, mit
Mehl geſtäubt, mit Suppe und einem
Schoppen ſüßen Rahm aufgekocht, eine
Oberraſſe voll in Würfel geſchnittene
Coteletten darein gegeben und mit Netz-
Coteletten garnirt.

816 Champignons mit
ſchweinernen Rauchwürſten.

Dieſelben werden oft gewaſchen, die
Stengel geſtutzt, dann in friſcher
Butter mit dem Saft einer Citrone,
Salz, Pfeffer, Zwiebel und 1 Schoppen
Suppe gedünſtet, mit Mehl geſtäubt,
einem Glas Wein aufgekocht und mit
Rauchwürſten ſervirt.

817 Geſpickter Karpfen mit
Salat.

Derſelbe wird bereitet wie in Nr. 300.

818 Eine junge Ziege mit
Fruhlingsſalat und Compot.

Die Ziege wird rein gewaſchen, die
Bruſt, der Hals und Kopf abgebaut, das Hintere haſenartig geformt,
mit Salz und Pfeffer beſtreut, im
Rohr oder am Spieß gebraten, mit
Bröſeln beſtreut und im eigenen Saft
ſervirt.

819 Citronen-Creme.

Selbe wird bereitet wie die Schmankerl-Creme mit ſtarkem Citronen-
geruch; die Schmankerln bleiben weg.

Deſſertbackwerk.

Monat Mai.

1. Mai.

820 Champignon-Suppe mit gebackenen Würsten.

Die Champignons werden geputzt, mit Salz, Petersilie und einem Schoppen Suppe gedünstet, mit einer Obertasse voll gebähter und zu Bröseln gestoßener Schnitten gestäubt, mit Suppe, einem Glas Wein und dem Safte einer halben Citrone aufgekocht, über gebackene Semmelwürfel angerichtet und mit Schnittlauch bestreut.

821 Dunstbraten mit Macaroni.

Selber ist schon bemerkt; die Macaroni werden um den Rand der Platte garnirt und mit dem Safte des Bratens begossen.

822 Junge Kohlraben mit Lammfleisch anderer Art.

Die Kohlraben werden geschält, die Blätter abgestreift und beides in Wasser weich gekocht, abgegossen, das Grüne fein geschnitten, gedünstet, mit 1 Löffel voll Mehl gestäubt und mit Suppe aufgekocht. Die Kohlraben werden in gleiche Würfel geschnitten, in Abschöpffette gedünstet, mit 12 Löffel voll Mehl gestäubt und mit Suppe aufgekocht. Beim Anrichten gib das Grüne in die Mitte der Gemüseschale, die Kohlraben im Kranze um dasselbe und übergieße sie mit Saft vom Lammfleisch. Dasselbe wird mit Zwiebel, Salz und Pfeffer, Lammnierenfette und etwas Suppe weich gedünstet, bis zu hellbrauner Farbe und mit den Kohlraben servirt.

823 Gebratener Aal mit Kartoffelsalat.

Derselbe ist in Nr. 369 bemerkt.

824 Spanferkel mit Senf und Kressensalat.

Dasselbe ist in Nr. 425 bemerkt.

825 Englischer Reis mit Aprikosensauce.

Zwölf Loth Reis werden in Milch mit einer Obertasse voll Kirschenwasser und 4 Loth Citronenzucker dick gekocht, auf ein bestrichenes und mit gestoßenen Macaroni besäetes Backblech gegeben und gelb gebacken, ist er fertig, nach einigen Minuten herausgestürzt und mit Früchten garnirt.

22*

Die Sauce: Gib 2 Loth Krebs-butter in ein kleines Geschirr, laß einen Löffel voll Mehl darin schäumen, lösche es mit Wein und etwas Wasser, koche eine halbe Tasse voll Aprikosenmarmelade mit dem nöthigen Zucker darin auf und gib die Sauce durch ein Sieb.

2. Mai.

827 Selleriesuppe mit Brösen-knödeln.

Zwei große Sellerie werden geputzt, gerieben, ebenso zwei gelbe Rüben, alles in Ab-schöpffette gedünstet mit Salz und Pfeffer, mit einer Obertasse voll Bröseln gestäubt und mit Suppe nebst ½ Tasse voll ge-wiegtem Selleriegrün aufgekocht und über Brösenknödel angerichtet.

Die Knödel: Mache einen feinen Semmelknödelteig, mische darunter eine weichgekochte und fein gewiegte Brise und koche die Klößchen gut aus.

828 Rindfleisch mit Sulz und Senf.

Vom gestrigen Spanferkel werden die Füße und sonstigen Abfälle, dazu 2 Kalbsfüße fein gehackt, mit Sulz, Essig, Zwiebel, Salz und Pfeffer und Citrone gekocht, bis die Sauce kurz werden will, abgeschäumt, entfettet, durch eine Serviette getropft, mit Pfeffer und Citronengelb gewürzt, in eine mit gutem Speiseöl bestrichene Form gegeben, ist sie bestanden, herausgestürzt, schön ge-ziert und mit Grün bekränzt servirt, dazu geröstete Kartoffel.

829 Sauerkraut mit Schweins-knödeln.

Ersteres ist in Nr. 47 bemerkt.

830 Spargeln mit gefüllten Omeletten.

Die Spargeln werden in Butter-sauce bereitet.

Die Omeletten werden gebacken, mit gewiegtem Ragout gefüllt, zusammenge-rollt, in der Omelettenpfanne nochmal abgebräunt und heiß zum Spargel ge-geben.

831 Man abgestreifte Forellen.

Selbe sind in Nr. 383 bemerkt.

832 Kalbsrückenbraten und Sardellensalat.

Der Kalbsrücken wird wie der Hirsch- oder Rehziemer ausgebaut, ab-gebäutet, gespickt, mit Essig, Citrone und Butter unter öfterm Begießen ge-braten und in seiner Sauce mit obigem Salat servirt.

832 Sagopudding mit Weinsauce.

Selber ist in Nr. 654 bemerkt.

3. Mai.

833 Kalbfleischsuppe mit Bähschnitten.

Uebrig gebliebenes Fleisch wird
mit Petersilie, Zwiebel und
Schnittlauch, fein gewiegt,
mit Salz und Pfeffer gedünstet, mit
2 Löffel voll Mehl gestäubt, mit Suppe
aufgekocht und über gebähte Schnitten
gegossen, mit Schnittlauch bestreut.

834 Roß Beefstiak mit gerösteten
Kartoffeln.

Selbe sind in Nr. 649 bemerkt.

835 Junge Rüben mit Hammelfleisch.

Die Rüben werden geschält, in
Würfel geschnitten, in guter
Fette gebräunt mit 2 Loth Zucker, gedünstet, mit Salz und etwas Suppe,
mit 2 Löffel voll Mehl gestäubt, der
nöthigen Suppe aufgekocht und zu Tisch
gegeben mit Hammelfleisch. 2 Züge
werden gedünstet und ½ Stunde vor
dem Anrichten in die Rüben gelegt,
damit dieselben einen besseren Geschmack
bekommen. Man kann auch gleich ein
paar Schnitze mit den Rüben dünsten.

836 Blumenkohl mit gebackenen
Hühnern.

Drei Stück Blumenkohl werden
von den Blättern befreit, deren
Stengel ein wenig abgeschnitten, in
frisches Wasser gelegt, ¼ Stunde vor
dem Anrichten in siedendem Salzwasser
und 1 Loth Butter gekocht, mit einer
Gabel die Blumen behutsam herausgenommen, in der Gemüseschale angerichtet, daß das Ganze eine Rose bildet
und eine Buttersauce darüber gegossen.

Gebackene Hühner. Lege 2 Hühner
40 Minuten in siedende Suppe, dann
laß sie auskühlen, tranchire sie, bestreue
sie mit Salz und Pfeffer, tauche sie in
2 mit Milch verklepperte Eier, kehre sie
in feinen Bröseln um, backe sie in heißem
Schmalz und garnire sie auf dem Blumenkohl.

837 Eine Schleie in schwarzer
Sauce und Macaroni.

Erstere ist in Nr. 467 bemerkt.

838 Kalbsschlegel mit gemischtem
Salat.

Der Kalbsschlegel wird geklopft,
abgehäutet, von den Beinen gelöst, mit Salz und Pfeffer über Nacht
gebeizt, am andern Tag gedünstet mit
Butter und der Beize unter öfterm
Begießen; fängt die Sauce an, kurz zu
werden, so gib 1 Schoppen sauern Rahm

daju, laß ihn kurz eindünften und servire ihn mit gemischten Salat oder gerösteten Kartoffeln oder einer Mehlspeise.

839 Mandelpudding mit Orangensauce.

Zerlasse ¼ ℔ Butter, gib sie mit ¼ ℔ Mandeln, fein gewiegt, 12 Loth Orangenzucker, 9 Eiergelb in ein passendes Geschirr, rühre dies schaumig ab, dazu 8 Loth Bisquit und 2 Loth Macaroni, gestoßen, den Schnee von 6 Eiern, fülle dies in eine bestrichene Form und siede sie eine halbe Stunde im Dunst. Ist der Pudding fertig, so stürze ihn heraus, bestecke ihn mit Mandeln und übergieße ihn mit Orangensauce. Mache ½ Liter süßen Rahm siedend, gib das Gelbe einer Orange und 8 Loth Zucker darein, decke es zu und laß es erkalten. Nun rühre 1 Löffel voll Mehl mit 3 Löffel voll kalter Milch an, rühre darein 4 Eiergelb, gieße nach und nach den Orangenrahm dazu, rühre die Sauce beim Feuer ab bis zum Aufkochen und seihe dieselbe durch ein Sieb über den Pudding, die übrige servire eigens.

4. Mal.

Lämmchensuppe mit Krusten. 840

Von einem Lämmchen werden alle Abfälle fein gehackt, mit Fette, Zwiebel und mehrerem Wurzelwerk gedünstet zu hellbrauner Farbe, eine Obertasse voll gerösteter Bröseln, 1 Glas Wein, Salz, Pfeffer und die nöthige Suppe dazu gegeben, gut ausgekocht und durch ein Sieb über Krusten oder Klößchen gegossen.

Rindfleisch mit Senf-Kartoffeln. 841

Gesottene Kartoffel werden geschält, geschnitten, eine hellbraune Brenne gemacht, mit Suppe gelöscht, die Kartoffel mit beliebigem Gewürz darein gegeben, 3 Löffel voll Senf dazu, aufgekocht und zum Rindfleisch aufgetragen.

Schnittkohl mit Salami. 842

Dieser wird bereitet wie der Winterkohl in Nr. 81.

Hase, gedünstet, mit Macaroni. 843

Der Hase wird zertheilt, die Schlegel und der Rücken mit weißem Speck gespickt, das Casserole mit Speck belegt, die Stücke darauf, mit Salz und Pfeffer bestreut, mit einem Glas Wein,

1 Schöpflöffel voll Suppe, einem Zwiebel und etwas Grünzeug weich gedünstet, mit 3 Löffel voll Mehl gestäubt, nochmal aufgekocht und mit italienischen Macaroni servirt.

844 Kleine Forellen, gebacken, mit Kressen- und Stechsalat.

Die Forellen werden rein geputzt, ausgenommen, ¼ Stunde in Salz gelegt, hierauf in Bröseln, gemischt mit Mehl, umgekehrt und in Schmalz rösch gebacken.

845 Wasserhühner mit grünem Salat und Weichselcompot.

Erstere werden trocken gerupft, flammirt, ausgenommen, mit Salz und Pfeffer eingerieben, die Brüste mit Speck belegt und am Spieß oder im Rohr gebraten.

846 Nudelauflauf mit Hagenbuttensauce.

Ein viertel ℔ Macaroni oder fein geschnittene Nudeln werden dick in Milch gekocht. Rühre 10 Loth Butter mit 8 Eiergelb schäumig, dazu 8 Loth Citronenzucker, die ausgekühlten Nudeln, den Schnee der 8 Eier, fülle die Masse in eine Auflaufform und backe sie langsam.

Die Sauce: Eingesottenes Hagenmark wird mit Wasser und Wein ver-

dünnt und zum Feuer gestellt, von einem Löffel voll Mehl und Wein ein flüßiges Teiglein gemacht, in die kochende Sauce gerührt, diese nach Belieben verdünnt und in einer Saucerie zur Tafel gegeben.

Von heute an wird auch jeder Freitag bemerkt.

5. Mai.

Fischsuppe mit Schwarzbrod. 847

Ein mittelgroßer Karpfen wird in Salzwasser sammt den Bäuscheln gekocht, die Galle jedoch entfernt, in den Sud schwarzes Brod geschnitten, gekocht mit Salz, Pfeffer und Petersilie, der Karpfen in Würfel geschnitten, darein gegeben und heiß aufgetragen.

Rühreier mit Spargelerbsen. 848

Es werden sieben Eier mit 1 Tasse süßen Rahm verkleppert, gesalzen, in frischer Butter leicht gekocht und schnell zur Tafel gegeben mit den Spargelerbsen, die in Salzwasser gekocht, in die Mitte der Schale gegeben und mit heißer Butter begossen werden.

Sauerkraut mit Stockfisch. 849

Ersteres wird mit Butter gedünstet, mit Mehl gestäubt, mit 1 Glas Wein aufgekocht und mit dem in Zwiebeln und Bröseln geschmalzenen Stockfisch servirt.

850 Dampfnudeln mit Zwetschgen.

Erstere sind in Nr. 31 bemerkt Die Zwetschgen werden mit Wein, Waſſer, ganzem Zimmt und etwas Citrone kurz eingekocht und mit den Nudeln servirt.

851 Karpfen in brauner Sauce und Paſtete.

Ein Karpfen wird geputzt, in Stücke getheilt, ½ Stunde in Salz gelegt, mit Eſſig, Waſſer, Citrone und Salbeiblätter gekocht, in eine braune Brenne, in der 2 Stückchen Zucker gebräunt ſind und die, nachdem ſie glänzend abgerührt, mit Fiſchſud gelöſcht iſt, gegeben, darin aufgekocht und mit Paſteten zu Tiſch gegeben.

852 Gebratener Aal mit Stockſalat und Eier.

Erſterer iſt in Nr. 30 bemerkt.

853 Citronen-Creme.

Dieſe wird wie in Nr. 812 bereitet, nur nimm ſtatt den Schmankerln zwei Löffel voll Citronengelb.

854 Hennenſuppe mit Manchetten.

Die Manchetten werden ¼ Stunde vor dem Anrichten in abgeſeibte Hennenſuppe eingeſäet, ¼ K, aufgekocht und mit Schnittlauch beſtreut, aufgetragen.

Die Henne wird, nachdem ſie geſotten, tranſchirt, in Rindsſchmalz mit Salz und Pfeffer abgebräunt und mit Peterſilie garnirt aufgetragen.

855 Rindfleiſch mit friſchen Gurken.

Letztere werden gehobelt, eine Stunde in Salz gelegt, dann ausgedrückt, mit Eſſig, Oel, Salz und Pfeffer angemacht und mit fein geſchnittenen Kartoffeln gemiſcht.

856 Spinat mit geräucherter Zunge.

Der Spinat iſt in Nr. 172 bemerkt, die Zunge wird weich gekocht, fein geſchnitten und auf den Spinat garnirt.

857 Grüne Erbſen und gelbe Rüben mit Kalbsſchnitzen.

Die Erbſen werden aus der Hülſe gelöſt, gewaſchen, mit Butter, etwas Suppe und 1 Löffel voll fein ge-

backten Peterſilie weich gedünſtet, mit
Salz und Muskatnuß gewürzt, mit
Mehl geſtäubt und nochmal gedünſtet.
Kalbsſchnitze aus dem Schlegel wer-
den geklopft, mit Salz, Pfeffer und
Mehl beſtreut, mit ½ Taſſe voll Wein
und ſoviel Suppe gedünſtet, in die
Mitte der Gemüſeſchale gegeben und die
Rüben und Erbſen im Kranze um ſelbe
garnirt.

858 Lachs mit Kartoffeln und Butter.

Der Fiſch iſt in Nr. 405 bemerkt
und kann nach Belieben mit Kartoffeln
und Butter ſervirt werden.

859 Gefüllte Gans und Spargelſalat.

Die Gans wird gefüllt, ſo, wie im
vorigen Monat bemerkt iſt und
im eigenen Saft gebraten unter öfterm
Entfetten.

Der Spargel wird im Salzwaſſer
geſotten und mit Eſſig und Oel angemacht.

860 Kaiſerauflauf.

Ein halbes ℔ Butter und 10 Eiergelb werden gut abgerührt, dazu
1 Schoppen ſüßer Rahm, 6 Löffel voll
Mehl, 4 Loth Citronenzucker, 4 Loth
Mandeln und ein wenig Vanille, in
eine beſtrichene Form gefüllt, langſam
gebacken und mit Zucker beſtreut.

7. Mai.

861 Ganeleberſuppe mit Macaroni.

Die Leber wird fein gewiegt
mit Peterſiliegrün, geröſtet in
Abſchöpffette, ſollte ſie zu
klein ſein, ſo röſte eine ausgeſtreifte
Kalbsmilz mit, gib 2 Obertaſſen voll
geröſtete Bröſeln dazu, gieße die nöthige
Suppe auf und gib ſie nach 1 Stunde
ſiedend über in Waſſer abgekochte Macaroni.

862 Lungenbraten ruſſiſcher Art und Brunnenkreſſenſalat.

Der Braten iſt in Nr. 635 bemerkt.

863 Schwarzwurzeln mit ge- backenem Lammfleiſch.

Erſtere werden gereinigt, geſchnitten,
in Mehlwaſſer gelegt, ausgenommen, geſotten, abgegoſſen, in einer
Butterſauce ein paar Minuten aufgekocht und mit gebackenem Lammfleiſch
bekränzt, aufgetragen.

864 Blaukohl und Coteletten.

Der Kohl iſt in Nr. 108 und die
Coteletten in Nr. 198 bemerkt.

865 Hecht mit Sardellen.

Der Hecht wird geputzt, zu einem Ring geformt, mit Salz und Pfeffer eingerieben, mit ¼ ℔ Butter, Zwiebel, etwas Citrone und 1 Gläschen Wein gedünstet, auch eine Obertasse voll Wasser dazu gegeben, 3 klein geschnittene Sardellen und 1 Löffel voll Petersiliegrün. Haben letztere 5 Minuten gedünstet, so gib den Hecht in der Sauce zur Tafel.

866 Nierenbraten mit Kartoffelsalat.

Derselbe ist bekannt.

867 Gebackene Zwetschgen.

Es werden die Zwetschgen von den Kernen befreit, dafür Mandeln eingesteckt, in einen Brandteig getaucht, in Schmalz gebacken und mit Zucker bestreut servirt.

Dessertbackwerk.

8. Mai.

868 Hirnsuppe mit Kopffleisch und Schnitten.

Ein halber Kalbskopf wird weich gekocht, das Hirn herausgenommen, geröstet mit Salz, Pfeffer und Zwiebel, auch Petersilie, mit 2 Löffel voll Mehl gestäubt, mit Suppe aufgekocht und über gebähte Schnitten angerichtet. Das Fleisch wird vom Kopf abgelöst, in schöne Würfel geschnitten und in die Suppe gegeben.

869 Rindfleisch mit sauern Kartoffeln.

Die Kartoffeln werden in Würfel geschnitten, in hellbrauner Sauce gekocht, mit Citronensaft gesäuert, und mit Petersilie bestreut, zum Rindfleisch gegeben.

870 Sauerkraut mit Schweinefleisch.

Das Kraut ist in Nr. 47 bemerkt, wird mit dem Fleisch gekocht und dick mit Schnittlauch bestreut aufgetragen.

871 Spargelerbsen mit gewickeltem Bauchfleck.

Die Spargelerbsen wurden in Nr. 693 bemerkt, der Bauchfleck wird gefüllt, zusammengerollt, gebunden, in Butter mit Salz, Pfeffer, Zwiebel und 2 Blätter Salbei gebraten und mit Spargelerbsen servirt.

872 Aschen, gebraten, mit Kopfsalat.

Man schneide den Aschen den Bauch auf, nehme das Innere heraus, gib geschnittene Zwiebel, Citrone und Peter-

silie nebſt Butter in den Fiſch, beſtreiche ihn nach außen mit Butter und brate ihn auf beiden Seiten am Roſt, gib ihn mit Eſſig und Oel zu Tiſche.

873 Hammelſchlegel und Kartoffelſalat.

Selber iſt in Nr. 153 bemerkt.

874 Weichſelauflauf.

Siede ½ ℔ gedörrte Weichſeln, reibe von 3 Semmeln die Rinde ab, weiche die Semmeln in die Weichſelbrühe, rühre ¼ ℔ Butter ab, nach und nach 10 Eiergelb darein, ¼ ℔ Citronenzucker, den Schnee von 8 Eiern und die Weichſeln, gib alles in die Form und backe es langſam.
Deſſertbackwerk.

9. Mai.

875 Selleriſuppe mit Rüben und Manchetten.

Zwei Selleriköpfe und 6 gelbe Rüben werden gepußt, gerieben, gedünſtet, mit Mehl beſtäubt, mit Suppe und fein gewiegtem Peterſiliegrün aufgekocht und über in reiner Suppe eingekochten Manchetten angerichtet.

Rindfleiſch mit Blaukraut. **876**

Roſenkohl in Butter mit **877** geröſteten Bratwürſten.

Die Röschen werden gereinigt, fünf Minuten geſotten, abgegoſſen, mit Waſſer gekühlt, mit Butter, Peterſilie, Pfeffer und Salz 4 Minuten gedünſtet, erhaben auf die Platte gerichtet und mit den Würſten garnirt.

Forellen mit Eſſig und Oel. **878**

Erſtere werden abgeſchlagen, auf ein naſſes Brett gelegt, der Bauch aufgeſchnitten, die Riemen herausgenommen, gewaſchen, geſalzen, mit einem Schoppen Weineſſig und 1 Schoppen Waſſer, ¼ Löffel voll Pfefferkörner, Zwiebeln, gelbe Rüben und Peterſilie, langſam gekocht, (der Fiſch darf nicht ſieden) und nach ¼ Stunde angerichtet, mit Eſſig und Oel aufgetragen.

Schweineſchlegel mit Kruſten **879** und grünem Salat.

Erſterer iſt in Nr. 275 bemerkt.

Gebackene Brodſchnitten **880** mit Himbeeren.

Brodſchnitten werden mit ſüßem Rahm befeuchtet, in 2 mit Milch verklepperte Eier getaucht, in Schmalz

gebacken, mit Eingesottenem bestrichen auf einer Seite, 2 aufeinander gelegt, in Pfannenkuchenteig eingetaucht, nochmal aus dem Schmalz gebacken und mit Zucker bestreut.

10. Mai.

881 Reisschleim mit Parmesankäse und Henne.

Zwölf Loth Reis werden weich gekocht, durch ein Sieb gegeben, mit 3 Eiergelb fricassirt und mit Parmesankäse bestreut.

882 Lendbraten mit Macaroni.

883 Junge Bohnen auf russische Art und geräucherte Zunge.

Die Bohnen werden geputzt, in Salzwasser gekocht, abgegossen, in Butter mit Salz und Pfeffer einige Mal geschwankt, dann angerichtet und mit Zungenblättchen garnirt.

884 Kohlraben und gedünstetem Schaffleisch.

Selbe sind in Nr. 150 bemerkt.

885 Forellen mit Burgunder Wein und gebackenen Brodherzchen.

Sechs Forellen werden je in 4 Theile geschnitten, eingesalzen, nach einer Stunde abgetrocknet, in Burgunderwein, ½ Flasche, mit Chalotten und Petersilie ¼ Stunde gekocht, angerichtet, mit eigenem Saft übergossen und mit Herzchen aus Butterteig garnirt.

886 Eine Gans mit Sellerie-salat.

887 Apfelstrudel anderer Art.

Ein ausgezogener Strudelteig wird mit sauerm Rahm bestrichen, mit kleinen Apfelschnitzen und Rosinen übersäet, mit Zucker und Zimmt bestäubt und mit Butter und 1 Schoppen süßen Rahm langsam gebacken. Dessertbackwerk.

11. Mai.

888 Karviolsuppe mit Huhn und Krusten.

Der Karviol, 2 Stück, wird in kleine Röschen getheilt, in Salzwasser gesotten, in Fette 3 Löffel voll Mehl geröstet, bloß mit Suppe nach und nach aufgekocht, der Karviol darein gegeben, mit 2 Eiergelb legirt und über Krusten gegossen. Das Huhn wird in 12 Stücke getheilt und in die Suppe gelegt.

889 Rindfleisch mit Rosa-Kartoffelpüree.

Das Püree wird bereitet wie in Nr. 582, nur wird es mit Krebs-butter und etwas Hagenbuttenmark ab-gerührt. Die Hälfte kann man weiß lassen, das Rosapüree in die Mitte des-selben geben.

890 Gelbe Rüben mit Schinken-rollen.

Erstere sind in Nr. 108 bemerkt und werden mit zusammengerollten Schinkenschnitten garnirt.

891 Gansjung mit Semmel-schmarren.

Dasselbe wird mit Essig, Wasser, Citrone und Kräuter gesotten und in weiße Einmachsauce gegeben.

892 Aal mit holländischer Sauce.

Der Aal wird in Stücke tranchirt, mit 1/2 Schoppen Essig, ebenso-viel Wein, etwas Wasser, Salz, Pfeffer und Zwiebel blau gesotten, 1/4 Stunde, und mit holländischer Sauce übergossen, servirt.

Die Sauce: Rühre 1 Löffel voll Mehl mit kaltem Wasser ab, dazu 1/4 ℔ zerlassene Butter, 6 Eigelb, kalten Fischsud, einige Pfefferkörner und Mus-katnuß am heißen Herd, bis die Sauce aufstoßen will, gib den Saft einer hal-ben Citrone daran, seibe sie durch ein Sieb und stelle sie bis zum Gebrauch in warmes Wasser.

893 Kalbsbraten mit gemischtem Salat.

Der Braten ist in Nr. 832 bemerkt.

894 Eine Demi-Torte.

Acht Loth gestoßene Mandeln, 2 Eier, 6 Loth Zucker werden fein abgerührt, dazu nach und nach 7 Eiergelb, 3 Loth Mehl und den Schnee der Eier, davon ein Blatt ge-backen auf Papier. Nun backe ein zweites Blatt von Schwarzbrodtorten-teig fingerdick und lichtbraun; sind sie kalt, löse das Papier ab, fülle sie mit Aprikosenmarmelade, lege sie aufeinander, überziehe sie mit Glasur. laß diese trocknen und gib durch die Glasurspritze ein kleines Körbchen in die Mitte, gefüllt mit Früchten.

12. Mai.

895 Sagosuppe von Milch.

Acht Loth Sago werden lau-warm gewaschen, mit 2 Liter Milch und 1 Stück Vanille langsam 1/2 Stunde gekocht, beim An-richten Butter, wie ein Ei soviel daran gegeben und mit 2 Eiergelb legirt.

896 Hecht, blau, mit Kreen.

Selber ist in Nr. 681 bemerkt.

897 Sauerkraut mit Stockfisch
in Erbsensauce.

Das Kraut wird mit ¼ ℔ Butter,
Salz und 4 Borsdorferäpfeln gedünstet. Die Erbsen werden gekocht,
durch ein Sieb passirt, der Stockfisch,
der in heißem Wasser zuvor gesotten,
darein gegeben, ein paar Minuten gekocht und mit in den Erbsen gekochten
Selleriewürfeln angerichtet. Das Kraut
wird nicht mit Mehl gestäubt, sondern
mit einer Obertasse voll Erbsensud.

898 Gefüllter Karpfen mit
Salat.

ist in Nr. 688 bemerkt.

899 Dampfnudeln mit Vanillesauce.

Beides ist in Nr. 31 bemerkt.

900 Gebackene Froschschenkel
mit Salat.

Drei Wiedern, à 25 Stück, werden
mit Salz, Pfeffer und Petersilie
bestreut, nach kurzer Zeit in Mehl umgekehrt, in verklepperte Eier getaucht,
mit Bröseln bestreut, in Schmalz gebacken und mit Petersilie garnirt, angerichtet.

901 Apfelkuchen.

Rolle guten Hefenteig messerrückendick aus, bestreiche ihn mit Apfel-
marmelade, mache ein Gitter darüber,
backe ihn und bestreue ihn mit Zimmt
und Zucker.

Dessertbackwerk.

13. Mai.

902 Kalbfleischstrudelsuppe.

Uebrig gebliebenes Kalbfleisch
wird gewiegt, mit 3 geriebenen
Semmeln, Salz, Pfeffer und
Petersilie gemischt, mit heißer Butter
geschmalzen und zugedeckt. Unterdessen
backe Fladlein, gib 3 Löffel voll Flad-
leinteig und 1 Ei an das Fleisch, fülle
die Fladlein, rolle sie zusammen, koche
sie kurz in Suppe und servire sie mit
Schnittlauch bestreut.

903 Rindfleisch mit Sardellensauce.

Die Sauce ist in Nr. 170 bemerkt.

904 Weiße Rüben mit Schweinefleisch.

Selbe sind in Nr. 151 bemerkt.

905 Forellen mit kalter Senfsauce.

Die Forellen werden blau gesotten

und kalt gestellt, dann mit kalter Senfsauce servirt.

906 Hammelschlegel und Kar-
toffelsalat.

Selber ist in Nr. 153 bemerkt.

907 Kalter Reispudding mit
Erdbeersauce.

Der Reis wird mit Milch zu einem
dicken Brei gekocht, ausgekühlt,
8 Loth Butter, 6 Eiergelb, 6 Loth
Zucker dazu gerührt und den Schnee
der Eier, die Masse in eine Form gefüllt, im Dunste gesotten, mit Erdbeersauce begossen und zur Tafel gegeben.
Dessertbackwerk.

14. Mai.
908 Habergriessuppe mit
Brisen.

Zwölf Löffel voll Habergries
werden wie Reis gekocht,
2 Brisen eingelegt, darin
weich gekocht, dann abgebäutet, in beliebige Stücke geschnitten und vor dem
Anrichten wieder in die Suppe gegeben.

909 Rindfleisch mit Zwiebel-
sauce.

Die Zwiebelsauce wird mit 3 Löffel
voll Senf angerührt.

Bohnen in Rahmsauce mit 910
Zunge.

Die Bohnen werden gesotten, in
saurer Rahmsauce aufgekocht und mit
Zungenblättchen garnirt.

Spargelerbsen mit Butter 911
und Würsten.

Dieselben werden gekocht, abgegossen,
in heißer Butter mit Salz,
Pfeffer und Petersilie zwei Mal geschwenkt, aufgehäuft auf die Platte gegeben und mit Würsten garnirt.

Aal mit Salat, 912
nach 166 bereitet.

Kalbsbrust mit gemischtem 913
Salat.

Diese wird bereitet nach Nr. 798;
die Oberfläche kann man spicken.

Zimmtnudeln mit Orangen- 914
sauce.

Reibe von 6 Semmeln die Rinde
ab, schneide sie in 4 Theile, tauche
sie in Milch und wenn sie eingesogen
haben, in verkleppte Eier, kehre sie
in Bröseln um, backe sie in heißem
Schmalz und bestreue sie dick mit Zimmt
und Zucker.
Dessertbackwerk.

15. Mai.

915 Braune Suppe mit gebackenen Knödeln.

Sechs Semmeln werden fein geschnitten, mit kalter Milch geweicht, mit heißer Butter begossen, und zugedeckt. Nun wiege übrig gebliebenes Fleisch und gib es mit Salz, Pfeffer und Petersilie, 3 Eier und einer Obertasse voll Mehl an die Semmeln, mache den Teig gut zusammen, backe davon kleine Klößchen in heißem Schmalz, koche sie in der Suppe auf und richte sie an.

916 Rindfleisch mit Brunnenkreßensalat.

917 Sauerkraut mit Schweineknochen.

Dasselbe wird wie in Nr. 47 bereitet.

918 Spargel mit Hühner.

Die Spargelbüschel werden in Wasser abgesotten, abgegossen und warm gestellt. Indessen werden 3 junge Hühner gereinigt, 8 Minuten in die siedende Suppe gegeben, mit frischem Wasser abgekühlt, jedes in 5 Theile tranchirt, in weißer Einmachsauce mit Zwiebel und verschiedenem Grünzeug, dem Saft einer Citrone langsam weich gekocht, auch ein Glas Wein und etwas Suppe dazu gegeben.

919 Aalraupen, blau mit Kappern.

Dieselben werden 10 Minuten gekocht und mit holländischer Sauce heiß übergossen.

920 Kalbsschlegel mit grünem Salat.

Derselbe ist in Nr. 811 bemerkt.

921 Gute Schweizer Omeletten.

Sechs Loth Zucker, 10 Eiergelb und ½ Liter saurer Rahm werden mit der Schneeruthe fein abgeschlagen, dazu 8 Loth Mehl und den Schnee der Eier, davon Omeletten gebacken und mit Zucker bestreut, schnell zur Tafel gegeben.

16. Mai.

922 Pastinaksuppe mit italienischen Macaroni.

Ungefähr 12 Pastinakwurzeln werden gereinigt, gerieben mit 6 gelben Rüben, in Abschöpffette mit 2 Löffel voll Petersilie weich gedünstet, mit 1 Tasse voll gerösteten Bröseln gestäubt, mit guter Suppe 1 Stunde gekocht und über italienische Macaroni angerichtet.

923

924

ie Schwämme werden gewaschen, deren Stiele gestutzt, mit ¼ ℔ Butter, Zwiebel, dem Saft einer Citrone, Salz und Suppe einige Minuten gedünstet, mit einem Löffel voll Mehl und einem Löffel voll gewiegtem Petersilie gestäubt, mit 1 Tasse voll Suppe noch 3 Minuten gekocht und mit der Leber aufgetragen.

Eine Kalbsleber wird abgehäutet, die Oberfläche gespickt und in die Beize gelegt. Eine Stunde vor dem Anrichten lege geschnittenen Speck in eine Reine, die Leber, Zwiebel und Grünzeug darauf, decke mit Butter bestrichenes Papier darauf und brate sie unter öfterm Begießen mit eigenem Saft und 1 Tasse voll Beize. Ist sie fertig, d. h. fließt beim Hineinstechen kein Blut mehr heraus, so bestreue sie mit Salz und Pfeffer und gib sie mit der Sauce in die Mitte der Schwämme.

925 Linsen mit Rauchfleisch.

Die Linsen sind in Nr. 149 bemerkt.

926

nen, zum, auf den
gehalten.

wei ein halb ℔ Lachs werden in fingerbreite Stücke geschnitten, mit Salz und Pfeffer bestreut, in feines Oel getaucht und auf beiden Seiten über starker Kohlenglut gebraten auf dem Roste. Beim Anrichten garnire sie mit Petersilie und bekränze sie mit Citronenscheiben, servire dazu Kappernsauce nach Nr. 184.

927

Die Fülle wird bereitet aus Semmelbröseln, ¼ ℔ Butter, 3 Eiern, Salz und Pfeffer.

928 Bayerische Toppennudeln.

in Teller voll süßer und 3 Obertassen voll saurer Toppenkäs werden mit 1 Ei, Salz und 1 ℔ Mehl zu einem leichten Teig gemacht, davon fingergroße Nudeln in ¼ ℔ Butter und ebensoviel Schmalz auf beiden Seiten gelb gekocht und heiß zu Tisch gegeben.

17. Mai.

929 Sauere Rahmsuppe mit Würsten.

ufgeschnittenes Schwarzbrod, um 20 kr, wird in Fette gelb geröstet, mit Suppe ¼ Stunde aufgekocht, 1 Schoppen sauerer Rahm dazu gegeben und beim Anrichten mit 3 Eiergelb legirt.

930 Rindfleisch mit Kartoffel, Butter und Senf.

931 Wachteln mit Sauerkraut

ie Wachteln werden gerupft, flammirt, ausgenommen, mit Salz und Pfeffer bestreut, Weinlaub über die Brüste gegeben, Speckscheiben darüber gebunden, am Spieß bei hellem Feuer 15 Minuten gebraten und zum Sauerkraut servirt.

932 Wirsing mit gebackenen Brisen.

ier junge Wirsingköpfe werden gereinigt, in 4 Theile geschnitten, gesotten, abgekühlt, in guter Einmachsauce gekocht, mit Citronengelb, Pastinakwurzeln, Petersilie und Salz, angerichtet und mit gebackenen Brisen garnirt.

933 Forellen mit Aspic.

ie blau abgesottenen Forellen werden in ihrem Sud kalt gestellt, beim Anrichten in einer langen Schüssel geordnet und mit gebackter Fleischsulz garnirt.

934 Gans, mit Kastanien gefüllt.

er Körper der Gans wird gefüllt mit Kastanien und wie sonst gebraten. Servire dazu Endiviensalat.

935 Schmankerlmus.

on ¼ Liter Milch und 2 Löffel voll Mehl koche ein dünnes Kindsmus, backe davon einen Theil in einer Omelettenpfanne mit Butter auf beiden Seiten gelb, gib dies auf ein Teller und backe die übrigen; unterdessen koche ein feines Mus mit süßem Butter, Rahm, 3 Loth Citronenzucker ganz dünn, gib es in eine tiefe Schüssel die Schmankerln darein und schnell zu Tische.

18. Mai.

936 Zwiebelsuppe.

echs Zwiebel werden in Würfel geschnitten, in ¼ ℔ Butter gelb geröstet, 6 Semmeln würfelig geschnitten, die Hälfte mit den

Zwiebeln geröstet, mit dem nöthigen Waffer aufgekocht, Salz, Pfeffer und die übrigen Semmeln dazu gegeben, die Suppe angerichtet und nochmal mit Zwiebel aufgeschmalzen.

937 Eingemachte Froschschenkel mit Dampfnudeln.

Fünfzig Froschschenkel werden in Butter 6 Minuten gedünstet, in einer weißen Sauce vollends weich gekocht, mit Petersilie und dem Safte einer Citrone gewürzt und mit den Dampfnudeln in Nr. 31 aufgetragen.

938 Forellen mit Burgunderwein.

Dieselben sind in Nr. 885 bemerkt.

939 Puree von weißen Bohnen.

Drei Obertassen voll Bohnen werden über Nacht eingeweicht, in Salzwaffer weich gekocht, durch ein Sieb paffirt, mit Zwiebeln aufgeschmalzen und mit Salmenschnitten bekränzt.

940 Gebackener Karpfen mit grünem Salat.

Der Karpfen wird geschuppt, gewaschen, ausgenommen, in Stücke getheilt, mit Salz bestreut, in Mehl getaucht, mit verklepperten Eiern be-

strichen, mit feinen Bröseln bestreut und rösch im Schmalz gebacken.

941 Griesnockerln mit Chocolade.

Hier Obertassen voll Gries werden in 3 Schoppen Milch eingekocht, wenn es ausgekühlt ist, mit ¼ ℔ Butter, 2 Löffel voll Mehl und 6 Eiergelb abgerührt, dazu den Schnee der 6 Eier, in guter Milch gekocht, angerichtet und mit Chocolade übergoffen.

Deffertauswahl.

19. Mai.

942 Erbsensuppe mit Reis und Würsten.

Ein halbes ℔ Erbsen werden in Waffer weich gekocht, das Waffer abgegoffen, die Erbsen mit Suppe verrührt, durch ein Sieb paffirt, mit Salz nochmal aufgekocht und über, in Suppe gekochten Reis gegoffen.

943 Englische Lendschnitten mit gerösteten Kartoffeln.

Aus einem abgehäuteten Lendenstück schneide 1 fingerdicke und 2 fingerbreite Stücke nach der Quere, klopfe sie ein wenig breit, bestreue sie mit Salz und Pfeffer, brate sie auf beiden Seiten gelb und verziere sie mit gebackenen Ochsenaugen.

944 Braunſchweigerkohl mit
Kaſtanien und Rauchwürſten.

Dieſer Kohl wird von den Rippen
geſtreift, gewaſchen, geſotten, ab⸗
gegoſſen, fein geſchnitten, in Fette, wo⸗
rin 2 Zwiebeln geröſtet, gedünſtet mit
Salz und Pfeffer, geſtäubt, mit Suppe
aufgekocht und mit gedünſteten Kaſtanien
und Würſten zu Tiſch gegeben.

945 Ganſejung mit Kartoffel
nudeln.

Die Bereitung iſt bekannt; mit dem
Ganſejung kann man auch einige Tauben
kochen.

946 Forellen mit Majonaiſe.

Die blau geſottenen Forellen wer⸗
den kalt geſtellt, darüber eine
Oelſauce (ſchon bemerkt) gegoſſen und
mit gebackter Fleiſchſulz garnirt.

947 Kalbsſchlegel und gemiſchter
Salat.

Derſelbe iſt in Nr. 811 bemerkt.

948 Schmankerln⸗Creme.

Acht Loth ſüße Macaroni, 4 Loth
Bisquit und 6 Loth Zucker wer⸗
den fein geſtoßen, mit 8 Eiergelb an⸗
gerichtet, mit ¼ Liter ſüßen Rahm
verdünnt, an's Feuer geſtellt und unter

beſtändigem Rühren zu einer dicken
Creme angekocht und warm geſtellt.
Beim Anrichten lege eine Lage Schman⸗
kerln ein, gieße Creme darüber und
wiederhole dies.

20. Mai.

949 Kohlrabenſuppe mit Lamm⸗
ſchnitzen.

Sechs junge Kohlraben werden
geſchält, in kleine Würfel
geſchnitten, mit Abſchöpffette
gedünſtet, mit Mehl geſtäubt, mit Suppe,
Peterſilie, Salz und Pfeffer aufgekocht,
das Lammfleiſch, im Fleiſchtopf mitge⸗
ſotten, in Schnitze getheilt, kurz mit⸗
gekocht und über gebackene Kruſten an⸗
gerichtet. 1¼ ℔ Fleiſch wird nöthig
ſein.

950 Rindfleiſch mit Kartoffel⸗
Puree.

Die Kartoffeln werden roh geſchält,
in Würfel geſchnitten, in Salz⸗
waſſer gekocht und mit ¼ ℔ Butter
und der nöthigen Milch verrührt.

951 Blaukraut mit Schweine⸗
Coteletten.

Erſteres iſt in Nr. 114, letztere in
Nr. 212 bemerkt.

952

.... chneide das Fleisch in kleine Schnitze,
bereite ein Bechamell, tauche sie
darin ein, lege sie in ein mit Butter
bestrichenes Backblech, überstreiche das
Ganze nochmal mit Bechamell, übergieße
es mit zerlassener Butter, streue Parmesankäse darüber und backe es ¼ Stunde.

953

.... aß ¼ ℔ Butter zergeben, gib vier
Löffel voll Mehl, ist das ein
wenig angelaufen, gieße ½ Liter sieden-
den, süßen Rahm dazu, etwas Citrone,
koche es unter beständigem Rühren kurz
ein, wenn dies abgekühlt, gib 4 Eiergelb daran, eines nach dem andern und
etwas Salz.

954

.... efpritze den bereiteten Fisch mit
Weineffig und bestreue ihn mit
Salz und Pfeffer. Gib Effig, 1 Tasse
Wasser, Zwiebel, Peterfilie, etwas Salbei
und Citrone in ein Casserole, wenn
dies kocht, den Fisch darein, laß ihn einige
Minuten kochen und richte ihn mit
wenig Weineffig, geziert mit Peterfiliegrün, an.

955

Die Täubchen sind in Nr. 420 bemerkt.

956

.... in halbes ℔ Butter, 6 Loth gestoßene Mandeln, 6 Loth Zucker
und 10 Eiergelb werden flaumig abgerührt,
dazu ¼ ℔ geriebenes Schwarzbrod,
mit Wein befeuchtet und etwas Zimmt,
dem Schnee der 6 Eier, dann langsam
gebacken.

21. Mai.

957

in halbes ℔ weißer Sago wird
gekocht, bis er sich aufgelöst,
dann angerichtet, mit 3 Eiergelb legirt und mit Schnittlauch bestreut und der Hahn in Würfel geschnitten darein gegeben.

958

.... in Rippenstück wird geklopft, gespickt mit Knoblauch, mit Salz
und Pfeffer bestreut, am Rost gebraten,
mit Butter bestrichen und mit Gurken-
sauce, in Nr. 521 bemerkt, aufgetragen.

959 Sauerkraut mit Wachteln.

Das Erstere wird wie in Nr. 47 bereitet, die Wachteln werden am Spieß gebraten und mit ihrem Saft in die Mitte des Krautes gegeben.

960 Artischoken, gefüllt und gebacken.

Dieselben werden weich gesotten, in der Mitte der Länge nach auseinander geschnitten, mit Ragout, bereitet aus Drisen, Hammelfleisch, Zwiebel und Petersilie und gekocht mit Wein und etwas Suppe, gefüllt, auch zwischen den Blättern, in einen Pfannenkuchenteig getaucht, in Bröseln umgekehrt, in Schmalz gebacken und mit Petersilie garnirt, aufgetragen.

961 Frischer Lachs mit Kartoffeln.

Derselbe ist in Nr. 405 bemerkt.

962 Spießvögel mit Sardellensauce und Salat.

Schneide aus der Kalbskeule 3 fingerbreite Schnitze, klopfe und spicke sie, bestreue sie mit Salz und Pfeffer, brate sie am Vogelspieß oder in der Reine mit Butter, gib Citronensaft darauf und richte sie auf der Sardellensauce, in Nr. 202 bemerkt, an.

963 Apfel Auflauf.

Brate 12 Aepfel weich, schneide das Kernhaus aus, oder drücke das Mark aus und sondere die Schale und das Kernhaus ab, rühre ¼ ℔ Butter mit 8 Eiergelb ab, gib von 2 Semmeln die Bröseln daran, ¼ ℔ Citronenzucker, etwas Zimmt, ¼ ℔ Apfelmark und den Schnee der 6 Eier, backe und servire diesen Auflauf, mit Zucker bestreut.

22. Mai.

964 Lungenkrapfensuppe.

Eine halbe Lunge wird gesotten, beschwert, mit Petersilie gewiegt, mit gerösteten Semmelbröseln, 2 Eiern, 2 Löffel voll Gries, Salz und Pfeffer gemischt, auf in beliebige Streifen geschnittene Flädlein gelegt, diese zusammengerollt, in Wasser gekocht, in Suppe angerichtet und mit Schnittlauch bestreut.

965 Rindsbrust mit Kartoffeln in Bratensud.

Ist das Fleisch weich gekocht, so brate es in Butter auf beiden Seiten gelb mit Salz und Pfeffer.

Rohe Kartoffel schneide in große Würfel, dünste sie in der Bratenfette und gib sie zum Fleisch.

966 Gefüllter Wirfing.

Drei Köpfe werden von innen ausgenommen, daß sie eine Schale bilden, mit Fleischfülle gefüllt, die herausgenommenen Blätter darüber gebunden, locker, in Wasser weich gekocht, in weißer oder gelber Einmachsauce nochmal aufgekocht, ¼ Stunde, dann angerichtet und die Sauce darüber geseiht.

967 Gebackene Forellen.

Kleine Forellen werden hergerichtet, auf beiden Seiten messerrücken-tief eingeschnitten, gesalzen und ½ Stunde zugedeckt, dann in Mehl umgekehrt, in abgeschlagene Eier getaucht, mit Bröseln bestreut, gebacken und mit Citronenscheiben garnirt, aufgetragen.

968 Gebratene Enten und Endiviensalat.

Die Enten sind in Nr. 18 bemerkt. Die Trübendivien sollen eingeputzt werden wie der Kopfsalat.

969 Wein-Omeletten.

Eine Obertasse Mehl wird mit 2 Obertassen voll süßen Rahm angerührt, dazu 5 Eier, 4 Loth Citronenzucker, davon Kuchen gebacken in der Omelettenpfanne, mit eingesottenen Hagenbutten gefüllt, zusammengerollt, mit Zucker bestreut und schnell zur Tafel gegeben.

23. Mai.

970 Kräutersuppe mit Weißen-Klößchen.

Die Kräuter werden gewaschen, gewiegt, in Fette gedünstet, gestäubt, mit Suppe aufgekocht und mit einer Tasse sauern Rahm legirt.

Weißenklößchen: Rühre 3 Loth Abschöpffette mit 2 Eiern ab, dazu eine, mit Petersilie gewiegte Brise, Salz, Pfeffer und eine geriebene Beige, koche davon kleine Klößchen in Suppe ein und gib sie in die Kräutersuppe.

971 Rindfleisch mit Rahmensalat und frischen Gurken.

972 Bayerische Rüben mit Schweinknochen.

Die Rüben werden mit dem Abfall der Coteletten in Wasser mit 4 Löffel voll Honig gekocht, in eine braune Brenne gegeben, ¼ Stunde aufgekocht, dann angerichtet.

973 Aal, blau gesotten und mit Citronenscheiben bekränzt.

974

Die Gans wird wie in Nr. 49 bereitet.

975

rei Obertaſſen voll Mehl werden in 1½ Schoppen ſüßen Rahm gekocht, mit 3 Loth Citronenzucker und 6 Eiern abgerührt, in einem breiten Caſſerole mit 10 Loth Butter gekocht und mit in Wein und Zucker gekochten Kirſchen zur Tafel gegeben.

24. Mai.

976

in Teller voll Körbelkraut wird fein gewiegt, in Fette gedünſtet, mit guter Suppe aufgekocht, über gebackene Kruſten gegoſſen und mit 2 Obertaſſen voll ſauern Rahm legirt.

977

Die Sauce iſt in Nr. 202 bemerkt.

978

979

as Gansjung wird mit 2 Löffel voll Fette, 2 Taſſen Waſſer, 1 Taſſe Wein, Salz, Pfeffer, Zwiebel, Peterſilie und Citronenſaft weich gedünſtet, in weißer Sauce mit Blut, etwas Wein und Zucker nochmal aufgekocht und mit in Würfel geſchnittenen und mit in Gansfette gelb geröſteten Kartoffeln aufgetragen.

980

Erſterer iſt in Nr. 473 bemerkt.

981

on einem vordern Lammviertel wird die Bruſt gut untergriffen, gefüllt wie die Kalbsbruſt, zugenäht, mit Salz und Pfeffer eingerieben, mit Butter, Zwiebel, gelbe Rübe und Suppe gebraten und im eigenen Saft zur Tafel gegeben.

Eine Hand voll Schnittſalat, Gartenkreſſe, Zwiebelröhrchen, Körblkraut und Boraſch werden fein geſchnitten und mit Eſſig und Oel angemacht.

982

In Strudelteig, fein ausgezogen und trocken, wird mit Butter bestrichen, mit frischen Kirschen gefüllt, zusammengerollt, wie ein Halbmond gebogen, in einer Reine- mit Butter, Zucker und einer Taffe süßen Rahm gelb und saftig gebacken.

25. Mai.

983

zwei Liter Waffer und 1 Liter Wein, ganzer Zimmt und Citronengelb werden zum Feuer gestellt, 2 Löffel Mehl in heiße Butter gegeben, mit obigem gelöscht, aufgekocht, über Würfel angerichtet und mit 3 Eiergelb legirt.

984

cht Eier werden mit 1 Obertaffe voll Rahm verkleppert, 2 Löffel voll Schnittlauch, Salz und Pfeffer daran gegeben, in Butter unter Umrühren weich gekocht und mit geriebenem Käse bestreut.

985

Der Fisch wird mit weißem Speck gespickt und wie in Nr. 166 gebraten.

986

erselbe wird in Salzwaffer weich gekocht, 4 Minuten, in einer Erbsenfauce, die bereitet mit Fischfud, aufgekocht und angerichtet.

987

ieDampfnudeln werden in Kirschensauce gekocht mit Vierling Krebsbutter und mit Compot aufgetragen.

988

nach Nr. 75.

989

echs Loth Gries werden in Milch dick gekocht, ausgekühlt, mit 1 Vierling Butter werden 6 Eiergelb und 6 Loth Zucker, jedes Mal ein Löffel Gries dazu, abgerührt, zuletzt den Schnee der Eier, in eine Serviette gebunden, gesotten, beim Anrichten mit geschnittenen Mandeln bestreut und mit Hagenbuttensauce übergoffen.

26. Mai.

990 Grüne Nudelsuppe mit Würſten.

on 3 Taſſen voll Mehl, 2 Eiern und 2 Löffel voll Spinat- ſaft wird ein feſter Nudel- teig gemacht, feine Nudeln geſchnitten, ſchnell eingekocht und mit Würſten auf- getragen.

991 ...

992 ...

...ie Spargeln ſind in Nr. 693 be- merkt und werden mit der Wurſt im Kranze garnirt.

993 Grüne Erbſen, gelbe Rüben und Schinkenrollen.

in Teller voll Erbſen werden ge- dünſtet mit Fette, Salz, Pfeffer und Suppe, mit Mehl beſtäubt und mit Suppe aufgekocht. Die gelben Rüben werden der Länge nach geſchnitten und gekocht wie die Erbſen.

994 Forellen, blau, mit Citronen-

nach Nr. 383.

995 Junge Enten mit grünem ...

Die Enten ſind in Nr. 18 bemerkt.

996 Gebackene Kirſchen ...

...oche mit 2 Obertaſſen voll Mehl, Butter und 1 Schoppen ſüßen Rahm einen Teig, bis er ſich von der Pfanne löſt, laß ihn abkühlen, rühre 3 Eier dazu, tauche die Kirſchen ein und backe ſie hellbraun in Schmalz.

27. Mai.

997 ...

in halbes ℔ Rollgerſte wird mit Suppe gekocht, der Schleim entnommen beim erſten Auf- kochen und warm geſtellt, 1/8 Taſſe voll Mehl kaltem Waſſer abgerührt, an die Breite gegeben und mit Sellerie- würf l aufgekocht, nochmal abgegoſſen, dann mit Kaiſereier aufgetragen.

998 Lendbraten mit Macaroni.

Nr. 59.

999 Sauerampfengemüſe mit Fricandeau.

ieſelben werden in Waſſer gekocht, abgegoſſen, gewiegt, in Butter gedünſtet, mit Mehl geſtäubt, mit Zucker

und fetter Suppe aufgekocht und mit
Fricandeau (Nr. 123) zur Tafel gegeben.

1000 Weiße Rüben mit Schweine Coteletten.

Die Rüben sind in Nr. 151, die
Coteletten in 212 bemerkt.

1001 Forellen mit holländischer Sauce.

iefelben werden blau gesotten und
mit holländischer Sauce in Nr.
254 zu Tisch gegeben.

1002 Hammelsschlegel auf Wildpretart mit Pfeffersauce.

in Hammelsschlegel wird mürbe
geklopft, abgehäutet, die Ober-
fläche gespickt, in Essigbeize gelegt, 2 Tage,
dann mit Schafnierenfette und Beize
gebraten und im eigenen Saft mit
Pfeffersauce, Nr. 575 bemerkt, aufgetragen.

1003 Gefüllter Reisstrudel.

wei Obertassen voll Reis werden
in Milch dick gekocht, abgekühlt
und 4 Loth Citronenzucker und 4 Loth
Butter dazu gerührt; nun bestreiche eine
breite, glatte Tortenform, besäe sie mit
Bröseln, gib 1 fingerdicke Lage Reis
darein, darauf ¼ Obertasse voll ein-

gesottenes, mit Wein verdünntes Hagenbuttenmark, nochmal Reis, bestreue dies
dick mit Zucker, lege Rindsschmalz darauf
und backe es schön gelb.

28. Mai.

1004 Starke Tropfsuppe mit Brisen.

wei Tassen voll Mehl werden
mit Wasser zu einem dicken
Teig gerührt, mit 4 Eiern
verdünnt, Salz und Schnittlauch dazu
gegeben, durch den Spatzenlöffel in die
Suppe getropft, aufgekocht, die Brisen
darein gegeben und mit Schnittlauch bestreut, aufgetragen.

1005 Gedämpftes Schweiffleisch mit italienischen Macaroni.

as Schweiffleisch wird mürbe geklopft, mit Salz und Pfeffer eingerieben, mit Suppenkräutern und zwei
Liter Wasser auf beiden Seiten gelb gedünstet, ein Glas Wein nachgegossen, eine
Tasse voll Bröseln von Schwarzbrod daran
gestäubt, kurz eingekocht und im eigenen
Saft mit Macaroni aufgetragen.

1006 Spargeln mit Kalbs Coteletten

ie Spargeln werden in Buttersauce bereitet, die Coteleten sind
in Nr. 198 bemerkt.

1007

ie gefpickte Leber, fchon frûher
bemerkt, wird in eine flache
Schûffel gegeben und mit dem Spinat
garnirt.

1008

ie Gaumen werden in Wûrfel gefchnitten, weichgefotten, in Sauer-
rampfenfauce aufgekocht und mit Kartoffelnudeln zur Tafel gegeben.

1009

in Schlegel wird geklopft, gebeizt,
mit glubendem Stabl gebrannt
und eingefalzen, nach 2 Tagen aus der
Beize genommen, gefpickt, mit Speck
gebraten, mit 1 Taffe fauern Rabm legirt und im eigenen Saft aufgetragen.

1010

ûber 10 Eiergelb und ¼ ℔ geftoffenen Zucker fchäumig ab,
dazu ¼ ℔ Mehl, ¼ ℔ Kirfchen und
den Schnee, fûlle den Teig in eine Tortenform, backe ibn langfam 1 Stunde und
beftreue ibn mit Zucker.

29. Mai.

1011

ûber ¾ ℔ Brät und ¼ ℔
Abfchöpffette ab, dazu 2 Eier,
2 Taffen voll Brôfeln, ¼
Taffe Milch, Salz, Pfeffer und Citronengelb, mache mit dem Löffel Nockerln
in die Suppe, laß fie kochen und gib
fie in braune Suppe.

1012

in Nr. 107.

1013

ie Erbfen werden klein gefchnitten,
in Fette gedûnftet, geftäubt, mit
Suppe aufgekocht und mit Lyonerwurft
garnirt, zu Tifch gegeben.

1014

afelbe wird gefpickt, gefalzen,
6 Stunden gebeizt, mit Speck
und einer Obertaffe voll Beize gebraten
und im eigenen Saft angerichtet und
mit Spargelfalat fervirt.

1015

ift in Nr. 638 bemerkt.

1016 .

ie Hühner find in Nr. 138 bemerkt. Frische Kirschen werden mit Wein, Zucker und ganzem Zimmt gekocht und als Compot beigegeben.

1017

on 2 ℔ Mehl, ¼ ℔ Butter, 2 Eiern, 2 Taſſen füßem Rahm und 3 Loth Zucker wird ein Teig gemacht, iſt er gegangen, ſo gib 10 Loth Butter in ein Caſſerole, 2 Taſſen mit Waſſer flüſſig gemachtes Hagenbuttenmark, 2 Loth Zucker und die Nudeln und laß ſie gut einkochen.

NB. Gib extra Hagenbuttenſauce bei.

30. Mai.

1018

rei Obertaſſen voll Mehl und 3 Eier werden in 2 Theile geknetet; an den erſten Theil gib 1 Löffel mit Safran gefärbtes Waſſer, an den zweiten 2 Löffel voll mit Rahnenſaft gefärbtes Waſſer, rolle beide aus, rädle viereckige Fleckle daraus, koche die rothen eigens, nimm ſie mit dem Schaumlöffel heraus, gib ſie in die Terrine, dazu die Suppe mit den gelben Fleckchen und beſtreue ſie mit Schnittlauch.

1019

1020

er Ladut wird mit Spinat gekocht, die Würſte werden blaßgelb gebraten und darauf garnirt.

1021

Daſſelbe iſt in Nr. 114 bemerkt.

1022

roße Krebſe werden rein gewaſchen, mit Waſſer und 1 Glas Wein, Salz, Peterſilie, Zwiebel und Butter 5 Minuten geſotten, dann auf einer in die Schüſſel gebreiteten Serviette angerichtet, mit Peterſilie geziert und mit friſcher Maibutter aufgetragen.

1023

Die Kapaunen ſind in Nr. 42 bemerkt.

1024

in viertel ℔ Butter, 6 Eiergelb, ¼ ℔ Zucker, ¼ ℔ Mehl, 1 Taſſe füßer Rahm und der Schnee der Eier werden abgerührt, ſchnell röſch gebacken und mit Vanilleſauce zu Tiſch gegeben.

31. Mai.

1025 Pfifferlingſuppe mit Kruſten.

In Teller voll Pfifferlinge werden gepuzt, gewaſchen, abgegoſſen, mit Peterſilie gewiegt, in Butter gedünſtet, mit Mehl
geſtaubt, mit Salz, Pfeffer und Waſſer
aufgekocht und über gebackene Kruſten
gegeben.

1026 Eingemachte Fröſche ſchenkel mit Brandſchmarren.

Fünfzig Fröſche werden gewaſchen,
die Jeben abgehauen, mit Waſſer,
Salz und Peterſilie 3 Minuten gekocht, mit
Citrone und einer Zwiebel in weißer
Einmachſauce aufgekocht, 10 Minuten,
und mit Brandſchmarren ſervirt.

1027 Karpfe mit Kreen.

Derſelbe wird blau geſotten und
mit roh geriebenem Meerrettig beſaet.

1028 Bairere Erate Nudeln ...

on 3 Taſſen Mehl, 3 Eiern und
3 Löffel voll ſüßem Rahm wird
ein feſter Nudelteig gemacht, ausgerollt,
fein geſchnitten und in Butter, Zucker
und ſüßem Rahm ſaftig gekocht und
mit Orangenſauce nach Nr. 500 ſervirt.

1029 Rothfiſch, gebraten und Kopfſalat.

In Nr. 736.

1030 Engliſcher Kuchen.

In viertel ℔ Butter wird mit 8
Eiergelb abgerührt, eines nach dem
andern, dazu ¼℔ Zucker, ¼℔ geſchnittene
Mandeln, 1 Taſſe Rum, Orangenſchale,
1 ℔ geſiebtes Mehl und den Schnee der
8 Eier, die Hälfte davon auf ein mit
Schmalz beſtrichenes Kuchenblech gegeben, darauf eine Lage Kirſchen und
die andere Hälfte, 3 Eierklar, gemiſcht
mit Zucker, darüber gezogen und bei
gelinder Hize langſam gebacken.

Deſſertbackwerk.

Monat Juni.

1. Juni.

1031 Suppe mit kaltem
Macaroni.

... in halbes ℔ Macaroni wird in
... der Suppe gekocht und mit Schnittlauch bestreut aufgetragen.

1032 Rindsfleisch mit Sardellen
sauce.

Letztere ist in Nr. 272 bemerkt.

1033 Champignons mit

... ie Champignons werden gestutzt,
... gewaschen, mit 6 Loth Butter,
Salz, Pfeffer, Citronensaft und 1 Tasse
Suppe weich gedünstet, mit ½ Tasse
Citronensauce aufgekocht und mit Salami
belegt, servirt.

1034 Pastinakengemüse mit
Kalbsvögerln.

Laß in Abschöpffette 3 Stückchen
Zucker gelb werden, gib die
Pastinaken länglich fein geschnitten da-
rein, dünste sie mit Petersilie, Citrone,
Salz und Suppe, stäube sie mit Mehl,
koche sie mit der nöthigen Suppe auf

und servire sie mit Kalbsvögerln, in
Nr. 803 bemerkt.

1035 Gelbe, blau abgesottene
mit dem Saft
nach Nr. 29.

1036 Junge Truthühner
gebraten über.

... ieselben werden mit Speckscheiben
... belegt, am Spieß unter öfterm
Begießen mit Butter gebraten und im
eigenen Saft mit grünem Salat und
Kirschencompot servirt.

1037 Rahmstrudeln
in Nr. 188.
Dessertbach ....

2. Juni.

1038 Reißschleim, mit Rahm
und Eiergelb legirt.

... in viertel ℔ Reis wird zu
Schleim gekocht, 1 Stunde
vor dem Anrichten 2 Tassen
voll süßen Rahm darein gegeben, durch
ein Sieb über 3 Eiergelb, mit Suppe
abgerührt, passirt, und mit Schnittlauch
bestreut.

1039

Der Salat wird wie jeder andere bereitet.

1040

... ie Erbſen werden nach der Breite geſchnitten, in Suppe abgeſotten, in beißer Butter ein paar Mal geſchwungen, mit Salz und Pfeffer beſtreut, erbaben angerichtet und mit geröſtetem Kalbsbirn garnirt.

1041

Dasſelbe iſt Nr. 979 bemerkt.

1042

nach Nr. 75.

1043

nach Nr. 49.

1044

... in fein ausgezogener Strudelteig ... wird mit ſauerm Rahm beſtrichen, mit Apfelſchnitten und Roſinen überſtreut, mit Zucker und Zimmt überſäet, zuſammengerollt und in einem, mit Butter ...

... ter beſtrichenen Geſchirr mit ſiedender Milch und Butter gebacken.

3. Juni.

1045

... erſelbe wird bereitet mit einer dickfließenden weißen Hühnerſuppe. Beim Anrichten gib 1 Taſſe ſüßen Schlagrahm, 2 Taſſen, voll in Salzwaſſer gekochte Spargelſpitzen und Hühnerfleiſch darein.

1046

... in abgelegenes Rippenſtück wird mürbe geklopft, geſalzen, mit Wurzeln, Grünzeug, 2 Zwiebeln, 2 Taſſen, Waſſer, 1 Glas Wein und Salz und Pfeffer weich gedünſtet, beim Anrichten ſchön getheilt, die entfettete Sauce darüber geſeibt und mit gebratenen Kartoffeln bekränzt, aufgetragen.

1047

Die Rüben ſind in Nr. 151, die Coteletten in Nr. 212 bemerkt.

1048

... ier Wirſingköpfe werden fein gehobelt, mit ſiedendem Waſſer gebrüht, abgegoſſen, mit Gansfett, Zwiebel,

Salz und einem Glas Wein, 2 Taſſen
Suppe weich gedünſtet, mit Mehl geſtäubt und mit Suppe aufgekocht.

Die Feldhühner werden in friſcher
Butter gedünſtet und in ihrem Safte
zum Kraut, in welchem auch roher
Schinken mitgekocht wird, gegeben.

1049　Lampin auf Wel-
ſche？

Zwei Lampin werden haſenartig
hergerichtet, mit Speck geſpickt.
in Wein und Grünzeug 12 Stunden
gebeizt, in eine Reine, mit Speck belegt,
gebraten unter Aufgießen : Taſſe ſaueren
Rahmes und der nöthigen Beize und
mit gemiſchtem Salat zu Tiſch gegeben.

1050　Krebſe mit Butter.

1051　Nierenbraten in Speck
?

Derſelbe wird wie gewöhnlich mit
Butter gebraten.

1052　Aprikoſenkuchen

in Nr. 779.

1053　Braune Leberſuppe mit
Leberſchnitten.

Nierenfette, Grünzeug, Wurzeln
und Kalbfleiſchabfall werden
klein gehackt, gedünſtet, mit
Suppe aufgekocht und über gebackene
Leberſchnitten geſeiht.

Leberſchnitten : ½ ℔ Kalbsleber wird mit Zwiebeln und Peterſilie
fein gewiegt, 4 Semmel in Scheiben
geſchnitten, in der Leber eingetaucht,
mit Bröſeln beſäet, im Schmalz gebacken, in weißer Suppe 4 Minuten
gekocht und in die braune Suppe gegeben.

1054　Rindsfleiſch mit
Sauce Beizen.

1055　Grünes Erbſenpüre mit
Zunge.

Die Erbſen werden mit Butter,
Zucker, Salz und Suppe weich
gedünſtet, durch's Sieb paſſirt und mit
Butter wieder heiß gerührt. Eine geräucherte Zunge wird weich geſotten
und als Auflage beigegeben.

1056　Lampin-Ragout mit
italieniſchen Macaroni.

Die Vordertheile werden in kleine
Stücke gehaut, mit der Beize
und 2 Taſſen Suppe weich gedünſtet,

in eine hellbraune Brenne gegeben, mit
1 Glas Wein aufgekocht und mit Maca,
roni servirt.

1057 Hecht, blau, mit Kartoffeln.

Nr. 96.

1058 Truthahn mit grünem Salat und Kirschen Compot.

Derselbe wird gereinigt, ausgenom,
men, gewaschen, 24 Stunden
aufgehängt, mit Salz und Pfeffer be,
streut, mit Speck belegt, in Papier ein,
gebunden, 1¼ Stunde gebraten, das
Papier entfernt, nochmal gebraten, bis
er auf allen Seiten gleiche Farbe hat
und weich ist, dann zu Tisch gegeben.

Das Compot: 3 Loth Zucker wer,
den leicht gebräunt, mit 1 Glas Wein
gelöscht und die Kirschen darin aufge,
kocht.

1059 Orangenauflauf.

Acht Loth Mehl, 8 Loth Zucker
und 4 Loth Butter werden mit
1 Tasse süßem Rahm angerührt, dazu
4 Eiergelb, das Gelbe von 2 Orangen,
mit Zucker abgerieben und ¼ Tasse
Rahm, beim Feuer unter beständigem
Rühren zu einem dicken Mus gekocht,
6 Eiergelb und der Schnee darunter
gezogen, in ein Auflaufblech gefüllt,
mit Zucker bestäubt und langsam ge,
backen.

5. Juni.

1060 Indische Lebersuppe mit Krusten.

Leber, Herz und Magen wer,
den klein geschnitten, mit
Salz, Pfeffer und Petersilie
weich gedünstet, fein gewiegt, wieder
in das Casserole gegeben, 2 Tassen voll
Bröseln dazu, eine Viertelstunde aufge,
kocht, mit der nöthigen Suppe noch 1
Stunde gekocht, durch ein Sieb über
gebackene Krusten angerichtet und mit
Petersilie und Schnittlauch bestreut.

1061 Rindfleisch mit Senfkar toffeln.

Bereite aus 2 Loth Zucker und
Rindsschmalz eine Bräune, gib
4 Zwiebeln, jeden in 4 Theile geschnitten,
darein, dünste sie mit einem Löffel voll
Mehl, koche sie mit 1 Tasse voll Suppe,
4 Löffel voll Essig und Salz auf, passire
sie durch ein Sieb, rühre ¼ Tasse Senf
darein, gieße sie über die Kartoffel,
koche sie noch ein paar Minuten und
gib sie zum Rindfleisch.

1062 Sauerkraut mit Blut und Leberwürsten.

Nr. 47.

1063 Indianerbleget mit holländischer Sauce.

Die Ueberreste des Indian werden mit Salz und Pfeffer beſtreut, in zerlaſſene Butter getaucht, am Roſte heiß gemacht und mit holländiſcher Sauce, Nr. 11, ſervirt.

1064 Hecht mit Meerrettig

nach Nr. 681.

1065 Junge Tauben, gefüllt mit Kaſtanien und gemiſchter Salat.

1066 Dampfnudeln mit Vanilleſauce.

Nr. 31.

6. Juni. (Faſttag.)

1067 Kirſchenſuppe mit Bisquit.

Ein ℔ Kirſchen wird ausge-ſteinert, mit 1 Schoppen Waſſer, ¼ ℔ Zucker, einem Stengel Zimmt und etwas Citrone weich gekocht, die Steine im Mörſer geſtoſſen und mit 1 Liter rothen Wein, 2 Liter Waſſer, 4 Loth Zucker und geriebenen Zwiebeln ¼ Stunde gekocht, durch ein Sieb über die Kirſchen gegeben und mit einem Teller voll in Würfel ge-ſchnittenen Bisquit aufgetragen.

Gefüllte Eier. 1068

Sechn harte Eiergelb werden mit Peterſilie und Schnittlauch ge-wiegt, mit Butter, nebſt Salz und Pfeffer gedünſtet, in die Eierweiß ge-füllt, dieſe auf eine Platte gerichtet, ¼ Liter ſüßen Rahm, legirt mit 5 Eier-gelb, 3 Loth Butter und Zucker darüber gegoſſen und im Rohr langſam gebacken.

Gebratener Aal mit 1069 grünem Salat.

Nr. 166.

Gebackene Froſchſchenkel 1070 und Kreſſenſalat.

Die Schenkel werden geſalzen, in Mehl umgekehrt, in mit Milch verklepperte Eier getaucht, mit feinen Bröſeln beſäet und im Schmalz gebacken.

Quitten-Auflauf, 1071

nach Nr. 532.

Krebſe mit Butter. 1072

nach Nr. 1022.

Herzogintorte, 1073

in Nr. 704 bemerkt.

24*

7. Juni.

1074 Grünkernsuppe auf
französische Art.

Die Suppe wird wie gewöhnlich bereitet, ¼ Stunde vor
dem Anrichten mit 4 Eier-
gelb legirter süßer Schlagrahm darein
gegeben und mit Krebsschweifchen aufgetragen.

1075 Rindfleisch mit Petersiliekartoffel

Die Kartoffel werden in weißer
Einmachsauce mit 3 Löffel voll
Petersilie gekocht.

1076 Sauerkraut mit
Schweine-Coteletten.

Ersteres ist in Nr. 47, die Coteletten in Nr. 215 bemerkt.

1077 Kohlraben mit Lammfleisch.

Die Kohlraben werden wie gewöhnlich gekocht und vor dem Anrichten
¼ Tasse Senf darein gegeben.

1078 Eine Gansleber.

Dieselbe wird 10 Minuten in Gansfette mit Salz, Pfeffer und Zwiebel gedünstet, mit Mehl gestäubt und
mit 1 Tasse Suppe aufgekocht.

1079 Gans, gefüllt mit Kartoffeln und Bratwürsten, nebst
grünem Salat und Compot.

Die Gans ist bemerkt in Nr. 537.

1080 Reisauflauf mit Hagenbuttensauce.

Derselbe wird bereitet wie in Nr.
161; nur statt Schmankerln Reis.
Das Hagenbuttenmark wird mit Wein
verdünnt, aufgekocht und zum Auflauf
servirt.

8. Juni.

1081 Sagosuppe, legirt mit
Rahm und Eier.

Zwölf Loth Sago werden gekocht, ¼ Stunde vor dem
Anrichten 1 Tasse süßen Rahm
darein gegeben, mit 3 Eiergelb legirt
und über Kaisernockerln gegossen.

1082 Rindfleisch mit Gurken.

Gurken und Kartoffel werden wie
gewöhnlich angemacht, die Kartoffel in die Mitte und die Gurken im
Kranze um dieselben gegeben.

1083 Bohnen mit Bratwürsten.

Junge Bohnen werden in Salzwasser abgekocht, mit frischem
Wasser begossen, damit sie grün bleiben,

in einer Rahmſauce 5 Minuten aufgekocht und mit blaßgelb gebratenen
Würſten ſervirt.

1084 Gansjung mit Blut.

Zwei Gansjung werden mit Waſſer,
Eſſig, einem Glas Wein, Salz,
Pfeffer, Zwiebel, Citrone und Peterſilie
geſotten, in weißer Einmachſauce mit
¼ Taſſe Blut aufgekocht und beim Anrichten die Sauce durch ein Sieb paſſirt
und mit geröſteten Kartoffeln zur Tafel
gegeben.

1085 Hecht mit Meerrettig in Eſſig und Oel.

Nr. 681.

1086 Gefüllter Kalbsſchlegel und Kartoffelſalat.

Der Schlegel wird geklopft, ausgebeint, auseinander gelegt, mit
Salz und Pfeffer beſtreut, gefüllt, zugenäht, auf der Oberfläche geſpickt und
mit 8 Loth Butter gebraten. Fülle zum
Schlegel: 1 ℔ Kalbfleiſch
wird aus dem Schlegel geſchnitten, fein
gebackt, etwas Waſſer dazu gegeben,
eine Semmel in kalte Milch geweicht,
ausgedrückt, mit 2 Eiern verrührt,
¼ ℔ Nierenfette, Salz, Pfeffer, Citrone
und das gebackte Fleiſch dazu gegeben
und in den Schlegel gefüllt.

Kaiſeraurlauf. 1087

Iſt in Nr. 860 bemerkt.
Deſſertbackwerk.

9. Juni.

Straubenſuppe. 1088

Bereite aus Fette, Fleiſchabfall,
Beinen und Wurzelwerk eine
braune Suppe, gib ſie durch
ein Sieb über Sprißſtrauben und beſtreue ſie mit Schnittlauch.

Rindsfleiſch mit hollän- 1089 diſcher Sauce.

In Nr. 11 bemerkt.

Karviol mit gebackenen 1090 Hühnern.

Der Karviol wird in Röschen getheilt, in Waſſer abgeſotten, abgegoſſen, auf der Servirplatte wieder
zur Blume zuſammengeſetzt, mit Fricaſe-
ſauce übergoſſen und mit Hühnern
garnirt.

Ochſenzunge mit 1091 Parmeſankäſe.

Die Junge wird weich gekocht, abgehäutet, in der Mitte geſpalten,
herzförmig in ein Caſſerole gelegt, mit
Salz und Pfeffer beſtreut. Unterdeſſen

verrühre 2 Löffel voll Mehl beim Feuer
mit einer Taſſe ſauerm Rahm, dann 3
Eiergelb, etwas Salz, 4 Löffel voll geriebenen Parmeſankäſe, 1 Kaffeelöffel
voll Pfeffer, bis es zu einer dicken Sauce
kocht, ſtreiche dieſe auf die Zunge und
backe letztere gelb im Rohr, richte ſie auf
die Platte und übergieße ſie mit holländiſcher Kappernſauce, gemiſcht mit 4 Löffel
voll Parmeſankäſe.

1092 Gebackener Karpfen mit grünem Salat.

Derſelbe iſt in Nr. 473 bemerkt.

1093 Gebratene Hühner und Orangenſalat.

Die Hühner ſind in Nr. 138 bemerkt. Die Orangen werden in
Scheiben geſchnitten, mit Zucker beſtreut,
und mit weißem Wein begoſſen.

1094 Grießſchmarren mit ge-kochten Kirſchen.

Ein viertel ℔ Gries wird mit einem
Liter Milch zu einem dicken Brei
gekocht, ausgekühlt, Butter, 6 Eier,
3 Loth Citronenzucker dazugerührt, in
Butter gekocht und mit Kirſchencompot
aufgetragen.

10. Juni.

1095 Gansgratinſuppe mit Schnitten.

Hals, Kopf, Flügel und Füße,
Leber und Mägen werden
klein gehackt, mit Waſſer,
Salz, Pfeffer, Suppenkräutern und ⅟₂
Weißkrautkopf weich gekocht, 2 Löffel
voll Mehl in Fette gelb geröſtet, mit
dem Gansjungſud gelöſcht und glatt ge-
rührt, mit dem Jung und der nöthigen
Suppe aufgekocht und über gebähte
Schnitten gegeben.

1096 Kohlbeerteak mit Rahmenſalat.

Erſtere ſind in Nr. 107 bemerkt.

1097 Grüne Bohnen mit Schweins-Cotelletten.

Die Bohnen werden geſotten, in
Butter mit Salz und Pfeffer
geſchwungen, auf der Platte mit warmem,
durch Suppe verdünnten Senf übergoſſen und mit Cotelletten bekränzt, zur
Tafel gegeben.

1098 Lampinragout mit Peterſilieſauce.

Der Lampin wird in ſchöne Stücke
getheilt, mit Salz, Pfeffer, Grünzeug, Zwiebel, etwas Salbeiblätter,

1 Glas Wein, Citronensaft, 3 Taffen
Waffer, ¼ Taffe Effig weich gekocht,
mit 3 Löffel voll Peterfilie in einer gelben
glatt gerührten Sauce aufgekocht und
mit beliebiger Mehlfpeife aufgetragen.

1099 Forellen, blau gefotten.

Diefe werden bereitet wie die Forellen,
nur nicht dreffirt, weil fie fich
beim Kochen felbft krümmen.

1100 Gebratene, gefüllte
Hühner mit grünem Salat.

Drei Semmeln werden gefchält, in
Würfel gefchnitten, gelb geröftet
und Milch darüber gegoffen. Rühre
4 Loth Butter, 2 Eier, Citronengelb
und 2 Löffel voll Peterfilie ab, menge
die Semmeln darunter, fülle damit 4
Hühner, falze fie und brate fie wie gewöhnlich.

1101 Lampinudeln in Krebsbutter mit grünen, gebackenen
Erbfen.

11. Juni.

1102 feine Kräuter- oder
Krebsbutterfchnitten.

Ein Teller voll Kräuter werden
gewafchen, gewiegt, mit Abfchöpffette, Salz und Pfeffer
gedünftet, mit 1 Taffe Semmelbröfeln
geftäubt, mit Suppe und 4 feingefchnit-

tenen Paftinaken aufgekocht, mit fauerm
Rahm, 2 Eiergelb und 1 Taffe weichge-
kochter Spargelfpitzen legirt und über
gebähte, mit Krebsbutter beftrichene
Schnitten angerichtet.

1103 Rindfleifch mit Lattichfalat.

1104 Gebratener Lampin
und Rofenkohl mit Senf.

Erfterer wird gebacken wie Lamm-
fleifch u. dgl. Der Rofenkohl
wird wie gewöhnlich hergerichtet, gedünftet, in Senffauce aufgekocht, erhaben
angerichtet und mit gebackenen Lampin-
ftückchen garnirt, aufgetragen.

1105 Gänfeleber mit Kaftanien.

Zwei Gänfelebern werden von der
Galle befreit, mit Papier abgewifcht, nicht gewafchen, abgehäutet, in
Gansfette mit 2 Zwiebeln, Salz und
Pfeffer gelb gebraten, mit 1 Glas Wein
eingedünftet, dann ausgelegt und unbe-
deckt warm geftellt. In der Fette wird
1 Löffel voll Mehl gelb geröftet, mit
Suppe dick gekocht, durch ein Sieb in
die Saucerie gegeben und die Leber auf
glacirte Kaftanien.

1106 Junger Indian mit
Orangenfalat und Erbeeren.

Der Indian wird gewafchen, ab-
und ausgetrocknet, mit Salz eingerieben, etwas Butter und Peterfilie

in den Leib gesteckt, die Brust mit dün-nem Speck belegt, in Papier gebunden und mit Butter 1 Stunde gebraten, dann Wasser nachgegossen, ½ Stunde vor dem Anrichten das Papier entfernt und mit seinem Saft begossen, nochmal gebraten.

1107 Kirschenkuchen.

Derselbe wird von seinem Hefenteig gemacht und mit frischen Kirschen belegt.

Dederichbachwerk.

12. Juni.

1108 Türkische Mandelgrütze für ... und Herren.

Zwei Tassen voll türkischer Gries werden in die Suppe gesäet, gut ausgekocht, mit süßem Rahm und 2 Eiern legirt und mit Schnittlauch bestreut.

1109 Rindfleisch mit Rübchen und Senfsauce.

Die Sauce ist schon früher bemerkt.

1110 Dicke oder holländische Bohnen.

Man benützt von diesen nur die Kerne; selbe werden aus den Hülsen gelöst, mit siedendem Wasser begossen, ½ Stunde zugedeckt, dann abgebäutet, gedünstet mit Zwiebel, Peter-silie, Salz und Pfeffer, mit Suppe auf-gekocht und mit gebackenem Hirn garnirt, zu Tische gegeben.

1111 Hühner mit Reis.

Die Hühner werden in den Fleisch-topf gelegt, bis sie anfangen, auf-zulaufen, dann in Stücke getheilt, mit Salz, Petersilie und 2 Tassen Suppe langsam gedünstet, 8 Loth Reis unge-rührt in weißer Suppe gekocht und um die Hühner im Kranze garnirt.

1112 Hecht in saurer Rahm-sauce mit gerösteten Kartoffeln.

Der Hecht wird in Stücke getheilt, mit 10 Loth Butter, 1 Schoppen sauern Rahm, Salz, Pfeffer und Zwie-bel ½ Stunde gebraten, Citronensaft und 1 Tasse Wasser daran gegeben, noch 4 Minuten gebraten, dann angerichtet und die Sauce darüber geseiht.

1113 Gans mit Kastanien gerollt. Endivien.

Die Gans wird mit Kastanien ge-füllt und wie gewöhnlich gebraten.

Mache in die Kastanien einen Schnitt, röste sie mit Salz in einer eisernen Pfanne ½ Stunde, sind sie weich, schütte sie auf ein Tuch und reib sie ab. Man kann sie auch im Rohr braten und mit Butter serviren.

1114 Kraßgselottung

wie in Nr. 724.

13. Juni.

1115 Garnielsuppe mit Hühnerbrühe.

Die Röschen, ein aufgehäuftes Teller voll, werden in Salzwasser abgekocht, 2 Löffel voll Mehl in heiße Fette gegeben, mit Suppe aufgekocht. die Röschen 6 Minuten mitgekocht, die Hühnerbrüstchen, in Würfel geschnitten, und Kaisernockerln darein gegeben und mit süßem Schlagrahm legirt.

1116 Rindfleisch mit Senfkartoffel.

Letztere sind in Nr. 204 bemerkt.

1117 Artischoken in Rahmsauce und Kalberegerln kürzerer Art.

Erstere sind in Nr. 219 bemerkt, nur wird süßer Schlagrahm in die Sauce gekocht; die Artischoken werden in die Mitte der Platte gegeben und mit den Vögerln garnirt. Die feinen Vögerln werden in 3 fingerbreite und 1 fingerlange Stücke aus der Kalbsnuß geschnitten, mürbe geklopft, mit Speck durchzogen, mit Salz und Pfeffer bestreut, mit Zwiebel, gelber Rübe,

Suppenkräuter, 1 Glas Wein, ¼ Tasse Essig, 1 Tasse Wasser gebeizt und beim Gebrauch mit Butter gedünstet.

Gedünstete Kalbsleber. 1118

Dieselbe wird nach Belieben getheilt, mit Zwiebel, 3 Löffel voll Mehl, Salz und Pfeffer gedünstet in Butter und mit Citronensaft und Suppe kurz eingekocht.

Nierenbraten mit gemischtem Salat. 1119

Der Braten ist bekannt. Zum Salat werden Kartoffel, Gartenkresse Stechsalat und 3 hart gesottene Eier gemischt.

Milchreis mit Chocolade. 1120

Zwölf Loth Reis werden rein gewaschen, mit 1 Liter siedendem Rahm, ¼ ℔ Butter, ¼ ℔ Zucker und 1 Stengel Vanille weich gekocht, 8 Loth Chocolade, mit Wasser dick aufgekocht, über den Reis gestrichen und mit Zucker bestreut, servirt.

14. Juni.

Spargelsuppe mit 1121 Pfanzelwürfeln.

Die Suppe wird wie gewöhnlich bereitet, mit 2 Tassen süßem Schlagrahm und 2 Eier legirt und über Fleischpfanzelwürfel gegeben.

25

1122 Lendbraten mit Macaroni nach Nr. 59.

1123 Lerchenschwämme mit Kalbscoteletten.

Die Schwämme werden in warmem Wasser gewaschen, mit ¼ ℔ Butter, 2 Löffel voll Petersilie, 1 Löffel voll Zwiebel, 1 Blatt Basilikum und Salz ½ Stunde gedünstet, gestäubt, mit Suppe und Citronensaft aufgekocht und mit Coteletten aufgetragen.

1124 Reis mit Bratwürsten.

½ ℔ feiner Reis wird mit Wasser aufgelöst, mit ¼ ℔ roben Schinkenschnitten, ¼ ℔ Butter und Suppe langsam gedünstet und nicht umgerührt, damit die Körnchen ganz bleiben; richte ihn gehäuft auf die Platte und bekränze ihn mit Bratwürsten.

1125 Lampinbraten mit Salat und Kirschencompot.

Drei Lampin werden hasenartig mit weißem Speck gespickt, 12 Stunden gebeizt und mit 1 ℔ Schweinefleisch gebraten.

1126 Rahm-Schneetorte.

Von 10 großen Eiern, ¼ ℔ Zucker, ¼ ℔ Mehl wird mit dem Schneebesen ein Bisquitteig schaumig gerührt

und auf einem flachen, bestrichenen Tortenblech langsam gebacken. Ist er auf der Servirplatte ausgekühlt, so stich eine Höhlung aus, gib darein 1 Liter zu Schnee geschlagenen Rahm, streiche ihn glatt und garnire den Rand mit Gartenerdbeeren.

15. Juni.

1127 Braune Suppe mit Macaroni.

Von den Lampinüberresten wird eine braune Suppe bereitet, die Lebern werden mit Petersilie fein gewiegt, dazu zerlassene Fette, 1 Ei, 3 Löffel voll Gries, Salz und Pfeffer gerührt und die italienischen Macaroni damit gefüllt durch einen kleinen Trichter; stopfe dieselben unten und oben mit Nudelteig zu, koche sie ¼ Stunde auf und gib sie in die braune Suppe.

1128 Ochsenfleisch mit Radiröschen und Senfsauce.

1129 Weiße Ruben mit Schweinefleisch.

Zwölf Ruben werden in Würfel geschnitten, in Schweinefette und Zuckerbräune mit 1 Liter Malzbier, ½ ℔ Schweinefleisch gedünstet, mit Mehl gestäubt und mit Suppe aufgekocht.

2 ½ ℔ Schweinfleisch werden ohne Essig
gedünstet und auf die Rüben garnirt.

1130 Gebratener Hecht mit Salat.

Der Hecht wird eingesalzen, auf
beiden Seiten tief eingeschnitten,
nach 1 Stunde mit Marinade überzogen und mit Butter gebraten, Sardellenbutter in die Sauce gegeben und
mit gekochten Krebsen garnirt.

Sardellenbutter: ¼ ℔ Butter wird
mit reinen ausgegräteten Sardellen ge-
stossen und durch ein Sieb gestrichen.
Man kann selbe lange aufbewahren.

Die Marinade: ¼ ℔ zerlassene Butter,
Zwiebel, Grünzeug, die gewiegte Hecht-
leber, Salz und Pfeffer werden gedünstet,
mit Mehl gestäubt, mit 1 Tasse Wasser
und etwas Wein gekocht und durch ein
Sieb gestrichen.

1131 Rehschlegel mit grünem Salat.

Der gebeizte Rehschlegel wird abge-
buttet, gespickt, mit Salz bestreut
und mit der Beize gebraten.

1132 Sago-Pudding

nach Nr. 654.

16. Juni. (Fasttag.)

1133 Hagenbuttensuppe mit Bisquit.

Zwei Liter Wasser, 1 Liter
Wein, etwas Citrone, ganzer
Zimmt, ¼ ℔ Zucker und 1
Tasse voll Hagenbuttenmark werden gekocht, 2 Löffel voll Mehl blaßgelb geröstet, mit der Suppe gelöscht und dazu
gegeben, noch ¼ Stunde gekocht, durch
ein Sieb in die Terrine passirt und mit
in Würfel geschnittenen Bisquit aufgetragen.

1134 Eingerührte Eier mit Champignons.

Neun Eier werden mit 1 Tasse süßem
Rahm, Salz, Schnittlauch und
1 Tasse in Würfel geschnittene Champignons unter einander vermengt und unter
stetem Rühren weich gekocht, erhaben angerichtet und ganz heiß servirt.

1135 Aal, in der Pfanne gebraten.

Der Aal wird geputzt, mit Pfeffer
und Salz bestreut und 1 Stunde
zurückgestellt. Indessen mache Butter
mit 8 Salbeiblätter heiß, nach einer Viertel-
Stunde seihe ihn in eine eiserne Pfanne,
lege den Aal darein, stäube ihn mit
Mehl und richte ihn, mit Citronensaft betropft, auf in Butter gebackene Brodschei-
ben in einer Platte zierlich an.

1136 Krebse in frischer Butter

nach Nr. 1022.

1137 Gebratener Rothfisch mit grünem Salat

nach Nr. 75 bereitet.

1138 Kartoffeltrauben mit gekochten Kirschen.

Zehn Kartoffel werden gesotten, heiß geschält, durch ein Sieb passirt, mit 8 Loth Butter und 3 Loth Zucker auf dem Feuer getrocknet, bis sie sich ablösen wie Brandteig, wenn sie ausgekühlt sind, mit 4 ganzen Eiern und 6 Eiergelb nach und nach verrührt, durch eine Spritze mit Röhrchen in heißes Schmalz gegeben, lichtgelb gebacken und mit Zucker bestreut, servirt.

17. Juni.

1139 Jägersuppe mit Krusten.

Lunge, Hirn, Herz, Nieren und die halbe Leber eines Rehes werden in Salzwasser gekocht, Hirn und Zunge abgehäutet, alles mit Zwiebel, Petersilie, Porrie und Citrone fein gehackt, mit Salz und Pfeffer gedünstet, mit Suppe und 1 Glas rothen Wein aufgekocht, ¼ Stunde, und über gebackene Krusten gegossen.

1140 Rindfleisch mit geriebenem Rettig.

Der Rettig wird geschält, gerieben, gesalzen, nach kurzer Zeit ausgedrückt und mit Salz, Pfeffer, Essig und Oel angemacht.

1141 Kohlraben mit Lammfleisch.

Die Ersteren sind in Nr. 68 bemerkt. Das Lammfleisch wird gedünstet und ¼ Stunde vor dem Anrichten ein Theil davon in die Kohlraben gegeben.

1142 Eingemachte Kalbsbrust und Morcheln.

Die Brust wird ¼ Stunde in Salzwasser gekocht, dann beschwert, bis sie kalt ist. in Stücke getheilt, mit 1 Glas Wein, 1 Liter Suppe, Zwiebel, Petersilie, Salz und Pfeffer gedünstet, ½ Stunde, in weißer Einmachsauce mit 2 Obertassen voll gesottenen Morcheln aufgekocht und mit feinen Semmelknödeln servirt.

1143 Gebackene Forellen mit Kressensalat.

1144 Gebratene Enten mit grünem Salat und Compot.

Die Enten sind in Nr. 18 bemerkt.

1145 Aufgelaufene Omeletten.

Rühre 8 Eiergelb und 8 Löffel voll
Zucker schäumig ab, gib Vanillezucker und den Schnee mit 2 Löffel voll
Mehl langsam darunter, fülle Alles in
eine bestrichene Auflaufschale, backe es
langsam ¼ Stunde in abgekühltem
Rohr und servire es gleich.

18. Juni.

1146 Artischokensuppe mit
Kaisernockerln.

Acht Artischoken werden in Salzwasser gesotten, abgegossen,
der Länge nach in der Mitte
getheilt, dann in 4 Stücke geschnitten
und mit Suppe warm gestellt. Gib in
die Suppe 1 Tasse dicke Einmachsauce,
darein die Artischoken, legire sie mit 4
Eiergelb und gib 1 Tasse Kaisernockerln
darein.

NB. Kaisernockerln: Kalte, starke,
fette Suppe wird mit 4 Eiergelb, Muskatnuß, Salz und Pfeffer verrührt, in
eine Büchse gefüllt, in siedendes Wasser
gestellt und 1 Stunde im Dunste gekocht.

1147 Rindfleisch mit Gurken-
salat.

1148 Sauerkraut mit Wachteln.

Das Kraut ist in Nr. 47 bemerkt.
Die Wachteln werden auf der
Brust gespickt, mit Salz und Pfeffer
eingerieben, am Spieß gebraten, mit
Butter betropft und auf das Kraut
garnirt.

1149 Forellen mit Burgunderwein gekocht.

Acht Forellen werden geputzt, gewaschen, jede in 4 Theile getheilt
und eingesalzen; nach 1 Stunde werden
sie abgetrocknet, mit ⅛ Glas Burgunderwein, Chalotten, etwas Citrone gekocht,
¼ Stunde, in ihrem Saft angerichtet
und mit, in frischer Butter gebackenen
Brodherzchen garnirt.

1150 Kirschziemer mit Pfeffersauce und Salat.

Der Ziemer wird mürbe geklopft,
mit Salz und Pfeffer eingerieben,
mit Zwiebel, Grünzeug, Wurzelwerk,
1 Glas Wein, 1 Tasse Essig und Wasser
nebst Speck gebraten und im Saft angerichtet.
Die Sauce ist Nr. 575 bemerkt.

1151 Kirschenstrudel.

Zwei ℔ Kirschen werden ausgekernt,
mit Wasser, ¼ ℔ Zucker, Citronenschale und Zimmt weich gekocht, seine

Pfannenkuchen gebacken, die Kirschen darauf gegeben, zusammengerollt und mit Butter, Zucker und süßem Rahm gebacken, mit Zimmt und Zucker bestäubt aufgetragen.

19. Juni.

1152 Steinpilzsuppe.

Ein Teller voll Steinpilze werden geputzt, gewaschen, in kleine Würfel geschnitten, in Fette mit Salz und Pfeffer gedünstet, gestäubt, mit der nöthigen Suppe und einem Stück geräucherter Zunge aufgekocht und über gebähte Schnitten angerichtet.

1153 Rindfleisch mit Mandel-Creme.

Letztere ist in Nr. 190 bemerkt.

1154 Grüne Bohnen in Rahm-sauce mit Salami.

Junge Bohnen werden geputzt, mit Salz, Pfeffer, Zwiebel und Petersilie weich gedünstet, gestäubt, mit Suppe und saurem Rahm aufgekocht, etwas Essig beigegeben, angerichtet und mit Salami garnirt.

1155 Bratwürste mit Senfsauce.

Zölf Paar Würste werden in Butter gelb gebraten und mit Senf-sauce, Nr. 204, aufgetragen.

1156 Gedünsteter Hecht mit Sardellen.

Der Hecht wird nach Nr. 137 bereitet, mit Butter, Kräuter, Salz, Pfeffer, einem Glas Wein und ¼ Tasse Essig nebst 4 kleinen Sardellen gedünstet und in passirter Sauce angerichtet.

1157 Gans mit Salat

nach Nr. 49.

1158 Tyrolerkropf.

Mache einen Brandteig wie zu Strauben, backe ihn unter beständigem Schütteln im Schmalz, rühre 4 Eier, 4 Loth Citronenzucker und 1 Kaffeelöffel voll Zimmt daran, alles nach und nach. Backe ihn im Schmalz fertig, mache ein Höhlung in die Mitte, fülle selbe mit gedünsteten Weichseln, koche ihn in Wein auf und bestreue ihn mit Zucker.

20. Juni.

1159 Geröstete Selleriesuppe mit Krebsbutter.

Vier Sellerieköpfe werden gewaschen, geputzt, roh gerieben, mit Fette gelblich geröstet, mit geröchelten Bröseln, Salz und Pfeffer gestäubt, mit Suppe 1 Stunde gekocht, in die Terrine geseiht über 2 Loth

Krebsbutter, 1 Obertasse voll Krebs-schweife und 3 Tassen voll Goldkrusten darein gegeben.

1160 Rindfleisch mit Radieschen und Stempelsauce
nach Nr. 692.

1161 Spargelgemüse mit Parmesankäse und Coteletten.

Zwei Bund Spargel werden in fingerlange Stücke geschnitten, in Fette mit Salz, Pfeffer und Suppe weich gedünstet, gestäubt, mit der nöthi-gen Suppe aufgekocht, mit geriebenem Parmesankäs garnirt und mit Kalbs-coteletten aufgetragen. Letztere sind in Nr. 198 bemerkt.

1162 Gebackene Gründeln mit Kressesalat.

Erstere sind in Nr. 695 bemerkt.

1163 Kapaun mit Spargel-salat und Kirschencompot.

Kapaun nach Nr. 42.

1164 Krebsauflauf.

Hier Mundsemmel werden geschält, in Milch geweicht, 1/4 ℔ Krebs-butter, Krebsschöttel oder Käse von 8 Krebsen dazu gerührt, 6 Eiergelb, den

Schnee, 1/4 ℔ Zucker und 1 Tasse voll geschnittene Krebsschweife, in einen Reif gefüllt, gebacken und mit Zucker bestreut.

21. Juni.

Braune Suppe mit **1165** Kaisereier in Förmchen.

Die Bereitung der Jussuppe ist bekannt. Die Kaisereier wer-den in kleine Formen in einem Durchschlag auf siedendem Wasser ge-kocht, auf einer Platte angerichtet, mit Petersilie garnirt und mit der leeren Suppe aufgetragen.

Lendbraten in Madeira-**1166** sauce mit Macaroni.

Der Lendbraten ist in Nr. 59 be-merkt und wird mit einem Glas Madeirawein gedünstet. Die Macaroni sind bekannt.

Gelbe Rüben mit **1167** Spargelerbsen und Würsten.

Die Rüben werden geschabt, der Länge nach geschnitten, mit Peter-silie gedünstet, gestäubt und mit Suppe aufgekocht.

Die Spargelerbsen: Die Spargeln werden erbsenförmig geschnitten, in Salzwasser gesotten, mit heißer Butter begossen und in die Mitte der gelben Rüben gegeben.

1168 Eingemachtes Kalbfleisch
mit Eierhaber.

Das Fleisch wird ¼ Stunde gekocht, in Stücke getheilt, in weißer
Einmachsauce mit Zwiebel, Petersilie,
1 Glas Wein und Citronensaft weich
gedünstet und mit gewöhnlichem Eierhaber servirt. 1 ℔ Mehl, 2 Taffen
voll süßer Rahm, 4 Eier und Salz
werden abgerührt, davon in 12 Loth
Schmalz und 1 Stück Butter ein Fladen
gebacken und verstopft.

1169 Eine Gans mit
Endivien

nach Nr. 49.

1170 Aprikosenkuchen

nach Nr. 779.

22. Juni.

1171 Schwarzbrodsuppe
anderer Art und Seidenwurst.

Sechs Taffen voll geriebenes
Schwarzbrod wird mit
Schnittlauch, 1 Löffel voll
Kümmel in Fette geröstet, mit Suppe
aufgekocht, mit 1 Taffe sauerm Rahm
und 2 Eiern legirt und mit Schnittlauch und Pfeffer bestreut.

1172 Rindfleisch mit Schoten.
Garbe.

1173 Wirsing und gebackener
Lampin.

Vier Köpfe Wirsing werden eingeputzt, in Salzwasser gekocht, abgegossen, 2 Löffel voll Mehl mit einer
Zwiebel blaßgelb geröstet, der Wirsing
mit Salz und Pfeffer gedünstet und mit
Suppe aufgekocht.

Der Lampin wird ¼ Stunde gekocht, dann beschwert, in Stücke getheilt, gesalzen, in mit Milch verklepperte
Eier getaucht, mit Bröseln besäet, im
Schmalz gebacken und auf den Wirsing
garnirt.

1174 Kalbs-Coteletten mit
Sardellensauce.

Die Coteletten werden hergerichtet,
mit Sardellenfilet, Essiggurken
und weichgekochtem Schinken durchzogen,
mit Chalotten, Petersilie und 2 Löffel
voll Oel marinirt, 1 Stunde; ¼ Stunde
vor dem Anrichten in zerlassener Butter
und etwas Suppe gebraten und mit
der Sardellensauce, Nr. 170, servirt.

1175 Indian mit Kastanien
und Salat.

In ¼ ℔ Rindsschmalz werden 4 Loth
Zucker lichtbraun gefärbt, mit
1 Taffe brauner Suppe aufgekocht und

die geſchälten Kaſtanien darin weich gedünſtet. Der Indian iſt ſchon bemerkt;
er wird mit den Kaſtanien gefüllt, zugenäht, in weißem, mit Speck beſtrichenem
Papier gebraten; ½ Stunde vor dem
Anrichten entferne das Papier und
brate ihn fertig.

1176 Schwankerl-Creme

nach Nr. 848.

23. Juni. (Faſttag.)

1177 Birſchlingſuppe mit Würfeln.

Zwei ⅓ Birſchlinge werden geputzt, in kleine Stücke geſchnitten, in ¼ ⅓ Butter
mit Zwiebel, Porrie, Peterſilie, Paſtinaken gedünſtet, dazu Citrone und gelbe
Rübe, Salz und Pfeffer; 3 Semmeln
werden in 4 Theile geſchnitten, in Schmalz
gebacken, im Suppenwaſſer geweicht, zu
den Birſchlingen gegeben, mit Waſſer aufgekocht, 1 Stunde, dann durch's Sieb
über gebackene Semmelwürfel gegeben.

1178 Gefüllte Eier mit Sauerrampfen.

Die Eier werden wie gewöhnlich
gefüllt und eingeſetzt, 3 Löffel
voll feingewiegte Sauerrampfen und
3 Loth Zucker dazu gegeben.

1179 Sauerkraut mit Regen-würmer.

Das Kraut wird mit Zwiebeln und
Butter gedünſtet, geſtäubt, mit
einem Glas Wein aufgekocht, mit Zwiebeln
geſchmalzen und mit Schinken garnirt.
Von 2 ⅓ Mehl, Milch, 1 Ei, Salz
und ¼ Taſſe zerlaſſener Butter wird
ein feſter Teig gewirkt, feine Regenwürmer daraus gemacht, geſotten und
geröſtet.

1180 Abgeſottene Aſche mit Peterſilieſauce.

1181 Dampfnudeln mit Kirſchen-Compot.

1182 Krebſe mit Butter.

1183 Gebackener Karpfen mit grünem Salat.

Die Karpfen werden geputzt, ausgenommen, mit Salz und Pfeffer
beſtreut, wenn ſie kurz eingeſaugt, in
Stücke geſchnitten, in Mehl umgekehrt,
in friſches Waſſer getaucht, mit feinen
Bröſeln beſtreut und röſch im Schmalz
gebacken.

1184 Kartoffeltorte.

Ein halbes ℔ Zucker und 10 Eier werden schaumig gerührt, 10 Loth Kartoffelmehl und Citrone dazu, in einer Tortenform langsam gebacken und nach Belieben geziert.

24. Juni.

1185 Grüne Erbsensuppe mit italienischen Macaroni.

Drei Tassen voll grüne Erbsen werden gedünstet, mit Mehl gestäubt, mit Suppe aufgekocht und über gekochte Macaroni gegeben.

1186 Rindfleisch mit Steinpilssauce.

Die Sauce ist in Nr. 692 bemerkt.

1187 Gefüllter Wirsing mit Bratwürsten.

Zwei Wirsingköpfe werden ausgeböhlt, mit Kalbfleischfülle gefüllt, die Oeffnung mit Blättern bedeckt, gebunden und gesotten, bis sie aufsteigen, dann in Einmachsauce gekocht, nach ¼ Stunde 3 Löffel voll Krebsbutter dazu gegeben und mit leicht gebratenen Würsten servirt.

1188 Abgebrannter Kalbskopf.

Der Kopf wird der Länge nach gespalten, das Hirn herausgenommen, der Kopf in Salzwasser gekocht, die Zunge herausgenommen, abgehäutet, Alles mit Salz und Pfeffer bestreut, in Bröseln abgebräunt, mit Citronensaft beträufelt und mit Senf servirt.

1189 Gebratene Enten, gefüllt mit Kastanien.

Die Enten sind in Nr. 18 bemerkt.

1190 Vanille-Auflauf.

Die Bereitung ist in Nr. 668 bemerkt.

25. Juni.

1191 Grüne Colisuppe mit weißen Knödeln.

Wiege einen Teller voll Kräuter und Spinat, mache eine dünne Panadelsuppe und gib sie, nachdem sie 5 Minuten gekocht, über feine Semmelklößchen.

1192 Rindfleisch mit gerösteten Kartoffeln und Gurken.

1193 Frische Champignons mit Indianſchlegel.

Die Champignons werden mit Salz, Pfeffer, Zwiebel, Peterſilie, Citronenſaft und 2 Taſſen Suppe, ¼ Taſſe Banade weich gedünſtet und, mit ſüßem Schlagrahm legirt, aufgetragen.

Die Indianſchlegel werden aus der Sulz genommen und in Bratenfette langſam erwärmt.

Die Sulz: Ein paar Kalbsfüße, etwas vom Rindskopf ꝛc. werden mit Waſſer, Eſſig, Citrone, Zwiebel, Salz und Pfeffer dick gekocht und über übrig gebliebenes Fleiſch, Geflügel und Würſte in irdenem Geſchirr warm geſeibt und kalt geſtellt bis zum Gebrauch. Das Fleiſch ſchmeckt wie friſch gebraten.

1194 Sauerkraut mit Blut- und Leberwurſten.

1195 Kälberne Vögel mit Rahmſauce und Maccaroni.

Selbes iſt ſchon oft bemerkt.

1196 Rehbraten mit grünem Salat.

Derſelbe iſt in Nr. 76 bemerkt.

1197 Großer Semmelknödel mit Hagenbuttenſauce.

Der Teig wird bereitet wie in Nr. 494, 4 Loth Zucker dazu gegeben, in ein Tuch gebunden, ½ Stunde geſotten, mit Mandeln beſteckt und mit Sauce übergoſſen.

26. Juni.

1198 Weiße Gotiſuppe mit Schnitten.

Vier harte Eiergelb, 4 Loth geſtoßene Mandeln, gekochtes Kalbshirn, 2 Taſſen voll Semmelbröſeln werden verrührt, 2 Löffel voll Mehl blaßgelb geröſtet, das Gerührte dazu gegeben, mit Suppe aufgekocht und durch's Sieb über gebackene Schnitten gegoſſen.

1199 Roſt-Beefſteak mit Pfeffer-ſauce.

Erſteres iſt in Nr. 107, letzteres in Nr. 575 bemerkt.

1200 Karviol mit Krebs-ſauce und Hühner.

Der Karviol wird gepuzt, geſotten, ſchön angerichtet und mit Krebsſauce übergoſſen.

Die Sauce: Laß in friſcher Krebsbutter 2 Löffel voll Mehl anlaufen,

gieße Suppe auf, rühre es bis zum Kochen und gib nochmal 1 Löffel voll Krebsbutter daran.

1201 Krebse mit Butter.

Selbe sind in Nr. 1022 bemerkt.

1202 Schweineschlegel mit Kruste und Kartoffelsalat.

Die Bereitung in Nr. 275.

1203 Feiner Kuchen zu Kaffee.

Ein ¼ ℔ gesiebtes Mehl wird mit 7 Eiern, 2 Tassen voll süßem, 1 Tasse voll sauerm Rahm, 4 Löffel voll weiße, dicke Hefe, gestoßene Mandeln, Rosinen, ¼ ℔ Butter, ¼ ℔ Zucker und etwas Salz zu einem Teig gemacht, gut geknetet, ausgerollt, gebacken und mit Mandeln bestreut.

27. Juni.

1204 Braune Goldsuppe mit Schnitten.

Die Lebern, Mägen der gestrigen Hühner und ¼ ℔ Kalbfleisch werden in feine Schnitze getheilt, mit Salz und Pfeffer bestreut, in Mehl umgekehrt und im Schmalz gebacken mit Schnitten von 2 Semmeln, dann klein gestoßen und mit Suppe aufgekocht.

1205 Rindfleisch mit Gurken und Senf.

1206 —, mit Sauce.

1207 Ochsenzunge mit Gugelhopf.

Die Zunge wird weich gekocht, abgehäutet, in weiße Einmachsauce gegeben, mit Citronensaft und Wein gesäuert und in Herzform servirt.

1208 Gebratener Barsch mit Sardellenbutter.

Der Barsch wird geschuppt, ausgenommen, gewaschen und mit Salz und Pfeffer bestreut, nach ¼ Stunde in Öl getaucht, am heißen Rost gebraten und mit Citronensaft betropft.

1209 Gebratene Hühner mit Kirschencompot und Karfiolsalat.

1210 Kaiser Auflauf mit Preiselbeersauce.

Der Auflauf ist in Nr. 860 bemerkt. 1 Tasse eingesottene Preiselbeeren, 1 Tasse Wasser, 1 Tasse Wein, 1 Tasse Kartoffelmehl und 4 Loth Zucker werden gekocht und durch ein Sieb in die Saucerie gegeben.

28. Juni.

1211 Maultaschensuppe.

Von 3 Eiern, 1 ℔ Mehl und 3 Löffel voll Milch wird ein Nudelteig gemacht, ausgerollt, mit Leberfülle gefüllt, zusammengerollt, in Waſſer abgeſotten und mit guter Suppe angerichtet, mit Schnittlauch beſtreut.

Die Fülle: ⅛ Kalbsleber, ¼ ℔ Ochſenleber, ¼ ℔ Grifffette, eine Hand voll Peterſiliegrün, Sellerielaub, Zwiebeln und Porrie, feingewiegt, 3 Taſſen Semmelbröſeln, 2 Eier, Salz und Pfeffer und ¼ Taſſe Milch werden gut ineinander gerührt und die Maultaschen damit gefüllt.

1212 Rindfleiſch mit Senfſauce.

Die Sauce iſt in Nr. 204 bemerkt.

1213 Schnittkohl mit geräucherten Würſten.

Der Kohl wird abgeſtreift, gewaſchen, inSalzwaſſergeſotten, abgegoſſen, gewiegt, in Gansfette mit Zwiebel gedünſtet, mit Mehl geſtäubt, mit Suppe und Schinken aufgekocht und, mit Würſten garnirt, aufgetragen.

1214 Gansjung Ragout und Eierhaber.

Erſteres iſt in Nr. 979 bemerkt.

1215 Rothfiſch, gebraten und Spargelſalat.

Derſelbe wird mit Salz, Pfeffer, Zwiebel und Citronenſaft eine Stunde zugedeckt, dann, mit Butter betropft, am Roſte gebraten.

1216 Gansbraten mit Salat.

Die Gans iſt in Nr. 49 bemerkt.

1217 Ausgezogene Küchein mit Birnencompot.

Bereite einen weichen Hefenteig von 3 ℔ Mehl, 4 Taſſen ſüßen Rahm, 4 Eier, 4 Löffel voll Hefe, ¼ ℔ Butter 4 Loth Zucker, 4 Loth Roſinen und 4 Loth Weinbeeren, ſchlage ihn gut ab laß ihn geben und mache die Küchlein gleich aus der Schüſſel in heißes Schmalz und ſervire ſie mit gekochten Birnen.

1218 Kaffee- und Deſſertbackwerk.

29. Juni.

1219 Weiße Bohnenſuppe
mit Rauchwürſten.

ie Bohnen werden über Nacht
geweicht, dann gekocht, durch's
Sieb in weiße Sauce ge-
geben, mit Suppe aufgekocht und über
Würfel mit Würſten angerichtet.

1220 Rindfleiſch mit Bohnenſalat und Zwiebelſauce.

echs große Zwiebel werden in 4
Theile geſchnitten, in Zuckerbräune
gedünſtet, geſtäubt, mit Suppe und geröſteten Speckwürfeln aufgekocht, mit
oder ohne Zwiebel zum Rindfleiſch
ſervirt.

1221 Champignons mit
Lampin.

ie Pilze werden gewaſchen, in Butter
gedünſtet, mit Mehl geſtäubt,
mit Suppe, Salz, Pfeffer und fein gewiegtem Peterſilie gekocht und mit ge-
dünſtetem Lampin zu Tiſche gegeben.

1222 Kuttelfleck mit Kartoffelnudeln.

ie Kuttelflecke werden rein gewaſchen, geſchnitten, in Eſſig und
Waſſer weich gekocht, mit Salz und
Pfeffer in braune Brenne gegeben und
mit Kartoffelnudeln aufgetragen.

Hecht mit Kreen. **1223**

Derſelbe iſt in Nr. 681 bemerkt.

Kapaun mit Karviol- **1224**
ſalat.

er Kapaun iſt in Nr. 42 bemerkt.
Der Karviol wird geſotten, in
der Salatſchüſſel wie die Blume angerichtet, Eſſig, Oel, Salz und Pfeffer
darüber gegeben.

Kaffee mit Vanille und **1225**
feinem Kranz.

ache einen mürben Hefenteig von
3 ℔ Mehl, 3 Taſſen ſüßen Rahm,
4 Loth Zucker, 3 Eier und ½ ℔ Butter,
laß ihn geben, backe ihn und beſtreue
ihn mit Rahmzucker ohne Ei und mit
Mandeln.

30. Juni. (Faſttag.)

Rothe Eierſuppe. **1226**

übre 1 Vierling Krebsbutter
ab, dazu 5 Eier, 4 Löffel
voll Mehl und Salz, laß
dies in ſiedender Suppe aufkochen, gib
beim Anrichten noch einen Löffel voll
Krebsbutter darein und beſtreue ſie
mit Schnittlauch.

1227 Eingerührte Eier mit
Käse.

Acht Eier, ¼ Taſſe ſüßer Rahm
und 1 Vierling in Würfel geſchnittener Emmenthalerkäſe werden angerührt, ſchnell gekocht und mit gerie-
nem Käſe aufgetragen.

1228 Renken, gebraten, mit
Citronenſcheiben garnirt.

Dieſelben werden geſchuppt, ausgenommen, gewaſchen, auf beiden
Seiten eingeſchnitten, nach ¼ Stunde
mit feinem Oel beſtrichen und am Roſt
gebraten.

1229 Schnecken in Eſſig und
Oel.

Die im Eiskeller bewahrten Schnecken
werden geſotten, aus den Häuſern
gezogen, Kopf- und Hintertheil abgeſchnitten, oft gewaſchen, mit Eſſig und
Oel angemacht, aufgehäuft angerichtet
und mit in Schmalz gebackenen Eiern
garnirt.

1230 Krebſe in Peterſilie mit
Butter.

Die Krebſe werden mit Peterſilie,
Salz, 1 Glas Wein, Butter
und Waſſer gekocht und mit Butter
angerichtet.

1231 Gebackener Barſch und
Salat.

Der gereinigte Barſch wird mit
Salz und Pfeffer beſtreut, nach
¼ Stunde in Mehl umgekehrt und in
Bröſeln, röſch im Schmalz gebacken und
mit Citronenſcheiben garnirt.

1232 Omeletten und Weichſeln.

Man reibt ¼ ℔ Citronenzucker,
rührt ihn mit 10 Eiergelb zu
Schaum, dazu den Schnee, backt 2 Omeletten darauf, füllt ſie mit Weichſeln,
deckt ſie aufeinander, läßt ſie in einer
Tortenform im Rohr leicht aufkochen
und übergießt ſie mit Weichſelſaft.

Deſſertbackwerk.

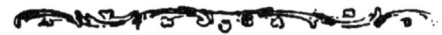

Monat Juli.

1. Juli.

1233 Braune Wildtauben-
suppe.

rei Tauben werden ge-
pußt, in kleine Stücke
getheilt, gedünstet,
mit einer Tasse voll
Zwiebackbröseln und
Suppe aufgekocht und
über gebackene Knödel geseiht.

1234 Lendbraten mit
Macaroni,

in Nr. 59.

1235 Spargelerbsen mit
Schinkenpasteten.

Letztere sind in Nr. 340 bemerkt.

1236 Gespickte Kalbsleber.

1237 Gebratene Kalbsnuß
mit Endivien.

Selbe wird gespickt, mit Salz,
Pfeffer und Butter gebraten.

Orangenstrudel. **1238**

Feine Fladlein werden gebacken,
mit Orangen, welche gedünstet,
gestäubt, mit Zucker und Wein aufgekocht sind, gefüllt und in Wein und
Zucker aufgekocht.

Dessertbackwerk.

2. Juli.

Gerstenschleimsuppe mit **1239**
Zunge.

rei Obertassen voll Gerste
werden mit kaltem Wasser
zugesetzt, mit Suppe und
½ ℔ Zunge, roh geräuchert, gekocht,
2 Löffel voll Mehl mit kaltem Wasser
abgerührt, der Schleim öfter abgegossen
und die Zunge in Würfel geschnitten,
wieder in die Suppe gegeben und mit
etwas Essig aufgetragen.

Rindfleisch mit hollän- **1240**
discher Sauce.

1241 Weiße Rüben mit Hammelfleisch.

Das Hammelfleisch wird mürbe geklopft, weich gedünstet, der Saft an die Rüben, Nr. 151 bemerkt, gegeben und extra aufgetragen.

1242 Fricandeau mit Macaroni.

Das Kalbfleisch wird einen Tag in die Beize gelegt, dann hellbraun gedünstet und mit einer Tasse sauern Rahm aufgekocht.

1243 Blau gesottene Forellen mit Kartoffel.

1244 Hirschkalbschlegel mit Selleriesalat.

Der Schlegel wird geklopft, abgehäutet, gesalzen, gespickt und bis zum Gebrauch in kurze Beize gelegt, dann mit ¼ ℔ Speck und der Beize gebraten, mit 1 Tasse geriebenem Schwarzbrod, 1 Glas rothem Wein und etwas Suppe aufgekocht und mit Selleriesalat servirt.

1245 Aprikosenschnitten.

Rolle aus Butterteig ein viereckiges Blatt, lege es auf ein Backblech, bestreiche es mit Aprikosenmarmelade,

gib ein zweites Blatt darauf, bestreiche es mit Ei und Zucker, mache 2 Finger breite Einschnitte, nur halb, und backe sie. Dessertbackwerk und Kaffee.

3. Juli.

1246 Braune Sagosuppe mit Huhn.

Drei Tassen Sago werden mit Wasser zugesetzt, mit Suppe und 1 Glas rothen Wein aufgekocht und mit Hühnerstückchen angerichtet.

1247 Lendbraten mit Pfeffersauce.

Ersterer ist in Nr. 59, letztere in Nr. 575 bemerkt.

1248 Junge Bohnen mit Lammfleisch.

Die Bohnen werden gepuzt, der Länge nach geschnitten, gedünstet, gestaubt, mit Suppe, etwas Essig und Lammfleischsaft aufgekocht und zum Lammfleisch servirt.

1249 Eingemachte Kalbszungen mit Champignons und Klößchen.

Sechs Zungen werden mit dem Rindfleisch weich gekocht, abgehäutet, halbirt, in weißer Einmachsauce

27

mit 1 Taſſe Madeirasauce und 1 Taſſe Champignons aufgekocht, dann angerichtet. Die Champignons gib in die Mitte, die Zungen im Kranze um dieselben, dazwischen 1 Taſſe voll kleine Semmelklöße und darüber die Sauce.

1250 Gebackene Gründeln mit Salat,

in Nr. 695.

1251 Hammelbraten mit Salat.

Nr. 153.

1252 Orangenauflauf.

In einem Casserole werden 8 Loth Mehl, 6 Loth Orangenzucker, 4 Loth Butter und 1 Schoppen süßer Rahm verrührt, dazu 4 Eiergelb und noch ¹⁄₂ Taſſe süßen Rahm, zum Feuer gestellt und unter beständigem Rühren zu einem dicken Muße gekocht, in eine Schüssel gegeben und kalt gestellt; dann rühre 8 Eiergelb darein und den Schnee der 8 Eier, fülle es in eine Auflaufform und backe es langsam.
Kaffee und Dessertbackwerk.

4. Juli.

1253 Trüffelsuppe mit Blumenkohl und Krusten.

Ein Teller voll Blumenkohl wird in Waſſer abgekocht, 6 Minuten gedünstet, mit 2 Löffel voll Mehl gestäubt, mit Salz, Pfeffer und der nöthigen Suppe aufgekocht, dazu 1 Taſſe voll fein geschnittene Trüffeln, über gebackene Krusten gegossen und mit 3 Eiergelb legirt.

1254 Rindfleisch mit Gurken und Schnittlauchsauce.

4 Eiergelb werden mit 3 Löffel voll Oel abgerührt, dazu 2 Löffel voll Senf, 4 Löffel voll Eſſig und soviel fein geschnittenen Schnittlauch und Zucker nach Belieben.

1255 Wirsing mit Bratwürsten.

Vier Wirsingköpfe werden 4 Mal getheilt, gesotten, abgegossen, in Einmachsauce ¹⁄₄ Stunde gekocht, mit 2 Löffel voll Senf und mit Bratwürsten aufgetragen.

1256 Artischoken in Butter geschwenkt, mit Wienerschnitzen.

Die Artischoken werden geputzt, gesotten, in die Mitte der Platte gegeben, gesalzen, heiße Butter darüber

gegoffen und mit den Wienerſchnitzen garnirt.

1257 Krebſe mit Butter.

1258 Krammetsvögel mit gemiſchtem Salat.

Zwanzig Krammetsvögel werden gepußt, geſalzen, die Brüſtchen mit weißem Speck belegt, am Spieß mit Butter gebraten und in ihrem Saft angerichtet.

1259 Schmankerl-Creme.

Dieſe iſt in Nr. 812 bemerkt. Deſſertbackwerk.

5. Juli.

1260 Weiße Lampinſuppe mit Macaroni.

Von einem Lampin werden alle Stücke außer dem Ziemer und Schlegel gehackt, mit Salz und Pfeffer beſtreut, 2 Löffel voll Mehl gemiſcht, mit 2 Zwiebeln, Peterſilie, gelbe Rüben und Porrie in heißer Abſchöpffette ¼ Stunde gedünſtet, mit der Suppe aufgekocht und über extra geſottene Macaroni angerichtet.

1261 Rindfleiſch mit Kartoffeln in Peterſilieſauce.

Letztere ſind in Nr. 325 bemerkt.

1262 Kohlraben mit Lammfleiſch anderer Art.

Die Kohlraben werden geſchält, das Grüne von den Rippen geſtreift, eigens gekocht; die Kohlraben werden mit dem Lammfleiſch zugeſetzt, weich gekocht, die Kohlraben fein geſchnitten, 3 Löffel voll Mehl gelb geröſtet, die Kohlraben mit Salz, Pfeffer und dem Lammfleiſch darein gegeben und mit Suppe aufgekocht. Das Lammfleiſch trage eigens auf, das Grüne gib in die Mitte der Schale und die Kohlraben im Kranze um daſſelbe.

1263 Gedünſtete Kalbsleber mit geröſteten Kartoffeln.

Zwei Kalbslebern werden abgehäutet, geſchnitten, mit 4 Zwiebeln, etwas Citrone, Salz, Pfeffer und 3 Löffel voll Mehl in Butter gedünſtet, wenn ſie gelb ſind, mit der nötigen Suppe, Eſſig und Citronenſaft aufgekocht und im Kranze um die geröſteten Kartoffel gegeben.

1264 Hecht mit Kreen.

Derſelbe iſt in Nr. 234 bemerkt.

1265 Gefüllter Indian mit grünem Salat und Compot.

Der Indian iſt in Nr. 160 bemerkt. Die Fülle wird bereitet aus Herz, Leber, ¼ ℔ Bratwurſtbrät,

Petersiliegrün, Salz, Pfeffer und Zwiebel, ¼ Stunde gedünstet, ausgekühlt,
mit 2 Tassen voll Semmelbröseln, drei
Eiern, etwas Majoran und Citrone angemacht und eingefüllt.

1266 Gebackene Weichseln.

in Brandteig wird gemacht, die
Weichseln darein getaucht, in
heißem Schmalz gebacken und mit Zucker
bestreut.

1267 Kaffee, Dessertbackwerk
und Arak.

6. Juli.

1268 Reissuppe mit Erbsen
gemischt.

in halbes ℔ Reis wird ge-
kocht, ebenso ¼ ℔ Erbsen.
Letztere werden durchgetrie-
ben, mit dem Reis aufgekocht und mit
Schnittlauch bestreut, aufgetragen.

1269 Rindfleisch mit Sardellensauce.

Letztere ist in Nr. 272 bemerkt.

1270 Rosenkohl mit kälbernen
Vögerln.

er Rosenkohl wird geputzt, gewaschen, in Salzwasser gesotten,
abgegossen, in Fette gedünstet, mit Mehl
gestäubt, mit Salz und Pfeffer bestreut
und mit kälbernen Vögerln nach Nr. 1034,
aufgetragen.

1271 Gebratene Gansleber.

ie Leber wird abgehäutet, mit
weißem Speck durchzogen, in 3
Löffel voll Gansfette mit einer Zwiebel,
Salz und Pfeffer gebraten und wenn
sie anfängt braun zu werden, mit Suppe
und etwas Citronensaft aufgekocht.

1272 Kapaun mit gemischtem
Salat.

Derselbe ist in Nr. 42 bemerkt.

1273 Linzertorte.

in halbes ℔ Citronenzucker, ¼ ℔
gewiegteMandeln,6gewiegteEier-
gelb und ½ ℔ Butter werden ein wenig abgerührt, mit 1 ℔ Mehl zu einem kernigen
Teig gewirkt, dazu 1 Ei, dick ausgerollt, in ein flaches Backblech gelegt,
Eingesottenes darauf gegeben, ein Gitter
darüber gemacht und langsam gebacken.

7. Juli. (Freitag.)

1274 Rothweinsuppe mit
Bisquit.

wei Liter rother Wein, ein
Liter Wasser, ganzer Zimmt
und Citronengelb werden
aufgesetzt, 2 Tassen voll gestoßene Zwie-

beln, extra dick gekocht mit dem nöthigen
Wein, 12 Loth Zucker und der ganze
Wein dazu gegeben, beim Anrichten mit
3 Eiergelb legirt und mit Bisquit
aufgetragen.

1275 Schweizer Omelette anderer Art.

Eine Tasse sauerer Rahm, 6 Eiergelb und 3 Löffel voll Mehl
werden abgerührt, dazu nochmal ¼ Tasse
Rahm, 6 Loth Zucker und den Schnee
der 6 Eier, daraus 4 Omeletten gebacken, mit Eingesottenem bestrichen,
zusammengerollt und mit Zucker bestreut.

1276 Lachs mit Bröseln, Essig und Oel.

Derselbe ist in Nr. 405 bemerkt.

1277 Ordinäre Dampfnudeln in Schleierbrüh mit Kraut.

Mache einen starken Teig mit 3 Eiern,
laß ihn halb geben, lege die Nu-
deln ein, laß sie stehen, bis sie aufsteigen,
dann koche sie langsam, bis die Sauce
dickicht wird und servire sie mit Sauerkraut.

1278 Hecht in Rahmsauce mit Patieten.

Der Hecht wird gereinigt, in Stücke
zertheilt, eingesalzen und mit
Zwiebel, Petersilie, Citrone, 1 Schoppen
Wein und ¼ Tasse Essig ¼ Stunde
gekocht, mit dem Fischsud eine Rahmsauce bereitet, gut ausgekocht und über
den Hecht geseiht.

1279 Gebackenes Obst mehrerer Sorten.

Selbes wird in mürben Brandteig
getaucht und im Schmalz gebacken.

Kaffee mit Dessertbackwerk.

8. Juli.

1280 Kräutersuppe.

Selbe wird wie gewöhnlich gekocht und beim Anrichten mit
2 Tassen süßem Schlagrahm
und Eier legirt.

1281 Rindfleisch mit Preisel-beerensauce.

Zwei Tassen voll eingesottene Preiselbeeren werden mit Wasser und
1 Glas Wein aufgekocht, 1 Löffel voll
Mehl mit frischem Wasser angerührt
und an die Beeren mit Zucker und
Citrone gegeben und nochmal aufgekocht.

1282 Weißes Kraut mit
Bratwürsten.

Ersteres ist in Nr. 121 bemerkt.

1283 Kalbskopf mit Rahm
und Käse.

Der Kopf wird weich gekocht, das
Fleisch abgelöst und in Würfel
geschnitten, mit Salz, Pfeffer, 2 Tassen
saueren Rahm und 4 Eiern abgerührt,
in eine mit Rindschmalz bestrichene und
mit Bröseln bestreute Auflaufform gefüllt und langsam gebacken.

1284 Gebratener Äschen mit
Petersiliensauce.

Die Äschen werden geputzt, mit Salz
und Pfeffer bestreut, mit Butter
bestrichen, jeder in mit Butter bestrichenes Papier gehüllt und auf dem
Roste zu heller Farbe auf beiden Seiten
gebraten.
Die Sauce ist in Nr. 211 bemerkt.

1285 Gans mit gemischtem
Endivien.

Die Gans ist in Nr. 49 bemerkt.
Der Salat wird wie ein Stern
angerichtet, sodann werden gesottene und
geschälte Kartoffel einige Stunden in
Rahnenessig gelegt, als Salat angemacht,
ebenso mit dem Fleisch gesotten, gelbe

Rüben und Sellerie, dann in den
Salatier geschmackvoll geordnet.

Sagopudding mit Wein- **1286**
sauce.

Nr. 654.

Kaffee und Dessertback- **1287**
werk.

9. Juli.

Rothe Reissuppe mit **1288**
Henne.

Der Reis wird wie gewöhnlich
gekocht, ½ Stunde vor dem
Anrichten ½ Tasse voll Krebsbutter darein gegeben und mit der
Henne, die mit Petersilie garnirt wird,
aufgetragen.

Rost-Beefsteak mit **1289**
Kartoffeln.

Ersteres ist in Nr. 107 bemerkt.

Karviol mit Rahm **1290**
und Schinken.

Die Röschen werden gesotten, davon
eine Lage in ein bestrichenes Auflaufblech gelegt, darauf gekochten, fein
geschnittenen Schinken, wieder Karviol
und Schinken, bis das Blech voll ist;
nun rühre 4 Eiergelb mit einer Tasse

sauern Rahm ab, gib sie über das Ein=
gelegte, bestreue dies mit Bröseln, backe
es langsam ¼ Stunde.

1291 Krebse mit Butter,

in Nr. 1022.

1292 Gebratene Birkhennen mit Compot.

Selbe werden geputzt und gespickt
wie junge Rebhühner, mit Salz
und Pfeffer bestreut und mit Butter
und Citronensaft gebraten.

1293 Gebackene Aprikosen.

Die Aprikosen werden in 2 Theile
getheilt, die Kerne entfernt, in
einem starken Brandteig getaucht, im
Schmalz gebacken und mit Zucker bestreut.

1294 Kaffee mit Vanille.

Dessertbackwerk.

10. Juli.

1295 Schwarzwurzelsuppe mit Semmelklößchen.

Die Schwarzwurzeln werden ge=
putzt, gewaschen, klein ge=
schnitten, gesotten, in Fette
weich gedünstet, mit 2 Löffel voll Mehl
gestäubt, mit Salz, Pfeffer und Suppe
aufgekocht und mit 3 Eiergelb legirt,
über Semmelklößchen gegeben.

Rindfleisch mit Morcheln= 1296 sauce.

Die Sauce ist in Nr. 609 bemerkt.

Gebacktes Rübenkraut 1297 mit Blut= und Leberwürsten.

Das Kraut wird mit Wasser und
1 Löffel voll Gansfette weich ge=
kocht, 4 Löffel voll Mehl mit Wasser
abgerührt, darein gegeben, nochmal
Gansfette und zwei Paar Leberwürste,
offen und servire es mit Blut= und
Leberwürsten.

Schill, gebraten, mit 1298 grünem Salat.

Nr. 200.

Junge Wildenten mit 1299 Weichselsalat.

Dieselben werden trocken gerupft,
gewaschen, mit Salz und Pfeffer
bestreut und mit Butter am Spieße ge=
braten.
Die Weichsel werden mit Zucker,
Zimmt und Essig 5 Minuten gekocht
und erkaltet zu Tisch gegeben.

Geschnittene Omeletten. 1300

Von 3 Tassen Mehl und der nöthigen
Milch, Salz und 5 Eiern backe
Omeletten, schneide sie wie Nudeln und

koche sie in Butter, süßem Rahm und
Zucker auf.

1301 Kaffee, Dessertbackwerk.

11. Juli. (Fasttag.)

1302 Wirsingsuppe mit Käse
und Kruten.

Drei Wirsingköpfe werden geputzt, gesotten, gewiegt mit
Petersiliengrün, Schnittlauch
und Zwiebelröhrchen, in Butter gedünstet, mit 3 Löffel voll Mehl gestäubt,
mit Wasser aufgekocht, 1 Tasse voll geriebenen Parmesankäse daran gegeben,
mit 2 Eiergelb legirt und über gebackene
Krusten gegossen.

1303 Frösche in Petersiliesauce mit Pasteten.

Fünfzig Frösche werden gestutzt, gewaschen, in ⅓ Liter Wasser,
Salz, ¼ Tasse leichten Essig, Zwiebel
und Petersilie ¼ Stunde gesotten, in
weißer Einmachsauce mit 2 Löffel voll
gewiegtem Petersilie aufgekocht und mit
Pasteten servirt.

1304 Sauerkraut mit neuen
Häringen.

Ersteres ist in Nr. 47 bemerkt.
Die Häringe werden geputzt,
gewaschen, ¼ Stunde in das Kraut gelegt und angerichtet.

1305 Dampfnudeln mit
Hagenbuttensauce.

1306 Gebackene Karpfen mit
Kartoffelsalat.

Zwei schöne Karpfen werden hergerichtet, in Stücke getheilt, eingesalzen, zugedeckt, dann in Mehl getaucht, in Bröseln umgekehrt und im
Schmalz gebacken.

1307 Brandkücheln und süßes
Weichselcompot.

Von mürbem Brandteig werden
runde Nudeln im Schmalz unter
Schütteln gebacken und mit Zucker bestreut.

1 ℔ Weichseln werden mit 6 Loth
Zucker, 1 Schoppen süßem Wein, eine
Tasse Wasser, ganzen Zimmt und etwas
Citrone ¼ Stunde gekocht, dann ange-
richtet.

1308 Kaffee und Dessertbackwerk.

3 Liter Kaffee und ¼ Liter Rahm.

12. Juli.

1309 Grüne, griechene Perlen-
suppe und Henne.

on ½ ℔ Mehl, 2 Eiern und
vier grün gefärbten Eierklar
wird ein fester Teig gemacht,
gerieben, in die Suppe eingekocht und mit
der Henne aufgetragen.

1310 Lendbraten mit Kartoffel-
puree anderer Art.

as Püree wird wie gewöhnlich
bereitet, die Hälfte dann mit
Krebsbutter abgerührt und in die Mitte
der Gemüseschale gegeben, das Weiße
im Kranze um dasselbe und das Ganze
mit Krebsschweifchen garnirt.
Der Lendbraten ist in Nr. 59 bemerkt.

1311 Bohnen mit Coteletten.

Erstere sind in Nr. 28, Letztere in
Nr. 158 bemerkt.

1312 Ragout mit Sternlein aus
Butterteig.

Kalbsfüße werden rein geputzt, weich
gesotten, in beliebige Stücke getheilt, in Citronensauce, Nr. 629, aufgekocht, etwas Safranblühe daran gegeben und mit Sternen, aus Wasserbutterteig gestochen, aufgetragen.

1313 Aal, blau gesotten.

er Aal wird, wenn er gereinigt
ist, mit Weinessig besprißt, gesalzen, gepfeffert. Unterdessen wird eine
Taffe Weineffig, Butter und Zwiebel,
Lorbeerblätter und ¼ Taffe Waffer
nebst Peterfilie kochend heiß gemacht,
der Aal etliche Minuten darin gekocht,
dann angerichtet und mit Peterfilie geziert.

1314 Nierenbraten, gespickt,
mit Knoblauchfalat.

1315 Aprikofenkuchen
nach Nr. 779.

1316 Kaffee und Deffertbackwerk.

13. Juli.

1317 Rothe, grüne und weiße
Rüben.

ie rothen werden mit Krebsbutter, die grünen mit Spinat
und die weißen wie gewöhn-
lich angerührt, zusammen in die Terrine
gegeben und mit Schnittlauch bestreut.

1318 Ochfenschweifstück mit
Peterfiliekartoffel.

1319 Karviol in weißer Butter-
sauce und gebackene Bälmer.

1320 Kalbsleridbrago it mit
Maccaroni.

1321 Frische Häringe.

Die Häringe werden geschuppt, aus-
gegrätet, geklopft, wieder zusammengesetzt, mit Zwiebelscheiben belegt, Salz und Pfeffer bestreut und
mit Essig und Oel begossen.

1322 Junge Hasen im Salz
gebraten, Karviolsalat und Apfel
compot.

Drei Hasen werden gebräht, gepußt
wie ein Ferkel, ausgenommen,
gewaschen, mit Salz und Pfeffer bestreut, dressirt wie ein Ferkel und mit
Butter gebraten.

1323 Kirschenstrudel.

Derselbe wird bereitet wie Aprikosen-
strudel in Nr. 753.

1324 Kaffee, Dessertbackwerk.

14. Juli.

1325 Baumwollsuppe mit
Brisen.

Sechs Löffel voll Mehl werden
mit frischem Wasser ange-
rührt, dazu Salz, nach und
nach 6 Eier, unter beständigem Rühren in
siedende Suppe gegeben, wenn sie dicht
ist, mit Schnittlauch bestreut, angerichtet.

1326 Rindfleisch mit Senf-
Kartoffel.

Die Kartoffel werden heiß geschält,
in Würfel geschnitten, in heiße
Gansfette gegeben, mit 2 Löffel voll
Mehl bestäubt, mit Salz, Pfeffer, Suppe
und 3 Löffel voll Senf aufgekocht und
angerichtet.

1327 Spinat mit Rahm und
Göppingerwurst.

Der Spinat wird wie gewöhnlich
bereitet und mit süßem Rahm
aufgekocht, mit obiger Wurst garnirt.

1328 Karviol in Krebssauce
und gebackene Brisen.

Der Karviol wird wie gewöhnlich
bereitet, wieder zur Blume zusammengesetzt, mit guter Krebssauce,
bereitet mit Krebsbutter, statt weißer

Butter, begossen und mit Krebsschweiß-
chen garnirt. Die Brisen werden extra
beigegeben.

1329 Krebse mit Butter.

1330 Rehschlegel mit grünem
Salat.

Derselbe wird bereitet nach Nr. 6.

1331 Milchreis mit süßen
Macaronen.

Zwölf Loth Reis werden im sieden-
den Wasser aufgelöst, in heiße
Butter mit ¼ ℔ Zucker gegeben, mit
1 Liter Milch, 1 Stückchen Zimmt aufgekocht, 1 Tasse süßen Rahm, legirt mit
4 Eiergelb, daran, angerichtet und mit
fein zerdrückten, süßen Macaronen bestreut.

1332 Kaffee, Dessertbackwerk.

15. Juli.

1333 Grüne Erbsensuppe mit
Kalbsknochen.

Ein Teller voll grüne Erbsen
werden weich gedünstet, mit
Mehl bestäubt, mit der nöthigen Suppe aufgekocht nebst Kräutern
und Kalbsknochen; sind letztere weich,
schneide sie in kleine Stücke, gib sie mit

gebackenen Krusten in die Terrine und
die Erbsensuppe durch ein Sieb darüber.

1334 Lendbraten mit gelb gerösteten Kartoffeln.

1335 Bohnen mit sauerm Rahm
und Salami.

Die Bohnen werden gedünstet, mit
Mehl bestäubt, mit Suppe aufgekocht und mit sauerm Rahm legirt.

1336 Gansjung ragout mit
italienischen Macaronen.

Ersteres ist in Nr. 979 bemerkt.

1337 Häringe in Essig und Oel.

1338 Poularden mit Salat
und Apricompot.

Die Poularden oder junge Hähne
werden trocken gerupft, flamirt,
ausgenommen, gewaschen, eingesalzen
und bei heller Flamme gebraten.
Salat: Der Endivien und in Rahmen-
essig gelegene Kartoffel werden nudel-
förmig geschnitten und ineinander angemacht.

1339 Spritzkuchen

in Nr. 538.
Kaffee und Dessertbackwerk.

16. Juli.

1340 Braune Fischsuppe mit Schnitten.

inige Fische, 2 Pf. werden ge=
pußt, in Mehl umgekehrt,
in Schmalz gebacken, mit
3 Eier und Schnitten von 2 Semmeln
gestoßen, in beißes Rindsschmalz ge=
geben, mit 2 Löffel voll Mehl gestäubt,
mit Erbsensud, Sellerie, Petersilie, Salz
und Pfeffer aufgekocht und über gebackene
Schnitten gegossen.

1341 Eingerührte Eier mit Parmesankäse.

wölf Eier werden mit einer Tasse
süßem Rahm angerührt, gesalzen
und gepfeffert, unter beständigem Rühren
gekocht und mit 4 Löffel voll geriebenem
Parmesankäse bestreut.

1342 Sauerkraut mit Häringen.

asselbe wird in Butter gedünstet,
mit Mehl gestäubt, mit Wein
und etwas Wasser aufgekocht, die ge=
pußten Häringe ¼ Stunde darein ge=
legt und aufgetragen.

1343 Schweizer Omeletten mit Kirschencompot.

Erstere sind in Nr. 675 bemerkt.

1344 Hausen mit Kapresauce und Eiern.

wei bis drei Hausen werden ge=
schuppt, gepußt, gewaschen, ein=
gesalzen, nach ½ Stunde in den Körper
Salz, Pfeffer und 1 Salbeiblatt gelegt
und mit Butter auf dem Roste hell=
braun gebraten.

1345 Aepfel im Schlafrock.

drzehn Borsdorfer Aepfel werden
geschält, ¼ Stunde in Wein ge=
legt und zugedeckt, sodann wird ein
Wasserbutterteig gemacht, ausgerollt, in
Streifen gerädelt, um die Aepfel ge=
schlungen, mit Ei bestrichen, im Rohr
langsam gebacken und mit Zucker bestreut.

1346 Kaffee, Dessertbackwerk.

17. Juli. (Freitag.)

1347 Braune Tropfsuppe mit Senne.

m Abend vorher lege in 8
Eierklar 2 Loth ungebrannten
Kaffee, am Morgen nimm
die Bohnen heraus und trockne sie ab,
(sie werden wieder zum Kaffee ver=
wendet) nun rühre 4 Löffel voll Mehl
mit Milch an, gib sie mit 2 Eigelb
an die grünen Eierklar, tropfe den Teig
in siedende Suppe und richte sie dann an.

1348 Rindfleisch mit Zwiebelsauce und Eier.

Die Sauce ist in Nr. 692 bemerkt.

1349 Weiße Bohnen in Krebssauce und gerösteter Junge.

Erstere werden in Wasser gesotten, in Krebssauce mit Schweifchen aufgekocht und servirt. Die Junge wird weich gekocht, herzförmig getheilt und extra beigegeben.

1350 Gelbe Rüben und grüne Erbsen mit Einschnitten.

Die Rüben werden der Länge nach geschnitten, gedünstet, gestäubt und mit Suppe aufgekocht.

Die Erbsen werden mit Fette und Suppe weich gedünstet, gestäubt, mit Suppe nochmal aufgekocht, in die Mitte der Gemüseschale gegeben und mit den gelben Rüben garnirt.

1351 Lachsforellen blau, mit holländischer Sauce.

Selbe werden in fingerbreite Stücke geschnitten, in kaltem Wasser schnell gewaschen, ¼ Stunde in den Sud gelegt, dann angerichtet und mit rund geschnittenen Kartoffeln, mit Fischsud begossen, garnirt.

Die Sauce ist in Nr. 11 bemerkt.

1352 Gebratene Feldhühner mit gutem Salat.

Sechs Feldhühner werden trocken gerupft, flamirt, ausgenommen, gewaschen, in Weinlaub und Speck gebunden, wenn sie noch zart sind und bei heller Flamme gebraten.

1353 Apfelküchlein.

Schöne Aepfel werden in Scheiben geschnitten, in mürben Brandteig getaucht, im Schmalz unter Schütteln gebacken und mit Zucker bestreut.

1354 Kaffee und Dessertbackwerk.

18. Juli.

1355 Braune Feldhühnersuppe mit Fridaternudeln.

Die Ueberreste der gestrigen Feldhühner werden in einem hölzernen Mörser gestoßen, mit Salz, Pfeffer, Petersilie und einer Tasse voll Zwiebackbröseln gedünstet, mit der nöthigen Suppe ¼ Stunde aufgekocht und durch's Sieb über aufgekochte Fridaternudeln gegeben.

1356 Rindfleisch mit Mandel-Erven.

1357 Bayerisches Pulver mit Schweineknochen anderer Art.

Das Kraut wird mit den Knochen in Wasser weich gekocht, ¼ Ľ Schweinefette darein gegeben und gut eingekocht. Indeſſen röſte 4 Löffel voll Mehl gelb, löſche es mit Suppe und Kraut, lege die Knochen aus, rühre die Brenne in das Kraut, laß es nochmal aufkochen, richte es an und gib die Knochen darauf.

1358 Spinat mit Schinkeneier, nach Nr. 762.

1359 Häringe mit Kartoffel und Butter.

Die Häringe werden geklopft, abge-häutet und angerichtet.

1360 Junge Enten mit grünem Salat und Compot.

1361 Gebackene Brodſchnitten mit Mandeln.

Zwölf Loth Mandeln werden ab-gezogen, fein gewiegt, mit einer Taſſe ſüßem Rahm, 6 Loth Citronen-zucker, 4 Loth Orangenſchale und 1 Ei abgerührt, davon auf Mundbrodſchnitten gelegt, jedes Mal 2 auf einander, ſelbe

in Eier getaucht, in Bröſeln umgekehrt, in Schmalz gebacken, mit ¹⁄₈ Liter Wein (Glühwein) begoſſen, warm geſtellt, bis ſie den Wein eingeſaugt haben, dann aufgetragen.

1362 Kaffee und Deſſertback-werk.

19. Juli.

1363 Klare Suppe mit Milz-ſchnitten.

Eine Milz wird ausgeſtreift, angerührt mit Salz, Pfeffer, Peterſilie, 2 Eier, ¼ Taſſe kalte Suppe oder Milch, von 4 Sem-meln die Schnitten darein getaucht und im Schmalz gebacken, mit klarer Suppe begoſſen.

4 Kalbsmilzen werden nöthig ſein.

1364 Lendbraten mit Maca-ronen.

1365 Artiſchocken in kurzer Sauce mit Netz-Coteletten.

Dieſelben werden gepußt, in Salz-waſſer geſotten, mit vier Löffel voll Fette in ein Caſſerole gelegt, iſt ſelbe heiß, mit etwas Mehl unterſtäubt, iſt dieſes gelb, mit Suppe aufgekocht, etwas Citronen und Zwiebel dazu ge-geben, zierlich angerichtet, die Sauce

darüber gegossen und mit Netz-Coteletten garnirt.

1366 Saure Leber und Kartoffel.

Zwei Kalbslebern werden abgehäutet, in schöne Schnitze getheilt, mit 5 Löffel voll Mehl, 3 Zwiebeln, etwas Citrone und Pfeffer vermischt, in Butter und Schmalz hellbraun gedünstet, mit Suppe und Essig kurz gekocht, Citronensaft und Salz dazu gegeben und angerichtet.

1367 Gemserückenbraten und Specksalat.

Ein Gemserücken wird abgehäutet, mit Salz und Pfeffer eingerieben, mit fingerlangen Speckstreifen eingelegt und mit Kräutern, Wachholderbeeren, Kappern, 1 Glas Wein und 1 Tasse Suppe gebraten.

Der Salat: Kopfsalat wird eingeputzt in Wasser gelegt, ¼ ℔ Speck in Würfel geschnitten, hellbraun geröstet, der nöthige Essig daran gegeben und über den Salat gegossen.

1368 Bröseltorte

nach Nr. 633.

20. Juli.

1369 Hasensuppe mit Fleisch-Klößchen.

Der Hasenabfall wird fein gehackt, in Fette mit Salz, Pfeffer und Grünzeug braun gedünstet, mit 1 Tasse Zwiebackbröseln gestäubt, mit der nöthigen Suppe und zuletzt 1 Glas Wein aufgekocht und durch ein Sieb über Fleischklößchen gegeben.

1370 Rindfleisch mit Gurken und Kartoffelsalat.

1371 Gefüllter Krautkopf und Salami.

Selber ist Nr. 240 bemerkt.

1372 Blaukohl mit Kastanien und Zunge.

1373 Birschlinge in Buttersauce mit Pasteten.

Die Birschlinge werden mit heißem Wasser begossen, dann geschuppt, ausgenommen, gewaschen und gesalzen, nach 1 Stunde mit 1 Schoppen Weinessig, 1 Tasse Wasser, Zwiebel, Citrone und Petersilie ¼ Stunde gekocht, in weißer Einmachsauce, mit Fischsud bereitet, einmal aufgekocht, angerichtet, die Sauce darüber geseiht und mit Pasteten aufgetragen.

1374 [...]

1375 [...]

...rstere sind in Nr. 31 bemerkt.
...Sauce: 1 ℔ Kirschen werden ausgekernt, mit ¼ ℔ Zucker, 4 Loth Bisquit, etwas Zimmt, Citronengelb, 2 Tassen Rothwein und 1 Tasse Wasser weich gekocht und durch ein Sieb passirt.

1376 Kaffee, Dessertbackwerk.

21. Juli. (Fasttag.)

1377 [...]

...in ℔ Zwetschgen werden ausgesteint, mit ¼ Liter Wein und 2 Liter Wasser zuerst gekocht, dann die Steine nochmal ausgekocht mit 1 Glas Wein, der Sud davon an die Zwetschgen geseiht, mit einer Tasse Zwiebackbröseln aufgekocht, Zimmt und Citrone dazu gegeben, durch ein Sieb in die Terrine geseiht und in Würfel geschnittenes Bisquit extra dazu servirt.

1378 [...]

...die Eier werden mit süßem Rahm, Salz und Pfeffer, 1 Tasse gedünsteter Champignons verrührt, behutsam gekocht und schnell aufgetragen.

1379 [...]

Derselbe ist in Nr. 681 bemerkt.

1380 [...]

...er Wirsing wird geputzt, gewaschen, gesotten, klein geschnitten in Butter gedünstet mit Zwiebel, Salz und Pfeffer, gestäubt, mit Wasser und etwas Citrone aufgekocht und mit gebratener Fischwurst garnirt.

1381 [...]

Nr. 1022.

1382 [...]

Nr. 369.

1383 [...]

...rühre ¼ ℔ Butter ab, nach und nach 6 Eier daran, 4 Loth Zucker, etwas Citrone, 4 Loth Mehl und sechs Loth Semmelbröseln, backe dieses lang-

fam, gib es dann in ein größeres Geschirr, kalten Wein und Zucker darüber und laß es auffochen.

1384 Kaffee und Dessertbackwerk.

22. Juli.

1385. Kartoffelsuppe mit gebackenen Krusten.

Zwölf Kartoffeln werden roh geschält, in Schnitze geschnitten, in Wasser gesotten, abgegossen, fein gerührt, drei Löffel voll Mehl gelb geröstet, die Kartoffel darein gegeben, mit Suppe und Sellerie aufgekocht und über gebackene Krusten gegossen.

1386 Rindfleisch mit gerösteten Kartoffeln und saure Weichseln.

Die Weichseln werden in Essig, Zucker, ganzen Zimmt und Citrone gekocht.

1387 Kohlraben mit Schaffleisch.

Die Kohlraben werden wie gewöhnlich bereitet, ¼ Stunde vor dem Anrichten 3 Löffel voll Senf daran gegeben und Saft vom Schaffleisch, dann mit demselben angerichtet.

Bohnen und gebackene 1388 Leber.

Die Bohnen werden in Wasser abgesotten, in heißer Butter mit Salz und Pfeffer aufgeschüttelt, bis sie heiß sind, dann angerichtet und mit in Schmalz gebackenen Semmelschnitten besteckt.

Eine Kalbsleber wird abgehäutet, in 3 Finger breite Schnitze geschnitten, in feinen Bröseln umgekehrt, mit Salz und Pfeffer bestreut und in Schmalz gebacken.

Barben mit Meerrettig. 1389

Zwei Barben werden rein geputzt, die Flossen gestutzt, mit Essig, Wasser, Zwiebeln, gelbe Rüben, Citrone, Petersilie, Lorbeerblätter, Salz und 1 Löffel voll ganzen Pfeffer kalt zum Feuer gestellt, ¼ Stunde gekocht und mit geriebenem Meerrettig bestreut, mit Petersilie verziert.

Wildschweinskeule mit 1390 Kruste.

Die Keule wird abgehäutet, das Knochenbein abgebaut, geklopft, in frisches Wasser gelegt, dann mit Salz und Pfeffer eingerieben, in eine Bratreine gelegt mit Kräutern, feinem Wurzelwerk, ganzem Pfeffer, Wachholderbeeren und Citronengelb, drei Zwiebeln, ¼ Liter weißen Wein, zu-

gedeckt, 24 Stunden in den Keller gestellt, dabei öfter umgewendet, dann weich gedünstet, oder gebraten und mit Brodkruste überzogen.

Die Keule: Rühre ¼ ℔ Butter ab, nach und nach 3 Eier, 1 Kaffeelöffel voll Zimmt, 4 Löffel voll Zucker, zwei Tassen geriebenes Schwarzbrod, überziehe damit die Keule, backe sie hellgelb, richte sie an, seibe die Sauce darunter und servire sie mit Hagenbuttensauce.

1391 Kaiserauflauf.

Rühre ¼ ℔ Butter ab, 10 Eiergelb darein, 1 Tasse süßen Rahm, 4 Löffel voll Mehl, 4 Loth Zucker, 4 Loth gestoßene Mandeln, ungefähr 6 Loth Vanille, etwas Citronengelb und den Schnee der 10 Eier, backe es in einem Auflaufblech und bestreue es mit Zucker.

1392 Kaffee und Dessertbackwerk.

23. Juli.

1393 Suppe mit gebackenen Erbsen.

Von 12 Loth Mehl wird ein Brandteig gemacht, gekocht, mit 3 Eiern abgerührt, durch einen Spatzenlöffel in heißes Schmalz gegeben, dann mit klarer Suppe angerichtet.

1394 Dunstbraten mit Kartoffelpurée.

Ersteres ist in Nr. 526 bemerkt. Das Purée wird halb weiß, halb gelb, mit Safran gefärbt aufgetragen.

1395 Blaukraut mit SchweineCoteletten.

Ersteres ist in Nr. 114, letzteres in Nr. 212 bemerkt.

1396 Kalbskopf in brauner Sauce.

Der Kalbskopf wird mit der Haut bestellt, gebrüht, in laues Wasser gelegt, mit Citronensaft eingerieben, in eine Serviette gebunden und im Fleischtopf gekocht. Ist er weich, wird das Hirn herausgenommen, die Zunge ausgelöst, abgehäutet und in Herzform getheilt, der Kopf mit brauner, dicker, zerlassener Bratenjus bestrichen, auch welche darunter gegeben und mit gekochten Krebsen garnirt.

1397 Hecht mit holländischer Sauce.

Der Hecht ist in Nr. 29 bemerkt und wird mit gekochten Krebsen garnirt.

Die Sauce ist in Nr. 11 bemerkt.

1398 Wildschweinerücken, gebraten.

Derselbe wird gepußt, gebeizt, mit etwas Beize gebraten und mit Speckfalat fervirt.

1399 Citronen-Creme.

Wird bereitet nach Nr. 202.
Kaffee und Defferibackwerk.

24. Juli.

1400 Kaiserfuppe mit geröfteten Kruften.

Gib ¼ ℔ Speck in ein Cafferole, darein 1 Taffe voll gefchnittene Zwiebeln, ¼ ℔ Rindsfleisch, ¼ ℔ Kalbfleisch, ¼ ℔ Schinken, in kleine Schnitze gefchnitten, gelbe Rüben, Paftinaken, Sellerie, Peterfilie, Salz und ganzen Pfeffer, dünfte das bräunlich, gib 1 Taffe Suppe, 2 Taffen geftoffenen Zwiebel und 1 Glas Wein, dann die nöthige Suppe auf, laß fie eine Stunde kochen, gib fie durch ein Sieb über Kruften und fricafire fie mit 3 Eiergelb.

1401 Rindfleifch mit fchwarzer Butterfauce.

Die Sauce ift in Nr. 602 bemerkt.

1402 Böhmifche Erbfen mit Schinken.

Die Erbfen werden nach Nr. 212 bereitet, mit 2 ℔ Schinken gekocht und mit beißer Butter begoffen. Die Erbfen follen ganz bleiben.

1403 Gansleber mit Kartioffalat.

Die Gansleber wird mit Salz und Pfeffer beftreut, mit Mehl beftäubt, in Gansfette gebraten, dann ausgelegt, an die Sauce 1 Taffe Suppe gekocht mit Citronenfaft und unter die Leber gegoffen.

1404 Häringe mit Kartoffel und Butter.

1405 Gebratene Hühner und Apfelcompot.

Erftere find in Nr. 138 bemerkt. Die Aepfel werden gefchält, mit Wein, Zucker und Rofinen weich gedünftet, zierlich angerichtet und mit Mandeln befteckt.

1406 Heidelbeerkuchen.

Aus füßem Butterteig bereite einen flachen Kuchen, biege ihn auf, mache einen Papierftreif umher, fülle

Heidelbeeren darauf, bestreue sie mit
Zucker, backe den Kuchen schnell, bestreue
ihn mit Bisquitbröseln und Zucker und
servire ihn kalt.

1407 Kaffee und Dessertbackwerk.

25. Juli.

1408 Karviolsuppe und Kalbfleischklößchen.

Siede 2 Stück Karviol, gieße
sie ab und stelle sie in Suppe
warm; laß drei Löffel voll
Mehl in ¼ ℔ Krebsbutter schäumen,
gib ein Glas Wein daran, die nöthige
Suppe und etwas Citrone, 3 Minuten
vor dem Anrichten den Karviol, laß
ihn nochmal aufkochen, gib sie über
Klößchen und fricasire sie mit drei Eier
und einem Löffel voll Krebsbutter.

1409 Lendbraten mit Macaroni.

1410 Bohnen mit saurem
Rahm und Kalbscoteletten.

Letztere sind in Nr. 198 bemerkt.

1411 Salmen mit Senfsauce.

Die Salmen werden geputzt, ausgenommen, in Stücke getheilt,
mit Salz und Pfeffer bestreut, in Oel

getaucht, gebraten, mit Glace bestrichen,
im Kranze angerichtet, mit Citronenscheiben garnirt und in die Mitte kalte
Senfsauce gegeben.

Rehbraten mit grünem **1412**
Salat und Kirschencompot.

Ersteres ist in Nr. 76 bemerkt.

Erdbeerkuchen. **1413**

Backe einen Kuchen aus Butterteig,
bestreiche ihn mit 2 ℔ Erdbeeren,
mit Syrup oder Honig angemacht und
bestreue ihn mit Zucker.

Kaffee, Dessertback- **1414**
werk.

26. Juli. (Fasttag.)

Hagenbuttensuppe mit **1415**
Bisquit.

Eine Tasse Hagenbuttenmark
wird mit 2 Tassen Wasser
verdünnt, ¼ ℔ Zucker, einen
Liter Wein, 2 Liter Wasser und 1 Tasse
Bröseln 1 Stunde aufgekocht und durch
ein Sieb über Bisquit passirt.

Gefüllte Eierfladen mit **1416**
Bechamelle.

Gebackene Fladlein werden mit
Bechamelle gefüllt, zusammengerollt und mit ⅛ Liter süßem Rahm,

¼ ℔ Butter und 4 Loth Zucker aufgekocht.

1417 Sauerkraut mit Häringen und gebackene Eier.

Das Sauerkraut wird in Butter mit Aepfel gedünstet, 4 Häringe ¼ Stunde eingelegt, dann in die Mitte des Krautes gegeben und 12 gebackene Eier im Kranze um dieselben.

1418 Gesottener Asch mit Butter.

Derselbe wird geschuppt, geputzt, gesalzen, in Salzwasser mit Petersilie ¼ Stunde gekocht und mit Petersilie bestreut aufgetragen.

1419 Gebratener Aal mit grünem Salat.

Der Aal wird geputzt, mit Salz und Pfeffer eingerieben, nach einer Stunde mit Zwiebel, gelbe Rübe, Citrone, 2 Basilikumblätter und ½ ℔ Butter gebraten und mit jungem Kressensalat servirt.

1420 Apfelküchel.

Backäpfel werden in runde Scheiben geschnitten, in Brandteig getaucht, in Schmalz gebacken und mit Zucker bestreut.

1421 Kaffee, Dessertbackwerk.

27. Juli.

1422 Gerstensuppe mit Erbsen und geräucherter Zunge.

Die Gerste wird wie gewöhnlich gekocht nebst einer halben geräucherten, in Würfel geschnittenen Zunge und ½ Selleriekopf. Eine halbe Stunde vor dem Anrichten gib 2 Tassen Erbsen-Puree darein und servire sie mit Essig.

1423 Rindfleisch mit Sardellensauce und Rahnensalat.

1424 Wirsing mit Kalbsschnitzen anderer Art.

Der Wirsing wird geputzt, gesotten, gedünstet, gestaubt und mit Suppe und 1 Tasse geriebenem Parmesankäse aufgekocht.

Die Kalbsschnitze werden schnell gekocht wie die Leber, Salz, Pfeffer, Zwiebel und Citrone daran, in der Omelettenpfanne gebraten, mit Mehl bestäubt, mit etwas Wein und Suppe aufgekocht und auf den Wirsing garnirt.

1425 Weiße Truffeln mit Salami.

Die Trüffeln werden gewaschen, gebürstet, in feine Blättchen geschnitten, in Butter mit Salz, Pfeffer und gewiegtem Petersilie gedünstet, mit etwas Mehl bestäubt und mit Salami servirt.

1426 Krebse mit Butter.

1427 Kalbsschlegel mit Kopfsalat und Eier.

Ersterer ist in Nr. 312 bemerkt. 6 Eier werden hart gesotten, 3 davon in Kahneneffig gelegt, nach 2 Stunden herausgenommen und mit den weißen zierlich auf den Kopfsalat garnirt.

1428 Bechamellekuchen.

Koche ein Bechamelle mit ¼ ℔ Butter und dem nöthigen Mehl, bis es schäumt, rühre süßen Rahm darein, 4 Loth Zucker, 4 Eiergelb, laß dieß auf der Glut trocknen, gib es in eine Schüssel, rühre 6 Eiergelb daran, den Schnee und ¼ ℔ Citronenzucker, gib es auf ein bestrichenes Backblech, backe es und servire es warm.

1429 Kaffee und Dessertbackwerk.

Wirsingsuppe mit **1430** Parmesankäse.

Zwei Wirsingköpfe werden geputzt, gesotten, in Abschöpffette gedünstet mit Salz, Pfeffer und 2 Tassen Zwiebackbröseln, mit Suppe aufgekocht, mit 1 Tasse geriebenen Parmesankäse legirt und über gebackene Schnitten gegossen.

Rost-Beefsteak mit geröfteten Kartoffeln und Senf. **1431**

Letztere ist in Nr. 649 bemerkt.

Bayerisches Pulver mit **1432** Blut- und Leberwürsten.

Selbes ist schon bemerkt.

Geschwinde Leber. **1433**

Zwei Kalbslebern werden abgebäutet, in Schnitze getheilt, in Mehl getaucht, mit Zwiebel, Pfeffer, Citrone in ¼ ℔ Rindsschmalz auf beiden Seiten bräunlich gekocht, mit Salz bestreut, mit Citronensaft betropft und mit neu gebackenem Mundbrod servirt.

Gans mit Kastanien **1434** gefüllt und Endiviensalat.

1435 Zwetſchgenkuchen.

Bereite aus 1 ℔ Mehl, ¼ ℔ Butter, 3 Eier, 4 Loth Zucker, ¼ Taſſe Wein einen leichten Teig, wirke ihn ein paar Mal, ſchlage ihn in ein Tuch, lege ihn kalt, dann rolle ihn aus, lege ihn auf Papier, biege 1 Querfinger boben Rand auf, befeſtige ihn mit Papier, belege ihn dick und zierlich mit halben Zwetſchgen, beſtreue ihn mit Zimmt und Zucker und backe ihn bei guter Hitze.

1436 Kaffee, Deſſertbackwerk.

29. Juli.

1437 Gelbe Rübenſuppe.

Acht gelbe Rüben und 2 Sellerie werden geſchält, gerieben, mit 3 Löffel voll Peterſilie, 1 Taſſe geſtoſſener Zwiebel, Salz und Pfeffer gedünſtet, mit Suppe aufgekocht und durch ein Sieb über Kaiſernockerln gegeben.

1438 Rindfleiſch mit Mandelkren.

1439 Weißkraut mit Schweins-Coteletten.

Das Weißkraut wird mit Gansfette, 1 Glas Wein, 4 Borsdorfer Aepfel, Salz, Kümmel und Suppe ge-
dünſtet, mit 3 Löffel voll Mehl geſtaubt, mit Suppe, 1 Glas Wein und 2 Löffel voll Gansfette aufgekocht und mit Coteletten nach Nr. 212 ſervirt.

1440 Eingemachte Hühner mit Krebsbutter und Paſteten.

Drei Hühner werden ¼ Stunde in den Fleiſchtopf gelegt, wenn ſie kalt ſind, in Einmachſauce, bereitet mit 4 Loth Krebsbutter, Zwiebel, Peterſilie, und Citrone gelegt, zuvor tranſchirt, ¼ Stunde aufgekocht, mit 1 Löffel voll Krebsbutter und Citronenſaft fricaſirt und mit Paſteten aufgetragen.

1441 Haſenbraten mit grünem Salat.

Zwei Haſen werden abgehäutet, geſpickt, mit Salz und Pfeffer beſtreut, mit Speck, etwas Gewürze, 1 Glas Wein und ſauerm Rahm gebraten.

1442 Kabinetopudding

Nr. 188.

1443 Kaffee, Deſſertbackwerk.

30. Juli.

1444 Rothe Flaumsuppe.

Ein viertel ℔ Krebsbutter wird flaumig abgerührt, daran 5 Eier, 4 Löffel voll Mehl, Salz und 2 Eiergelb, mit siedender Suppe unter beständigem Rühren aufgegossen, kurz gekocht und mit 2 Löffel voll Krebsbutter und 1 Tasse Krebsschweifchen angerichtet.

1445 Rindfleisch mit Gurken und Kartoffelsalat.

Der Salat wird mit 2 Löffel voll Senf, Essig und Oel angemacht.

1446 Gelbe Rüben mit Pflückerbsen und Bratwürsten.

Die gelben Rüben werden klein würflig geschnitten, gewaschen und mit den Kernen aus obigen Erbsen in Gansfette gedünstet, mit 1 Tasse Gemüsesauce leicht geschwungen und heiß angerichtet, mit hellgelb gebratenen Würsten garnirt.

1447 Geröstete saure Schweinsnieren.

Die Nieren werden der Länge nach in feine Blättchen geschnitten, mit Zwiebel, Citrone, Salz, Pfeffer und 3 Löffel voll Mehl gelb geröstet und mit Suppe und Essig kurz eingekocht.

Indian mit gemischtem **1448** Salat, Compot und Senf.

Ersterer ist in Nr. 160 bemerkt.

Traubenkuchen. **1449**

Rolle von Obstkuchenteig in Nr.1435 ein dickes Blatt aus, bereite es ebenso, fülle es mit Traubenbeeren, backe es im Rohr halb, mache einen Guß darauf und backe den Kuchen fertig.

Kaffee, Dessertbackwerk. **1450**

31. Juli. (Fasttag.)

Kräutersuppe mit **1451** Schnitten.

Siede in 4 Liter Wasser 25 Frösche und einige gekochte und gestoßene Krebse, gelbe Rübe, Petersilie, Zwiebel, Sellerie, Pastinaken, Salz und Pfeffer, dünste 1 Teller voll Kräuter, bestäube sie mit Mehl, koche sie mit obiger Suppe auf, fricasire sie mit 1 Schoppen Schlagrahm und 2 Eiergelb und gieße sie über gebähte Schnitten.

Rühreier mit Trüffeln. **1452**

Sehn Eier werden mit 1 Schoppen süßem Rahm angerührt, dazu Salz, Pfeffer, Schnittlauch und 2 Tassen

voll weiße Trüffeln, fein geschnitten und in Butter gedünstet, dann gekocht und schnell angerichtet.

1453 Rosenkohl mit Fisch-würsten.

Kleine Fische werden geputzt, aus-gegrätet, zu Brät geschlagen, mit einem Schoppen Milch, Citronengelb, Schnittlauch, zwei in Milch geweichten Semmeln, Salz und Pfeffer vermengt, in Därme gefaßt, kurz gekocht und in Butter gebraten, mit Rosenkohl servirt. Letzterer nach Nr. 877.

1454 Gebratene Hausen mit Rahmsauce.

Die Hausen werden in Stücke ge-theilt, gesalzen, in Butter mit Zwiebeln gebraten und in Rahmsauce kurz aufgekocht.

Die Rahmsauce: 3 Löffel voll Mehl werden gelb geröstet, mit 1 Tasse Wein und Wasser, 2 Tassen sauerm Rahm, 3 Loth Kappern und Zwiebelscheiben aufgekocht.

1455 Ein Biber.

Der Biber wird tranchirt, in Rind-schmalz mit Zwiebelscheiben, einer Tasse Essig und einer Tasse Erbsensud weich gedünstet, mit Mehl gestäubt, mit einem Glas Wein und fein geschnittenen Sardellen kurz gekocht, angerichtet und mit eingesottenen Gurken garnirt.

Der Schweif wird blau gesotten, mit Salz und Pfeffer bestreut, in heißem Schmalz mit Bröseln abgebräunt und auf den Biber gelegt.

1456 Gebackene Karpfen mit grauem Salz.

Derselben sind in Nr. 473 bemerkt.

1457 Toppenstrudel.

Der Toppen wird mit 3 Eier, Mehl und Salz abgerührt und unter beständigem Schütteln Strützeln daraus gebacken.

1458 Kaffee, Desserrbackwerk.

Monat Auguſt.

1. Auguſt.

1459 Paſtinakſuppe mit italieniſchen Macaroni.

...... zwölf bis vierzehn Paſti-nakwurzeln werden gereinigt, gerieben, in Abſchöpffette mit Salz, Pfeffer und 1 Taſſe geſtoßenem Zwieback gedünſtet, mit Suppe noch 1 Stunde gekocht und über, in klarer Suppe gekochte Macaroni angerichtet, mit Schnittlauch beſtreut.

1460 Rindfleiſch mit Peterſilie-Kartoffel.

Letztere ſind in Nr. 325 bemerkt.

1461 Sauerkraut mit Schinken.

..... as Kraut wird mit Gansfette ge-dünſtet, Mehl daran geſtäubt, mit 1 Glas Wein und Suppe aufge-kocht und mit gekochtem Schinken garnirt.

1462 Indian mit ſchwarzen Kartoffeln.

..... ie in Sulz aufbewahrten Indian-ſtücke werden erwärmt. Die Kartoffeln oder Trüffeln werden in lauwarmem Waſſer gewaſchen, ge-bürſtet, in rothem Wein gekocht und mit dem Indian aufgetragen.

1463 Enten mit Bratwurſt-fülle und Compot.

..... rei Enten werden bereitet, mit Salz und Pfeffer eingerieben, mit 3 Paar Bratwürſten, fein geblättelt, und mit geröſteten Kartoffeln vermiſcht, gefüllt und gebraten.

1464 Citronenpudding,

in Nr. 175.

1465 Kaffee, Deſſertback-werk.

2. Auguſt.

1466 Brodſuppe mit Seiden-
würſten.

albweißes Brod wird gelb
geröſtet, mit Suppe 1 Stunde
gekocht, mit 3 Eiern ver-
rührt, mit ſauerm Rahm legirt, durch
ein weites Sieb getrieben und mit
Seidenwürſtchen ſervirt.

1467 Rindfleiſch mit Sauer-
ampfenſauce und ſauern Weichſeln.

Die Sauce iſt in Nr. 373 bemerkt.

1468 Gebratene Schweins-
rippen mit Krautſalat.

Das Rippenſtück wird gewäſſert, die
Haut in ſchöne Würfel eingeſchnitten, die Portionen eingepickt, mit
Salz und Pfeffer eingerieben, mit Kümmel, Zwiebel und 1 Taſſe Eſſig und
Waſſer gebraten.
Krautſalat: 1 Kopf Weißkraut wird
fein geſchnitten, mit heißem Salzwaſſer
gebrüht, ¼ Stunde warm geſtellt, dann
ausgedrückt, in ¼ L heißer Gansfette
2 feingeſchnittene Zwiebeln gelb geröſtet,
1 Taſſe Eſſig und etwas Salz darein
gegeben und über das Kraut gegoſſen.

1469 Blaukraut mit Göppinger
Wurſt.

1470 Krebſe mit Butter.

1471 Hirſchkalbebraten mit
rohem Sellerie und Apfelcompot.

Das Stück wird mit heißer Weinbeize begoſſen, bereitet aus einer
Taſſe Wein und ſo viel Waſſer, einigen
Wachholderbeeren, etwas Citrone, vier
Blätter Baſilikum, Zwiebeln. Peterſilie-
wurzeln, Salz und Pfeffer, gelber Rübe,
¼ Stunde zugedeckt, dann mit Speck
belegt und gebraten.
Der Salat: 3 Köpfe Sellerie werden
gewaſchen, gerieben, mit Salz, Pfeffer,
Eſſig und Oel angemacht und mit
Sellerielaub garnirt.
Das Compot wird bügelförmig angerichtet, mit geſchnittenen Mandeln beſteckt und mit Eingeſottenem verziert.

1472 Dampfnudeln mit Vanilleſauce.

1473 Kaffee, Deſſertbackwerk.

3. Auguſt.

1474 Endivienſuppe mit
Rahmeisch und Rahm.

Vier Stück Endivien werden
gepußt, gewaſchen, fein geſchnitten, mit 2 Löffel voll
Peterſilie gedünſtet, mit 2 Taſſen ge-

stoffenem Zwieback gestäubt, mit Suppe ¼ Stunde aufgekocht, mit 1 Tasse geriebenem Parmesankäse und 1 Tasse Rahm legirt und über gebackene Schnitten gegossen.

1475 Lendbraten mit Macaroni.

Nr. 59.

1476 Spanferkel mit Sauerkraut und Senf.

Ersteres ist in Nr. 425 bemerkt. Gebacktes Rübenkraut wird mit Gansfette gekocht; Leber, Lunge, Herz und Nieren werden gewiegt, in Gansfette gedünstet mit Zwiebel, Salz und Pfeffer und in das Kraut gegeben.

1477 Stachelbeerkuchen.

Aus dem schon benannten Obstkuchenteig wird ein Blatt ausgerollt, der Rand aufgebogen, mit in der Mitte getheilten Stachelbeeren zierlich belegt, mit Zucker bestreut und langsam gebacken. NB. Wenn man von großem, saftreichem Steinobst, als Zwetschgen, Aprikosen, Pfirsichen u. dgl. Kuchen macht, so wird, wenn selbe halb gebacken, am Rande ein gliedlanges Streifchen ausgeschnitten, der Saft abgegossen, das Streifchen wieder hinein gelegt, der Kuchen ausgebacken, der Saft mit Zucker

dick gekocht und auf den fertigen Kuchen gegeben.

Kaffee, Dessertbackwerk. **1478**

4. August.

Grüne geriebene Gerste **1479** mit Henne.

...an 6 Eierklar lege 70 ungebrannte Kaffeebohnen am Abend vorher, am Morgen seibe die Eierklar, gib sie in das Mehl, mache den Teig, reibe ihn zwei Mal und gib ihn in siedende Suppe.

Rindsbraten mit Blaukraut **1480** und Senf.

Sauerrampfen mit **1481** Kalbs-Fricandeau.

...ein großer Teller voll Sauerrampfen wird gewaschen, gesotten, ausgedrückt, in Suppenfette gedünstet, mit Mehl gestäubt und einem Theelöffel voll Zucker, zu einem Püree gekocht und vor dem Anrichten mit einem Stück Butter abgerührt und mit Fricandeau aufgetragen.

Schnull mit Kartoffel und **1482** Salat.

nach Nr. 200.

1483 Junge Rebhühner mit Compot.

Vier Rebhühner werden hergerichtet, mit Salz und Pfeffer bestreut, die Brüste mit Speck und Schinken durchzogen, mit Butter, 1 Glas Wein und Suppe gedünstet und in ihrem Saft angerichtet.

1484 Gebackene Weichseln.

Zwei ℔ Weichseln werden einzeln in Brandteig getaucht, in Schmalz gebacken und mit Zucker bestreut.

1485 Kaffee, Dessertbackwerk.

5. August.

1486 Panadelsuppe mit gerösteten Semmeln und Kalbsknochen.

Sechs Semmeln werden in Würfel geschnitten, in Schmalz gelb geröstet, mit Suppe aufgekocht, die Knochen darin weich gesotten, beim Anrichten mit 3 Eiergelb legirt und das Fleisch der Knochen gleich darein geschnitten.

1487 Dunstbraten mit Pfeffersauce und gerösteten Kartoffeln.

Ersterer ist in Nr. 526, Letztere in Nr. 575 bemerkt.

1488 Sauerkraut mit Zwiebel und Schinken.

Das Kraut wird mit Schweinefett und 1 Stück Zucker gedünstet. Zuerst bereite die Zuckerbräune, dann gib Zwiebelscheiben darein, sind sie gelb, das Kraut und 1 Glas Wein, stäube es mit Mehl, koche es mit Suppe und halbgekochtem Schinken ¼ Stunde und richte es an.

1489 Gespickte Karpfen mit grünem Salat.

Nr. 193.

1490 Birkhenne mit Salat und Apfelcompot.

Die Birkhenne wird geputzt, gespickt, mit Salz und Pfeffer eingerieben und mit Butter und Citronensaft gebraten.

1491 Vanille-Auflauf.

Nr. 668.

1492 Kaffee, Dessertbackwerk.

6. August. (Saftag.)

1493 Melonenfuppe mit Kaifernockerln.

Die Melonenfuppe ist in Nr. 456
bemerkt, wird mit Waffer
und Wein ftatt mit Suppe
gekocht und über Kaifernockerln angerichtet.

1494 Eingefetzte Eier mit
Sardellen.

Eine paffende Flachfchüffel wird mit
Butter beftrichen, der Boden mit
Sardellen belegt, die gereinigt, ausge-
grätet und in Streifen gefchnitten find,
frifche Eier darauf gefchlagen und in
das Backrohr geftellt; die Eier müffen
in der Mitte noch weich fein.

1495 Gedünfteter Hecht mit
Sardellen.

Der Hecht wird hergerichtet, mit
Salz und Pfeffer beftreut, mit
¼ ℔ Butter, Chalotten und fpäter
klein gefchnittene Sardellen, Peterfilie
und Citronenfaft weich gedünftet.

1496 Eierfladen mit Spinat.

Von 2 Taffen Mehl, 1 Schoppen
füßem Rahm und 6 Eiern wird ein
flüffiger Teig gemacht, davon 3 Fladen
gebacken und zufammen gerollt auf den

Spinat, mit füßem Rahm gekocht, gegeben.

1497 Gebackene Karpfen mit
Salat.

Zwei Karpfen werden geputzt, ausgenommen, gewafchen, in Stücke
getheilt, eingefalzen, mit Mehl geftäubt,
in Bröfeln umgekehrt und im Schmalz
gebacken.

1498 Oblattenkücheln mit
Hagenbuttenmark gefüllt.

Gib 1 Schoppen Wein und 1 Löffel
voll Schmalz in ein Cafferole,
wenn es fiedet, 1 Stück Zucker und
fo viel Mehl, daß es ein fefter Teig
wird, laß ihn am Feuer trocknen, bis
er fich ablöft, dann rühre ihn mit Eierweiß, bis er läuft, beftreiche Oblaten
mit Eingefottenem, decke Oblaten darauf, tauche fie am Rande in den Teig,
backe fie in Schmalz und beftreue fie
mit Zucker.

1499 Kaffee und Deffertbackwerk.

7. August.

1500 Hafenfuppe mit
Schnitten.

Der Hafenabfall, Herz, Leber,
Kopf und Läufe werden fein
gebackt, in Fette gedünftet
mit Grünzeug und Wurzelwerk, mit
1 Taffe Zwiebackbröfeln geftäubt, mit
Suppe, 1 Glas Wein, Salz und Pfeffer
aufgekocht, mit fauerm Rahm legirt und
über Schnitten gefeibt.

1501 Gedünftetes Ochfenfchweif-
ftück mit italienifchen Macaroni.

Das Fleifch wird gewafchen, geklopft, mit Salz und Pfeffer eingerieben, mit Suppenkräuter, 1 Liter
Waffer, ½ Liter Wein hellbraun gedünftet.

1502 Karviol auf holländifche
Art mit Coteletten.

Der Karviol wird geputzt, gewafchen,
gefotten, auf ein Tuch zum Abtropfen gelegt, in der Gemüfefchüffel zur
Blume angerichtet, Parmefankäfe darüber geftreut, holländifche Sauce darüber gegoffen und Wachteln darauf
garnirt.
Die Sauce ift in Nr. 11, die Coteletten in Nr. 198 bemerkt.

1503 Gefpickte Leber mit
Kartoffel.

1504 Gebratener Hafe mit
grünem Salat.
Derfelbe ift in Nr. 12 bemerkt.

1505 Englifcher Reis.

Derfelbe wird in Milch dick gekocht,
dazu 1 Taffe Kirfchenwaffer, 4
Loth Zucker, ¼ ℔ Butter, in eine, mit
Rindsfchmalz beftrichene und mit füßen
Macaroni befaete Form gefüllt, öfter
an den Tifch geftoffen, damit fich der
Reis fetze, nach 3 Minuten auf die
Platte geftürzt, die Form abgehoben
und der Reis mit eingefottenen Früchten
garnirt.

1506 Kaffee, Deffertbackwerk.

8. August.

1507 Ordinäre Leberfpatzen.

Eine Kalbsleber wird mit
Grünzeug fein gewiegt, mit
8 Loth Butter, Salz, Pfeffer,
2 Eier, 3 Taffen Mehl und 4 Löffel
voll Milch abgerührt, in fiedendes Waffer
gegeben und mit Suppe angerichtet.

1508 Lendbraten mit Pfeffer-
ſauce. Erſterer gedünſtet.

Ein Lendbratenſtück wird geſalzen, geſpickt, mit Suppenkräuter, Wurzeln, Zwiebel, ganzem Pfeffer, 1 Liter Waſſer weich gedünſtet, 1 Glas Madeirawein nachgegoſſen, fertig gekocht, beim Anrichten die Sauce darüber geſeiht und mit Eſſiggurken bekränzt.

1509 Roſenkohl mit geräucherter
Zunge.

Der Roſenkohl wird geſotten, in But- ter gedünſtet mit 1 Löffel voll Zucker und fein geſchnittenem Peterſiliegrün.

1510 Karviol anderer Art
und Wienerſchnitze.

Der Karviol wird geſotten, in der Gemüſeſchale zur Blume ange- richtet, und mit Paradiesapfelſauce über- goſſen.
Die Sauce: 12 Paradiesäpfel werden von den Steinen befreit, mit 1 Schoppen Wein und 1/4 ℔ Zucker gekocht, mit 1 Taſſe Bisquitbröſeln und 1/4 Taſſe Waſſer aufgekocht und über den Karviol geſeiht.
Die Wienerſchnitze ſind in Nr. 108 bemerkt.

1511 Schill mit Peterſilie-
ſauce und Kartoffel.

Selber iſt in Nr. 480 bemerkt.

1512 Gans mit Kaſtanien
gefüllt und Endivien.

1513 Sauerblättertorte.
Nr. 378.

1514 Kaffee, Deſſertback-
werk.

9. Auguſt.

1515 Maultaſchenſuppe.

Es wird von 1/4 ℔ Mehl und 4 Eiern ein Nudelteig ge- macht, ausgerollt, 3 Semmel eingeweicht, ausgedrückt, mit Butter geſchmalzen, eine halbe gewiegte Kalbs- lunge, 3 Eier, 2 Taſſen gewiegten Peterſilie, Schnittlauch, Zwiebel, Salz und Pfeffer daran gegeben, in die zu- bereiteten Flecke gefüllt, in Waſſer ge- ſotten und mit guter Suppe angerichtet.

1516 Rindfleiſch mit Sardellen-
ſauce.

Letztere iſt in Nr. 272 bemerkt.

1517 Linſen mit Ochſen-
ſchweif.

Erſtere ſind in Nr. 149 bemerkt. Der Ochſenſchweif wird in Stücke getheilt, weich gedünſtet, die

Jette an die Linfen gegeben und in feinem Saft angerichtet.

1518 Schill, blau mit Kartoffel und Butter.

1519 Gebratener Auerhahn mit grünem Salat.

Der Auerhahn wird gerupft, flamirt, ausgenommen, gewaschen, dreffirt, geklopft, mit weißem Speck, mit Salz und Pfeffer beftreut, mit Citronenfaft, 1 Flasche rothen Wein und Suppenkräuter 2 Tage an einem kühlen Ort aufbewahrt, dann mit einem ¼ Liter Waffer gedünftet, 3 Stunden, und im eigenen Saft fervirt.

1520 Milchnudeln mit Krebsbutter.

Von 18 bis 20 Krebfen wird eine Krebsbutter bereitet, die Schalen werden in einem Liter Milch gefotten, gefeibt, nochmal gekocht mit einem Liter Milch und 1 Taffe Krebsbutter, ¼ ℔ Zucker ohne Schalen, wenn dies kocht, die Nudeln eingefät und gut ausgekocht, daß fie Räumeln bekommen.

1521 Kaffee, Deffertbackwerk.

10. August.

1522 Geröftete Selleriefuppe mit Hirnklößchen.

Drei Köpfe Sellerie werden gerieben, in Abfchöpffette geröftet, mit Suppenkräuter, Salz und Pfeffer, geftäubt mit 1 Taffe geröfteter Bröfeln, mit Suppe aufgekocht, in die Terrine über Hirnklößchen gefeibt und mit fauerm Schlagrahm legirt.

1523 Rindfleisch mit rofa Kartoffelpurée.

Selbes ift fchon bemerkt, das Weiße wird erbfenförmig auf das Rothe garnirt.

1524 Bratwürfte mit Senffauce.

Die Würfte werden leicht gebraten, abgebäutet, mit heißer Senffauce übergoffen und in ¼ Stunde fervirt. Die Sauce: In heißer Butter werden 2 Löffel voll Mehl gelb geröftet, mit Suppe, 1 Taffe deutschen Senf und 1 Glas Wein aufgekocht.

1525 Bohnen mit Coteletten.

Die Bohnen werden mit Effig, Waffer, Salz, Pfeffer und ¼ ℔ Schaffleifch weich gekocht, braun einge-

brennt, mit Sud und Suppe aufgekocht und mit Coteletten nach Nr. 220 aufgetragen.

1526 Häringe in Eſſig und Oel.

1527 Wachteln mit Orangen-Compot.

Die Wachteln werden bereitet, mit Salz und Bröſeln beſtreut, mit Weinlaub umbunden und bei heller Flamme ¼ Stunde gebraten.

1528 Gefüllte Omelette.

Selbe ſind in Nr. 222 bemerkt.

1529 Kaffee, Deſſertbackwerk.

11. Auguſt.
1530 Hirſeſuppe mit geräucherter Zunge.

Die Hirſe wird mit Waſſer aufgelöſt, mit Suppe und einem Stück geräucherte Zunge, in Würfel geſchnitten, gekocht und mit 3 Eiergelb legirt.

1531 Lendenſchnitten in ihrem Saft.

Vom abgehäuteten Lendenſtück werden 12 bis 15 fingerdicke Stücke geſchnitten, breit geſchlagen und mit Salz und Pfeffer beſtreut, ½ Stunde vor dem Anrichten in Butter hellbraun gebraten, die Fette abgegoſſen, mit Bratenſauce kurz aufgekocht und mit Sardellenbutter ſervirt.

1532 Gehobeltes Rübenkraut mit Schweinsknochen.

1533 Geſpickte Gansleber.

Zwei Ganslebern werden abgehäutet, mit Speck durchzogen, mit Mehl beſtäubt, mit Pfeffer beſtreut, in Gansfette gebraten, geſalzen, dann ausgelegt, die Sauce mit Wein kurz aufgekocht und über die Lebern geſeiht.

1534 Forellen, blau, mit Butter und Kartoffel.

Nr. 383.

1535 Rehbraten mit grünem Salat.

Erſterer iſt in Nr. 76 bemerkt.

1536 Bisquittorte von Kartoffelmehl.

Ein halb ℔ Zucker und 10 Eiergelb werden zu Schaum gerührt, dazu 10 Loth Kartoffelmehl und den Schnee der 10 Eier, langſam gebacken und mit Zucker beſtreut.

1537 Kaffee, Deſſertbackwerk.

12. Auguſt.

1538 Oliv-Suppe.

Gib friſche Fette in ein Caſſerole, darein geſchnittene Zwiebeln, 1 ℔ Rindfleiſch, laß dies auf Kohlfeuer anziehen, bis es am Boden braun wird, dann gib 6 Liter Waſſer darein, 1 ℔ Kalbsknochen, ¼ Ochſenfuß, 2 Kalbsfüße, eine alte Henne, ¼ ℔ Schinken, Salz und Pfeffer, laß dies 3 Stunden ſieden und gib es in Bechern zum Trinken.

1539 Rindfleiſch mit Gurken und Kettig.

1540 Endiviengemüſe mit Salami.

Sechs bis acht Stück Endivien werden gepußt, gewaſchen, geſotten, fein gewiegt, in Fette gedünſtet mit Zwiebel, Salz und Pfeffer, geſtäubt, mit Suppe, etwas Muskatnuß und zwei Stückchen Zucker ¼ Stunde gekocht und mit Salami ſervirt.

1541 Kalbslungenragout und Paſteten.

Selbes iſt in Nr. 479 bemerkt.

1542 Karpfen in brauner Sauce mit Knödel.

Der Karpfen wird hergerichtet, mit Grünzeug und Wurzeln abgekocht, 3 Löffel voll Mehl braun geröſtet, mit dem Sud gelöſcht, aufgekocht und mit Semmelknödel ſervirt.

1543 Gefüllte Kalbsbruſt und Selleriesalat.

Selbe wird gebraten und mit Selleriesalat ſervirt. Die Bereitung iſt ſchon bemerkt.

1544 Butterbäumchen.

Ein viertel ℔ fein geſchnittene Mandeln, 4 Loth Butter, 6 Loth Zucker, 3 Eiergelb, 1 ganzes Ei, eine Citronenſchale und 6 Loth Mehl werden zu einem Ballen gemacht, in dünne Schnitten getheilt, beſtrichen und röſch gebacken.

1546 Kaffee, Deſſertbackwerk.

13. August. (Fasttag.)

1547 Krebssuppe anderer Art.

Zwanzig Krebse werden gesotten, ausgebrochen, im Mörser gestoßen, in einem Casserole am Feuer getrocknet, mit Wasser, drei Taffen Semmelbröseln, Salz und Peterfilie aufgekocht, durch's Sieb in die Terrine gegeben und mit Semmelwürfeln und Krebsschweifchen legirt.

1548 Eingerührte Eier mit Blumenkohl gemischt.

Eingerührte Eier find schon bemerkt, mische Karviolblümchen darunter und bestreue fie mit Parmesankäfe.

1549 Hecht, blau, mit Kartoffel.

Derselbe ist in Nr. 29 bemerkt.

1550 Spinat mit gebackenen Eiern.

Der Spinat wird mit süßem Rahm gekocht und mit gebackenen Eiern garnirt.

1551 Dampfnudeln mit Vanillesauce.

Nr. 31.

1552 Gebackene Grundeln und Kreffenfalat.

Nr. 695.

1553 Aprikosenkuchen.

Mürber Obstkuchenteig wird mit halbirten Aprikosen zierlich aufgelegt, mit Zucker bestreut, mit Papier bedeckt und gebacken.

1554 Kaffee mit Vanille. Deffertbackwerk.

14. August.

1555 Reissuppe mit Henne.

Dieselbe ist bekannt und wird mit einer Taffe süßem Schlagrahm legirt.

1556 Rindfleisch mit Rahnen und Zwiebelfauce.

Die Sauce ist in Nr. 1220 bemerkt.

1557 Kohlraben mit Hammelfleisch anderer Art.

Die Kohlraben werden hergerichtet, gesotten, eingebrennt, mit Suppe und 1/8 Taffe Senf gekocht und mit gedünstetem Hammelfleisch servirt.

1558 Lampinragout mit Macaroni.

Der Lampin wird in Stücke getheilt, mit Butter ¼ Stunde gedünstet, in weißer Einmachsauce, bereitet mit Wein und Suppe, vollends weich gekocht und mit Macaroni, die mit Butter geschmalzen und mit Parmesankäse bestreut werden, servirt.

1559 Krebse mit Butter.

1560 Hasenbraten mit grünem Salat.

Selber ist in Nr. 12 bemerkt.

1561 Zimmtnudeln.

Sechs Semmel werden in 4 Theile geschnitten, in Wein getaucht, auf einander gelegt, in mit Milch verklepperte Eier getaucht, in Bröseln umgekehrt, im Schmalz gebacken und dick mit Zucker und Zimmt bestreut.

1562 Kaffee, Dessertbackwerk.

15. August.

1563 Krebssuppe feinerer Art.

Die Krebse werden gesotten, ausgebrochen, die Schweife chen klein würflig geschnitten, von den Schalen Krebsbutter bereitet, durch ein Tuch in kaltes Wasser gepreßt, die Schalen mit 2 Liter Suppe 10 Minuten gekocht. Die Hälfte der Krebsbutter mache heiß, gib 2 Löffel voll Mehl darein, koche sie mit der Krebsbrühe und 1 Liter Suppe auf, salze sie, gib sie über Krebsschweife und gebackene Krusten und legire sie mit der übrigen Krebsbutter.

1564 Rost-Beefstaek und geröstete Kartoffel.

Ersteres ist in Nr. 197 bemerkt.

1565 Blaukraut mit Kastanien und Coteletten.

Das Blaukraut ist in Nr. 114, die Coteletten in Nr. 212 bemerkt.

1566 Junge Hühner mit frischen Trüffeln.

Die Hühner werden in Butter mit frischen, in Blättchen geschnittenen Trüffeln zugedeckt gedünstet, mit 2 Löffel voll Mehl gestäubt, mit 1 Glas Wein und Suppe aufgekocht und wenn sie weich sind, mit den Trüffeln angerichtet.

1567 Gebratener Karpfen mit Salat.

Der Karpfen wird mit Salz, Pfeffer, Zwiebeln, Butter, Citronensaft und etwas Essig gebraten.

1568 Enten mit Apfelcompot.
Nr. 18.

1569 Semmelnudeln mit Vanillesauce.

Von 6 Löffel voll Mehl, 1 Tasse süßem Rahm, 4 Eier und 3 Loth Zucker mache einen Teig, schneide 4 Semmel in Schnitten, tauche sie in den Teig, koche sie in süßem Rahm 3 Loth Zucker und ¹/₈ ℔ Butter und servire sie mit Vanillesauce.

1570 Kaffee, Dessertbackwerk.

16. August.

1571 Bouillonsuppe.

Siede mit dem Rindfleisch eine Henne, 1 Kalbsknochen, 2 Kalbsfüße, Wurzelwerk und Suppengrün, gieße davon 3 Liter Suppe ab, fricasire sie mit 10 Eiergelb und Muskatblüthe und servire sie in Bechern.

1572 Rindfleisch mit Häringsauce.

Letztere ist in Nr. 401 bemerkt.

1573 Weißes Kraut mit Schweinscoteletten.

Ersteres ist in Nr. 121, letzteres in Nr. 212 bemerkt.

1574 Champignons mit Hühner.

Die Erstern werden in Butter mit Petersilie gedünstet und mit in Suppe weich gekochten Hühnern garnirt.

1575 Krebse mit Butter.

1576 Hirsch Kalbsrücken mit Kressensalat.

Der Rücken wird abgehäutet, gespickt und mit Speck gebraten.

1577 Regenwürmer in Milch gekocht.

Selbe sind schon angegeben und werden mit ¹/₈ ℔ Butter, ¹/₄ Liter Milch und Zucker gekocht.

1578 Kaffee, Dessertbackwerk.

17. August.

1579 Manschettensuppe mit Henne.

Ein halbes ℔ Manschetten werden in der Suppe aufgekocht und die Henne extra dazu servirt.

1580 Lendbraten mit Pfeffer sauce.

Der Braten iſt in Nr. 59, die Sauce in Nr. 575 bemerkt.

1581 Bohnen mit Bratwürſten.

Junge Bohnen werden der Länge nach fein geſchnitten, in Salz/waſſer geſotten, mit Pfeffer und Salz unter beſtändigem Schütteln heiß ge/macht, mit gebackenen Semmelſchnitten beſteckt und mit Bratwürſten ſervirt.

1582 Tauben, in Blut ge/dünſtet, mit Semmelklößchen.

Die Tauben werden in ihrem Blut gedünſtet und dazu 1 Taſſe kleiner Zwiebel, in Butter und Zucker gedünſtet, gegeben. ¼ Stunde vor dem Anrichten wird das Blut darein gerührt.

1583 Wildenten, gebraten, mit gemiſchtem Salat.

1584 Krautauflauf, iſt ſchon bemerkt.

1585 Kaffee, Deſſertback werk.

18. Auguſt. (Faſttag.)

Weichſelſuppe mit **1586** Bisquit.

Zwei ℔ Weichſeln werden aus/geſteint, die Steine werden geſtoßen, mit 2 Taſſen Waſſer und 1 Taſſe Wein gekocht, die ausge/ſteinten Weichſeln geſeiht, mit 2 Liter Waſſer, 1 Liter Wein, ganzen Zimmt, Citronengelb und um 36 d aufgeſchlitzten Vanille, Zucker, zwei Taſſen geſtoßene Zwiebeln 1 Stunde langſam gekocht, durch's Sieb gegeben und mit in Würfel geſchnittenem Bisquit ſervirt.

Fröſche mit Peterſilie/ **1587** ſauce.

Die Fröſche werden in ½ Liter Waſſer und ¼ Liter Wein mit Salz und Peterſilie ¼ Stunde gekocht und in weiße Einmachſauce mit 2 Löffel voll Peterſilie gegeben.

Hecht mit Rahmſauce **1588** und Schmarren.

Der Hecht wird in Stücke getheilt, mit Wurzeln, Kräuter, Wein und Waſſer gekocht ¼ Stunde, in ſaurer Rahmſauce einige Minuten aufgekocht und mit gutem Schmarren ſervirt.

Dampfnudeln mit **1589** Zimmtſauce.

1590 Gebackene Karpfen mit Salat.

Die Karpfen werden in Stücke getheilt, gefalzen, in Mehl getaucht, in Bröfeln umgekehrt und im Schmalz gebacken.

1591 Zwetſchgenkuchen.

1592 Kaffee, Deſſertbackwerk.

19. Auguſt.

1593 Spinatſuppe mit Rahm und Kruſten.

Ein Teller voll Spinat wird gewaſchen, gebrüht, ausgedrückt, mit 2 Zwiebeln gewiegt, in Fette gedünſtet, mit 3 Löffel voll Mehl geſtäubt, mit Suppe aufgekocht, geſeibt, mit 1 Taſſe ſauerm Rahm legirt und mit Kruſten ſervirt.

1594 Rindfleiſch mit Pfefferſauce und Gurken.

1595 Bayeriſches Pulver und Leberwürſte.

Daſſelbe wird geſotten, dann in heiße Gansfette gegeben, geſtäubt, 2 Paar Leberwürſte darein geſtreift,

2 Zwiebeln, Salz und Krautſud dazu, ¼ Stunde gekocht und mit Leberwürſten ſervirt.

Gebratene Gansleber. 1596

Selbe iſt in Nr. 1105 bemerkt.

Gans mit Endivien. 1597

Selbe iſt in Nr. 49 bemerkt.

Butternockerln in der 1598 Milch.

Man rühre ¼ ℔ Butter ab, nach und nach 10 Eier dazu, 10 Loth Mehl, 4 Loth Zucker und etwas Citrone; mache Nockerln daraus, koche ſie in ſiedender Milch und ſervire ſie mit gezuckerter Milch.

Kaffee, Deſſertback- 1599 werk.

20. Auguſt.

Reisſuppe mit Krebs- 1600 ſchweiſen.

Zwölf Loth Reis werden weich gekocht mit drei Löffel voll Krebsbutter und mitSchweifchen legirt.

1601 ~~...~~ fette ~~...~~

Erſterer iſt in Nr. 526 bemerkt.

1602 ~~...~~

Selbes iſt in Nr. 114 bemerkt.

1603 Forellen, blau mit Sauerkohl.

Die Forellen ſind in Nr. 383 bemerkt.

1604 Mit Kaſtanien gefüllte Kapaunen und Kompot.

~~...~~ elbe werden geputzt, flamirt, deſſirt, eingeſalzen, mit gebratenen Kaſtanien gefüllt und mit Papier bedeckt, gebraten.

1605 Kabinetopudding,

nach Nr. 188.

1606 Kaffee, Deſſertbackwerk.

21. Auguſt.

1607 Suppe mit Leberknödel feinerer Art.

~~...~~ ine abgebäutereKalbsleber, ¼℔ Mark, Zwiebel und Suppenkräuter werden fein gewiegt; dazu rühre ¼ ℔ Suppenfette, nach und

nach die Bröſeln von 5 Semmeln und 3 Eier, Salz, Pfeffer und 4 Löffel voll Gries, nach einer Stunde mache davon Klößchen in ſiedende Suppe.

1608 Rindfleiſch mit Sauerkampfſauce.

Die Sauce iſt in Nr. 373 bemerkt.

1609 Gelbe Rüben mit Zucker, erbſen und gebackene Leber.

in Teller voll fein geſchnittene gelbe Rüben und ſo viel Zucker, erbſen werden gewaſchen, in Fette mit Zucker, Salz und Suppe gedünſtet, mit 1 Taſſe Gemüſeſauce übergoſſen, leicht geſchwungen und mit gebackener Leber garnirt.

1610 Braunkohl mit Kaſtanien und Salami.

er Braunkohl wird gewaſchen, in Salzwaſſer geſotten, ausgedrückt, fein geſchnitten, in Fette gedünſtet, mit Zwiebel, Salz und Pfeffer geſtäubt, mit Suppe aufgekocht und ¼ Stunde vor dem Anrichten gedünſtete Kaſtanien darein gegeben.

1611 Eingemachte Hühner mit Blumenkohl.

ie Hühner werden ¼ Stunde in den Fleiſchtopf gelegt, ſind ſie abgekühlt, in Einmachſauce mit Zwiebel

3²

und Citrone weich gekocht, aufgebäuft, angerichtet und mit Blumenkohl garnirt.

1612 Gebratene Bekaſinen und Aprikoſencompot.

Selbe werden bereitet wie die Wachteln, in Speck gebunden und bei
heller Flamme gebraten.

Compot: Die Aprikoſen werden
halbirt, ausgeſteinert, in Wein und
Zucker gedünſtet und warm ſervirt.

1613 Rahmſchneetorte.

Selbe iſt ſchon bemerkt.

1614 Kaffee, Deſſertback-
werk.

22. Auguſt.

1615 Kopfſalatſuppe mit ge-
bähten Schnitten.

Ein Teller voll Salat wird geputzt, gewaſchen, gewiegt,
gedünſtet, mit 3 Löffel voll
Mehl beſtäubt, mit Salz, Pfeffer und
Suppe ½ Stunde aufgekocht, mit drei
Eiergelb und ſüßem Rahm legirt und
über gebähte Schnitten gegoſſen.

1616 Rindfleiſch mit Sardellen-
ſauce.

Letztere iſt in Nr. 85 bemerkt.

1617 Erbſengemüſe mit
Schinken.

Dieſelben ſind ſchon bemerkt, der
Schinken wird darin weich gekocht.

1618 Gedämpfter Kapaun
und Krebsſauce.

Derſelbe wird eingeſalzen, mit Citronenſaft betropft, mit Speck über-
bunden, in Suppe weich gekocht, in
Krebsſauce ¼ Stunde eingelegt, dann
aufgetragen. Selbe iſt in Nr. 633 bemerkt.

1619 Häringe in Eſſig und
Oel.

1620 Gebratene Tauben und
grüner Salat.

Selbe werden wie gewöhnlich hergerichtet, geſalzen, mit Speck umbunden und am Spieß gebraten.

1621 Macaroni in Milch und
Krebsbutter.

Von 20 Krebſen bereite friſche Butter, koche die Schalen in 1 Liter
Milch, ſeihe ſie, gib noch 1 Liter Milch
dazu, ¼ ℔ Zucker und die Hälfte der
Krebsbutter; ſieder ſelbe, ſo koche ½ ℔
Macaroninudeln ein, beim Anrichten
gib die übrige Butter dazu.

1622 Kaffee, Deſſertbackwerk.

23. Auguſt.

1623 Kartoffelſuppe mit Kruſten.

Zwölf Kartoffel werden roh geſchält, in Stücke geſchnitten, in Salzwaſſer geſotten mit 4 gelben Rüben, abgegoſſen, in Fette geröſtet mit Salz, Pfeffer, Sellerie und Peterſilie, geſtäubt, mit Suppe ¼ Stunde gekocht und über gebackene Würfel geſeiht.

1624 Lendſchnitten mit holländiſcher Sauce.

Schneide vom Lendenſtück 12 Stücke ab, ſchlage ſie etwas breit, beſtreue ſie mit Salz und Pfeffer und brate ſie in Butter. Die Sauce iſt in Nr. 11 bemerkt.

1625 Spinat mit geräucherten Würſten.

Erſterer wird wie in Nr. 252 bereitet.

1626 Ochſenzunge mit Paſteten.

Die Zunge wird 6 Stunden gekocht, abgehäutet, in Herzform getheilt, in brauner Einmachſauce ¼ Stunde aufgekocht und mit Paſteten ſervirt.

Hecht mit Kreen. 1627

Derſelbe iſt in Nr. 234 bemerkt.

Wildſchweinkeule mit 1628 Brodkruſte und Hagenbuttenſauce.

Die Keule wird 1 Stunde in Waſſer gelegt, die gebrannte Haut abgenommen, mit Salz und Pfeffer eingerieben, mit Thymian, gelbe Rübe, Zwiebel, Peterſilie und Wachholderbeeren, 1 Glas Wein und Suppe gebraten. Unterdeſſen bereite die Kruſte. Rühre ¼ ℔ Butter ſchäumig ab, dazu 5 Eier, etwas Zimmt, 3 Löffel voll Zucker und 2 Taſſen geriebenes Schwarzbrod, überziehe damit die Keule, beſtreue ſie nochmal mit Zucker und laß ſie im Rohr hart werden.

Quitten-Auflauf. 1629

Derſelbe iſt in Nr. 532 bemerkt.

Kaffee, Deſſertbackwerk. 1630

24. Auguſt.

Giergerſtenſuppe mit 1631 Henne.

Vier Semmeln werden in Waſſer geweicht, ausgedrückt, mit fünf Eier abgerührt, Salz, Schnittlauch und Peterſilie dazu in

3¹⁷*

ſiedender Suppe ¼ Stunde aufgekocht und mit der Henne ſervirt.

1632 [unleserlich]

Die Sauce wird bereitet nach Nr. 575.

1633 [unleserlich]
puree. [unleserlich]

[...] etztere werden gekocht in Waſſer, Eſſig, Salz, Pfeffer und Zwiebeln und als Auflage zu beiden Gemüſen gegeben. Man nimmt dazu Rüſſel, Ohren und Füße.

1634 [unleserlich]

[...] gekochter Schinken wird in meſſerrückendicke Scheiben geſchnitten, in Butter heiß gemacht und, mit Ochſenaugeneier belegt, ſervirt.

1635 Krebſe mit Butter.

1636 Hühner, mit Krebſen gefüllt. Orangenſalat.

Welche ein Mundbrod ein, drücke es aus, gib dazu gewiegtes Hennenfleiſch, 2 Eier, 4 Loth Krebsbutter, eine Taſſe klein geſchnittene Schweifeln und Salz, fülle damit die Hühner und brate ſie in Butter.

1637 [unleserlich]

1638 [unleserlich]

25. Auguſt. (Faſttag.)

1639 [unleserlich]

[...] Die Paſtinaken werden mit einer gelben Rübe würflig geſchnitten, gedünſtet mit Peterſilie, Salz und Pfeffer, mit 1 Liter Reisſchleim, 1 Glas Wein und Waſſer aufgekocht, mit 1 Taſſe ſüßen Rahm legirt und über kleine Knödelchen gegoſſen.

1640 [unleserlich]

[...] ebn Eier, 1 Taſſe ſüßen Rahm und ¼ ℔ Sardellen werden vermengt, unter beſtändigem Rühren drei Minuten gekocht und ſchnell aufgetragen.

1641 [unleserlich] Sauerkraut.

[...] er Stockfiſch wird geſotten, mit Butter und Bröſeln aufgeſchmalzen. Das Sauerkraut wird ſtatt mit Mehl mit 2 Taſſen Erbſenpüree beſtäubt.

1642 ....

ûnfzig Frösche werden geflutzt, .. gewaschen, gesalzen, in starken Brandteig getaucht und im Schmalz gebacken.

1643 ....

Ersterer ist in Nr. 200 bemerkt.

1644 ....

ie Nudeln sind früher schon be= .... merkt.
Die Birnen werden geschält, halbirt und in Zuckerbräune gekocht mit Wasser und etwas Wein.

1645 ....

1646 ....

26. August.

1647 ....

ebhühnerüberreste werden ge= stoßen, mit Suppenkräuter gedünstet, dazu zwei Tassen gestoßene Zwiebeln, mit Suppe und 1

Glas Wein 1 Stunde gekocht und über, in klarer Suppe abgekochte Manchetten geseiht.

1648 ....

1649 ....

Die Bohnen sind in Nr. 28, die Coteletten in Nr. 220 bemerkt.

1650 ....

wei Ganslebern werden abgehäutet, mit weißem Speck durchzogen, in Mehl getaucht, mit Zwiebeln, Salz und Pfeffer in ¼ ℔ Gansfette gedünstet, bis sie nicht mehr bluten, wenn man mit der Gabel hinein sticht, mit einem Löffel voll Mehl gestäubt, ist dasselbe gelb, wird es mit 1 Tasse Suppe und etwas Essig aufgekocht und über die Lebern geseiht.

1651 ....

Die Sauce ist in Nr. 11 bemerkt.

1652 ....

wei Lampine werden hasenartig bereitet, gespickt, gesalzen, sechs Stunden in warme Weinbeize gelegt,

mit Schweinfleisch gebraten und die Sauce mit einer Taffe sauerm Rahm legirt.

[...] Die Aepfel werden ganz gedünftet in Zuckerbräune und mit geschnittenen Mandeln bestectt.

1653 [...]-Omeletten.

Selbe find in Nr. 139 bemerkt.

1654 [...]

27. August.

1655 [...] Sternchensuppe mit Kalbsküchchen.

Koche ⅛ ℔ Macaronisternchen in siedender Suppe und schneide das Fleisch der Kalbsknochen darein.

1656 Lendbraten mit rothem Wein.

[...] erselbe wird abgebäutet, mit Salz und Pfeffer eingerieben, gespickt, mit Speck, Schinkenschnitzen, etwas Zucker und 1 Glas rothen Wein gedünftet, mit Mehl bestäubt, mit Suppe aufgekocht, beim Anrichten die Sauce darüber geseiht und mit gerösteten Kartoffeln garnirt.

1657 [...]

ie Bohnen werden mit Salz und Pfeffer gedünftet, gestäubt, mit Suppe und 3 Löffel voll fein geschnittenem Peterfilie gekocht, auch ¼ Taffe Effig dazu und mit Hirnschnitten zur Tafel gegeben.

1658 Kalbsbriesen und Champignons.

ie Briesen werden in Suppe weich gekocht und auf die gedünfteten Champignons mit Krebsschweifchen garnirt.

1659 Hecht, mit Krebs garnirt.

Derselbe wird bereitet nach Nr. 1130.

1660 Gebratener Indian mit gemischtem Salat.

Derselbe ist in Nr. 160 bemerkt.

1661 Annisküchlein.

in halb ℔ Zucker und 8 Eiergelb werden ineinander verrührt, dazu 4 Löffel voll Mehl und den Schnee der 8 Eier, messerrückendick auf eine Hoftie gestrichen, mit Annis bestreut und langsam gebacken.

1662 Kaffee, Dessertbackwerk.

28. August.

1663 Fleischspätzchensuppe.

Uebrig gebliebenes Fleisch wird mit Zwiebel, Petersilie und Sellerielaub, Schnittlauch und Citrone fein gewiegt, 4 Taffen voll Mehl, der nöthigen Milch und 12 Eier vermengt, durch den Spagenlöffel in siedendes Wasser gegeben und gekocht und mit klarer Suppe angerichtet.

1664 Wiener Rostbraten und Presserfauce.

In dieses Rippenstück wird in 12 Stücke getheilt, geklopft, mit Knoblauch gespickt, mit Salz und Pfeffer gebraten am Roste, betropft mit Butter. Die Sauce ist in Nr. 575 bemerkt.

1665 Linsenpuree mit geräucherten Bratwürsten.

Dieselben find in Nr. 149 bemerkt.

1666 Gelbe Schwämme mit Kalbshirn.

Die Schwämme werden geftußt, geputzt, mit Salzwaffer abgebrüht, gewiegt, in Butter gedünstet mit Petersilie, Schnittlauch, 3 Eier, Salz und Pfeffer und mit in Bröseln gebackenem Hirn angerichtet.

1667 Indianischvögel mit Krebssauce.

Diefelben werden langfam erwärmt, mit Krebsfauce Nr. 633 aufgetragen.

1668 Kalbsbraten mit Salat.

nach Nr. 811.

1669 Vanille Creme.

nach Nr. 202.

1670 Kaffee, Dessertbackwerk.

29. August.

1671 Kalbfleischsuppe mit Krusten.

Die Ueberreste werden mit Suppenkräuter gewiegt, gedünstet, geftäubt, ¼ Stunde mit Suppe aufgekocht und über Krusten angerichtet.

1672 Rindfleisch mit Gurken und Rettig.

1673 ...

1674

ieſelben werden mit in Scheiben geſchnittenen Trüffeln in Butter gedünſtet, geſtäubt und mit 1 Glas Wein aufgekocht.

1675 Gebratene Enten mit ...

Nr. 18.

1676 ...

...wölf Stück werden halbirt, in mürben Brandteig getaucht, gebacken und mit Zucker beſtreut.

1677 Kaffee, Dotterbach ...

30. Auguſt.

1678 Suppe mit ...

wölf Loth Gries werden in ¼ ℔ Suppenfette geröſtet, mit Suppe 1 Stunde gekocht und mit 3 Eiergelb fricaſirt.

1679 ...

Letzteres iſt in Nr. 582 bemerkt.

1680 ...

1681 ...

8 Eier, 1 Taſſe ſüßer Rahm, Salz, Pfeffer und ¼ ℔ gewiegter Schinken werden ſaftig gekocht.

1682 ...

Nr. 234.

1683 Lammbraten mit Kar...

Nr. 689.

1684 ...

nach Nr. 654.

1685 Kaffee, Dotterbach ...

31. August. (Fasttag.)

1686 Krebsmilchsuppe.

wanzig Krebse werden gekocht, die Schalen ausgebrochen, in 1 Liter Milch gesotten, geseiht, mit 2 Liter Milch gekocht und über Schweifchen und Krusten gegossen.

1687 Frösche mit Eier.

ünfzig Frösche werden in Butter geröstet, 4 Eier darein geschlagen und noch 4 Minuten gekocht.

Tablre mit Madeira. **1688**
Nr. 268.

Rothfisch mit grünem Salat. **1689**
Nr. 736.

Kaiseraulauf. **1690**
Nr. 860.

Kaffee, Dessertbackwerk. **1691**

Monat September.

1. September.

1692 Grüne Erbsensuppe und Krusten.

⟨ornament⟩ 5 in Liter grüne Erbsen, zwei Zwiebeln, gelbe Rüben und Petersilie werden in Butter und Fleischbrühe weich gedünstet, durch ein Sieb passirt, mit Suppe, Salz und fein gewiegtem Sellerielaub aufgekocht und mit gerösteten Krusten garnirt legirt.

1693 Rostbeefsteak mit Kartoffel und Butter.

Erstere sind in Nr. 197 bemerkt.

1694 Weißkraut mit Schweine-Coteletten.

⟨ornament⟩ Das Weißkraut wird gehobelt, mit Gansfette, Kümmel, 2 Tassen Suppe und 1 Glas Wein gedünstet, mit Mehl gestäubt, mit Suppe und = Löffel voll Gansfette aufgekocht und mit Coteletten nach Nr. 212 servirt.

1695 Gansjung im Blut und Macaroni.

⟨ornament⟩ Das Gansjung wird weich gekocht, in eine helle Sauce gegeben und mit dem Blut und einem Glas Wein aufgekocht.

1696 Frischer Lachs.

Selber ist in Nr. 405 bemerkt.

1697 Rebhühner und Compot.

Dieselben werden gebraten.

1698 Mannheimer Torte.

Selbe ist in Nr. 806 bemerkt.

1699 Kaffee, Dessertbackwerk.

2. September.

1700 Altbayerische Suppe.

⟨ornament⟩ Vier Loth Erbsen, vier Loth Reis, 4 Loth Gerste, Sellerie und Petersilie werden weich gekocht, dazu Salz, Pfeffer und 1 Glas

Wein und durch ein Sieb über geräucherte Bratwürste angerichtet.

1701 Rostbraten mit Rahm und geröstete Kartoffel.

Ein dickes Rippenstück wird in Stücke getheilt, selbe geklopft, mit Salz und Pfeffer bestreut, mit Butter am Roste gelb gebraten, mit Butter, zwei Tassen sauerm Rahm und 1 Tasse Suppe ½ Stunde gekocht und mit gerösteten Kartoffeln servirt.

1702 Karviol mit Schinken und Rahm.

Derselbe wird in Einmachsauce mit 1 Tasse in Würfel geschnittenem Schinken und 1 Tasse süßen Rahm drei Minuten gekocht und mit Schinken belegt, servirt.

1703 Artischoken in kurzer Sauce und Coteletten.

1704 Forellen, blau, mit Essig und Öl.

Dieselben sind in Nr. 878 bemerkt.

1705 Gebratene Gans mit Endivien.

Selbe sind in Nr. 49 bemerkt.

1706 Weichselsauce.

Ein ℔ Weichseln wird ausgesteint, die Kerne werden extra gekocht mit Wein, nachdem sie im Mörser ge-stoßen, die Sauce an die Weichseln ge-geben und mit ¼ Liter Wasser ¼ Stunde gekocht, abgeseiht, der Saft ausgekühlt, ¼ ℔ Zucker, 3 Semmeln darein gegeben. Sind letztere weich, so rühre ¼ ℔ Butter, 8 Eiergelb und etwas Citrone darein, die Hälfte der Weichseln und den Schnee der 8 Eier, fülle dies in eine Form und backe es langsam.

1707 Kaffee, Dessertbackwerk.

3. September.

1708 Fasanensuppe mit ge-backenen Schnitten.

Die Fasanenüberreste werden klein zerhaut, mit Salz und Pfeffer gedünstet, im Mörser klein gestoßen, mit 2 Tassen Zwieback-bröseln, Wurzeln und Kräuter nochmal gedünstet, mit Suppe und 1 Glas Wein 1 Stunde gekocht und über gebackene Schnitten geseiht.

1709 Rindfleisch mit Kartoffel und Butter.

33*

1710 *[Wildbret] mit Costeletten.*

Erſterer wird wie Blaukraut Nr. 114, letztere nach Nr. 198 bereitet.

1711 *Gelbe Rüben mit ge-bac... Ruben.*

Erſtere werden wie in Nr. 108, letztere wie in Nr. 404 bereitet.

1712 *Hecht mit Krebs und Kartoffel.*

Erſterer iſt in Nr. 1130 bemerkt.

1713 *Wildſchweinkeule mit Sardellenſauce.*

Die Keule iſt Ende Juni bemerkt und wird heute ohne Kruſte ſervirt.

1714 *Mandelſtrudeln.*

Selbe ſind ſchon früher bemerkt.

1715 *Kaffee, Deſſertback-werk.*

4. September.

1716 *Leberſpatzenſuppe.*

ine Kalbsleber wird mit Grün-zeug fein gewiegt, mit ¼ ℔ zerlaſſenem Mark, 4 Taſſen voll Semmelbröſeln, Salz, Pfeffer, Schnitt-

lauch, 2 Eier und ½ Taſſe Suppe, 3 Löffel voll Gries vermiſcht und nach ½ Stunde in ſiedendes Waſſer paſſirt und mit Suppe angerichtet.

1717 *Rindfleiſch mit Peterſilie-...*

1718 *Bodenruben auf... ...*

ie Rüben werden in längliche Streifen geſchnitten, in ¼ ℔ Schweinſchmalz, worin 3 Loth Zucker braun gemacht, gedünſtet, geſtäubt und mit Suppe aufgekocht. Das Fleiſch wird extra gedünſtet mit Knoblauch und Kümmel.

1719 *Ochſengaumenragout mit Toppennudeln.*

ie Ochſengaumen werden in Würfel geſchnitten, geſotten, in braune Sauce gegeben und mit Toppennudeln ſervirt.

1720 *Gebackene Grundeln mit Kreſſenſalat.*

Selbe ſind in Nr. 695 bemerkt.

1721 Kapaunen, gefüllt mit Austern Compot.

Zwölf Austern, 3 Loth beiße Butter, 1 Tasse Bröseln und Salz
werden zusammen gerührt, in die Kapaunen gefüllt und selbe gebraten.
Anmerkung: Von 4 Loth Butter
und 3 Löffel voll Mehl mache eine gelbe
Brenne, gib Suppe daran, die Sauce
der Kapaunen, 20 Austern und den
Saft einer Citrone, laß Alles gut verkochen
und legire die Sauce beim Anrichten
mit 2 Eiergelb.

1722 Quitten Auflauf.

Selber ist in Nr. 532 bemerkt.

1723 Kaffee, Dessertback-
werk.

5. September.

1724 Geriebene Gerstensuppe.

Selbe ist schon bemerkt und wird
mit Henne servirt.

1725 Rindsleisch mit Gurken.

1726 Karviol in Krebssauce
und gebackene Hühner.

Die Sauce ist in Nr. 1200 bemerkt.

1727 Blaukraut mit Schweins-
lende.

Ersteres ist in Nr. 114, letztere in
Nr. 212 bemerkt.

1728 Gefüllte Kalbsbrust mit Ragout Sauce.

1729 Gebackene Pfirsiche.

Dieselben werden halbirt, ausgesteint, in Brandteig getaucht,
gebacken und mit Zucker bestreut.

1730 Kaffee, Dessertback-
werk.

6. September. (Fasttag.)

1731 Panadelsuppe.

Altgebackenes Brod wird fein
aufgeschnitten, mit kaltem
Wasser zum Feuer gestellt,
mit Salz, Pfeffer, gut geschmalzenen
Zwiebeln gekocht, durch's Sieb in die
Terrine geseiht und mit 3 Eiergelb und
1 Schoppen sauern Rahm legirt.

1732 Bisquit-Omelette.

Selbe ist in Nr. 139 bemerkt.

1733 Gedünstete Hecht mit Sardellen.

Derselbe wird mit Zwiebel und Wurzelwerk gedünstet, 6 klein geschnittene Sardellen und ¼ Tasse Peterſiliegrün dazu gegeben und ſervirt.

1734 Dampfnudeln mit Sauerkraut.

1735 Gebratener Hausen und Salat.

Selbe werden gepußt, gesalzen, in fingerlange und fingerdicke Stücke geschnitten, in Butter am Roſte gebraten, mit Semmelbröseln beſtreut, fertig gebraten und mit Citronenſaft betropft. Servire dazu Endivienſalat mit Kartoffel gemiſcht.

1736 Apfelkuchen.

1737 Kaffee, Deſſertbackwerk.

7. September.

1738 Bretzensuppe.

Sechs bis 8 Bretzen werden in beliebige Stücke geschnitten, eine Lage davon in die Terrine gelegt, darauf Parmſankäſe u. ſ. f.,

klare Suppe heiß darüber gegoſſen und mit Schnittlauch beſtreut.

1739 Rindfleiſch mit Blaukraut und Senf.

1740 Gelbe Ruben mit Salami.

Die Rüben werden geschabt, in runde Blättchen geschnitten, mit Butter, Zucker, Salz und Suppe gedünstet, mit 1 Taſſe Gemüſeſauce leicht geſchwungen und mit Salami belegt, aufgetragen. Die Sauce wird mit Safran gefärbt.

1741 Wienerſchnitze mit Rahmsauce.

Selbe werden, wenn ſie gebraten ſind, in ſaurer Rahmsauce kurz gedünstet und mit fein geſchnittener Citronenſchale garnirt.

1742 Aal, blau, mit holländiſcher Sauce.

Der Aal wird blau geſotten und mit holländiſcher Sauce Nr. 11 angerichtet.

1743 Wildſchweinerücken mit Weichſelſauce.

Der Rücken wird gebraten und die Haut in Streifen ausgeſchnitten, was ſehr hübſch berſieht, gleich der Keule.

Die Weichselsauce wird von in Essig eingemachten Weichseln bereitet, die mit einer Tasse weißer Einmachsauce, ¼ ℔ Zucker, 1 Glas Wein gekocht und durch ein Sieb gegeben.

1744 Orangenkuchen.

Die Orangen werden in Scheiben geschnitten, geschält, auf Obstkuchenteig gelegt, jede Scheibe mit Johannesbeeren belegt, gebacken und mit Zucker bestreut.

1745 Kaffee, Dessertbackwerk.

8. September.
1746 Suppe mit Milzschnitten.

Drei Milze werden ausgestreift, 2 Eier, Salz, Pfeffer und ein Schoppen süßer Rahm darein gerührt, 4 Semmel in Schnitten getheilt, darein getaucht, im Schmalz gebacken und in der Suppe aufgekocht.

1747 Rindfleisch mit gerösteten Kartoffeln und Senf.

1748 Bayerisches Pulver mit Leberwursten und Salami.

1749 Lammscoteletten mit Macaroni.

Die aus Lammsbraten bereiteten Coteletten werden mit Salz und Pfeffer bestreut, in Butter und etwas Bratensauce 5 Minuten gebraten und auf die Macaroni gegeben.

1750 Rehschlegel mit gemischtem Salat.

Derselbe ist in Nr. 36 bemerkt. Der Salat wird gemischt mit Kartoffel, Endivien, Sellerie und gelben Rüben.

1751 Arak-Pudding.

Derselbe ist bemerkt in Nr. 724.

1752 Kaffee, Dessertbackwerk.

9. September.
1753 Straubensuppe.

Ein halb ℔ Mehl wird mit Milch angerührt, dazu drei Loth Butter. Salz, Citronengelb und 3 Eier durch den Straubentrichter, (3 Eßlöffel voll jedesmal) in Schmalz gegeben, gebacken und mit brauner Suppe begossen.

1754 Roth Doerfleak mit Kar...
Dasselbe ist in Nr. 649 bemerkt.

1755 Rosenkohl mit Brat...
Nr. 109.

1756 Kalb lunge mit Pasteten.
Nr. 479.

1757 Hecht mit hollandischer
Sauce und Krebsgarnirung.
Der Hecht ist Nr. 1130, die Sauce in Nr. 11 bemerkt.

1758 Moosschnepfen mit Orangensalat.
Die Moosschnepfe wird geputzt, flamirt, ausgenommen, mit einem Tuch von innen und außen abgetrocknet, gesalzen, die Brüstchen mit Speck umbunden und in Butter gebraten.

1759 Blitztorte.
in halb ℔ Butter wird abgerührt, 6 Eier dazu, ¼ ℔ Zucker, ¼ ℔ Mehl, ⅛ Citronenschale, fülle dies in ein bestrichenes Tortenblech und backe die Torte langsam.
Kaffee, Dessertbackwerk.

10. September.
Maultaschensuppe. 1760
ie Fülle wird bereitet aus ½ ℔ Krebsbutter, 3 Eiern, drei eingeweichten Semmeln, fein geschnittene Krebsschweifeln, gewiegten Petersilie, Salz und 3 Löffel voll Mehl, in die bereiteten Maultaschen gefüllt, gesotten und mit klarer Suppe angerichtet.

Rindfleisch mit Sellerie 1761
und Karto Felschnitzen.

Grüne Erbsen mit Salat 1762
und Coteletten.
inige Köpfe Salat werden von den äußern Blättern befreit, vier Mal getheilt, gedünstet in Fette mit Suppe, Zwiebel, Salz und Pfeffer, gestäubt, kurz aufgekocht, im Kranze um gekochte Erbsen garnirt und mit Krebssauce übergossen.
Die Coteletten sind in Nr. 198 bemerkt.

Lachs, 1763
ist in Nr. 405 bemerkt.

Gebratene Rebhühner. 1764
elbe sind schon bemerkt.
Die Köpfchen werden ungerupft beim Anrichten wieder aufgesteckt

und die Hühner mit Orangenſcheiben garnirt.

1765 Vanilleauflauf.

Nr. 668.

1766 Kaffee, Deſſertbackwerk.

11. September.

1767 Karviolſuppe mit Kreb-
ſchweifchen.

Selbe wird wie gewöhnlich bereitet, über Goldkruſten angerichtet und mit ¼ Taſſe
Krebsbutter und 20 bis 30 Schweifen
legirt.

1768 Lendbraten mit italieniſchen Macaroni.

Nr. 59.

1769 Wirſing mit Würſten.

Nr. 136.

1770 Geröſtete Kalbsleber.

Die Leber wird abgehäutet, geblättelt geſchnitten, mit Zwiebel,
Mehl, Pfeffer und Citrone in Butter
fünf Minuten geröſtet und mit Salz
beſtreut.

1771 Forellen, blau, mit
Kartoffel.

Selbe ſind in Nr. 383 bemerkt.

1772 Gebratene Kaninchen
oder Lampin mit grünem Salat.

Selbe werden 12 Stunden in Beiſe
gelegt, haſenförmig hergerichtet
und geſpickt, mit weißem Speck gebraten.

1773 Traubenkuchen.

Derſelbe wird, mit Papier bedeckt,
gebacken.

1774 Kaffee, Deſſertbackwerk.

12. September.

1775 Linſenſuppe mit geräucherten Würſten.

Ein ℔ Linſen wird mit ¼ ℔
Schinken weich gekocht, durch
ein Sieb in braune Brenne
gegeben, mit Suppe aufgekocht, der
Schinken würflig darein geſchnitten und
mit Würſten ſervirt.

1776 Rindfleiſch, Gurken und
Rettigſalat.

31

1777 Wachsbohnen und Coteletten.

ie Bohnen werden gedünstet, gestäubt, mit 1 Glas Wein aufgekocht und Suppe und mit Kalbs-
Coteletten servirt.

1778 Gebratene Gansleber.

Selbe ist schon bemerkt.

1779 Heringe mit Kartoffel
und Butter.

1780 Wild Schweinbraten mit
Jäger buttensauce.

Beides ist schon bemerkt.

1781 Gebackene Zwetschgen.

ie Zwetschgen werden ausgesteint,
in Brandteig getaucht, im Schmalz
gebacken und mit Zucker bestreut.

1782 Kaffee, Dessertbackwerk.

13. September.

1783 Schnepfensuppe mit
Krusten.

as Innere der Schnepfen wird
fein gewiegt, in Suppenfette
gedünstet, mit 2 Tassen voll
Bröseln, 1 Glas Wein, Suppe, Salz,

Pfeffer und Petersilie aufgekocht und
durch's Sieb über Krusten gegeben.

1784 Lendbraten mit Rahm
und geröstete Kartoffel.

erselbe ist in Nr. 59 bemerkt,
die Sauce wird mit einer Tasse
sauerm Rahm legirt.

1785 Dicke holländische Bohnen
mit Hirnschnitten.

ie Bohnen werden aus den Hülsen
gelöst, mit siedendem Wasser
übergossen, zugedeckt, dann die Haut
abgezogen, in Fette mit Zwiebel, Petersilie und Suppe gedünstet, gestäubt,
mit Salz, Pfeffer und Suppe aufgekocht
und mit Hirnschnitten servirt.

1786 Mangold mit Schinkeneier.

ie Blätter werden von den Stengeln
befreit, in siedendem Wasser weich
gekocht, gewiegt, gedünstet mit Gansfette, Salz, Pfeffer und Zwiebel, mit
Mehl gestäubt, mit Suppe zehn Minuten
aufgekocht, mit würflig geschnittenem,
gelb geröstetem Speck übergossen und
mit eingerührten Schinkeneiern garnirt.

1787 Gebeizter Schweinsbraten
mit Obstsauce.

in Stück Schweinfleisch wird 24
Stunden gebeizt, gebraten, eine
viertel Stunde vor dem Anrichten mit

Bröfeln beſtreut, in eigenem Saft angerichtet und mit Weichſelſauce ſervirt.

1788 Schweizer Omeletten.

Dieſelben ſind in Nr. 921 bemerkt.

1789 Kaffee, Deſſertback-
werk.

14. September. (Freitag.)
1790 Citronenſuppe mit
Bisquit.

cht Schoppen Waſſer, 8 Schoppen Wein, ¼ ℔ Zucker, das
Gelbe einer Citrone, Zimmt
und 3 Taſſen geſtoßene Zwiebeln werden
gekocht, durch das Sieb gegeben, mit
3 Eier fricaſirt und mit 1 Teller voll
Bisquitwürfel aufgetragen.

1791 Bücklinge mit Eier.

ie Bücklinge werden abgehäutet,
geſpalten, in Butter gebraten
und mit gebackenen Ochſenaugen belegt.

1792 Stockfiſch mit Kartoffel.

treiche eine Form mit Butter aus,
beſtreue ſie mit Bröſeln, darauf
gib eine Lage geſottene und in Scheiben
geſchnittene Kartoffel, in Würfel geſchnittenen Häring, geſchnittene Eier,
eine Lage gekochten Stockfiſch (2—3 ℔),

nun wieder Kartoffel und ſo fort, bis
Alles aufgelegt iſt, gieße ¼ Taſſe ſüßen
Rahm darunter, bedecke es mit Kartoffel,
(gib auch Salz und Pfeffer dazu), zerlaſſene Butter darüber und backe es
langſam im Rahm.
Nimm 1 Häring und 3 Eier.

1793 Dampfnudeln und Fröſche
in Peterſilie c.

rſtere ſind in Nr. 31 bemerkt.
Die Fröſche werden mit Waſſer,
Wein, Peterſilie und Zwiebel 3 Minuten
gekocht und in weißer Einmachſauce kurz
aufgekocht.

1794 Drüſchen, blau.

ieſelben werden gepuzt, abgetrocknet, mit Salz und Pfeffer
beſtreut, 1 Salbeiblatt in den Körper
gelegt und wie die Forellen bereitet.

1795 Gebratener Rothfiſch mit
Endivien.

wei ℔ werden mit Salz und Pfeffer
beſtreut, mit Zwiebel, Wurzelwerk, Butter, 1 Taſſe Eſſig und 1 Taſſe
Waſſer gelb gebraten.
Der Salat wird mit gewiegten Eiern
gemiſcht.

1796 Orangenkuchen.

Nr. 1744.

1797 Kaffee, Dessertbackwerk.

15. September.

1798 Grüne Flockensuppe.

Eine Hand voll Petersilie, nochmal so viel Spinat werden gewaschen, gewiegt, gedünstet, durch's Sieb getrieben, mit 4 Eier und 4 Löffel voll Mehl verrührt, in einer platten Form gebacken, geschnitten und mit Suppe angerichtet.

1799 Rindfleisch mit Kruste und Pfeffersauce.

Ist das Brustkernstück weich gekocht, so gib es in eine Bratreine, vermische 1 Ei mit Petersilie, Zwiebel, Salz und Pfeffer, bestreiche damit das Fleisch, bestreue es mit Bröseln, gib 2 Tassen fette Suppe dazu, laß es gelbe Farbe nehmen und richte es mit gerösteten Kartoffeln garnirt, an.

1800 Bohnen mit Speck und Schinken.

Die Bohnen werden mit Schweinsfett, ¼ ℔ Speck in Würfeln und Zwiebeln gedünstet, dazu Salz, Pfeffer, Petersilie und Suppe, gestäubt, kurz aufgekocht und mit Schinken garnirt.

1801 Blaukohl mit Brat-würsten.

Wenn der Kohl gesotten, wird er mit drei Zwiebeln fein gewiegt, gedünstet mit Salz und Pfeffer, mit Mehl gestäubt, mit Suppe aufgekocht und mit Bratwürsten bekränzt.

1802 Aal, am Rost gebraten.

Der Aal wird in Stücke getheilt, mit Salz und Pfeffer bestreut, jedes mit Papier umwickelt, das mit Butter bestrichen, am Roste gebraten und mit Citronenscheiben garnirt.

1803 Gans mit Endivien.

Nr. 49.

1804 Süßer Toppenkuchen.

Bereite aus Wasserbutterteig (22. Februar) einen Kuchen mit Rand, mische 1 Liter Toppen, ¼ ℔ zerlassene Butter, ¼ ℔ Zucker, ¼ ℔ Weinbeeren, 4 Eier und den Schnee von 6 Eiern darunter, gib dies auf den Kuchen, bestreue ihn mit geschnittenen Mandeln und backe ihn.

1805 Kaffee, Dessertbackwerk.

16. September.

1806 Reisspatzen mit brauner Suppe.

in ¼ Brät wird mit ¼ ℔ zerlaſſener Butter, ½ Taſſe ... kalter Suppe, Salz, Pfeffer, 3 Eier und 4 Taſſen Semmelbröſeln abgerührt, durch den Spatzenlöffel in ſiedendes Waſſer gemacht und mit brauner Suppe angerichtet.

1807 Rindsleiſch mit Sardellenſauce.

Nr. 272.

1808 Weinkraut mit ... zweierlei Koteletten.

Erſteres iſt in Nr. 121, letztere in Nr. 10 bemerkt.

1809 Gebackene Barbe und Salat.

Die Barbe wird in Stücke getheilt, kleine Einſchnitte gemacht. mit Salz und Pfeffer beſtreut, in Backteig getaucht und röſch gebacken.

1810 Schnepfen mit Schnepfenbrod.

Die Schnepfen werden, wenn ſie hergerichtet, mit Salz und Pfeffer beſtreut, mit Speck umbunden und in Butter langſam 1 Stunde gebraten.

Das Schnepfenbrod: Das Innere der Schnepfen, außer dem Magen, wird fein gewiegt, mit Salz, Pfeffer, Citrone, 3 Löffel voll Bröſeln und 3 Loth Butter und zuletzt 1 Glas rothen Wein gedünſtet, auf röſch gebackene Schnitten gelegt und um die Schnepfen garnirt.

1811 Brot Pudding.

Nr. 724.

1812 Kaffee, ...

17. September.

1813 Reisſuppe mit Semmeln.

1814 Rindsleiſch mit ſauern Kartoffeln und Senf.

Die Kartoffel werden geſotten, geſchält, geſchnitten und in weißer, pikanter Einmachſauce mit Salz, Pfeffer und Zwiebel aufgekocht.

1815 Bayeriſches Pulver mit Sauerkraut.

1816 Bohnen mit Hammelfleiſch.

Die Bohnen werden mit Gansfett gedünſtet und eine braune, pikante Sauce daran gemacht. Das Fleiſch

wird mit Knoblauch gespickt, gesalzen
und sauer gedünstet.

1817 Forellen, blau, mit Kartoffel.

Die Forellen werden mit Zwiebel
und Peterfilie in Salzwaffer
¼ Stunde gekocht, mit rund gedrehten
Kartoffeln garnirt, mit 2 Eiergelb, fein
gebackt, beftreut und mit heißer Butter
übergoffen.

1818 Krammetsvögel auf
Schnitten und Compot.

Diefelben find fchon bemerkt und
werden mit Aprikofencompot fervirt.

1819 Sago-Pudding

Nr. 654.

1820 Kaffee, Deffertbackwerk.

18. September.
1821 Krammetsvögelfuppe.

Die Ueberrefte derfelben werden
klein gefchnitten, gedünftet
mit Salz, Pfeffer und 2 Taffen
voll Bröfeln, im Mörfer klein geftoffen,
mit 1 Glas Wein und der nöthigen
Suppe aufgekocht und durch's Sieb über
Kruften gegeben.

Rindfleifch mit geriebenem **1822**
Rettig.

Wirfing mit Butterfauce **1823**
und Würften.

Tauben mit Blut. **1824**
Macaroni.

Die Tauben werden in 4 Theile getheilt, in Butter mit Salz, Pfeffer
und Peterfilie gedünftet, mit Mehl geftäubt und mit 1 Glas Wein, Suppe
und Blut aufgekocht.

Hecht mit Kreen. **1825**

Nr. 234.

Hühner mit Apfel- **1826**
compot.

Erftere find in Nr. 138 bemerkt.
Das Compot wird mit Johannesbeeren verziert.

Erdbeerkuchen. **1827**

Die Beeren werden auf den fertigen
warmen Kuchen gelegt.

Kaffee, Deffertbackwerk. **1828**

19. September.
Bräcklöfchenfuppe. **1829**

Diefelbe ift fchon bemerkt.

1830 Rindfleisch mit Gurken und Kartoffelsalat.

1831 Blaukraut mit Salami.
Nr. 114.

1832 Gedünstete Gansleber mit Trüffeln.

Zwei Ganslebern werden mit Trüffeln, in Streifen geschnitten, besteckt, in Gansfette gedünstet, mit Zwiebel, Pfeffer und den gestoßenen Trüffelüberresten, 1 Glas Wein, dann ausgelegt, an die Sauce 1 Löffel gelb geröstetes Mehl und 1 Tasse Suppe gegeben, ¼ Stunde aufgekocht, halb über die Lebern gegeben und die übrige Sauce eigens servirt.

1833 Barbe in sauerer Sauce mit Pasteten.

Bereite eine Sauce aus Butter, 3 Löffel voll Mehl, Suppe, Essig, Zwiebel und Citrone und koche darin die Barbe, in Stücke getheilt.

1834 Lerchen, gebraten.

Selbe werden bereitet wie die Krammetsvögel und am Spieß bei heller Flamme ¼ Stunde gebraten und mit Orangenscheiben garnirt.

1835 Aprikosen-Creme.
Nr. 202.

1836 Gefüllter Schweinskopf und Käse.

1837 Kaffee, Dessertbackwerk.

20. September.

1838 Lerchensuppe mit Goldkrusten.

Von den Ueberresten der Lerchen wird eine braune Suppe bereitet und über Goldkrusten geseiht.

1839 Rindfleisch mit Sellerie und Kartoffel.

1840 Rahmbohnen mit Hammelfleisch.

Selbe sind schon bemerkt.

1841 Kalbskrös-Ragout mit Macaroni.

Dasselbe ist in Nr. 728 bemerkt.

1842 geringe, am Roste gebraten und ...

Die Häringe werden geklopft, geschuppt, gewaschen, 3 Stunden
in Milchwasser gelegt, dann abgetrocknet,
an die Luft gehängt, mit Butter bestrichen, am Rost gebraten und mit
Essig und Oel servirt.

1843 Junge Wildenten.

Dieselben werden wie die zarten
Enten gebraten, mit einem Glas
Wein und mit Citronenscheiben garnirt.

1844 Zwetschgenkuchen.

1845 Feine Salami und
...

1846 Kaffee, ...

21. September.

1847 Baumwollsuppe mit
...

Zwölf Loth Krebsbutter werden abgerührt, dazu 6 Eier,
... 4 Löffel voll Mehl, Salz
und Muskatnuß, in siedende Suppe gegeben, kurz aufgekocht, mit Schnittlauch
bestreut und mit Krebsschweifen legirt.

1848 Kalbsschlegel mit ge-
... einen Kartoffeln.

Selbes ist in Nr. 107 bemerkt.

1849 Rosenkohl mit Hirnschnitten.

Ersterer ist in Nr. 431, letztere in
Nr. 422 bemerkt.

1850 Gedünstete Wildtauben
mit geschnittenen Nudeln.

Vier Stück werden gerupft, flamirt,
ausgenommen, gewaschen, über
Nacht in Weinbeize mit Wachholderbeeren, Kräuter, Salz, Pfeffer und
Citrone gelegt, am Morgen mit Fette
und Beize gedünstet, gestäubt, kurz aufgekocht und beim Anrichten die Sauce
darüber geseiht.

Die Nudeln werden gesotten und
mit Butter aufgeschmalzen.

1851 Krebse mit Butter.

1852 Kalbsschlegel mit Rahmsauce und Salat.

Derselbe ist in Nr. 214 bemerkt.

1853 Gebratene Aepfel.

Kleine Aepfel, 24 Stück, werden
geschält, das Kernhaus ausgestochen, in ein mit Butter bestrichenes

Blech gelegt, gebraten, mit Zucker bestreut und mit einem Glas Wein übergossen, wenn sie anfangen gelb zu werden. Richte sie zierlich auf die Platte,
fülle den Ausstich mit Johannesbeeren,
gieße den Saft, verdünnt mit Wasser
und Wein, darüber und servire sie mit
Pasteten.

1854 Kaffee, Dessertbackwerk.

22. September.

1855 Karviolsuppe mit Krebsschweifchen.

...ereite von 4 Loth Krebsbutter
eine leichte Einmachsauce,
koche sie mit Suppe auf, gib
die abgesottenen Blümchen, 2 Löffel
voll fein geschnittenen Petersilie darein,
richte sie über Krusten an und legire
sie mit 1 Löffel voll Krebsbutter und
1 Tasse voll Schweifchen.

1856 Rindfleisch mit Sauerrampfensauce.

Die Sauce ist in Nr. 373 bemerkt.

1857 Bohnen auf russische
Art mit Würsten.

Die Bohnen werden in Salzwasser
gekocht, abgegossen und mit Salz
und Pfeffer in heißer Butter geschwungen.

1858 Hammels-Coteletten mit
Gurken.

Wenn die Coteletten bereitet sind,
werden sie in Kräuterbutter getaucht, mit wenig Fleischbrühe gedünstet,
dann herausgenommen, warm gestellt,
zwei mittlere Gurken in die Sauce geschnitten, weich gedünstet mit etwas
Suppe und Essig, gestäubt, kurz aufgekocht, die Coteletten darein gegeben,
¼ Stunde gekocht und angerichtet.

Kräuterbutter: Dünste frische Butter, 1 Hand voll Petersilie, Thymian
und 1 Sträußchen Estragon, fein gewiegt, etliche Minuten, streiche sie durch
ein feines Sieb und bewahre sie auf
zum Gebrauch.

1859 Schill, blau, mit Kartoffel.

1860 Gans, mit Kastanien
gefüllt und Compot.

Erstere ist bekannt.

Compot: 12 Aprikosen und
12 Pfirsiche werden halbirt, ausgesteint,
in Zuckerbräune mit Wein gekocht und
zierlich angerichtet.

1861 Butterkuchen mit gedünsteten Zwetschgen.

Zwei U fein gesiebtes Mehl werden
mit 2 Löffel voll Hefe angemacht,
unterdessen rühre 18 Loth Butter, 12

35

Loth Zucker, 3 Eier und etwas Citrone
ab, gib dies zum Teig, arbeite ihn fest
auf dem Nudelbrett, laß ihn geben,
gib ihn auf ein mit Butter bestrichenes
und mit Bröseln bestreutes Blech, laß
ihn nochmal geben, bestreiche ihn mit
Zuckerwasser, backe ihn und verziere ihn
mit geschnittenen Mandeln, bestreue ihn
mit Zucker.

Die Zwetschgen werden mit den
Stielen in Zucker, Wasser und Wein
gedünstet.

1862 Schinkenschnitze mit gebackenen Eiern belegt.

1863 Kaffee, Dessertbackwerk.

23. September.

1864 Mehlspatzensuppe.

Bereite von 1 ℔ Mehl, der
nöthigen Milch, 3 Eiern,
Salz, Schnittlauch und Petersilie einen Teig, gib ihn durch den
Spatzenlöffel in siedendes Wasser, sind
sie gekocht, so richte sie in klarer Suppe
mit Weißwürsten an.

1865 Beefsteak mit Sardellenbutter.

Aus dem Lendstück werden der
Quere nach fingerdicke Schnitten
gemacht, kurz breit geschlagen, mit Salz

und Pfeffer bestreut, in zerlassene Butter getaucht, aufeinander gelegt, nach
1 Stunde in 4 Loth Sardellenbutter
gebraten und mit weitern 4 Loth in
der Platte angerichtet, daß sie überzogen
aussehen.

1866 Sauerkraut mit Coteletten.

Ersteres ist in Nr. 47, letzteres in
Nr. 212 bemerkt.

1867 Eingemachte Hühner
mit Karviol.

Die Hühner werden einige Minuten
in den Fleischtopf gelegt, in Einmachsauce mit Zwiebel, Citrone und
Petersilie aufgekocht und mit Karviol
servirt.

1868 Hecht in grüner Sauce.

Sechn Loth Butter werden mit einem
Teller voll fein gewiegtem Grünzeug gedünstet, gestäubt, mit Wasser
und 1 Glas Wein aufgekocht, die Hecht-
stücke 10 Minuten darin gekocht und
schnell servirt.

1869 Krammetsvögel mit
Reis und Compot.

Die Vögel werden wie gewöhnlich
gebraten. Brühe 12 Loth Reis
mit 1 Liter Suppe und 1 Vierling

Butter und decke ihn zu, ist er aufgelöst, so gib ihn auf die Platte und die
Vögel im Kranze um ihn her.

1870 Kaiferauflauf.

Nr. 860.

1871 Schinken und Käse.

1872 Kaffee, Deffertbackwerk.

24. September. (Fafttag.)

1873 Fifchbrätfpatzenfuppe.

on Weißfifchen wird ½ ℔
Brät gefchlagen, dazu ¼ ℔
Butter, 3 Eier, 4 Taffen
Semmelbröfeln, Salz, Pfeffer, Citrone,
grüne Kräuter und 4 Löffel voll Gries
gerührt, dann durch den Spatzenlöffel
in kochendes Waffer gegeben und mit
Butter begoffen, angerührt.

1874 Gefüllte Eier.

Sechs Eier werden hart gefotten,
die Dotter herausgenommen, eine
Hand voll Sauerrampfen und Peterfilie
gewiegt, mit Salz und Pfeffer gedünftet,
in die Eierweiß gefüllt, felbe auf eine
Platte gelegt, 3 Eier mit 1 Taffe füßem
Rahm verkleppert, 3 Loth Zucker und
2 Löffel voll Peterfilie, dazu Rinds-

fchmalz, fo viel wie ein Ei groß über
die gefüllten Eier gegoffen und im Rohr
gebacken.

Gebratene Renken mit **1875**
grünem Salat.

Sauerkraut mit Bauch- **1876**
fiecherln.

Hecht mit Kreen. **1877**

Gebratene Aepfel mit **1878**
Butter.

Diefelben find in Nr. 1853 bemerkt.

Gebratener Aal mit **1879**
Salat.

Derfelbe ift in Nr. 166 bemerkt.

Jägertorte. **1880**

Nr. 7.

Käfe. **1881**

Kaffee, Deffertback- **1882**
werk.

35*

25. September.

1883 Krammetsvögelsuppe mit Krusten.

Dieselbe ist in Nr. 1821 bemerkt und wird beim Anrichten mit 1 Schoppen Schlagrahm legirt.

1884 Rindfleisch mit Trüffelsauce.

Die Sauce ist in Nr. 546 bemerkt.

1885 Artischoken mit gebackenen Hühnern.

Erstere sind in Nr. 449 bemerkt.

1886 Kohlraben mit Hammelfleisch.

Die Kohlraben werden wie in Nr. 68 bereitet, die Hälfte des Fleisches wird mit den Kohlraben gekocht, das andere wird gedünstet.

1887 Gedämpfte Wildenten mit Kappern.

Die Enten werden aus der Beize genommen, mit Beize und Suppe gedünstet, sind sie halb weich, mit 1 Tasse geriebenem Schwarzbrod gestäubt und beim Anrichten mit 2 Löffel Kappern und ¼ Löffel voll Citronengelb legirt.

Dörschen, blau gesotten. **1888**

Gebratener Hammelschlegel mit Kartoffel. **1889**

Der Schlegel wird geklopft, mit Knoblauch gespickt und mit Salz, Pfeffer, Essig, Wasser, Zwiebel, Kümmel und Gurken gebraten, runde Kartoffel werden mitgebraten.

Gefülltes Omelette. **1890**

Nr. 25.

Schinken und Käse. **1891**

Kaffee, Dessertbackwerk. **1892**

26. September.

Geschnittene Nudelsuppe mit Henne. **1893**

Selbe ist schon bemerkt.

Gedünstetes Schweinstück mit Macaroni. **1894**

Dasselbe wird geklopft, mit Salz und Pfeffer eingerieben, mit allen Wurzeln, Zwiebel, Schinkenschwarte, 1 Tasse fetter Suppe und 1 Schoppen Wein gelb gedünstet, 3 Stunden, ist es

balb fertig, mit 2 Taſſen geſtoſſenem Schwarzbrod geſtäubt und Suppe nachgegoſſen und mit Macaroni ſervirt.

1895 Laduk mit Eier.

Derſelbe wird wie der Spinat bereitet und mit Ochſenaugen ſervirt.

1896 Gansjung mit Eierhaber.

Erſteres iſt in Nr. 979 bemerkt.

1897 Forellen, blau.

1898 Schinkenbraten mit Kraute.

Der Schinken wird 2 Stunden in laues Waſſer gelegt mit feinen Kräutern, 1 Liter Waſſer, 2 Glas Wein gekocht, 3 Stunden, ſodann die Haut abgezogen, mit Salz, Pfeffer und Semmelbröſeln beſtreut, mit Butter röſch gebraten, mit Grün garnirt und mit kaltem Meerettig und Speckſalat ſervirt.

1899 Mandelſtrudel.

Derſelbe iſt in Nr. 626 bemerkt.

1900 Salami. Käſe.

1901 Kaffee, Deſſertbackwerk.

27. September.

1902 Braune Suppe mit Parmeſanſchnitten.

Reibe von 4 Semmeln die Rinde ab, ſchneide ſie in dicke Schnitten, tauche ſie in zerlaſſene Butter, gib auf jeden einen Löffel voll Parmeſankäſe, ſtelle ſie 3 Minuten in heißes Rohr, ſind ſie gelb, gib ſie in die Terrine und übergieße ſie mit brauner Suppe.

1903 Gebratenes Rindfleiſch mit Schinkenmacaroni.

Ein kurze Rippenſtück wird geklopft, mit Salz und Pfeffer beſtreut, mit Wurzeln, Zwiebel, Waſſer, Eſſig und Knoblauch 4 Stunden langſam gebraten und mit Macaroni, die mit gewiegtem Schinken vermiſcht ſind, ſervirt.

1904 Sauerkraut mit Krammetsvögel.

Letztere werden in der Reine gebraten und mit dem Saft auf das Kraut gegeben.

1905 Eingemachte Hühner mit Morcheln.

Erſtere ſind in Nr. 1867 bemerkt und werden mit weichen Morcheln ſervirt.

1906 Kringe mit Effig und
Oel.

1907 Fafan mit Orangen-
fauce.

Der Fafan wird gerupft, ausgenom,
men, mit einem Tuch abgewifcht,
mit Salz und Pfeffer eingerieben, die
Bruft mit Speck belegt, in ein mit Speck
beftrichenes Papier gewickelt, mit 2 Taffen
Waffer gebraten, beim Anrichten der
ungerupfte Kopf wieder aufgefetzt und
um den Hals eine Papiermanchette ge,
macht.

1908 Apfeltorte.

1909 Schinkenfchnitten mit
Eier belegt.

1910 Kaffee, Deffertback,
werk.

28. September.

1911 Fafanfuppe mit Butterteigblümchen.

Von den Fafanabfällen wird
eine braune Suppe bereitet
und über Butterteigblümchen
gegoffen.

1912 Beeffteak, fauer, mit
geröfteten Kartoffeln

werden bereitet wie fonft und mit Citro,
nenfaft betropft.

1913 Wirfing mit Salami.

1914 Wildtauben, gedünftet,
mit Blut und Pafteten.

Diefelben werden im Blut gedünftet
mit 1 Glas Wein, 1 Taffe Ein,
machfauce, Zwiebel, Citrone, Salz und
Pfeffer.

1915 Kirfchiemer mit einer
Krufte.

Der Kirfchiemer ift fchon bemerkt
und wird ¼ Stunde vor dem
Anrichten mit 1 Taffe Semmelbröfeln,
gemifcht mit 4 Löffel Zucker, 1 Löffel
voll Zimmt und Citrone, beftreut, mit
Butter übergoffen, röfch gemacht und
mit Hagenbuttenfauce fervirt.

1916 Schmankerl Creme.

Diefelbe ift in Nr. 813 bemerkt.

1917 Schinken, Käfe.

1918 Kaffee, Deffertback
werk.

29. September.

1919 Sagosuppe mit Krebsschweifchen.

Dieselbe ist schon bemerkt, wird
¼ Stunde vor dem Anrichten
mit ¼ ℔ Krebsbutter gekocht
und mit Schweifchen legirt.

1920 Rindfleisch mit Kartoffel
und Butter.

1921 Bayerisches Pulver mit
Leberwürsten.

1922 Ochsenzunge mit Meerrettig.

Die Zunge wird weich gekocht, abgehäutet, in hellbrauner Sauce
mit 1 Glas Wein, Salz und Pfeffer
¼ Stunde aufgekocht, herzförmig angerichtet und mit geriebenem Koren bestreut.

1923 Hecht mit Sardellensauce.

Derselbe ist schon früher bemerkt.

1924 Gebeizter Schweinebraten mit Obstsauce.

Das Fleisch wird 12 Stunden gebeizt, mit Beize und Wasser langsam gebraten, ¼ Stunde vor dem An-

richten mit Semmelbröseln überstreut
und mit Fette betropft, daß er rösch
wird.

Die Sauce: Weichseln werden mit
Wein, Wasser, Zwiebel, 4 Loth Zucker
und etwas Citrone weich gekocht und
durch's Sieb gegeben.

Orangen-Creme-Kuchen. **1925**

Von Wasserbutterteig backe einen
Kuchen und ein Gitter, fülle den
Kuchen mit kalter Orangen-Creme, be-
streue ihn mit Zucker und lege das
Gitter darauf.

Kaffee, Dessertbackwerk. **1926**

30. September.

Eiergriesuppe mit Henne. **1927**

Zwölf Loth Gries werden mit
3 Eier vermischt, dann wieder
fein gerieben mit der Hand,
in siedende Suppe gegeben und 1 Stunde
langsam gekocht.

Lendbraten mit Macaroni. **1928**

Derselbe ist in Nr. 59 bemerkt.

Geschwungene Bohnen **1929**
und Coteletten.

Die Bohnen werden geschnitten, gesotten, in Gansfette mit Salz
und Pfeffer geschwungen und mit Coteletten Nr. 220 servirt.

1930 Lungenragout mit geröfteten Kartoffeln.

Erfteres ift in Nr. 479 bemerkt.

1931 Krebfe mit Butter.

1932 Rebhühner mit Apfel-
Compot.

Erftere find in Nr. 1746 bemerkt.

Waffeln mit Zwetschgen-
compot. **1933**

Röhre ¼ ℔ Butter ab, dazu 8 Eier,
1½ ℔ Mehl, 1 Taffe sauern Rahm,
2 Löffel voll Citronenzucker und backe
davon Waffeln.

Frifche Zwetfchgen werden in Wein,
Waffer, Zimmt und Zucker eingekocht.

Schinken. **1934**

Kaffee, Deffertbackwerk. **1935**

Monat Oktober.

1. Oktober.

1936 Grüne Fleckchenſuppe.

Dieſelbe iſt ſchon bemerkt und wird mit einem Huhn ſervirt.

1937 Rindfleiſch mit Bohnenſalat.

1938 Wirſing mit Würſten anderer Art.

Der Wirſing wird gewiegt, in Gansfette mit Zwiebel und Peterſilie gedünſtet, geſtäubt, mit Suppe aufgegoſſen, dann durch's Sieb getrieben, noch ¼ Stunde gekocht und mit Bratwürſten ſervirt.

1939 Gansjung mit Eierhaber. Nr. 979.

1940 Junger Indian mit italieniſchem Salat.

Derſelbe wird gerupft, ausgenommen, mit Salz und Pfeffer eingerieben, innen mit Peterſilielaub belegt und jetzt die Fülle bereitet.

1 ℔ Trüffeln wird gereinigt, die Hälfte in Würfel geſchnitten, die andere Hälfte fein gewiegt mit der Indianleber,

Peterſilie, Thymian, etwas Knoblauch und Chalotten, in heißen Speck (¼ ℔) gegeben, ¼ Stunde gedünſtet und mit Madeira (⅛ Taſſe) und 2 Taſſen Bröſeln aufgekocht. Iſt die Fülle kalt, ſo rühre 4 Eier und ¼ ℔ Butter darein und fülle damit den Kropf und den Leib, belege die Bruſt mit Speck, umbinde ihn mit Papier, brate ihn und ſervire ihn mit Madeiraſauce.

Der Salat iſt in Nr. 269 bemerkt.

1941 Dampfnudeln mit Vanilleſauce.

Selbe ſind in Nr. 31 bemerkt.

1942 Kaffee, Deſſertbackwerk.

2. Oktober. (Faſttag.)

1943 Süße Rahmſuppe mit Goldwürfeln.

Zwei Liter Rahm und 1 Liter Milch werden gekocht, beim Anrichten 6 Eier und etwas Zucker darein gerührt und über Goldkruſten gegeben.

36

1944 Überrührte Eier mit
...

ie Trüffelabfälle von gestern wer/
den gereinigt, gewiegt, mit acht
Eiern, einer Tasse Rahm, 3 Löffel voll
Semmelbröseln abgerührt, Salz und
Pfeffer dazu und kurz gekocht.

1945 Stockfisch mit Sauerkraut.

. er Stockfisch wird mit 3 Liter
... kaltem Wasser und Salz zugesetzt,
bis das Wasser zum Kochen kommt,
dann gleich zur Seite gestellt und mit
Zwiebel und Bröseln aufgeschmalzen.
Das Kraut wird in Butter gedünstet
und mit Stockfischbrüh aufgekocht.

1946 Schweizer Omeletten.

Nr. 921.

1947 Gefüllte Karpfen mit
grünem Salat.

Derselbe ist in Nr. 241 bemerkt.

1948 Zwetschgenkuchen.

1949 Kakı.

1950 Kaffee, Dessertbackwerk.

3. Oktober.

Indiansuppe mit Kaiser- **1951**
nockerln.

on den Indianüberresten wird
eine braune Suppe bereitet
und über Kaisernockerln an/
gerichtet.

Rindsbraten. **1952**

om Schlegel wird das Eck genom/
... men, geklopft, mit Salz und
Pfeffer eingerieben, mit Knoblauch ge/
spickt und mit 2 Tassen Wasser und 1
Tasse Wein gebraten.

Trüffeln mit Wein. **1953**

roße Trüffeln werden geputzt, ge/
waschen, mit $\frac{1}{2}$ Flasche rothen
Wein, $\frac{1}{4}$ ℔ in Blättchen geschnittenen
Schinken, etwas Knoblauch und Peter/
silie gekocht, bis sie sich leicht anstechen
lassen, dann mit dem Schaumlöffel
herausgenommen, auf der mit einer
schön gefalteten Serviette bedeckten Platte
angerichtet und mit dem Saft in einer
Saucerie servirt.

Hammels-Coteletten auf **1954**
Gurken.

wei Zwiebeln, Petersilie, Thymian,
Salbei werden fein gewiegt, in
Butter gedünstet, auf die mit Salz und

Pfeffer beſtreuten Cotelecten geſtrichen, dieſe aufeinander gelegt. Nun werden 3 Gurken geſchält, länglich geſchnitten, in Kräuterbutter mit 2 Taſſen Suppe und 5 Loth Hammelfette mit den Cotelecten weich gekocht, letztere ausgelegt, an die Sauce 2 Löffel voll Mehl geſtäubt, mit Suppe und etwas Eſſig aufgekocht, die Cotelecten darein gelegt und ſervirt.

1955 Forellen mit Burgunderwein.

Dieſelben ſind in Nr. 885 bemerkt.

1956 Gebratene Hühner und Compot.

Selbe ſind in Nr. 138 bemerkt.

1957 Aufgezogenes von Eierweiß.

ebn Loth Mehl werden mit 1 Liter Milch abgerührt, 4 Loth Zucker und 1 Loth Vanillezucker, dies bei Feuer unter ſtetem Rühren aufgekocht, dazu 3 Loth Butter und nochmal ¼ Stunde gekocht, dann ausgekühlt, von 8 Eierweiß den Schnee dazu gerührt, in eine beſtrichene Form gefüllt, ¼ Stunde aufgezogen und ſervirt.

1958 Kaffee, Deſſertbackwerk.

4. Oktober.

1959 Suppe mit großem Leber·

in und ein halb ⅛ Kalbsleber wird abgehäutet, gewiegt mit Zwiebel, Peterſilie, Schnittlauch, Majoran und Citrone. Jetzt reibe 6 Semmel, rühre dazu ¼ ⅛ Suppenfette, 4 Eier, die Leber, Salz und Pfeffer, binde alles in eine mit Butter beſtrichene Serviette und koche es in Salzwaſſer 1½ Stunde. Gib den Kloß in die Suppenſchüſſel und übergieße ihn mit Suppe.

1960 Saure Preßkopf mit Kartoffel.

ieſelben werden in Mehl getaucht, in Butter gebraten, mit Suppe und ¼ Taſſe Eſſig 3 Minuten gekocht und mit geröſteten Kartoffeln ſervirt.

1961 Sauerkraut mit Bratwurſt.

Erſteres wird nach Nr. 47, letzteres nach Nr. 629 bereitet.

1962 Kalbsbriſenragout mit Macaroni.

Selbes iſt in Nr. 750 bemerkt.

1963 Gebackene Grundeln mit Kressensalat.

Erstere sind in Nr. 695 bemerkt.

1964 Gans, gefüllt mit Bratwürsten und Kartoffel.

Diese Fülle ist schon öfter bemerkt.

1965 Grießpudding mit Obstsauce.

Dieser wird bereitet wie Sagopudding Nr. 654.

1966 Kaffee, Dessertbackwerk.

5. Oktober.

1967 Suppe mit Brisenklößchen.

Drei Kalbsbrisen werden eine halbe Stunde in Wasser gelegt, in Suppe weich gekocht, abgebäutet, gewiegt, vier Semmeln in kalte Milch geweicht, ausgedrückt, an die Brisen gegeben, dazu 4 Eier, vier Löffel voll Gries, Salz und Pfeffer in siedender Suppe gekocht.

1968 Lungenbraten mit Kartoffel.

Derselbe ist in Nr. 635 bemerkt.

Gedünsteter Blaukohl **1969** mit Coteletten.

Nr. 198.

Gefüllte Artischoken mit **1970** Trüffelwurst.

Selbe sind in Nr. 960 bemerkt.

Salm mit Kartoffel. **1971**

Kleine Salme werden geschuppt, ausgenommen, mit Salz eingerieben, nach kurzer Zeit mit Butter bestrichen, am Roste gebraten, mit Butter und etwas Citronensaft betropft und mit aufgeschmalzten Kartoffeln servirt.

Rehbraten mit grünem **1972** Salat.

Nr. 6.

Gleichschwertorte. **1973**

Rühre ¼ ℔ Butter fein ab, gib ¼ ℔ Zucker, ¼ ℔ mit einem Ei gestoßene Mandeln, das Gelbe von 6 Eiern dazu und zuletzt den Schnee der 6 Eier, fülle alles in eine Form, backe es bei gelinder Hitze und bestreue sie mit Zucker.

Kaffee, Dessertbackwerk. **1974**

6. Oktober.

1975 Rothe und grüne Klößchen.

Erstere werden von Krebs-butter, letztere von Spinat bereitet und die Suppe beim Anrichten mit 2 Löffel voll Krebsbutter legirt und mit Schnittlauch bestreut.

1976 Rindfleisch mit Morcheln-sauce.

Die Sauce ist in Nr. 609 bemerkt.

1977 Kohlraben mit Schaf-Coteletten.

Erstere sind in Nr. 822, letztere in Nr. 220 bemerkt.

1978 Artischoken mit West-phälerschinken.

Selbe werden bereitet nach Nr. 266.

1979 Lachs, am Rost ge-braten mit Kappernsauce.

Derselbe ist schon früher bemerkt.

1980 Kalbsnierenbraten mit Salat.

Die Rippen werden ausgelöst, das Fleisch aber mit Speck gespickt, mit Salz und Pfeffer bestreut, das lappige Fleisch locker zusammengerollt, leicht mit Spagat umbunden und mit ¼ ℔ Butter gebraten.

1981 Apfelkuchen mit Kruste.

Es wird wie gewöhnlich der Teig in das Blech gegeben, mit Apfel-schnitzen belegt, mit ¼ ℔ gestoßenen Mandeln, vermengt mit 1 Tasse Mund-brodbröseln, 6 Loth Zucker und 1 Löffel voll Zimmt bestreut, zerlassene Butter darauf getropft und rösch gebacken.

1982 Schinken, Austern, Käse.

1983 Kaffee, Dessertback-werk.

7. Oktober.

1984 Braune Suppe mit Trüffelknödeln.

Ein viertel ℔ Suppenfette, nach und nach 3 Eier werden ab-rührt, dazu 4 geriebene Sem-meln, 2 Tassen abgedünstete, kalte Trüf-feln, gewiegt mit Petersilie und Citrone und mit 2 Eier abgerührt, Salz und Pfeffer, in klarer Suppe davon Klößchen gekocht und mit von Kalbfleisch bereiteter, brauner Suppe angerichtet.

1985 Rindfleisch mit Pfeffersauce.

1986 Kal[illegible] in Brodsauce mit Kal[illegible] ein.

1987 Eingemacht. Kalbfleisch mit Butter[illegible]knödeln.

Das Kalbfleisch wird 1/4 Stunde in der Suppe gesotten, in kaltes Wasser getaucht, in schöne Stücke getheilt und in weißer Einmachsauce weich gekocht.

1988 Gefüllter Birkhahn und Compot.

Der Birkhahn wird gerupft, flamirt, ausgenommen, mit einem Tuch rein abgewischt, die Brust ausgeschnitten, 1/4 ℔ Speck fein gewiegt mit 2 Loth Sardellen, Chalotten, Citrone, dazu 2 Eier gerührt, Salz und Pfeffer, in den Hahn gefüllt, zugenäht, gebraten mit Suppe und einem Glas Wein und im eigenen Saft angerichtet.

1989 Herzogintorte.

Nr. 704.

1990 Kaffee, Dessertbackwerk.

8. Oktober.

Gesottene Birkhahn-Suppe mit Krusten. 1991

Von den Ueberresten des Birkhahnes wird eine braune Suppe bereitet.

Gedünstetes Rindfleisch mit Macaroni. 1992

Daßelbe ist schon bemerkt.

Blaukraut mit geräucherten Würsten. 1993

Nr. 114.

Kalbfleisch mit Sardellen. 1994

Das Rippenstück wird getheilt, in Butter und Suppe gedünstet, sind die Stücke halbweich, so werden 6 Loth Sardellen, gewiegt mit Petersilie, dazu gegeben, 1 Tasse weiße Einmachsauce, Zwiebel und Citrone, etwas Essig, alles weich gekocht und mit Kartoffelnudeln servirt.

Forellen, blau, mit kalter Senfsauce. 1995

Spanferkel mit Senf. 1996

Selbes ist in Nr. 425 bemerkt.

1997 Apritosen-Creme.

Nr. 202.

1998 Kaffee, Dessert Backwerk.

9. Oktober. (Fasttag.)

1999 Himbeersuppe mit Bisquit.

... in halb ℔ Himbeer wird mit Wein und Wasser, Citrone, Zimmt, ¼ ℔ Zucker, 1 Tasse gestoßener Zwiebeln gekocht, in die Terrine geseibt und mit in Würfel geschnittenem Bisquit servirt.

2000 Frösche in Einmachsauce mit Strauben.

... ie Frösche werden in ½ Liter Wasser, etwas Wein, Salz, Zwiebel und Petersilie gedünstet, mit dem Sud eine hellgelbe Einmachsauce bereitet und die Frösche 3 Minuten mit etwas Essig aufgekocht.

Die Strauben: Koche von ½ ℔ Mehl, Milch, 3 Loth Zucker, 3 Eier einen Teig, ist er kalt, gib ihn durch einen Straubentrichter in heißes Schmalz und backe jede Straube einzeln.

2001 Gebackene Karpfen mit grünem Salat.

Selbe sind in Nr. 940 bemerkt.

2002 Dampfnudeln in Koch Butter mit Lein u. Sauce.

2003 ...

2004 ...

wölf Loth Reis werden mit sieden- dem Wasser gebrüht, nach einer viertel Stunde das Wasser abgegossen, mit 6 Schoppen Milch langsam dick ge- kocht, zum Auskühlen gestellt, 3 Loth Butter darein gegeben, 6 Eier, 4 Loth Citronenzucker, in einer Omelettenpfanne mit Rindschmalz fett gekocht und mit in Wein und Wasser gekochten Zwetschgen servirt.

2005 Feiner Käse mit Butter.

2006 Kaffee, Dessertback- werk.

10. Oktober.

2007 Reissuppe mit jungem Kapaun.

... ie Suppe ist schon bemerkt, wird mit Kapaunfleisch in Würfel geschnitten, gekocht, mit 3 Loth Krebsbutter legirt und mit

dem übrigen Kapaunfleisch fein geschnitten und mit Petersilie garnirt aufgetragen.

2008 Rindfleisch mit Kartoffel in Senf.

2009 Bohnen, sauer, mit
Hammels-Coteletten.

Die Bohnen werden gedünstet und
beim Auffochen ¼ Tasse Essig
dazu gegeben.

2010 Artischoken mit Mayonaise und Trüffelwurst.

Selbe sind in Nr. 266 bemerkt.

2011 Häringsauce.

2012 Junger Pfau mit
Orangensalat.

Derselbe wird gerupft, flamirt, ausgenommen, gewaschen, mit einem
Tuch abgetrocknet, mit Salz, Pfeffer
und Citronensaft eingerieben, aber nur
inwendig, 1 Tag und 1 Nacht aufgehängt, dann von außen gesalzen, die
Brust mit dünnem Speck belegt, mit
¼ ℔ Speck und 2 Schoppen Wasser,
in Papier eingehüllt, gebraten; beim
Anrichten wird ihm der Kopf wieder
aufgesetzt, ein Sträußchen in den Schnabel
gegeben und mit Orangensalat servirt.

Gefüllte Bröseltorte. **2013**

Nr. 633.

Kaffee, Dessertback-
werk. **2014**

11. Oktober.

Suppe mit Kaiser-
nockerln. **2015**

Von den Pfauüberresten wird
eine braune Suppe bereitet,
durch ein Sieb über Kaisernockerln gegossen und mit Parmesankäse legirt.

Englische Lendschnitten **2016**
mit holländischer Sauce.

Ersterer ist in Nr. 943, letztere in
Nr. 11 bemerkt.

Blaukraut mit Würsten. **2017**

Ochsenzunge mit Paradies-
äpfelsauce. **2018**

Die Zunge wird weich gesotten, in
Paradiesäpfelsauce aufgekocht und
mit Pasteten servirt.

2019

Nr. 234.

2020

Derselbe ist Nr. 255 bemerkt und wird saure Rahmsauce daran gegeben.

2021

n 1 Liter Milch, siedend, wird 1 Tasse Gries gesäet, 4 Loth Butter, 4 Loth Zucker, dick gekocht, ausgekühlt, 5 Eier daran gerührt, etwas Citronenzucker, 1 ℔ schwarze Kirschen und in einem flachen Blech gebacken.

2022

12. Oktober.

2023

echs Semmeln werden in Würfel geschnitten, gelb geröstet, mit 2 Liter Suppe aufgekocht, die nöthige Suppe nachgegossen, in die Terrine geseihet, mit 3 Eier fricasirt und mit Weißwürsten servirt.

2024

2025

2026

ie Nieren werden geblättelt geschnitten, mit Salz, Pfeffer und Mehl bestreut, in Butter geröstet und mit Suppe und Essig aufgekocht.

2027

ie Forellen werden blau gesotten und wenn sie kalt sind, mit Sulz übergossen, mit Petersilie und Krebsbutter garnirt, mit Essig und Oel servirt.

2028

2029

chtzehn Aepfel werden geschält, das Kernhaus herausgeschnitten, mit 6 Loth Butter, 6 Loth Zucker, etwas Citrone und 1 Glas Wein gedünstet, 1 Glas Wasser dazu gegeben, sind sie weich und braun, mit kleinem Backwerk oder Mandel-Confect servirt.

2030

2031

13. Oktober.

2032 Kartoffelſuppe mit Erbſen.

alte Kartoffel werden gerieben, gedünſtet, mit Erbſenſud und Suppe aufgekocht, eine Taſſe Erbſenpüree dazu gegeben, ½ Selleriekopf, Peterſilie, Salz und Pfeffer, eine in Würfel geſchnittene Zunge und über Kruſten gegoſſen.

2033 Rindfleiſch mit Zwiebelſauce und geröſtete Kartoffel.

2034 Sauerkrautmit Schweineknochen.

2035 Hecht mit Sardellenſauce.

Die Sauce iſt in Nr. 272 bemerkt, der Hecht wird blau geſotten.

2036 Spanferkel mit Senf und Kreſenſalat.

Daſſelbe iſt in Nr. 425 bemerkt.

2037 Zwetſchgenkuchen.

2038 Salami, Käſe.

Kaffee, Deſſertbackwerk. **2039**

14. Oktober.

Karviolſuppe mit **2040** Klößchen.

Dieſelbe wird über Hirnklößchen gegoſſen und mit Krebsbutter legirt.

Rindfleiſch mit Sardellen **2041** ſauce und Speck.

Vier Loth Sardellen und 1 Stück Speck, das ausgekernte Mark einer Citrone werden länglich geſchnitten, in das weich gekochte Fleiſch mit einem Meſſer geſpickt, mit Bratenfette und Suppe gelb gebraten und mit Sardellenſauce ſervirt.

Bayeriſche Rüben mit **2042** Schweinfleiſch.

Selbe ſind ſchon bemerkt.

Kalbslungenragout mit **2043** gebackener Leber.

Das Ragout iſt Nr. 479 bemerkt; die Leber wird in Schnitzen mit Mehl beſtäubt und im Schmalz geröſtet.

2044 Sardine, im Schmalz gebacken.

Dieselben werden hergerichtet, 12 Stunden in Wasser gelegt, abgetrocknet, an die Luft gehängt, dann in Mehl getaucht und im Schmalz gebacken, mit Senf, Essig und Oel servirt.

2045 Junge Fasanen, gebraten, mit Krautsalat.

Erstere sind schon bemerkt.

Salat: 1 Weißkrautkopf wird nudelartig geschnitten, mit siedendem Wasser begossen, ¼ Stunde zugedeckt, ausgedrückt, mit Salz, Pfeffer, Zwiebeln bestreut, 4 Loth Speck nudelartig geschnitten, gelb geröstet, mit Essig kurz aufgekocht, an das Kraut gegeben und mit den Fasanen servirt.

2046 Blitzkuchen.

Nr. 118.

2047 Kaffee, Dessertbackwerk.

15. Oktober.

2048 Weiße Fasanensuppe mit Brisenklößchen.

Von den Fasanenüberresten wird eine weiße Suppe bereitet und über schon bemerkte Brisenklößchen gegossen.

2049 Rindsfleisch mit warmer Senfsauce.

Dieselbe ist schon bemerkt.

Von 3 Loth Butter, 2 Löffel voll Mehl, Zwiebel, Knoblauch, Salz, Pfeffer und Suppe wird eine Sauce bereitet, gesiebt und mit ¼ Tasse Senf nochmal aufgekocht.

2050 Weißkraut mit Rebhühner.

Ersteres ist in Nr. 121, letztere in Nr. 629 bemerkt.

2051 Hühner mit Reis.

Selbe sind in Nr. 1111 bemerkt.

2052 Hecht, aufgeschmalzen.

Derselbe wird blau gesotten, mit Kartoffelwürfel und feingeschultenem Petersilie umgeben und mit heißer Butter begossen.

2053 Junges Wildschwein mit Hagenbuttensauce.

Dasselbe wird bereitet wie ein zahmes, nur werden ihm die Haare nicht gebrüht, sondern abgesengt.

2054 Aprikosen mit Reis.

Zwölf Loth Reis werden mit heißem Wasser gebrüht, mit Milch, vier Loth Butter und 4 Loth Citronenzucker

3

weich gekocht und 4 Eiergelb abgerührt. Jetzt werden 15 Aprikoſen halbirt, ausgeſteint, mit 4 Loth Butter, 6 Loth Zucker und etwas Citrone, 1 Glas Wein, 1 Taſſe Waſſer gekocht. Eine Auflauf-form wird beſtrichen, mit Bröſeln beſaet, abwechſelnd eine Lage Reis und eine Lage Aprikoſen darein gegeben, in das Rohr geſtellt, bis die Bröſeln gelb ſind, dann zugedeckt, herausgeſtürzt, den zurück-gebliebenen Aprikoſenſaft dick eingekocht und darüber gegeben.

2055 . . . . . .

2056 . . . .

16. Oktober. (Faſttag.)

2057 . . . .

undert friſche Zwetſchgen wer-den ausgeſteint, mit 2 Liter Waſſer, 1 Liter Wein, 1/4 ℔ Zucker, Citrone, Zimmt und 2 Taſſen Zwieback gekocht, die Steine werden zerſchlagen, mit 1/4 Liter Waſſer gekocht, der Saft an die Suppe gegeben und dieſe angerichtet.

2058 . . . .

eun Eier, 1 Taſſe ſüßen Rahm und 2 Loth Parmeſankäſe werden 5 Minuten gekocht.

2059 . . . .

2060 . . . .

2061 . . . . . .

Nr. 688.

2062 . . . . . .

on 8 Eiern, 8 Loth Zucker, acht Loth Mehl und etwas Citronen-ſaft wird ein Bisquitteig bereitet, friſche oder eingekochte Kirſchen und 3 Löffel voll Kirſchenwaſſer darein gegeben und in einer beſtrichenen Form langſam ge-backen.

2063 . . . .

2064 . . . .

17. Oktober.

2065 . . . .

2066 . . . .

2067 [Rouladen mit gebratenen]

2068

ie Bruſt wird von der Schwarte
befreit, geklopft, 2 Stunden in
beiße Beize gegeben, mit der Beize weich
gedünſtet; 3 Löffel voll Mehl und 3
Löffel voll Zucker werden in Fette
dunkelbraun geröſtet, mit der Beize, 1
Glas Wein, einigen Wachholderbeeren,
Citrone, Zucker und Suppe aufgekocht,
das Fleiſch noch 1 Stunde gekocht und
angerichtet.

2069 [Gans mit Kaſtanien.]

2070

in Blätterteig (22. Februar) wird
ausgerollt, gebacken zur Hälfte,
unterdeſſen werden 3 Löffel voll Mehl,
2 Taſſen ſauern Rahm, 6 Eiergelb, 6
Loth Zucker, ſechs Loth ausgeſteinte
Zieweben und Zimmt abgerührt, dazu
der Schnee obiger Eier, auf den Ruchen
gegeben, mit Mandeln beſtreut und
fertig gebacken.

2071 [Gebackene Schnitte und ge
brannte Eier.]

2072 [Krebs Voßfiſch...]

18. Oktober.

2073 [Rouladen von mit ...]

ier Semmel werden in Milch
geweicht, ausgedrückt, mit
heißer Butter begoſſen, 3
Eier, 1 Taſſe gewiegtes Grün, von 20
kleinen Krebſen die Schweifchen und die
Scheeren, erbſenförmig geſchnitten, Salz
und Pfeffer dazu gegeben, in die Fleckchen gefüllt, gekocht und beim Anrichten
die Suppe mit Krebsbutter legirt.

2074 [Erdbeeren mit Claret
...]

Derſelbe iſt in Nr. 59 bemerkt.

2075 [Weiße Ruben mit
...]

Erſtere ſind in Nr. 151, letztere in
Nr. 212 bemerkt.

2076 [Gansleber mit Trüffel.]

ie Gansleber wird mit mandel-
artig geſchnittenen Trüffeln geſpickt, in heißer Gansfette mit Salz,
Pfeffer, Zwiebel, geſtoſſenem Trüffelabfall und 1 Glas rothen Wein ge-

dünstet, ausgelegt, den zurückgebliebenen
Saft mit 1 Taſſe Einmachſauce aufgekocht, die Leber noch 2 Minuten darin
gekocht und die Sauce beim Anrichten
darüber geſeiht.

2077 Kalbsſchlegel, gebraten
und Salat.

Derſelbe iſt in Nr. 811 bemerkt.

2078 Schaumtorte.

Nr. 357.

2079 Kaffee, Deſſertbackwerk.

19. Oktober.

2080 Braune Suppe mit
Schnitten.

on Kalbfleiſchabfällen wird
eine braune Suppe bereitet
und über Schnitten von
Schinkenpaſteten, Nr. 340 bemerkt, gegoſſen.

2081 Rindfleiſch mit Häring-
ſauce.

Letztere iſt in Nr. 401 bemerkt.

2082 Sauerkraut mit Schinken-
rollen.

2083 Haſenjung mit gerösteten
Kartoffeln.

Das Jung wird in Stücke geſchnitten, geſalzen, über Nacht in
kurze Beize gelegt, dann mit der Beize,
1 Liter Waſſer, Salz, Pfeffer, Citrone
und Wachholderbeeren weich gedünſtet,
in einer Zuckerbräune, gelöſcht mit Haſen-
ſud und 1 Glas Wein, ¼ Stunde aufgekocht und beim Anrichten die Sauce
darüber geſeiht.

2084 Forellen, blau, geſotten.

2085 Gebratener Haſe mit Rahm
und Salat.

Derſelbe iſt in Nr. 12 bemerkt.

2086 Süßer Rahmkuchen.

Lege einen ausgerollten Blätterteig
in ein Blech, rühre 3 Löffel voll
Mehl, 1 Taſſe ſüßen Rahm, 6 Eiergelb, 3 Loth zerlaſſene Butter, 6 Loth
Zucker, 1 Taſſe dicken Rahm, ¼ ℔
Weinbeeren und zuletzt den Schnee der
6 Eier zuſammen, gib es auf den Kuchen, beſtreue es mit Mandeln und
backe denſelben.

2087 Schinken, Käſe.

2088 Kaffee, Dessertback
werk.

20. Oktober.

2089 Suppe mit Speckklößchen.

Vier Semmeln werden einge=
weicht, 2 Tassen Bröseln, da=
zu 4 Eier, ½ ℔ Schinkenspeck,
in Würfel geschnitten, 1 Tasse Gries oder
Mehl, Salz, Pfeffer und etwas Grünes
und davon nach einer Stunde Klöß=
chen in siedendes Wasser gegeben.

2090 Rindfleisch mit Gurken=
sauce.
Nr. 519.

2091 Karviol mit gebackenen
Hühnern.

Der Karviol wird mit Krebsbutter
gedünstet, die Hühner sind bekannt.

2092 Fricandeau mit Macaroni.
Ersteres ist in Nr. 123 bemerkt.

2093 Hecht mit Kreen.
Nr. 234.

Schnepfen und grüner **2094**
Salat.

5 Schnepfen werden gebraten und
mit Schnepfenbrod garnirt.

Apfelkuchen mit Gitter. **2095**

Kaffee, Dessertbackwerk. **2096**

21. Oktober.

Suppe mit grünen **2097**
Knödeln.

Ein Teller voll Grünzeug wird
gewaschen, gewiegt, in abge=
rührten Semmelteig gemengt,
die Schnepfenmägen fein gewiegt, dazu
gegeben und davon Klößchen gemacht.

Rindfleisch mit Sauer= **2098**
rampfensauce.

Letztere ist in Nr. 373 bemerkt.

Spinat mit gebackenen **2099**
Fröschen.

Der Spinat wird mit süßem Rahm
gekocht, die Frösche werden ge=
stutzt, gewaschen, gesalzen, in Brand=
teig getaucht und im Schmalz gebacken.

Gespickte Kalbsleber mit **2100**
gerösteten Kartoffeln.

2101

rfterer ift in Nr. 166 bemerkt.
Die Citronen werden in Schei-
ben geschnitten, mit Zucker beſtreut und
mit Wein begoſſen.

2102

2103

Derſelbe ift in Nr. 860 bemerkt.

2104

22. Oktober.

2105

2106

ieſelben werden mit ¹/₈ ℔ Bröſel-
zucker und ¹/₄ ℔ Zieweben braun
eingebrennt und mit geriebenem Leb-
kuchen überſtreut.

2107

2108

2109

2110

ub- oder Ochſenfleiſch wird geſotten
und in brauner Brenne mit Zucker
und Zwiebeln aufgekocht, dazu im Schmalz
gebackene, aufgeſprungene Kirchweih-
nudeln ſervirt.

2111

2112

2113

2114

2115

23. Oktober.

2116

2117 Dunſtbraten mit Kartoffel und warmer Senfſauce.

2118 Bohnen mit Schaf
Coteletten.

Erſtere ſind in Nr. 115, leßtere in
Nr. 220 bemerkt.

2119 Weißes Kraut mit
Wachteln.

Erſteres iſt in Nr. 121, leßteres in
Nr. 1527 bemerkt.

2120 Spanferkel mit Senf
und Kreſſenſalat.

Erſteres iſt in Nr. 425 bemerkt.

2121 Arak-Pudding.

Derſelbe iſt in Nr. 724 bemerkt.

2122 Warmer Schinken mit
gebackenen Eiern.

2123 Kaffee, Deſſertbackwerk.

24. Oktober.

Regenwürmerſuppe und **2124**
Weißwürſte.

Von 1 ℔ Mehl, 3 Eier, einer
Taſſe ſüßen Rahm und Salz
werden feine Nudeln gemacht,
in ſiedender Suppe 5 Minuten gekocht,
mit Schnittlauch beſtreut und mit Weiß-
würſten ſervirt.

Lendbraten mit Maca- **2125**
roni.

Nr. 59.

Wirſing mit Brat- **2126**
würſten.

Der Wirſing wird geſotten, gewiegt,
in Gansfette gedünſtet, geſtäubt,
mit Salz, Pfeffer, Zwiebel, Senf und
Suppe aufgekocht.

Fricandeau mit geröſteten **2127**
Kartoffeln und Bechamelle.

Dasſelbe iſt in Nr. 123 bemerkt.

Kapaunen mit gemiſchtem **2128**
Salat.

Nr. 42.

2129 Omeletten mit Vanille
sauce.

Rühre 8 Eiergelb, 3 Loth Zucker,
4 Löffel voll Mehl, 1 Löffel
voll Kirschenwasser und das Weiße als
Schnee zusammen, backe davon Omeletten, lege sie aufeinander und übergieße sie mit Vanillesauce.

2130 Gesulzte Hühner.

Ochsenwadschenkel (¼ K) wird gekocht 2 Stunden mit 2 Liter
Wasser, Zwiebeln, Citrone, Salz, Weinessig und 2 Kälberfüße, dann die Hühner
eingelegt, ¼ Stunde gekocht, ausgelegt,
tranchirt, die Sulz durch ein Tuch
darüber gegossen, schön verziert und kalt
aufgetragen.

2131 Kaffee, Dessertbackwerk.

25. Oktober. (Fasttag.)

2132 Schneckensuppe mit gebähten Schnitten.

Vierzig Schnecken werden in
siedendes Wasser gelegt, bis
die Deckel weg sind, dann
ausgehoben, von den Schweifen befreit,
gewaschen, in 5 Loth Butter mit Citrone,
Salz und Pfeffer gedünstet, gestäubt,
mit Wasser ½ Stunde aufgekocht und
über Bähschnitten gegossen.

Kartoffel und Butter. **2133**

Eingemachte Frösche **2134**
mit Dampfnudeln.

Die Frösche werden 3 Minuten in
Wasser gekocht, in Einmachsauce
gegeben mit Citrone, Zwiebel und Salz
und mit Dampfnudeln Nr. 31 servirt.

Gebratener Salm und **2135**
Kappernsauce.

Der Salm wird in Stücke getheilt,
mit Salz und Pfeffer bestreut,
aufeinander gelegt, nach ¼ Stunde mit
Citronensaft und Butter bestrichen, auf
einem mit Oel bestrichenen Rost gebraten, mit Citronenscheiben garnirt und
mit Kappernsauce Nr. 184 aufgetragen.

Zwetschgenkuchen. **2136**

Käse, Butter. **2137**

Kaffee, Dessertbackwerk. **2138**

26. Oktober.

Reissuppe mit Henne, **2139**
legirt mit Krebsbutter.

Rindfleisch mit Rahmen- **2140**
salat und Essiggurken.

2141 Gefüllte Artischoken mit Truffelwurst.

Dieselben sind in Nr. 960 bemerkt.

2142 Blaukraut mit Schweine-Coteletten.

2143 Gansjung in weißer Einmachsauce.

Dasselbe wird wie gewöhnlich ge-sotten und in weißer Einmach-sauce aufgekocht.

2144 Hecht, blau gesotten und mit Bröseln aufgeschmalzen.

2145 Schlegelbraten mit Salat.

2146 Apfelmarmeladkuchen.

2147 Kaffee, Dessertback-werk.

27. Oktober.

2148 Kapaunsuppe mit italienischen Macaroni.

2149 Rostbeefsteak mit gerösteten Kartoffeln.

Dasselbe ist in Nr. 107 bemerkt.

2150 Bayerische und weiße Rüben mit Schweinsfleisch.

Dieselben werden gesotten und in Zuckerbräune noch ½ Stunde aufgekocht.

2151 Schweine-Coteletten in Apfelsauce.

Dieselben werden wie gewöhnlich be-reitet und mit Apfelsauce servirt.

2152 Enten und Compot. Nr. 18.

2153 Johannesbeerkuchen.

Ein Kuchenblech wird mit Butter-teig belegt, eine dicke Lage von im Dunste eingekochten Johannisbeeren darauf, ein Guß bereitet von 8 Eiern, ½ ₰ Zucker und 8 Loth feingewiegte Mandeln, über die Beeren gegossen, von Butterteig ein Doppelgitter darüber ge-macht, mit Zucker bestreut und gebacken.

2154 Kaffee, Dessertback-werk.

28. Oktober.

2155 Schwarzbrodsuppe mit Würsten.

Zwei Liter Schwarzbrodbröseln werden gelb geröstet, mit Salz, Pfeffer, Schnittlauch und Suppe aufgekocht und mit 3 Eier, gelb legirt.

2156 Rindfleisch mit Bohnensalat.

2157 Sauerkraut mit Krammetsvögel.

Ersteres ist in Nr. 47, letztere in Nr. 1258 bemerkt.

2158 Eingemachte Kalbszunge mit Semmelklößchen.

Vier Kalbszungen werden in lauem Wasser gewaschen, weich gesotten, abgehäutet, herzförmig getheilt, in weißer Einmachsauce aufgekocht und mit Klößchen servirt.

2159 Rehbraten mit gemischtem Salat.

Derselbe ist in Nr. 6 bemerkt.

2160 Kartoffelkücheln.

Mehlige Kartoffel werden gesotten, mit 4 Loth Butter, 3 Eier, 6 Löffel voll Mehl, 4 Loth Zucker und

süßem Rahm abgerührt, 1 Löffel voll Citronenzucker dazu, gebacken und mit Vanillesance servirt.

2161 Kaffee, Dessertbackwerk.

29. Oktober.

2162 Geröstete Gerstensuppe.

Die geriebene Gerste wird in Fette geröstet, in Suppe aufgekocht und mit Schnittlauch bestreut.

2163 Rindfleisch mit Kartoffelpuree.

2164 Bodenrüben mit Schweins-Coteletten.

Erstere werden nach Nr. 151, letztere nach Nr. 212 bereitet.

2165 Kohlraben mit Schaffleisch.

Die Kohlraben sind in Nr. 822 bemerkt, das Schaffleisch wird gedünstet.

2166 Forellen mit Burgunderwein.

Selbe sind in Nr. 885 bemerkt.

2167 Kastanienbraten mit Kopfsalat.

Ersterer ist in Nr. 187 bemerkt. Der Salat wird mit klein gewiegten Eiern vermischt.

2168 Pumpernickel von Backwerkabfall.

Von 8 Eierweiß wird ein Schnee geschlagen, dazu gerührt 10 Loth Zucker, 10 Loth gewiegte Mandeln, 8 Loth zerlassene Butter und ½ ℔ Backwerkbröseln, eine bestrichene Auflaufform mit Butterteig belegt, eingesottene Früchte darauf, das Abgerührte darüber gegossen, gebacken, auf die Platte gegeben und mit Eis überzogen.

2169 Kaffee, Dessertbackwerk.

30. Oktober.

2170 Milzspätzchensuppe.

Vier Kalbsmilzen werden ausgestreift, Salz, Pfeffer, Grünzeug, 3 Eier, die Bröseln von 4 Semmeln und 3 Löffel voll Mehl dazu gerührt, nach ½ Stunde davon Klößchen in siedendes Wasser gegeben und mit klarer Suppe angerichtet.

2171 Kalbsbraten mit Salat.

2172 Lattich mit Schinkeneier.

Er Lattich wird gewaschen, gebrüht, abgegossen, in Einmachsauce mit 2 Eiergelb gekocht und mit Schinkeneier, Nr. 1786, garnirt.

2173 Gedünstete Ochsenzunge mit Macaroni.

Erstere ist schon früher bemerkt.

2174 Hasenbraten mit grünem Salat.

Derselbe ist in Nr. 12 bemerkt.

2175 Buffert.

Neun Eiergelb und ¼ ℔ Zucker werden schaumig gerührt, dazu 3 Loth Weinbeeren, 3 Loth fein gewiegte Orangenschalen, 8 Loth Mehl und 8 Loth Butter aneinander gebröselt, an das Gerührte gegeben, den Schnee der Eier, in eine bestrichene Form gefüllt und bei gelinder Hitze gebacken.

2176 Kaffee, Dessertbackwerk.

31. Oktober.

2177 Maultaschen mit Brät-
füllе.

...in ẞ Brät wird mit ¼ ℔
Butter, Salz, Pfeffer, Citrone,
... 3 Eier, 3 Taſſen Bröſeln,
Zwiebelröhrchen, Schnittlauch und Peter-
ſilie abgerührt und in die bereiteten
Fleckchen gefüllt.

2178 Dunſtbraten mit geröſteten Kartoffeln.

...erſelbe iſt in Nr. 526 bemerkt.
Die Kartoffel werden in Würfel
geſchnitten, gelb geröſtet in Ganſfette
und mit Parmeſankäſe beſtreut.

2179 Blumenkohl mit frica-
ſirter Sauce und Hirnbaveſen.

...ier Eiergelb werden mit 2 Löffel
... voll kaltem Waſſer abgerührt,
dazu 2 Löffel voll Butter, ¼ Taſſe
Einmachſauce mit Citronenſaft und durch
ein Sieb geſeiht, gekocht, über geſottenen
Blumenkohl gegoſſen und mit Baveſen,
Nr. 279 ſervirt.

2180 Hecht mit Kreen.

Derſelbe iſt in Nr. 234 bemerkt.

2181 Gans, mit Trüffeln gefüllt und Endivien.

... ie Trüffeln werden hergerichtet,
... die Hälfte in Würfel geſchnitten,
die andere gewiegt mit der Ganſleber,
Peterſilie, 2 Zwiebeln, Citrone und ¼ ℔
Ochſenmark, in Ganſfette gedünſtet mit
3 Taſſen Semmelbröſeln, Salz und
Pfeffer, nach ¼ Stunde ausgekühlt,
dann 4 Eiergelb, 2 Eier, noch 1 Taſſe
Bröſeln und 1 Taſſe ſüßen Rahm dazu
gerührt, in den Kropf und Körper der
Gans gefüllt und ſelbe gebraten.

2182 Mandeltorte.

... ier Eierweiß werden zu Schnee
... geſchlagen, dazu 12 Eiergelb, ¼ ℔
Zucker, 12 Loth bittere und ſüße Mandeln
¼ Stunde gerührt, 10 Loth fein geſiebtes Mehl und den Schnee der 12
Eier, in eine mit Butter beſtrichene
und mit Papier belegte Form gefüllt
und langſam gebacken.

2183 Kaffee, Deſſertbackwerk.

Monat November.

1. November.

2184 Französische Reissuppe
mit Huhn.

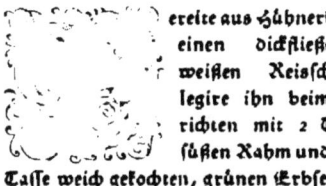

ereite aus Hühnerbrühe
einen dickfließenden
weißen Reisschleim,
legire ihn beim An-
richten mit 2 Tassen
süßen Rahm und einer
Tasse weich gekochten, grünen Erbsen und
servire ihn mit Huhn.

2185 Rindfleisch mit sauern
Kartoffeln und Senf.

2186 Sauerkraut mit Wachteln.

Ersteres ist in Nr. 47, letztere in
Nr. 959 bemerkt.

2187 Blumenkohl auf holländische Art mit Coteletten.

erselbe wird gesotten, in der Ser-
virschüssel angerichtet, mit Parmesankäse bestreut, mit holländischer Sauce
und zerlassener Butter übergossen, mit
Semmelbröseln besäet und 10 Minuten
gebacken.

Gansjung im Blut und **2188**
Pasteten.

Dasselbe ist schon bemerkt.

Spanferkel mit Senf. **2189**

Dasselbe ist in Nr. 425 bemerkt.

Omeletten. **2190**

s werden vier Löffel voll Mehl mit
1 Schoppen sauern Rahm verrührt, dazu 4 Loth Zucker, etwas
Citrone, 8 Eiergelb und deren Schnee,
in der Pfanne gebacken, mit Eingesottenem gefüllt, aufeinander gelegt und
kurz in's Rohr gestellt.

Schinken, Käse. **2191**

Kaffee, Dessertback- **2192**
werk.

2. November.

Reissuppe, legirt mit **2193**
Krebsbutter und Schweifchen.

2194 Engliſche Schnitten mit Senfſauce.

Erſtere ſind in Nr. 943, letztere in Nr. 204 bemerkt.

2195 Böhmiſche Erbſen mit Schinken.

Die Erbſen werden über Nacht ein=
geweicht, mit Sellerie, Salz und
Schinken weich gekocht, die Hülſen ent=
fernt, aufgebäuft angerichtet, mit Butter
begoſſen und mit Schinken garnirt.

2196 Schleye.

Nr. 130.

2197 Poularden mit Orangen=
ſalat.

Dieſelben werden gerupft, flamirt,
ausgenommen, in Waſſer gelegt,
abgetrocknet, mit Salz und Pfeffer be=
ſtreut und am Spieß mit Butter ge=
braten.

2198 Kartoffelpudding mit
Schinken.

Ein halbes ℔ Butter wird ſchäumig
abgerührt, dazu 6 Eiergelb, 1 ℔
gekochte und geriebene Kartoffel, 1 ℔
gewiegten Schinken, Salz, 1 Taſſe Bröſeln
und den Schnee der 6 Eier, in eine

Serviette gebunden, geſotten und mit
Käſe beſtreut, ſervirt.

Kaffee, Deſſertback= **2199**
werk.

3. November.

Linſenſuppe mit ge= **2200**
räucherten Würſten.

Ein halbes ℔ Linſen werden
über Nacht eingeweicht, mit
Suppe weich gekocht, durch's
Sieb in braune Brenne gegeben, mit
Suppe aufgekocht und mit Würſten
ſervirt.

Rindfleiſch mit Mandel= **2201**
kreen und Gurken.

Weißkraut mit Göppinger **2202**
Wurſt.

Kalbslebervögel. **2203**

Eine Kalbsleber wird in 2 Finger
breite Schnitze getheilt, mit Salz
und Pfeffer beſtreut, mit Salbeiblatt
und dünner Speckſcheibe umwickelt, mit
Butter am Spieß gebraten und im Speck
ſervirt.

Nierenbraten mit **2204**
grünem Salat.

2205 Aufgezogenes Mandel-mus.

Vier Löffel voll Mehl werden mit 3 Tassen süßen Rahm angerührt, dazu 10 Loth Zucker, 8 Eiergelb, 8 Loth gewiegte Mandeln und 6 Loth Butter, zum Feuer gestellt, bis es dick ist (es darf nicht kochen), dann in eine tiefe Schüssel gegeben zum Erkalten, den Schnee der 8 Eier darunter gezogen und im Rohr langsam gebacken.

2206 Schinken, Käse.

2207 Kaffe mit Vanille.
Dessertbackwerk.

4. November.

2208 Grüne Erbsensuppe mit Macaroni.

Drei Tassen grüne Erbsen werden in Fette mit Suppe, Petersilie, Salz und Pfeffer weich gedünstet, 1 Tasse gestoßenen Zwieback dazu, mit Suppe aufgekocht und über in klarer Suppe gekochte Macaroni angerichtet.

2209 Roßbraten mit gerösteten Kartoffeln.

Gefüllter Krautkopf. 2210

Der Kopf wird ausgeböhlt, mit Kalbfleischfülle gefüllt, zugedeckt, mit Faden umwickelt, in eine Serviette gebunden, in fetter Suppe 2 Stunden gekocht, mit brauner Sauce übergossen, servirt.

Schweins-Coteletten mit 2211 Senfsauce.
Nr. 204.

Ortolane, gebraten, und 2212 Compot.

Die Ortolane werden gerupft, ausgenommen, gewaschen, abgetrocknet, mit Salz bestreut, mit feinem Speck umbunden und am Spieß bei heller Flamme gebraten.

Citronen-Creme. 2213

Warmer Schinken und 2214 gebackene Eier.

Kaffee, Dessertbackwerk. 2215

5. November.

2216 Weiße Bohnensuppe mit Würsten.

Dieselbe wird bereitet wie die Linsensuppe und über Krusten gegossen.

2217 Rindfleisch mit Rahnensalat und Essiggurken.

2218 Bayerische Rüben mit Schweins-Coteletten.

Erstere sind in Nr. 299, letztere in Nr. 212 bemerkt.

2219 Kalbsbrisen in Krebssauce.

Sechs Brisen werden 6 Minuten in den Fleischtopf gelegt, in frisches Wasser getaucht, abgehäutet, in 3 Theile geschnitten, in Einmachsauce mit Zwiebel, Citrone und Petersilie, frischer Krebsbutter gekocht und mit Pasteten servirt.

2220 Gebratene Fasanen mit Brunnenkresse.

Dieselben sind schon bemerkt.

2221 Arak-Pudding.

Derselbe ist in Nr. 565 bemerkt.

2222 Kaffee, Dessertbackwerk.

6. November.

2223 Gemischte Suppe von Reis, Gerste und Erbsen.

Vier Loth Reis, soviel Gerste und Erbsen werden mit Sellerie und Petersilie weich gekocht und über gebackene Krusten gesiebt.

2224 Dunstbraten mit Kartoffel.

Nr. 526.

2225 Junge Herbstkohlraben und Hammelfleisch.

Die Kohlraben werden wie gewöhnlich gekocht, ¼ Tasse Senf darein gerührt und mit Hammelfleisch servirt.

2226 Lungenragout mit Zopfnudeln.

Ersteres ist in Nr. 479 bemerkt.

2227 Hecht mit Kreen.

2228 Schweinsbraten mit Kartoffelsalat.

Ein Rippenstück wird ¼ Stunde in Wasser gelegt, mit Salz und Pfeffer eingerieben, mit Knoblauch, Zwiebel, Kümmel, Essig und Wasser gebraten, ¼ Stunde auf der Schwarte liegend, dann dieselbe würflig eingeschnitten und fertig gebraten.

2229 Klaubnudeln mit Zwetschgen.

Bereite von 2 ℔ Mehl, 4 Eier, ½ ℔ Butter, ¼ ℔ Zucker, 2 Tassen süßen Rahm, 2 Löffel voll weiße Hefe einen Teig, laß ihn geben, gib in ein breites Casserole ¼ ℔ Butter, ¼ ℔ Krebsbutter, darein mit einem Löffel von dem Teige Nudeln, wie eine Welschnuß so groß, backe sie roth und servire sie mit Zwetschgen. Letztere werden gebrüht mit siedendem Wasser, nach 5 Minuten geschält und mit Wein, Wasser und Zucker gekocht.

2230 Kaffee, Dessertbackwerk.

7. November. (Fasttag.)

2231 Endiviensuppe.

Der Endivien wird ½ Stunde in Wasser gelegt, gewiegt mit Petersilie, Sellerie und Zwiebelröhrchen, gedünstet, gestäubt, mit Wasser, Salz und Pfeffer 1 Stunde gekocht, über Krusten gegossen und mit 3 Eiergelb und 1 Tasse sauern Rahm legirt.

2232 Eingerührte Eier mit Käse.

Acht Eier werden mit 1 Tasse süßen Rahm abgerührt, dazu Salz, Pfeffer und ¼ ℔ Emmenthalerkäse in Würfel, unter beständigem Rühren 3 Minuten gekocht und mit geriebenem Käse bestreut.

2233 Karpfen mit Kartoffel.

Der Karpfen wird in Stücke getheilt, blau gesotten, mit Butter und Zwiebeln geschmalzen und mit Kartoffelwürfeln, in Wasser gesotten und mit Butter begossen, servirt.

2234 Dampfnudeln mit Vanillesauce.

Nr. 31.

2235 Rothfisch, gebraten, mit Kressensalat.

Derselbe ist in Nr. 736 bemerkt.

2236 Pfirsichkuchen.

Die Pfirsiche werden in 4 Theile getheilt oder als Marmelad auf Obstkuchenteig gelegt, mit Zucker bestreut und gebacken.

2237 Kaffee, Dessertbackwerk.

8. November.

2238 Gelbe Rübensuppe mit Brisenklößchen.

...cht große Stück werden geputzt, gerieben, gedünstet, gestäubt, mit gewiegter Petersilie und Suppe aufgekocht und über Brisenklößchen gegossen.

2 Brisen werden 6 Minuten in den Fleischtopf gelegt, abgebäutet, gewiegt mit Grünzeug, dazu ¼ ℔ Suppenfette, 3 Eier, Salz, Pfeffer, 4 Tassen Bröseln dazu gerührt und nach ¼ Stunde davon Klößchen gemacht.

2239 Rindfleisch mit gerösteten Kartoffeln und Senf.

2240 Blaukraut mit Kastanien und Bratwürsten.

Dasselbe ist schon bemerkt.

2241 Fricandeau mit Macaroni.

Ersteres ist in Nr. 123 bemerkt.

2242 Hecht mit Krebs.

Derselbe ist in Nr. 1122 bemerkt.

2243 Welsche Hühner mit Orangensalat.

Dieselben werden gerupft, flamirt, ausgenommen gewaschen, abgetrocknet, mit Salz und Pfeffer eingerieben und am Spieß oder im Rohr gebraten.

2244 Tausendblättertorte.

2245 Kaffee, Dessertbackwerk.

9. November.

2246 Welsche Hühnersuppe mit gebackenen Schnitten.

Dieselbe wird von den Ueberresten der Hühner bereitet.

2247 Lendbraten mit Madeirasauce.

Derselbe wird mit Speck, Wasser und Wein gedünstet, kurz gestäubt, mit Madeirawein und etwas Suppe aufgekocht und servirt.

2248 Bohnen mit Hammelcoteletten.

Erstere sind in Nr. 115, letztere in Nr. 220 bemerkt.

2249 Blumenkohl mit Kalbfleiſch.

Das Kalbfleiſch wird mit Butter, Zwiebel, gelber Rübe, Salz und Pfeffer halbweich gedünſtet, mit Einmachſauce und einem Glas Wein aufgekocht, beim Anrichten die Sauce darüber geſeiht, mit 2 Eiergelb und ſüßem Rahm legirt und mit geſottenen Blumenkohlröschen garnirt.

2250 Gans mit Endivien.

2251 Zimmttorte.

Dieſelbe iſt in Nr. 489 bemerkt.

2252 Kaffee, Deſſertbackwerk.

10. November.

2253 Großer Schinkenkloß.

Fünf Semmel werden in Milch geweicht, ausgedrückt, 4 Eier dazu gerührt, Salz, Pfeffer, 1 L mit Peterſilie und Zwiebelröhrchen gewiegter Schinken und 1 Taſſe Mehl, in eine Serviette gebunden, 1 Stunde geſotten und mit klarer Suppe angerichtet.

2254 Rindfleiſch mit geröſteten Kartoffeln und Senf.

2255 Sauerkraut mit Schweinefleiſch.

2256 Hecht mit Sardellen.

Derſelbe iſt in Nr. 1156 bemerkt.

NB. Gerödtete Fiſche 10 Tage aufzubewahren, werden ſie rein gepußt, ausgewaſchen, mit Eſſig beſtrichen, eingeſalzen, 2 Stunden zugedeckt, indeſſen von einem Ochſenfuß eine gut geſäuerte Sulze mit Salz, Pfeffer und Zwiebeln bereitet, geſeiht und wenn ſie kalt iſt, über den Fiſch gegoſſen.

2257 Spanferkel mit Senf und Kreſſenſalat.

Daſſelbe iſt in Nr. 425 bemerkt.

2258 Fenſterküchlein mit Zwetſchgen.

Von 2 L feingeſiebtem Mehl, 2 Taſſen Rahm, ¼ L zerlaſſener Butter 3 Eiern, 4 Loth Zucker und 2 Löffel voll Hefe wird ein Teig bereitet und wenn er gegangen, ausgezogene Kücheln davon gebacken.

2259 Warmer Schinken mit gebackenen Eiern.

2260 Kaffee, Deffertbakwerk.

11. November.

2261 Lungenmaultaschenſuppe.

Ine halbe Lunge wird gekocht, mit Grünzeug gewiegt, mit 3 Eiern, 3 Taſſen Bröſeln, beißer Butter, Salz, Pfeffer, Mehl und ſüßem Rahm vermengt, ¼ Stunde zugedeckt und in die Maultaſchen gefüllt.

2262 Ruſſiſcher Lungenbraten.

Derſelbe iſt in Nr. 635 bemerkt.

2263 Wirſing mit Bratwürſten.

Nr. 40.

2264 Kalbsgekröſe mit Nudeln.

Daſſelbe iſt in Nr. 728 bemerkt.

2265 Gans mit Endivien.

2266 Brandſtrauben mit gekochten Birnen.

In ½ Liter Milch werden 4 Loth Zucker, 6 Loth Butter, etwas Citrone, 12 Loth Mehl zu einem dicken Teig gekocht, bis er ſich von der Pfanne löſt, in eine Schüſſel gegeben, wenn er halb kalt iſt, 5 Eier nach und nach darein gerührt, durch den Straubentrichter in heißes Schmalz gegeben und gebacken.

2267 Kaffee, Deſſertbakwerk.

2268 Punſch und Wein.

12. November.

2269 Grüne Scheberlſuppe.

Ein halbes ℔ Butter wird abgerührt, dazu 2 Eier, 4 Eiergelb, 8 Loth feingeſiebtes Mehl, 3 Löffel voll ſüßen Rahm, Salz, 1 Taſſe gewiegtes Grünzeug und den Schnee der 4 Eier, in eine flache Form gegeben, fingerdick aufgezogen, gebacken, wenn es ausgekühlt in Würfel oder Streifen geſchnitten und mit brauner oder weißer Suppe begoſſen und mit einer Poularde ſervirt.

2270 Rindfleiſch mit warmem Meerrettig.

Derſelbe iſt ſchon bemerkt.

2271 Laduk mit Schinkeneier.

2272 Gebratener Kapaun mit Macaroni.

2273 Hammelschlegel mit Kartoffelsalat.

Ersterer wird aus der Beize genommen, gesalzen und mit der Beize gebraten.

2274 Aufgezogene Apfelspeise.

Zwölf Borsdorfer Aepfel werden geschält, in Scheiben geschnitten und mit 1 Gläschen Rum begossen eine halbe Stunde zugedeckt. Rinde 3 Mundbrode ab, schneide sie in Scheiben, davon lege eine Lage in mit Butter bestrichenes Geschirr, darauf eine Lage Aepfel, dann Rosinen, wieder Brod und so fort, die letzte Lage soll Brod sein, jetzt rühre ¼ Liter Rahm, 5 Eier 4 Loth Citronenzucker ab, gieße das über das Eingelegte, bröckle ¼ ℔ Butter darauf und backe es langsam, bis es stockt und eine angenehme Farbe hat.

2275 Kaffee, Dessertbackwerk.

13. November.

2276 Grüne Nudeln mit Kapaunenwürfel.

Die Nudeln werden von Eiern, welche über Nacht mit 80 Bohnen gefärbt wurden, gemacht.

2277 Rindfleisch mit Zardellensauce.

Die Sauce ist in Nr. 86 bemerkt.

2278 Trüffeln in Wein mit Coteletten.

Die Trüffeln werden rein gewaschen, gebürstet, geputzt, die größeren getheilt, in rothem Wein weich gedünstet und mit Kalbs-Cotelettten servirt.

2279 Gedünstete Hühner mit Paradiesäpfelsauce.

Drei Hühner werden mit Citronensaft eingerieben, mit Speck umbunden, in fetter Suppe weich gekocht und mit Sauce servirt.

4 Löffel voll eingesottene Paradiesäpfel werden mit 1 Glas Wein, Zucker und Zwiebackbröseln gekocht.

2280 Hirschrückenbraten mit gemischtem Salat.

Der Rücken muß 3 Tage abgelegen sein, dann wird er abgehäutet, mit Salz und Pfeffer eingerieben, mit Speck gespickt, mit Essig, Wasser, Wurzeln und Kräutern gebraten mit ¼ ℔ Schweinfleisch.

2281 Blitzkuchen

in Nr. 118.

2282 Salami und Käse.

2283 Kaffee, Dessertbackwerk.

14. November. (Faſttag.)

2284 Trüffelſuppe mit Semmelklößchen.

on den Ueberreſten der Trüffeln wird eine Suppe be-
reitet, mit 1 Glas rothen
Wein und Zwiebackbröſeln gekocht und
durch ein Sieb über Klößchen gegeben.

2285 Eingerührte Eier mit
Sardellen.

cht Eier werden mit einer Taſſe
ſüßem Rahm abgerührt, dazu 3
Loth gewiegte Sardellen und 3 Minuten
gekocht.

2286 Schill mit Peterſilie
und Kartoffel.

Derſelbe iſt in Nr. 480 bemerkt.

2287 Haſenohren.

In ℔ feingeſiebtes Mehl, ſaurer
Rahm, ¼ ℔ Butter, 4 Eier,
Salz und Citrone werden zu einem
feſten Teig gemacht, ausgerollt, viereckige Fleckchen daraus gerädelt, in die

Mitte ein Einſchnitt gemacht, zuſammengerollt, im Schmalz gebacken, aufgehäuft
angerichtet und mit Zucker beſtreut und
Zimmt.

2288 Gebackene Karpfen mit
grünem Salat.

Dieſelben ſind in Nr. 473 bemerkt.

2289 Schmankerl-Creme.

Dieſelbe iſt in Nr. 812 bemerkt.

2290 Kaffee, Dessertbackwerk.

15. November.

2291 Spatzenſuppe.

on 1 ℔ Mehl, Milch, 2 Eier,
Salz und 1 Taſſe feinge-
wiegte Kräuter wird ein
Teig gemacht, durch den Spatzenlöffel
in ſiedendes Waſſer gegeben und mit
Suppe angerichtet.

2292 Roſt-Beefſteak mit Senfſauce.

Erſteres iſt in Nr. 107, letztere in
Nr. 204 bemerkt.

2293 Blaukraut mit Rebhühner.

Erſteres wird nach Nr. 114, letztere
nach Nr. 221 bereitet.

2294 Bratwürſte in Sardellenſauce.

Fünfzehn Paar Würſte werden leicht gebraten, abgehäutet, halbirt und in Sardellenſauce ſervirt.

2295 Häringe mit Butter.

2296 Perlhahn mit italieniſchem Salat.

Derſelbe wird gerupft, der Kopf abgenommen, flamirt, ausgenommen, gewaſchen, abgetrocknet, mit Salz und Citronenſaft eingerieben, nach 1 Stunde mit Speck umbunden und Papier, in Butter gebraten und der Kopf wieder aufgeſetzt und mit italieniſchem Salat ſervirt.

2297 Gebackene Schnitten mit Himbeeren.

Sechs bis acht Mundbrode werden in Schnitten getheilt, in 3 Eiergelb, abgerührt mit ſüßem Rahm, getaucht, aufeinander gelegt, in Bröſeln getaucht, im Schmalz gebacken, die Hälfte mit Himbeermarmolad belegt, die andern darauf gedeckt, in Pfannenkuchenteig getaucht, noch im Schmalz gebacken und mit Zucker und Zimmt beſtreut.

2298 Warmer Schinken und gebackene Eier.

2299 Kaffee, Deſſertbackwerk.

16. November.

2300 Perlhahnſuppe mit Manchetten.

Von den Ueberreſten desſelben wird eine braune Suppe bereitet und über in Suppe gekochte Manchetten angerichtet.

2301 Rindfleiſch mit Gurkenſauce.

Nr. 519.

2302 Gelbe Rüben mit Endivien und Göppinger Wurſt.

Die gelben Rüben werden nach Nr. 159 bereitet; 2 Stück Endivien nudelartig geſchnitten, gekocht, gedünſtet, mit Einmachſauce aufgekocht und auf die Rüben gegeben.

2303 Lungenragout mit Paſteten.

Erſteres iſt in Nr. 479 bemerkt.

2304 Enten mit Sellerieſalat.

Nr. 18.

40

2305   Windnudeln mit Chandeau.

Ein Schoppen Milch, 10 Loth Butter, 4 Loth Zucker werden zum Kochen gegeben, darein 12 Loth Mehl gerührt, bis sich der Teig von der Pfanne löst, in eine Schüssel gegeben, 6 Eier darein gerührt, der Teig recht fein gemacht, Stücke daraus gestochen, auf ein bestrichenes Blech gegeben, langsam gebacken, mit Zucker bestreut und mit Chandeau servirt.

Weinschaumsauce: 4 Eier, 4 Eiergelb, 12 Loth Zucker, etwas Orangenschale, ganzer Zimmt, 1 Schoppen weißer Wein werden nach und nach zusammengerührt, auf Kohlenfeuer mit der Schneeruthe geschlagen bis es schäumt, einmal aufgekocht und geseiht.

2306   Kaffee, Dessertbackwerk.

17. November.

2307   Kräutersupppe mit Klößchen.

Dieselbe ist schon bemerkt und wird über Marktklößchen gegossen.

2308   Lendbraten mit Macaroni.

Derselbe ist in Nr. 59 bemerkt.

2309   Blaukohl mit geräucherten Würsten.

Derselbe ist in Nr. 320 bemerkt.

2310   Kalbsschnitze mit Champignons.

Aus dem untern Theil des Schlegels werden fingerdicke und 2 fingerbreite Stücke geschnitten, geklopft, gesalzen, in Fette mit 1 Glas Wein gedünstet und mit Champignons servirt.

2311   Kabeljau mit Austernsauce.

Dieselben sind in Nr. 487 bemerkt.

2312   Schnepfen, gebraten mit grünem Salat und Schnepfenbrod.

Dieselben sind schon bemerkt.

2313   Schaumtorte.

Nr. 357.

2314   Kaffee, Dessertbackwerk.

18. November.

2315 Gelbe Rübensuppe mit Goldkrusten.

Sechs gelbe Rüben werden geschabt, gerieben, mit Pastinaken, Petersilie, Salz, Pfeffer und Zwiebackbröseln gedünstet, mit Suppe aufgekocht, mit Krebsbutter und Schweifchen legirt und über Krusten gegossen.

2316 Rindfleisch mit kaltem Meerrettig und Kartoffel.

2317 Sauerkraut mit Krametsvögel.

2318 Reis mit Bratwürsten.

Zwölf Loth Reis werden gekocht, mit ¼ ℔ roben Schinken, Salz, 4 Loth Butter und noch ganz aufgehäuft angerichtet und mit Bratwürsten bekränzt.

2319 Kapaunen mit gemischtem Salat und Birncompot.

Erstere sind in Nr. 42 bemerkt. Die Birnen werden mit den Stielen in Zuckerbräune mit Wein u. Wasser gekocht.

Zwetschgenbavesen. **2320**

Und Brodschnitten werden mit Marmelad, bereitet aus gedörrten Zwetschgen, gekocht und mit Citronen- und Orangenschale, Zucker und 3 Lebkuchennudelbröseln belegt, in Wein oder Milch getaucht, nach ¼ Stunde mit Eier bestrichen, mit Bröseln bestreut, gebacken und mit Zucker und Zimmt besäet.

Schinken und Käse. **2321**

Kaffee, Dessertback- **2322** werk.

19. November.

Braune Sagosuppe mit **2323** Kalbsknochen.

Dieselbe ist schon bemerkt.

Gebeizter Lendbraten mit **2324** Macaroni.

Derselbe wird abgehäutet, gespickt, mit Salz und Pfeffer bestreut, mit Essig, 1 Glas Wein, Zwiebel, gelbe Rüben, Porrie, Grünzeug und Wachholderbeeren über Nacht gebeizt, mit der Beize und Wasser hellbraun gebraten, die Sauce mit 3 Löffel voll geriebenen Schwarzbrod aufgekocht und über den Braten geseiht, mit aufgeschmalzenen Macaroni garnirt.

10*

2325 Spinat mit Göppingerwurst.

2326 Gedünstete Kalbsleber
mit Kartoffelnudeln.

Erstere ist in Nr. 1263 bemerkt.

2327 Gebackene Froschschenkel.

Dieselben werden gestutzt, gesalzen,
in leichten Brandteig getaucht,
mit Bröseln bestreut und gebacken.

2328 Junge Perlhühner mit
Orangensalat.

Dieselben sind in Nr. 2296 bemerkt.

2329 Bisquit-Omelette.

Dieselbe ist in Nr. 139 bemerkt.

2330 Warmer Schinken mit
kalten harten Eiern.

2331 Kaffee, Dessertbackwerk.

20. November. (Freitag.)

2332 Maultaschen mit
Schneckenfülle.

Von ¼ ℔ Mehl und 3 Eier
wird ein Nudelteig ausge-
rollt, 25 Schnecken gesotten,
gereinigt, mit Petersilie und Zwiebelröbchen gewiegt, geröstet, Salz und
Pfeffer, 4 eingeweichte Semmel und
3 Eier dazu gegeben, in die Fleck gefüllt, gekocht und mit Butter aufgeschmalzen.

2333 Rühreier mit klein geschnittenen Krebsschweifchen.

2334 Sauerkraut mit Stockfisch.

2335 Dampfnudeln in der
Schlichtbrühe und gekochte Birnen.

Gib ¼ ℔ Butter, 3 Löffel voll
Schmalz in eine tiefe Pfanne,
darein 3 Schoppen Wasser, 1 Löffel
voll Salz, ist dies gut warm, die Nudeln
darein, koche sie langsam und gib sie in
der Pfanne zu Tisch.

Die Birnen werden geschält, in
Schnitze getheilt, in Wasser gesotten,
eingebrennt, mit Zimmt und Zucker
bestreut.

2336 Gebratener Aal mit Kressensalat.

Derselbe ist in Nr. 75 bemerkt.

2337 Reispudding mit Paradiesapfelsauce.

Derselbe wird nach Nr. 654 bereitet.

2338 Kaffee, Dessertbackwerk.

21. November.
2339 Kalbfleischklößchensuppe.

ier Semmeln werden eingeweicht, mit Suppenfette geschmalzen, gewiegtes Fleisch mit Kräutern dazu gegeben, Salz, Pfeffer, 1 Tasse Mehl, 3 Eier und Schnittlauch, gut zusammen gemacht, in eine Serviette gebunden, 1 Stunde gesotten, ausgehoben, mit Mandeln bespickt, extra auf eine Platte gelegt und mit Suppe servirt.

2340 Rindfleisch mit holländischer Sauce.

Letztere ist in Nr. 11 bemerkt.

2341 Linsen-Puree mit Rebhühner.

Selbes ist in Nr. 149 bemerkt.

2342 Schill, blau mit Kartoffel.

Derselbe wird nach Nr. 480 bereitet.

2343 Perlhenne mit Compot.

Dieselbe wird bereitet wie in Nr. 2296 bemerkt ist, nur wird sie 24 Stunden vor dem Braten aufgehängt.

2344 Quitten-Auflauf.

Derselbe ist in Nr. 532 bemerkt.

2345 Kaffee, Dessertbackwerk.

22. November.
2346 Suppe mit rothen Klößchen.

in viertel ℔ Krebsbutter wird abgerührt, daran 4 Eier, mit jedem Ei einen Löffel voll Gries, Salz und 1 Löffel voll Milch, nach 1 Stunde davon Klößchen gekocht und mit 2 Loth Krebsbutter legirt.

2347 Dunstbraten mit Zwiebelsauce.

Beide sind schon bemerkt.

2348 Wirſing mit Würſten.

Derſelbe wird nach Nr. 136 bereitet.

2349 Hühner mit Reis.

Die Hühner ſind in Nr. 550 bemerkt, der Reis wird dick gekocht und aufgebäuft ſervirt.

2350 Gedünſteter Auerhahn mit Endivien.

Derſelbe wird gerupft, flamirt, ausgenommen, gewaſchen, in ein Tuch geſchlagen, geklopft, geſalzen, mit Eſſig, 1 Glas Wein und Kräutern über Nacht gebeizt und mit der Beize und Speck gedünſtet.

2351 Hagenbuttenauflauf.

Zwölf Loth Hagenbuttenmark wird abgerührt, dazu der Schnee von 12 Eier, mit jedem Löffel voll Schnee auch einen Löffel voll Zucker, als Hügel auf eine mit Oblaten belegte Steingutplatte gegeben, mit Zucker beſtreut und im Rohr langſam gebacken; wenn er Sprünge bekommt, iſt er fertig.

2352 Kaffee, Deſſertbackwerk.

23. November.

Fleiſchpfannerlſuppe. **2353**

Fleiſchüberreſte, Schnittlauch und Citrone werden gewiegt, dazu ¼ ℔ Suppenfette gerührt, 3 Eier, 3 Taſſen Semmelbröſeln, ¼ Taſſe ſüßen Rahm, Salz, Pfeffer und feingewiegten Peterſilie, in einer beſtrichenen und mit Bröſeln beſäeten Form langſam gebacken, wenn es kalt iſt, geſchnitten und in klarer Suppe aufgekocht.

Rindfleiſch mit Sellerieſauce und ſauern Zwetſchgen. **2354**

Wirſing mit gebackenen Hühnern. **2355**

Der Wirſing wird in 4 Theile getheilt, geſotten, in Einmachſauce aufgekocht; die Hühner werden 6 Minuten in den Fleiſchtopf gelegt, tranſchirt, geſalzen, mit Eier beſtrichen, mit Bröſeln beſäet und gebacken.

Forellen mit Burgunderwein. **2356**

Dieſelben ſind in Nr. 885 bemerkt.

Enten mit Sellerieſalat und Compot. **2357**

Dieſelben ſind in Nr. 18 bemerkt.

2358 Bisquit-Auflauf.

Ein viertel ℔ Butter wird schäumig gerührt, dazu nach und nach 8 Eiergelb, ¼ ℔ Zucker, 8 Loth gestossenes Bisquit, den Schnee der 8 Eier und langsam gebacken.

2359 Kaffee, Dessertbackwerk.

24. November.

2360 Panadelsuppe mit Henne.

Die Suppe wird von geriebenen Semmeln bereitet und ist schon bemerkt.

2361 Englischer Braten mit Gurkensauce.

Ersterer ist in Nr. 292, letztere in Nr. 519 bemerkt.

2362 Gelbe Rüben mit Erbsen und Salami.

Die Rüben sind in Nr. 164 bemerkt, in die Mitte derselben gib Erbsenpuree und garnire sie mit Salami.

2363 Weißkraut mit Schweine Coteletten.

Ersteres ist in Nr. 121, letztere in Nr. 212 bemerkt.

2364 Haselhühner, gebraten mit Compot.

Dieselben werden gerupft, flamirt, ausgenommen, gewaschen, getrocknet, gesalzen, mit Citronensaft betropft, über Nacht zugedeckt, dann mit Speck umbunden, mit Papier bedeckt und mit Butter gebraten.

2365 Mandeltorte.

Dieselbe ist in Nr. 2182 bemerkt.

2366 Kaffee, Dessertbackwerk.

25. November.

2367 Gurkensuppe mit Schnitten.

Drei große Gurken werden geschält, geschnitten, gedünstet, gestäubt, mit Suppe 1 Stunde gekocht und über gebähte Schnitten geseiht.

2368 Lungenbraten mit geröst. Kartoffel und Paradiesäpfelsauce.

Der Braten ist in Nr. 635 bemerkt.

2369 Weiße Rüben mit Schweinscoteletten.

Die Rüben werden braun gedünstet, die Coteletten sind in Nr. 212 bemerkt.

2370 Hafe im Blut gedünftet mit Kartoffelnudeln.

Der Hafe wird in kleine Stücke getheilt, mit Fette, Zwiebel, Citrone, Waffer, Wein, Salz und Pfeffer gedünftet, mit 2 Taffen Einmachfauce, Hühner- oder Taubenblut und etwas Zucker aufgekocht und mit Kartoffel-nudeln fervirt.

2371 Rehbraten mit grünem Salat.

Derfelbe ift in Nr. 36 bemerkt.

2372 Eier im Schmalz.

Sechzehn Eier, ¼ Taffe füßer Rahm, Salz und Pfeffer werden abge-rührt, in ¼ ℔ heißen Schmalz gebacken, fo, daß es in der Mitte noch flüffig ift und fchnell zu Tifch gegeben.

2373 Geräucherte Junge und Käfe.

2374 Kaffee, Deffertbackwerk.

26. November. (Fafttag.)

2375 Städteinfuppe mit Fifch-wurft.

Diefelbe ift fchon bekannt und wird mit Fifchwürften fervirt.

2376 Eingerührte Eier mit Schnittlauch.

2377 Stockfifch mit Erbfen-fauce.

Derfelbe wird gefotten und in Erbfenpuree mit Zwiebel aufge-kocht, das Puree mit Fifchfud verdünnt.

2378 Biscuit-Omelette.

Diefelbe ift in Nr. 139 bemerkt.

2379 Gefpickte Karpfen mit grünem Salat.

Selbe find in Nr. 193 bemerkt.

2380 Gebackene Apfelfchnitten.

Gute Backäpfel werden gefchält, in Schnitze gefchnitten, ¼ Stunde in Wein gelegt, dann in Mehl umge-kehrt und im Schmalz gebacken, mit Zucker beftreut.

2381 Kaffee, Deffertbackwerk.

27. November.

2382 Wildpretklöße mit klarer Suppe.

Vier Semmeln werden in Milch geweicht, mit heißer Fette, Ei und Suppenkräuter gemifcht, kaltes Wildpret mit Zwiebeln gewiegt,

mit Salz, Pfeffer, 3 Eier und 1 Tasse Mehl an die Semmel gegeben, in eine Serviette gebunden, langsam gekocht 1 Stunde und mit Suppe servirt.

2383 Lendbraten mit Bröseln und Kartoffel.

Der Lendbraten wird wie gewöhnlich gebraten und beim Anrichten mit gerösteten Bröseln überstreut, mit Petersiliekartoffel servirt.

2384 Rosenkohl mit gebackenen Hühnern.

Der Rosenkohl wird wie in Nr. 109 bereitet.

2385 Eingemachte Hühner mit Morcheln.

Selbe sind schon öfter bemerkt.

2386 Hasenbraten mit grünem Salat.

Derselbe ist in Nr. 12 bemerkt.

2387 Ochsengurgeln.

Von ¼ ℔ Mehl, 8 Loth Butter, ¼ Tasse sauern Rahm, 3 Loth Zucker und Salz wird ein Teig dreimal ausgerollt und wieder zusammengemacht, nach 1 Stunde ausgerollt, Streifen geschnitten, um die Form gebunden, der

Faden festgehalten, im Schmalz gebacken, daß es lichtbraune Farbe hat, dann der Faden abgerollt, der Krapfen abgezogen, mit Zucker bestreut und alle innen mit Himbeermark ausgestrichen.

2388 Kaffee, Dessertbackwerk.

28. November.

2389 Rollgerstensuppe mit Zunge.

Dieselbe ist schon bemerkt und wird beim Anrichten mit 1 Schoppen Schlagrahm und Zungenwürfel legirt.

2390 Rostbeefsteak mit warmer Senfsauce.

Erstere sind in Nr. 197, letztere in Nr. 204 bemerkt.

2391 Blaukraut mit Göppinger-wurst.

Das Blaukraut ist in Nr. 114 bemerkt.

2392 Kapaun mit Kastanien.

Derselbe wird in fetter Suppe weich gedünstet und über in Zuckerbräune gedünstete Kastanien angerichtet.

11

2393

Derſelbe iſt in Nr. 811 bemerkt.

2394 Wiener Strudel mit Wein.

Ein halb Pfund Butter wird fein gerührt, dazu 6 Eier, 4 Loth Zucker, 8 Loth Mehl, in einer Blech‐ form gebacken, herausgeſtürzt, mit einem Meſſer mehrere Oeffnungen ausgeſtochen, 1 Schoppen Milch darein gegoſſen, wieder in das Rohr geſtellt, nochmal Milch mit Vanille und Zucker nachgegoſſen, auf eine Platte gegeben, Vanilleſauce unter‐ gegoſſen und heiß ſervirt.

2395 Kaffee, Deſſertbackwerk.

29. November.

2396 Fadenſuppe mit Kalbs‐ knödel.

Dieſelbe iſt ſchon bekannt.

2397 Lendbraten mit Maccaroni.

Derſelbe iſt in Nr. 59 bemerkt.

2398 Sauerkraut mit Schweinscoteletten.

Erſteres iſt in Nr. 47, letztere in Nr. 212 bemerkt.

2399

Derſelbe wird weich gekocht, das Fleiſch abgelöſt, aufgebauft, mit Salz und Pfeffer und mit Butter, Zwie‐ beln und Bröſeln beſtreut.

2400 Gocht mit Erreen.

Nr. 234.

2401

und

Nr. 42.

2402 Brünellen...

Bⁱſtkuchenteig wird mit weich ge‐ kochten kalten Brünellen belegt, ein Gitter darüber gemacht und gebacken.

2403 Kaffee, Deſſertback‐ werk.

30. November.

2404 Braune Griesſuppe mit Würſten.

Zwölf Loth Gries werden ¼ Stunde in der Suppe gekocht, 1 Taſſe braune Jus dazu gegeben und mit 1 Taſſe Rahm legirt.

2405 Rindfleiſch mit Schnitt-
lingſauce.

2406 Brauner Schnittkohl und
Schaſſenmaus.

Erſterer wird wie Spinat bereitet,
letztere ſind in Nr. 220 bemerkt.

2407 Friandeau mit Macaroni.

Nr. 321.

2408 Poularden mit Orangenſalat.

Dieſelben ſind in Nr. 2197 bemerkt.

Gebackener Hirſebrei. **2409**

Sechzehn Loth Hirſe werden gewaſchen, mit Milch und ¼ ℔
Butter dick gekocht, ausgekühlt, nach
und nach 6 Eier darein gerührt, ½ ℔
Roſinen, Zucker und Zimmt, auf ein
Tuch geſchüttet, fingerdick ausgebreitet,
am andern Tag in Stücke getheilt, mit
Eier beſtrichen und im Schmalz gebacken.

Schinken mit hartge- **2410**
ſottenen Eiern.

Kaffee, Deſſertback- **2411**
werk.

Monat Dezember.

1. Dezember.

2412 Orangensuppe mit Kaisernockerln.

rei Orangen werden in feine Schnitze getheilt, in Wein und Suppe gedünstet, mit 2 Tassen Einmachsauce und Suppe aufgekocht und durch ein Sieb über Kaisernockerln gegeben.

2413 Rindfleisch und Kartoffel puree.

Letzteres ist in Nr. 582 bemerkt.

2414 Bayerische Rüben mit Schweineknochen.

Die Rüben werden braun eingebrennt und mit Bier gekocht.

2415 Gespickte Kalbsleber.
Nr. 1263.

2416 Gefüllte Kalbsjungen und Trüffeln.

ier Kalbsjungen werden weich gekocht, in 3 lange Theile geschnitten, diese mit Fülle bestrichen, wieder zusammengesetzt, in ein Schweinsnetz geschlagen, gesalzen, mit Fette bestrichen, in Bröseln umgekehrt und gelb gebraten.

Uebrig gebliebenes Fleisch wird mit Petersilie fein gewiegt, dazu 2 Tassen blaßgeröstete Bröseln, ¹⁄₄ Tasse süßen Rahm, Salz, Pfeffer und 3 Eier und nach ¹⁄₂ Stunde in die Jungen gefüllt.

Die schwarzen Trüffeln werden in rothem Wein gedünstet.

2417 Hecht mit Kartoffel.
Nr. 145.

2418 Rehschlegel mit Salat.
Nr. 36.

2419 Vanilleauflauf.
Nr. 668.

2420 Kaffee, Dessertbackwerk.

2. Dezember. (Fasttag.)

2421 Trüffelsuppe mit Goldkrusten.

Von dem Abfall der Trüffeln wird eine Suppe bereitet und über Goldkrusten gegossen.

2422 Eingerührte Eier mit Käs.

2423 Stockfisch mit Sauerkraut.

2424 Gekochter Biber.

Derselbe wird in kleine Stücke getheilt, mit Rindschmalz, Zwiebel und Citrone gedünstet, mit Essig und Erbsensud aufgekocht, der Schweif in Essig und Wasser gekocht, mit Bröseln aufgeschmalzen und auf den Biber gelegt.

2425 Dampfnudeln mit Zimmtsauce.

2426 Gebackene Grundeln mit Kressensalat.
Nr. 695.

2427 Pfannenkuchen mit Aepfel gefüllt.

Die Pfannenkuchen werden gebacken, mit Apfelmarmelad bestrichen, zusammengerollt, mit Pfannenkuchenteig bestrichen, mit Bröseln besäet, im Schmalz gebacken und mit Zucker und Zimmt bestreut.

2428 Kaffee, Dessertbackwerk.

3. Dezember.

2429 Wirsingsuppe mit Semmelklößen.

Zwei Wirsingköpfe werden geputzt, gesotten, gedünstet, mit 2 Tassen Bröseln, Petersilie und Zwiebel, mit Suppe 1 Stunde gekocht und beim Anrichten mit 3 Eiergelb und 1 Tasse süßem Rahm legirt.

2430 Rindfleisch mit Häringsauce und Kressensalat.

Die Sauce ist in Nr. 401 bemerkt.

2431 Böhmische Erbsen mit Schinken.

Dieselben werden weich gekocht, mit Schinken belegt und mit Butter begossen.

2432 Hühner mit Reis.

Dieselben sind schon bemerkt.

2433 Fricandeau mit Rahm Crudeln.

Das Fricandeau ist in Nr. 321 bemerkt.

2434 Gebratener Gänsebraten mit Salat.

Derselbe wird der Länge nach gespalten, gewaschen, mehrere Tage gebeizt, mit Speck gespickt und gebraten.

2435 Aprikuchen mit Creme-Guß.

Acht Eiergelb und ¼ ℔ Zucker werden schaumig gerührt, dazu 8 Loth geriebenes Bisquit, 1 Löffel voll Zimmt, 2 Tassen süßen Rahm auf den Kuchen gegeben, wenn er halb gebacken ist.

2436 Kaffee, Dessertbackwerk.

4. Dezember.

2437 Suppe mit Reis Knödelchen.

Zwölf ℔ Reis werden in ½ Liter Milch weich gedämpft, ausgekühlt, 2 Eier daran gerührt, 4 Eiergelb, 4 Loth zer-

laffene Butter, Salz und Citrone, davon runde Klößchen in siedende Suppe gegeben und 10 Minuten gekocht.

Englischer Braten mit Weinmenkresse. 2438

Derselbe ist in Nr. 292 bemerkt.

Der echte saure Schweinsnieren. 2439

Sechs Nieren werden der Länge nach getheilt, mit Zwiebel, Mehl, Salz und Pfeffer gemischt, wie die Leber gekocht, gesalzen und mit Suppe und Essig begossen.

Lachs. 2440

Nr. 405.

Amerikanische Hühner mit italienischem Salat. 2441

Dieselbe werden gerupft, eingesalzen, über Nacht aufgehängt und mit Butter gebraten.

Linzertorte. 2442

Nr. 1273.

Kaffee, Dessertbackwerk. 2443

5. Dezember.

2444 . . . .
. . . .

. . . . wölf Quitten werden geschält,
fein geschnitten, in Wasser,
Wein und Zucker dick ge-
kocht, 2 Tassen gestoßene Zwiebel und
Suppe dazu gegeben und durch's Sieb
über 3 Eiergelb legirt.

2445 . . . .
. . . .

(Ersterer ist in Nr. 231 bemerkt.

2446 . . . .
. . . .

Die Bereitung ist in Nr. 109 bemerkt.

2447 . . . .
. . . .

. . . ie Brust oder Rippen werden gebeizt, weich gedünstet, eine dunkle
Zuckerbräune daran gegeben, 1 Glas
rothen Wein und Suppe, etwas Citronensaft und zerdrückte Wachholderbeeren.

. . . . kleine geschälte
Zwiebel werden in Zuckerbräune ge-
dünstet und auf gelb gebackene, runde
Brodschnitten gelegt.

2448 . . . .
. . . .

Die Sauce ist in Nr. 11 bemerkt.

2449 . . . .
. . . .

Nr. 275.

2450 . . . .

in halb ℔ feingewiegte Mandeln,
. . . 1 Tasse Rahm, 4 Loth zerlassene
Butter und 4 Loth Orangenschalen
werden abgerührt, auf Mundbrod-
schnitten gelegt (2 auf einander), in 3
mit Milch verklepperte Eier getaucht,
gebacken, dann mit 2 Gläser Glühwein
begossen und, wenn sie eingesaugt, aufgetragen.

2451 . . . .
. . . . . .

. . . Dessertbackwerk. **2452**

6. Dezember. (Fasttag.)

. . . suppe mit **2453**

. . . . . wölf Birnen werden geschält,
. . . . in ½ Liter rothen Wein
. . . . 2 Liter Wasser, Zimmt, Citrone und ½ Orangenschale, 2 Tassen

geriebenem Bisquit 2 Stunden gekocht, durch ein Sieb gegeben, mit heißem Wein, Wasser und Weichseleffig verdünnt und über Krusten gegossen.

2454 Eier mit Senf.

Zehn gesottene Eier werden gering gelb geschnitten, mit 2 in Würfel geschnittenen Semmeln gebacken, dazu ¼ Liter sauern Rahm, abgerührt mit 3 Eier, Schnittlauch, 1 Tasse Senf und Salz, in eine mit Butter bestrichene Schüssel eine Lage Eier, darauf eine Lage Semmeln und so fort, dann der Senfrahm darüber gegossen und im Ofen langsam gebacken.

2455 Fischotter mit Semmel-Knödel.

Die Otter wird in ordentliche Stücke getheilt, 3 Minuten in Wasser gesotten, in Schmalz mit Zwiebel, Citronenschale, Salz und Pfeffer weich gedünstet, mit Zuckerbräune, Wasser und Wein aufgekocht, mit Citronensaft legirt und mit Semmelklößchen servirt.

2456 Forellen mit Burgunderwein.

Dieselben sind in Nr. 885 bemerkt.

2457 Omeletten mit Obstsauce.

Nr. 25.

2458 Gebackener Karpfen mit Salat.

Nr. 473.

2459 Orangencreme.

Nr. 202.

2460 Kaffee, Dessertbackwerk.

7. Dezember.

2461 Braune Suppe mit Mandbetten.

Dieselbe ist bekannt.

2462 Rindfleisch mit sauern Senfkartoffeln.

Die Kartoffel werden in brauner Sauce gekocht und mit 1 Tasse Senf vermischt.

2463 Blaukraut mit Schweinscoteletten.

Nr. 114 und 212.

2464 Wildleber gedünstet.

Selbe wird gesotten, abgehäutet, in Würfel geschnitten, mit Mehl bestäubt, mit Zwiebel, Citrone und Wachholderbeeren geröstet, mit Essig,

2 Löffel voll Blut, 1 Taſſe Suppe und
Zucker aufgekocht.

2465 Kapaunen mit Auſtern gefüllt.

Zwölf Auſtern werden in 2 Loth
Butter, 1 Taſſe Bröſeln, Salz
und Muskatnuß leicht geröſtet, in zwei
Kapaunen gefüllt und ſelbe gebraten,
an die Sauce 1 Taſſe Einmachſauce,
15 Auſtern und den Saft einer Citrone
gegeben, gut verkocht und mit 3 Eiergelb fricaſirt.

2466 Waffeln mit Vanille-ſauce.

Erſtere ſind in Nr. 1933 bemerkt.

2467 Kaffee, Deſſertbackwerk.

8. Dezember.

2468 Endivienſuppe mit Sem-melklößchen.

Die Suppe iſt ſchon bemerkt
und wird mit zwei Taſſen
ſüßem Schlagrahm und drei
Eiergelb legirt.

2469 Roſtbeefſteak mit Ma-caroni.

Daſſelbe iſt in Nr. 197 bemerkt.

2470 Bayeriſches Rübenpüree mit Schweinfleiſch.

Die Rüben werden weich gekocht,
mit dem Walkholz zerdrückt und
in brauner Sauce mit 2 Loth Zucker
und dem Safte des Schweinfleiſches dick
aufgekocht.

2471 Fricandeau mit geröſteten Kartoffeln.

Nr. 123.

2472 Aal blau

nach Nr. 29.

2473 Junge Wildenten, ge-braten mit grünem Salat.

Dieſelben ſind ſchon bemerkt.

2474 Engliſcher Reis.

Nr. 825.

2475 Kaffee, Deſſertback-werk.

9. Dezember.

2476 Schneidergerſte mit Huhn.

Dieſelbe iſt ſchon bemerkt.

42

2477 Rindfleisch mit Petersilien-kartoffeln.

2478 Bohnen mit geräucherten Würsten.

Die Bohnen werden gebrüht, die Haut abgezogen, mit Salz, Pfeffer und Zucker weich gedünstet und mit 2 Tassen Gemüsesauce aufgekocht.

2479 Schafcoteletten mit Macaroni.

2480 Hecht mit Kreen.
Nr. 638.

2481 Hasenbraten und grüner Salat.
Derselbe ist in Nr. 12 bemerkt.

2482 Orangenauflauf.

Acht Loth Butter werden abgerührt, darein 8 Eitrgelb, das Gelbe von 2 Orangen auf Zucker abgerieben, 2 Tassen Semmelbröseln, 1 Tasse süßen Rahm, mit 4 Eiergelb verrührt und 4 Loth Zucker, den Schnee von 8 Eier, in eine Form gefüllt und gebacken.

2483 Kaffee, Dessertbackwerk.

10. Dezember.

2484 Lebergerstensuppe.

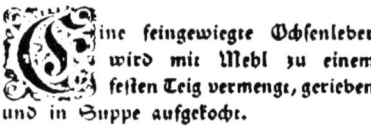

Eine feingewiegte Ochsenleber wird mit Mehl zu einem festen Teig vermengt, gerieben und in Suppe aufgekocht.

2485 Rostbeefsteack mit Kartoffeln.
Dasselbe ist in Nr. 197 bemerkt.

2486 Sauerkraut mit Fasan.
Ersteres ist in Nr. 47, letzterer in Nr. 104 bemerkt.

2487 Schweinecoteletten mit Senfsauce.

Dieselben werden in zerlassene Butter getaucht, mit Bröseln besäet, Salz und Pfeffer bestreut, 10 Minuten gebraten und mit Senfsauce Nr. 471 servirt.

2488 Gefüllte Gans mit Endivien.

Dieselbe wird mit Bratwürsten und gerösteten Kartoffelwürfeln gefüllt.

NB. Vom Gänse-, Hühner- und Entenschoppen.

Um eine Gans zu einer 2 ℔ schweren Leber zu bringen, werden Nudeln gemacht von geriebenen Kartoffeln, Mehl, Salz und etwas Milch, abgesotten, (jeden Tag frische Nudeln) so viel geschoppt, bis der Kropf voll ist und alle vier Nudeln muß man die Gans ausschnaufen lassen, dann werden sie sehr fett.

2489 Englischer Pudding mit Chandeau.

Die Bereitung ist Nr. 290.

2490 Kaffee, Dessertbackwerk.

11. Dezember.

2491 Gerstensuppe mit Schwämmchen.

Zwölf Loth Gerste werden gekocht, zwei Tassen gedörrte Schwämme in heißem Wasser geweicht, mit gewiegter Petersilie gedünstet, mit Mehl, Salz und Pfeffer gestäubt, mit Suppe aufgekocht und an die Gerste gegeben.

2492 Rindfleisch mit gerösteten Kartoffeln.

2493 Linsenpüree mit geräucherten Würsten.

Nr. 149.

2494 Rosenkohl mit Coteletten.

Ersterer wird nach Nr. 109, letztere nach Nr. 198 bereitet.

2495 Lachs in Essig und Oel mit Kappern.

Nr. 405.

2496 Wildschweinkeule mit Hagenbuttensauce.

Dieselbe wird gebeizt mit Salz, Pfeffer, einigen Wachholderbeeren und gebraten.

2497 Zwetschgenkuchen.

2498 Kaffee, Dessertbackwerk.

12. Dezember.

2499 Markklößchensuppe.

Ein in halb ℔ zerlassenes Mark und 6 Eiergelb werden abgerührt, 4 Tassen Semmelbröseln dazu, Salz und den Schnee der

4 Eier, davon kleine Klößchen gemacht und gekocht.

2500 Rindfleisch mit Brunnen-kresse.

2501 Zahuck mit Bratwürsten.

Derselbe wird geputzt, gewaschen, gesotten, gewiegt, in Zuckerbräune mit Zwiebel, Salz und Pfeffer gedünstet und mit süßem Rahm ¼ Stunde gekocht.

2502 Hühner mit Schwämmen.

Drei Hühner werden in 4 Theile geschnitten, mit Salz und Pfeffer bestreut, in Butter gedünstet.

Die Schwämme (weiße) werden in heiße Butter geblättelt geschnitten, mit Zwiebel, Petersilie, Citronengelb, Salz und Pfeffer gedünstet, auf die Platte gegeben, mit Citronensaft betropft und mit den Hühnern bekränzt.

2503 Schleie.
Nr. 130.

2504 Hirschbraten.
Nr. 208.

2505 Mußtorte mit Rahm gefüllt.

Ein ½ Bartnußkerne und 1 ½ Mandeln werden gelb geröstet, dann mit 4 Eier fein gerieben, dazu 18 Loth Zucker gerührt, 16 Eiergelb, 3 Loth feingesiebtes Mehl und den Schnee, davon zwei runde Kuchen auf weißes, dickes Papier gestrichen und lichtgelb gebacken. Sind sie kalt, nimm das Papier bedutsam ab, gib dickgeschlagenen süßen Rahm, vermischt mit 6 Loth Vanillezucker, auf ein Blatt, decke das andere darauf, bestreiche es mit der Glasur, laß selbe kalt trocken, besprize sie und ziere sie mit eingesottenen Früchten.

Glasur: 12 Loth Staubzucker werden in ½ Tasse geläuterten Zucker gerührt, nach und nach, dazu 2 Löffel voll Maraquine, tüchtig abgerührt und über die Torte gezogen, 1 Minute lauwarm, dann kalt gestellt.

2506 Kaffee, Dessertback-werk.

13. Dezember.

2507 Brandteig-Nußsuppe.

Ein Schoppen Milch und ¼ ½ Mehl werden zu einem dicken Teig gekocht, dann mit vier Eier abgerührt, ¼ ½ gewiegte Mandeln

dazu gegeben, etwas Salz, davon welsch-
nußgroße Klößchen gemacht und in der
Suppe 5 Minuten aufgekocht.

2508 Gedämpftes Rindfleisch
mit gerösteten Kartoffeln.

Das Fleisch wird geklopft, gespickt,
mit Zwiebel, gelber Rübe und
Kräuter, einer Schwarte, Salz, Pfeffer,
1 Glas Wein und 2 Tassen Wasser 4
Stunden gedämpft, Wasser und Wein
nachgegossen und beim Anrichten die
Sauce entfettet.

2509 Bohnen mit Schaf-
coteletten.

Erstere werden nach Nr. 114, letztere
nach Nr. 198 bereitet.

2510 Gedünstete Gansleber mit
Trüffelsauce.

Gereinigte und stiftförmig geschnittene Trüffeln werden in die Leber gesteckt, mit 4 Loth Gansfette,
Zwiebeln, Salz, Pfeffer und gestoßenem
Trüffelabfall, ein Glas rothen Wein
langsam gedünstet, dann die Leber ausgehoben, den Saft mit 1 Löffel voll
Mehl gestäubt, mit Suppe ¼ Stunde
gekocht, über die Leber geseiht und mit
Citronensaft bespritzt.

2511 Hecht in Sardellensauce.
Nr. 865.

2512 Gebeizter Schweinebraten
mit Obstsauce.

Das Fleisch wird 24 Stunden gebeizt in Essig, Wasser, Wein,
Zwiebel, Kräuter und Wurzeln, Citrone
und Knoblauch und mit etwas Beize,
Salz, Pfeffer, Kümmel gebraten.

Stachelbeersauce: 1 Liter Stachelbeeren, 2 Loth Butter, ½ Tasse Bröseln,
1 Tasse Wasser werden gedämpft, durch
ein Sieb getrieben, mit Wein und Zucker
verdünnt und nochmal aufgekocht.

2513 Jägertorte.
Nr. 7.

2514 Kaffee, Dessertbackwerk.

14. Dezember.

2515 Mandelklößchen in Wein-
suppe.

Drei Löffel voll Mehl werden
mit vier Löffel voll Butter
abgerührt, mit Zucker, einem
Liter Wasser und 2 Liter Wein, Citrone
und Zimmt gekocht, geseiht und mit 3
Eiergelb legirt.

Die Klößchen: 10 Loth süße Mandeln werden abgehäutet, gewiegt, mit
5 Eiergelb, 6 Loth Butter abgerührt,
dazu 4 Tassen geriebenes Mundbrod,
2 Loth Zucker und den Schnee von 4

Eierweiß, davon runde Klößchen gemacht und gebacken.

2516 Eier auf Semmel-
schnitten.

Die Schnitten werden in Wein getaucht, mit Bröseln bestreut, gebacken und mit Ochsenaugen belegt, mit
Fischsauce und Citronensaft darauf servirt.

2517 Schill gebraten mit
Stechsalat.

Nr. 390.

2518 Champignons mit
Pasteten.

Zwei Teller voll Schwämme werden
rein gewaschen, geblättelt geschnitten, mit 6 Loth Butter und Salz
weich gedünstet und mit 1 Glas rothen
Wein ein paar Minuten aufgekocht.

2519 Rahmstrudeln.

Nr. 147.

2520 Gebackener Karpfen mit
Brunnenkresse.

2521 Mandeltorte.

Ein ½ abgezogene Mandeln werden
mit 4 Eier feingestoßen, mit
10 Eiergelb, 20 Loth Zucker, ½ Schale

Citrone abgerührt, dazu den Schnee
und 3 Loth Mehl, in eine bestrichene
und mit Papier belegte Form gefüllt,
langsam gebacken, mit Zucker bestreut
und mit Früchten garnirt.

2522 Kaffee, Dessertback-
werk.

15. Dezember.

2523 Braune Suppe mit Man-
dchen und Henne.

2524 Englischer Braten mit
Senfsauce.

Ersterer ist in Nr. 540, letzterer in
Nr. 471 bemerkt.

2525 Blumenkohl mit frica-
sirter Sauce und gebackene Hühner.

Die Sauce. 4 Eiergelb, 4 Löffel voll
Wasser und soviel zerlassene Butter werden abgerührt, dazu 3 Tassen
weiße Einmachsauce und durch ein Sieb
über den gesottenen Blumenkohl gegossen.

2526 Schweinscoteletten und
Aepfelsauce.

Erstere sind Nr. 212 bemerkt.
Die Sauce: 8 bis 10 Aepfel
werden in Scheiben geschnitten, mit

2 Schoppen Wein und Waſſer, 4 Loth
Zucker, 3 Semmelſchnitten, ganzen
Zimmt weich gekocht, durch's Sieb getrieben, mit Wein verdünnt und 2 Löffel
voll Rum.

2527 Forellen, blau.

Nr. 383.

2528 Spanferkel, garnirt mit
Citronenſcheiben, Pfefferſauce.

Erſteres iſt in Nr. 425, letztere in
Nr. 575 bemerkt.

2529 Brodtorte.

Ein viertel Pfund Schwarzbrod wird
gebäht, gerieben, ¾ ℔ Mandeln
fein gewiegt, 14 Eiergelb mit ¾ ℔
feinen Zucker abgerührt, 1 Loth Zimmt,
2 Loth Citronat, 2 Loth Orangenſchale,
3 Loth feingeſiebtes Mehl und das Brod
und die Mandeln, der Schnee darunter
gezogen, in eine mit Butter beſtrichene
und mit Papier belegte Form gefüllt,
(das Papier ſoll herausſtehen) bei gelinder Hitze gebacken, ausgekühlt, mit
Zucker beſtreut und geziert.

2530 Kaffee, Deſſertbackwerk.

16. Dezember.

2531 Braune Suppe mit Weißkraut.

Ein Krautkopf wird geſotten,
nudelartig geſchnitten, mit
einer Zwiebel gedünſtet, mit
brauner Suppe gekocht und über Kruſten
gegoſſen.

2532 Rindfleiſch mit Häring-
ſauce.

Nr. 501.

2533 Erbſenpüree mit
Schinken.

2534 Eingemachtes Kalbfleiſch
mit Kappern und Semmelknödel.

Der Nierenbraten wird mit Salz
und Pfeffer beſtreut, in Mehl
umgekehrt, gelb gedünſtet, mit Suppe,
1 Glas Wein, Citrone, Zwiebel und
Peterſilie weich gekocht und mit 3 Löffel
voll Kappern legirt.

2535 Schinken gebraten mit
Salat und Eier, Meerrettig.

Der Schinken wird in Waſſer
3 Stunden geweicht, abgetrocknet,
in ein Tuch geſchlagen, mürbe geklopft,
mit 2 Liter Waſſer, Knoblauch, Salz

und Pfeffer 3 Stunden gebraten, die Schwarte abgezogen, der Speck mit Salz, Pfeffer und Bröseln bestreut, ist dies rösch, 1 Glas Wein und Wasser nachgegossen und nach 5 Stunden angerichtet.

Der Meerrettig wird gerieben, mit 3 Loth Zucker und 4 Loth gestoßenen Mandeln vermischt und mit Essig und Oel servirt.

Junger Stechsalat wird mit gefärbten Eiern servirt. 2 Eier werden 2 Stunden in Rabnenessig gelegt, 2 in Blaukrautwasser, vermischt mit Essig, die andern 2 werden weiß aufgelegt. Das Gelbe wird in Scheiben, das Weiße nudelartig geschnitten.

2536 Aprikosenkuchen.
Nr. 779.

2537 Kaffee, Dessertbackwerk.

17. Dezember.
2538 Brodsuppe mit Seidlwürsten.

Weißes, altgebackenes Brod wird fein geschnitten, ½ Stunde gekocht und mit einer Tasse sauerm Rahm legirt.

2539 Rindfleisch mit Bohnensalat.

2540 Wirsing mit kälbernen Vögerln.

Ersterer ist in Nr. 136, letztere in Nr. 1195 bemerkt.

2541 Gänejung mit Semmelschmarren.

Ersteres ist in Nr. 979 bemerkt.

2542 Indian mit Salat und Apfelsauce.

Derselbe ist in Nr. 160 bemerkt.

2543 Chocolade-Torte.

Bereite einen Bisquittortenteig, nimm dazu 10 Loth Chocolade, backe sie bei gelinder Hitze, laß sie auskühlen, überziehe sie mit Chocolade-Glasur, laß sie trocknen und verziere sie mit eingesottenen Früchten.

2544 Schinken, Käse.

2545 Kaffee, Dessertbackwerk.

18. Dezember.

2546 Suppe mit gebackenen Rohtnocken.

in Wirsingkopf wird in vier Theile getheilt, gesotten, nudelartig geschnitten, gedünstet, durch's Sieb getrieben, mit 6 Eiergelb, 6 Löffel voll Bröseln, Salz, Muskatnuß und den Schnee der 6 Eier abgerührt, in einer bestrichenen Form gebacken, dann in Würfel oder Streifen geschnitten und mit siedender Suppe begossen.

2547 Dunstbraten mit Macaroni.

Nr. 33.

2548 Sauerkraut mit Hasen.

Ersteres ist in Nr. 47, letzterer in Nr. 104 bemerkt.

2549 Rosenkohl mit Würsten.

Nr. 109.

2550 Wildenten mit Kappern.

Dieselben werden eingesalzen, über Nacht gebeizt, mit der Beize, 1 Glas Wein und Wasser gelb gedünstet, mit 1 Tasse Einmachsauce aufgekocht und mit 2 Löffel voll Kappern legirt.

2551 Gans mit Endivien.

2552 Bisquit-Omelette.

Nr. 139.

2553 Kaffee, Dessertbackwerk.

19. Dezember.

2554 Grüne Erbsensuppe mit Reis.

in Liter grüne Erbsen werden in Fette mit gewiegter Petersilie, 2 Zwiebeln, 2 gelben Rüben und 1 Liter Suppe weich gedünstet, gestäubt, mit Suppe aufgekocht, durch's Sieb gegeben und mit 2 Tassen Reis legirt.

2555 Rindfleisch mit Selleriesalat.

2556 Karviol mit Krebssauce und Hühner.

2557 Blaukohl mit Schinkenpasteten.

Ersterer ist in Nr. 80, letztere in Nr. 340 bemerkt.

45

2558 Kalbsbraten mit Kartoffelsalat.

Nr. 838.

2559 Hundertjährige Torte.

Rühre 1 ß Butter flaumig ab, gib dazu nach und nach 12 Eiergelb, 1 ß Citronenzucker, 1 ß feingesiebtes Mehl, ¼ ß Weinbeeren und den Schnee der 12 Eier, fülle es in eine bestrichene Form, backe es langsam, laß es auskühlen und überziehe es mit einer Glasur.

2560 Schinken mit gebackenen Eiern.

2561 Kaffee, Dessertbackwerk.

20. Dezember. (Freitag.)

2562 Aepfelsuppe mit Krusten.

Zwölf Kochäpfel werden geschnitten, mit Wasser, Citrone, Zimmt, ¼ ß Zucker und 1 Tasse Zwiebeln weich gekocht, durch's Sieb getrieben, mit Wein nochmal aufgekocht und über Krusten gegossen.

2563 Ochsenaugen in brauner Sauce.

Von 6 Loth Butter, 2 Löffel voll Zucker und 3 Löffel voll Mehl wird eine braune Brenne bereitet, mit 1 Tasse Wasser gelöscht, ¼ Tasse Essig dazu gegeben, dick gerührt, dann mit Wasser, Essig, Citrone, Salz und Zwiebel nochmal aufgekocht, 12 Eier darein geschlagen, 5 Minuten gekocht, ausgehoben, auf die Platte gerichtet und die Sauce darüber geseiht.

2564 Hecht, blau mit Kartoffel.

2565 Dampfnudeln mit Hagenbuttensauce.

2566 Schill gebraten mit Kressensalat.

Nr. 200.

2567 Kartoffeltorte.

Acht Eiergelb und 12 Loth Zucker werden ½ Stunde abgerührt, dazu 4 Loth gewiegte Mandeln, Citrone, 1 ß geriebene Kartoffel, den Schnee der 8 Eier, in eine bestrichene Form gefüllt und langsam gebacken.

2568 Kaffee, Dessertbackwerk.

21. Dezember.

2569 Selleriesuppe mit Eier.

Drei Sellerie und 3 gelbe Rüben werden in Scheiben geschnitten, in ½ Tasse Fette und 1 Schoppen Suppe weich gedünstet, gestäubt, mit Suppe aufgekocht, durch's Sieb gegossen, nochmal gekocht, mit 1 Tasse süßem Rahm und drei Eiergelb legirt und über Schnitten gegossen.

2570 Rindfleisch mit Kartoffel und Butter.

2571 Geschwungene Bohnen mit Schafcoteletten.

Dieselben sind schon bemerkt.

2572 Eingemachte Hühner mit Morcheln.

Dieselben sind schon bemerkt.

2573 Lachs.

Nr. 405.

2574 Rebhühner mit Birncompot.

Dieselben sind in Nr. 629 bemerkt.

2575 Macaronentorte.

Ein ℔ Mandeln werden mit 4 Eierweiß gestoßen, mit ¾ ℔ Citronenzucker und 5 Eierweiß ½ Stunde gerührt, auf ein mit Oblatten belegtes Blech fingerdick gefüllt, etwas davon in eine Backspritze gegeben, auf den Kuchen einen Rand gespritzt in Bogen, an jedem Ende einen großen Tupfen, in die Mitte ein Körbchen, bei schwacher Hitze gebacken, die leeren Vertiefungen mit Marmelad ausgefüllt und das Körbchen mit Früchten.

2576 Kaffee, Dessertbackwerk.

22. Dezember.

2577 Braune Suppe mit Macaroni.

Von den Ueberresten der Rebhühner wird eine braune Suppe bereitet.

2578 Rindfleisch mit Sardellensauce und Gurken.

Die Sauce ist in Nr. 170 bemerkt.

2579 Grüne Erbsen mit gelben Rüben, Butterteigherzchen.

Dieselben sind schon bemerkt.

43*

2580 Sauer gekochter Schweinskopf.

Der Kopf wird gepußt, gespalten, mit frischem Wasser zum Feuer gesetzt, wenn er verschäumt hat, in kaltes Wasser gelegt, die größern Beine ausgenommen, in kleine Stücke gehauen, mit Estragon, Kümmel, Zwiebeln, Salz, Pfeffer, 1 Liter Wasser und 1 Tasse Weinessig weich gekocht und mit Senfsauce Nr. 471 servirt.

2581 Häringe in Essig und Oel.

2582 Hühner mit Apfelcompot.

Nr. 138.

2583 Hagenbuttentorte.

Einen halben Liter Hagenbutten, gedörrte, werden mit 2 Schoppen Wein, einem Schoppen Wasser, Zucker, Citrone und Zimmt, ½ ℔ Zibeben weich gekocht und zum Erkalten gestellt, dann auf Obstkuchenteig fingerdick gelegt, mit Gitter überzogen, mit Zucker und Mandeln bestreut und gebacken.

2584 Kaffee, Dessertbackwerk.

23. Dezember.

2585 Linsensuppe mit geräucherten Bratwürsten.

Selbe wird bereitet wie die Erbsensuppe und beim Anrichten mit in Scheiben geschnittenen Bratwürsten legirt.

2586 Englische Lendschnitten und Pfeffersauce.

Erstere sind in Nr. 943, letztere in Nr. 575 bemerkt.

2587 Böhmische Erbsen mit Schinken.

Selbe sind in Nr. 555 bemerkt.

2588 Hecht mit Kreen.

Nr. 638.

2589 Gebratene Enten, gefüllt mit Aepfel. Selleriesalat und Compot.

Kochäpfel werden geschält, in Schnitze getheilt, mit Weinbeeren und 1 Glas Wein gedünstet, in die Enten gefüllt und gebraten.

2590 Würzburgertorte.

Belege ein Blech mit Butterteig, mische 12 Loth geläuterten Zucker, 12 Loth gewiegte Mandeln, Citronen und Orangenschale, gib dies auf den Teig, mache ein Gitter darauf, bestäube es mit Zucker und backe die Torte. Jetzt mische 12 Loth Zucker, den Saft von 4 Citronen und ¼ Tasse Arak, gieße dies in die Oeffnungen und servire sie gleich.

2591 Kaffee, Dessertbackwerk.

24. Dezember.

2592 Gelbe Rübensuppe mit Goldkrusten.

Acht gelbe Rüben, 4 Kartoffel werden gerieben, mit Petersilie gedünstet, mit Salz, Pfeffer, 1 Tasse Bröseln und Suppe ½ Stunde gekocht, durch's Sieb über Goldkrusten gegossen und mit 1 Tasse süßem Rahm und 2 Löffel voll Krebsbutter legirt.

2593 Roßbeerfleak mit Senfkartoffel.

Erstere sind in Nr. 197 bemerkt.

2594 Grüne Erbsen mit Kalbscoteletten.

Dieselben werden über Nacht geweicht, gedünstet mit Petersilie, 2 Löffel voll Zucker und Suppe, gestäubt, mit Suppe aufgekocht und mit 3 Löffel voll Krebsbutter übergossen.

2595 Blaukraut mit Krametovögel.

Ersteres ist in Nr. 114, letztere in Nr. 353 bemerkt.

2596 Forellen blau.

Nr. 383.

2597 Rehbraten.

Nr. 391.

2598 Bröseltorte.

Nr. 462.

2599 Kaffee, Dessertbackwerk.

25. Dezember.

2600 Quittensuppe mit Bisquit.

Dieselbe ist in Nr. 2444 bemerkt.

2601 Beefsteak mit Sardellenbutter und Kartoffel.

Aus einem Lendenstück werden Beefsteak bereitet, 8 Minuten gebraten, 3 Loth Sardellenbutter in die Sauce gegeben und mit aufgeschmalzten Kartoffelwürfeln servirt.

2602 Rosenkohl mit gesottenen Kapaunen.

Ersterer wird nach Nr. 109 bereitet, letztere werden 20 Minuten in Suppe gesotten.

2603 Gansleber mit Trüffelsauce.

Dieselbe ist schon bemerkt.

2604 Lachs mit Kappern. Essig und Oel.
Nr. 405.

2605 Indian mit italienischem Salat.

Ersterer wird nach Nr. 160, letzterer nach Nr. 269 bereitet.

2606 Prügeltorte.

Ein halb ℔ Butter, 10 Eiergelb, 10 Loth Zucker, der Saft einer Orange, 10 Loth Mehl und der Schnee der Eier werden abgerührt, ein Model mit Butter bestrichen, mit Papier belegt, bei hellem Feuer gußweise gebacken unter stetem Umdrehen, so, daß das Gebackene lauter Hügel und Prügel bildet, dann auf eine Bisquittorte gestellt und mit Früchten geziert. Nach Belieben stich einen großen Apfel aus, fülle ihn mit Spiritus, stelle ihn auf die Torte, zünde denselben an und bringe sie flammend zur Tafel.

2607 Schinkenrollen auf gebackenen Eiern.

2608 Kaffee, Dessertbackwerk.

26. Dezember.

2609 Braune Indiansuppe mit Semmelklößchen.

Selbe ist schon bemerkt.

2610 Lendbraten mit Macaroni.
Nr. 59.

2611 Wirsing mit Nierencoteletten.

2612 Indian Vögel mit Trüffelsauce.

Die übriggebliebenen Indianreste werden eingeschnitten, mit Salz und Pfeffer bestreut, in zerlassene Butter getaucht, in Bröseln umgekehrt, mit Citronensaft betropft, am Spieß oder Rost gebraten und mit Trüffelsauce servirt.

2613 Spanferkel mit Senf.

Nr. 425.

2614 Citronentorte.

Ein halb ℔ Zucker, 8 Eiergelb und 4 Loth Butter werden schaumig gerührt, dazu der Saft einer Citrone, 4 Loth Mehl und den Schnee der Eier, auf eine mit Butterteig belegte Form gefüllt und gebacken.

2615 Kaffee, Dessertbackwerk.

27. Dezember. (Freitag.)

2616 Schneckensuppe.

Dreißig Schnecken werden gekocht, ausgezogen, Kopf und Schweif abgenommen, in Salzwasser gewaschen, gewiegt, mit 5 Loth Butter, Salz, Pfeffer, Petersilie geröstet, gestäubt, mit Suppe aufgekocht, über gebähte Schnitten gegossen und mit 1 Tasse Rahm legirt.

2617 Rühreier mit Parmesan Käse.

2618 Bohnen mit Fischwürsten.

Die Bohnen werden nach Nr. 115 bereitet und mit leicht gebratenen Fischwürsten servirt.

2619 Hecht mit Krebs garnirt.

Nr. 1130.

2620 Gebratener Aal mit Salat.

2621 Eierkäs-Torte.

Drei Tassen süßer Rahm werden mit Eier und dem Saft einer Citrone werden beim Feuer gut gerührt, bis es kocht und dick wird, durch ein Sieb gestrichen, mit 8 Loth gewiegten Mandeln, 5 Eiergelb, ¼ ℔ Zucker, 4 Loth Mehl, Citrone und den Schnee abgerührt, auf ein mit Butterteig belegtes Blech gelegt und gebacken.

2622 Kaffee, Dessertbackwerk.

28. Dezember.

2623 Kartoffel-Sagosuppe und Henne.

Zwölf Loth Kartoffelsago werden in siedender Suppe eine Stunde gekocht und mit 2 Tassen süßem Rahm legirt.

2624 Rindfleisch mit Kartoffel und Senf.

2625 Bayerische Rüben mit Schweinscoteletten.

Erstere sind in Nr 16, letztere in Nr. 212 bemerkt.

2626 Eingemachte Tauben.

Sechs junge Tauben werden mit 2 Liter Wasser zugesetzt und so lange gesotten bis es schäumt, dann in 4 Theile geschnitten, mit Mehl bestäubt, mit 6 Loth Butter gelb gedünstet, mit Suppe, 1 Glas Wein, 1 Löffel voll Thymian, Zwiebeln, Citrone, Muskatnuß ½ Stunde gedämpft und mit Pfannenkuchenrollen servirt.

2627 Gans mit Endivien.

Nr. 49.

2628 Apfelmarmeladtorte.

Einen halben Liter Marmelade, ¼ ℔ langgeschnittene Mandeln, 4 Loth Orangenschalen, das Gewiegte, ½ Citrone und der Schnee von sechs Eierweiß werden zusammengerührt, auf Obstkuchenteig gestrichen, mit Teigstreifen sternartig geziert, mit Eierweiß bestrichen, mit Zucker bestreut und gebacken.

2629 Kaffee, Dessertback-werk.

29. Dezember.

2630 Leberspatzensuppe mit Frico.

Selbe sind schon bemerkt.

2631 Rindfleisch mit Rahmen und Senf.

2632 Weiße Rüben mit Schinken.

Selbe sind in Nr. 151 bemerkt.

2633 Schwarzer Hase mit Macaroni.

Der Hase wird in Stücke gehauen, gespickt, mit Salz, Pfeffer und Speck zum Feuer gestellt, nach ¼ Stunde

1 Tasse Essig, 1 Glas Wein, Wurzeln, Kräuter, Citrone, Wachholderbeeren und ½ Liter Suppe weich gekocht, in braune Brenne gegeben mit 1 Tasse Blut, angerichtet und die Sauce darüber geseiht.

2634 Hammelbraten mit Bohnensalat.

Derselbe ist in Nr. 153 bemerkt.

2635 Gewöhnliche Sandtorte.

Rühre 1 ℔ Butter ab, dazu zwölf Eiergelb, 24 Loth Citronenzucker, nach ¼ Stunde 1 ℔ Mehl und nach ¼ Stunde den Schnee von 12 Eiern, fülle dies in eine bestrichene Form und backe es.

2636 Kaffee, Dessertbackwerk.

30. Dezember.

2637 Eiergerstensuppe mit Henne.

Selbe ist schon bemerkt.

2638 Rindfleisch mit Kappernsauce.

Letztere ist in Nr. 184 bemerkt.

2639 Bohnen mit Häringen.

Erstere werden gedünstet, mit Mehl gestäubt, mit Essig, Suppe und 2 Löffel voll Senf aufgekocht und mit ausgegräteten Häringen garnirt.

2640 Pancsung mit Semmelschmarren.

Ersteres ist in Nr. 979 bemerkt.

2641 Rehbraten mit Sedersalat.

Derselbe ist in Nr. 76 bemerkt.

2642 Mandeltorte mit Guß.

Sechs Eiergelb, ½ ℔ Zucker, 20 Loth gewiegte Mandeln werden ¼ Stunde gerührt, dazu 8 Loth Mehl, den Schnee der Eier, gebacken und mit Guß überzogen.

2643 Kaffee, Dessertbackwerk.

31. Dezember.

2644 Kartoffelsuppe mit Krusten.

Die Kartoffeln werden geschält, in Salzwasser gesotten, zu einem Püree verrührt, mit sechs gelben Rüben, die gerieben und

¼ Stunde vorher gedünstet wurden, in ¼ ℔ Suppenfette, ½ Kopf Sellerie, Salz, Pfeffer und ¼ Tasse gewiegtem Petersiliegrün gedünstet, mit Suppe 1 Stunde gekocht und über Krusten ge= gossen.

2645 Rostbeefsteak mit Kar= toffeln.

Nr. 197.

2646 Blumenkohl mit ge= backenen Hühnern.

2647 Wildschweinragout mit Butterteigblümchen.

Die Vorderstücke werden mit Beize und Suppe weich gedünstet, von ¼ ℔ Fette, 3 Löffel voll Mehl, so viel Zucker, 1 Tasse Bröseln, 1 Glas Wein, Wachholderbeeren und Sud eine Brenne

bereitet, das Fleisch darin 1 Stunde gekocht und angerichtet.

2648 Indian mit italienischem Salat.

Ersterer ist in Nr. 160, letzterer in Nr. 269 bemerkt.

2649 Dresdener Torte.

Zwölf Loth Mehl, 12 Loth Butter, 6 Loth süße und einige bittere, mit 1 Ei gestoßene Mandeln und 2 Eier werden zu einem Teig gemacht, nach 1 Stunde messerrückendick ausgewalkt, auf ein Kuchenblech gelegt, mit der Gabel durchstochen, mit Eingemachtem belegt, mit Mandeltortenteig gefüllt, langsam gebacken und mit Eingemachtem geziert.

2650 Kaffee, Dessertback= werk.

Inhalts-Verzeichniß

nach Speiseforten geordnet.

44°

45

Mehlspeisen.

Aufläufe.

46*